Lamnek

Qualitative Sozialforschung

Band 1
Methodologie

Siegfried Lamnek

Qualitative Sozialforschung

Band 1
Methodologie

3., korrigierte Auflage

BELTZ

PsychologieVerlagsUnion

Anschrift des Autors:

Prof. Dr. Siegfried Lamnek
Lehrstuhl für Soziologie II
Katholische Universität Eichstätt
Ostenstraße 26–28
D-85701 Eichstätt

Wissenschaftlicher Beirat der Psychologie Verlags Union:

Prof. Dr. Walter Bungard, Lehrstuhl Psychologie I, Wirtschafts- und Organisations-
psychologie, Universität Mannheim, Schloß, Ehrenhof Ost, 68131 Mannheim
Prof. Dr. Ernst-D. Lantermann, Universität Kassel, GH, FB 3, Psychologie,
Holländische Str. 56, 34127 Kassel
Prof. Dr. Rainer K. Silbereisen, Friedrich-Schiller-Universität Jena, Institut für Psychologie,
Lehrstuhl für Entwicklungspsychologie, Humboldtstraße 11, 07743 Jena
Prof. Dr. Hans-Ulrich Wittchen, Max-Planck-Institut für Psychiatrie,
Kraepelinstraße 10, 80804 München

Lektorat: Gerhard Tinger

Die Deutsche Bibliothek — CIP-Einheitsaufnahme

Lamnek, Siegfried:
Qualitative Sozialforschung / Siegfried Lamnek. — Weinheim :
Beltz, PsychologieVerlagsUnion.
Bd. 1. Methodologie. — 3., korrigierte Aufl. — 1995
ISBN 3-621-27176-7

1. Auflage 1988, Psychologie Verlags Union München · Weinheim
2., überarb. Auflage 1993, Psychologie Verlags Union Weinheim
3., korrigierte Auflage 1995, Psychologie Verlags Union Weinheim

© 1995 Psychologie Verlags Union, Weinheim

Das Werk einschließlich seiner Teile ist urheberrechtlich geschützt. Jede Verwertung außerhalb der engen Grenzen des Urheberrechtsgesetzes ist ohne Zustimmung des Verlags unzulässig und strafbar. Das gilt insbesondere für Vervielfältigungen, Übersetzungen, Mikroverfil-
mungen und die Einspeicherung und Verarbeitung in elektronischen Systemen.

Umschlagentwurf: Dieter Vollendorf, München
Druck und Bindung: Druckhaus „Thomas Müntzer", Bad Langensalza
Printed in Germany
Gedruckt auf säurefreiem Papier
ISBN 3-621-27176-7

Vorwort

Ein Lehrbuch zu „Methodologie und Methoden qualitativer Sozialforschung" zu schreiben, ist ein schwieriges und problematisches Unterfangen:

- Qualitative Sozialforschung ist auf allen (meta)-theoretischen Ebenen und in allen Phasen kein monolithisches, homogenes und eindeutig identifizierbares Konzept; sie kann vielmehr wissenschaftstheoretisch, methodologisch, methodisch und soziologisch-theoretisch unterschiedlich gefaßt werden, weshalb eine vereinheitlichende Darstellung den jeweils differenzierenden und nuancierenden Positionen kaum gerecht werden kann.

- Qualitative Sozialforschung hat kein feststehendes Repertoire an Datenerhebungs- und insbesondere Auswertungstechniken und ihre Apologeten können sich kaum auf einen gemeinsamen Kanon verständigen. Wegen der Heterogenität der bearbeiteten Gegenstände und Fragestellungen sowie der an sie angepaßten und nach ihnen gewählten Methoden sind Generalisierungen praktisch kaum zu leisten.

- Ein Lehrbuch sollte einen gewissen allgemeinen – eben für alle Fälle anwendbaren – Inhalt haben. Qualitative Sozialforschung in solcher Weise darstellen zu wollen, widerspricht der in dieser Position vertretenen Forderung, die Methode dem jeweils individuellen Gegenstand angemessen zu wählen und an ihm zu entwickeln. Qualitative Sozialforschung ist daher immer objektspezifisch und nicht generalistisch. Methoden qualitativer Sozialforschung sind eben nicht „standardisierbar".

- Ein Lehrbuch wendet sich an den „Anfänger" und wird daher aus didaktischen Gründen eine eher „oberflächliche", breite Perspektive wählen und damit manche Argumentation verkürzt darstellen müssen. Gerade die qualitative Sozialforschung erfordert aber gemäß ihrem Anspruch eine profunde und intensive Auseinandersetzung.

- Aus den genannten Gründen sind in Theorie und Praxis qualitativer Sozialforschung eine Vielzahl von Problemen und Schwierigkeiten enthalten, die noch einer Klärung harren. Sie können im Rahmen einer Einführung bestenfalls benannt aber nicht gelöst werden.

Diese Widersprüchlichkeiten und Inkonsistenzen – weitere könnten genannt werden und ergeben sich notwendigerweise bei der Lektüre – haben mich gleichwohl nicht daran gehindert, diese Einführung zu verfassen. Die Begründung und Legitimation hierfür ist primär pragmatisch:

- Wer Studierende in empirischer Sozialforschung ausbildet und den tradierten Standard quantitativer Methoden zeitweise verlassen und durch die qualitative Perspektive erweitern möchte, stellt ein deutlich ausgeprägtes studentisches Verlangen nach einem Lehrbuch fest, das die qualitative Sozialforschung „kodifiziert".

- Eine solche Einführung – analog zu den vielen in der quantitativen Sozialforschung – existiert bislang nicht. Die studentischen Erwartungen richten sich

V

– nach meiner Erfahrung – sehr bestimmt auf eine vergleichbare Darstellung von quantitativer und qualitativer Sozialforschung. Gerade die bestechende Systematik der quantitativen Position wird bei der qualitativen vermißt und soll durch den Vergleich eingebracht werden.

Wenn nun gegen ein Lehrbuch zur qualitativen Sozialforschung (ein „Kochbuch" wird es niemals werden können) vornehmlich wissenschaftliche und theoretische Argumente und für ein solches pragmatische Gründe sprechen, so werden die grundsätzlichen Probleme nicht aufgehoben; vielmehr sind Oberflächlichkeiten, Verkürzungen, Widersprüchlichkeiten strukturell angelegt. Die oft implizit-komparative Darstellung läuft Gefahr, die qualitative Sozialforschung mindestens teilweise an paradigmafremden Kriterien zu messen und sie damit tendenziell unangemessen zu beurteilen. Ich bemühe mich jedoch, eine sachgerechte Einschätzung der Leistungen und Schwächen qualitativer Sozialforschung zu eröffnen.

Ob es letztlich gelungen ist, den Bedürfnissen der Studierenden Rechnung zu tragen und zugleich die qualitative Sozialforschung so darzustellen, daß deren Anhänger sich (mindestens) tendenziell theoretisch repräsentiert finden können, müssen die Betroffenen und die Leser beurteilen. Für konstruktive Zuschriften wäre ich herzlich dankbar.

München, im Oktober 1987   *S. Lamnek*

Vorwort zur 2. korrigierten und erweiterten Auflage

Konstruktive Zuschriften zur 1. Auflage habe ich leider nur eine erhalten. Herzlichen Dank hierfür! Negative oder gar destruktive Briefe sind gottlob keine bei mir eingegangen. Betrachtet man zudem die Nachfrage als weiteren Indikator für die Qualität einer Veröffentlichung, so hat dieser Band 1 zur Qualitativen Sozialforschung offenbar eine positive Beurteilung erfahren. Nehme ich die Äußerung meiner Studierenden als Maßstab, so sind zwar wegen des Abhängigkeitsverhältnisses Abstriche an ihren Aussagen zu machen, doch bleibt unter dem Strich erheblich mehr Lob als Kritik. Kritische Äußerungen in Rezensionen sind vornehmlich von jenen vorgetragen worden, die sich genuin dem qualitativen Paradigma zuordnen und es nicht gerne sehen, daß „Quereinsteiger" sich einer Thematik widmen, die sie für sich selbst definiert und reserviert wissen wollen. Gleichwohl sind die Rezensionen insgesamt erfreulich „freundlich".

Nun bin ich allerdings der Auffassung, daß nichts gut genug ist, als daß es nicht doch verbessert werden könnte und sollte. Deshalb habe ich Wert darauf gelegt, daß die 2. Auflage als korrigierte und erweiterte erscheint. Ich hoffe sehr, daß damit eine Verbesserung eingetreten ist und die Akzeptanz weiter erhöht wird.

Für wichtige Anregungen, Hilfestellungen und Unterstützungen schulde ich den Herren Jesko Arlt, Walter Kiefl und Siegfried Rosner sowie Frau Frauke Wilkens Dank. Für Mängel trage selbstverständlich ich die Verantwortung.

Eichstätt, im November 1992 *S. Lamnek*

Vorwort zur 3. und korrigierten Auflage

Unerwartet schnell wurde eine 3. Auflage der beiden Bände zur Qualitativen Sozialforschung erforderlich, weshalb auch schon aus zeitlichen Gründen weiterreichende Veränderungen nicht realisierbar waren. Die nochmalige Durchsicht der 2. Auflage hat allerdings ergeben, daß einige technische Mängel sich eingeschlichen hatten (insbesondere Personen und Sachregister), die unbedingt eliminiert werden mußten. Auch einige Tippfehler konnten noch korrigiert werden. Für die Durchsicht der 2. Auflage bin ich Frau Gabriele Seifert und Herrn Viktor Tamme zu Dank verpflichtet. Ich hoffe, daß die 3. und erneut korrigierte Auflage noch einmal besser geworden ist und den Bedürfnissen der Leser noch weiter entgegenkommt.

Eichstätt, im März 1995 *S. Lamnek*

Inhalt

Band I: Methodologie

Vorwort V
Vorwort zur 2. korrigierten und erweiterten Auflage VII

1. Einführung 1

2. Erste Charakterisierung der qualitativen Sozialforschung 3

   2.1. Wichtige Kritikpunkte an der traditionellen quantitativen Sozialforschung 6
      2.1.1. Die restringierte Erfahrung 8
      2.1.2. Schein und Wirklichkeit 9
      2.1.3. Herrschaftsstabilisierung 11
      2.1.4. Der Primat der Methode 11
      2.1.5. Der Meßfetischismus 12
      2.1.6. Instrumentalisierung als Intersubjektivität 13
      2.1.7. Naturwissenschaft als Vorbild 14
      2.1.8. Subjekt als Objekt 14
      2.1.9. Die Scheinobjektivität der Standardisierung 15
      2.1.10. Die Forscherperspektive als Oktroy 16
      2.1.11. Methodologie und Forschungsrealität 17
      2.1.12. Die Distanz des Forschers zum Gegenstand 18
      2.1.13. Die Ausblendung des Forschungskontextes 18
      2.1.14. Meßartefakte 19
      2.1.15. Fazit 20

   2.2. Zentrale Prinzipien qualitativer Sozialforschung 21
      2.2.1. Die Offenheit 22
      2.2.2. Forschung als Kommunikation 23
      2.2.3. Der Prozeßcharakter von Forschung und Gegenstand . . . 24
      2.2.4. Reflexivität von Gegenstand und Analyse 25
      2.2.5. Die Explikation 26
      2.2.6. Flexibilität 27
      2.2.7. Fazit 29

   2.3. Das Feld qualitativer Sozialforschung 30
      2.3.1. Chronologie qualitativer Sozialforschung 30
      2.3.2. Typologisierung qualitativer Sozialforschung 32
         2.3.2.1. Der Nachvollzug des subjektiv gemeinten Sinns . . 33
         2.3.2.2. Die Deskription sozialen Handelns 33
         2.3.2.3. Die Rekonstruktion von Strukturen 35
      2.3.3. Fazit 38

IX

3. Grundlagen qualitativer Sozialforschung 39

3.1. Die soziologisch-theoretischen Voraussetzungen 42
    3.1.1. Das interpretative Paradigma 42
    3.1.2. „Natural Sociology" und „Natural History" 44
    3.1.3. Der symbolische Interaktionismus 46
    3.1.4. Ethnomethodologie 51

3.2. Die wissenschaftstheoretische Basis 56
    3.2.1. Phänomenologie 58
        3.2.1.1. Die Phänomenologie bei *Husserl* 59
        3.2.1.2. Angewandte Phänomenologie 65
        3.2.1.3. Zusammenfassung 70
    3.2.2. Hermeneutik 71
        3.2.2.1. Die zwei hermeneutischen Zirkel als Hilfen
             beim Verstehen 74
        3.2.2.2. Formen des Verstehens 78
        3.2.2.3. Zur Objektivität des Sinnverstehens 82
        3.2.2.4. „Regeln" der Hermeneutik 86
        3.2.2.5. Zusammenfassung 87
    3.2.3. Sozialwissenschaft als Textwissenschaft 88

4. Die Methodologie qualitativer Sozialforschung 93

4.1. Theorien und Hypothesen 96
    4.1.1. Qualitative Forschung als Exploration 100
    4.1.2. Qualitative Sozialforschung bei *Barton* und *Lazarsfeld* . . . 104
        4.1.2.1. Die Exploration 104
        4.1.2.2. Die Entdeckung von Beziehungen 106
        4.1.2.3. Integrierende Konstrukte 108
        4.1.2.4. Die Überprüfung von Hypothesen 108
        4.1.2.5. Einige Kritikpunkte 110
        4.1.2.6. Zusammenfassung 110
    4.1.3. Die datenbasierte Theorie (grounded theory)
        bei *Glaser* und *Strauss* 111
        4.1.3.1. Die vergleichende Analyse als Methode
             der Theoriegewinnung 114
        4.1.3.2. Die Gleichzeitigkeit von Datensammlung
             und -analyse 118
        4.1.3.3. Die entstehenden Theorien 119
        4.1.3.4. Von gegenstandsbezogenen zu formalen Theorien 122
        4.1.3.5. Zusammenfassung 125
    4.1.4. Theorien und Hypothesen in qualitativer und quantitativer
        Sozialforschung im Überblick 129

4.2.	Begriffsbildung	130
4.3.	Operationalisierung	139
4.4.	Die Gütekriterien	152
	4.4.1. Gültigkeit	158
	4.4.2. Zuverlässigkeit	173
	4.4.3. Objektivität	178
	4.4.4. Repräsentativität und Generalisierbarkeit	187
4.5.	Die Populationswahl	193
4.6.	Die Datenerhebung	195
4.7.	Auswertung und Analyse	196
	4.7.1. Die Explikation (*Barton* und *Lazarsfeld*)	202
	4.7.2. Die inhaltsanalytische Auswertung (*Mühlfeld*)	205
	4.7.3. Die objektive Hermeneutik (*Oevermann*)	207
	4.7.4. Auswertung und Interpretation im Überblick	217
4.8.	Methodologische Implikationen in quantitativer und qualitativer Sozialforschung	218
	4.8.1. Erklären versus Verstehen	219
	4.8.2. Nomothetisch versus idiographisch	221
	4.8.3. Theorieprüfend versus theorieentwickelnd	223
	4.8.4. Deduktiv versus induktiv	225
	4.8.5. Objektiv versus subjektiv	227
	4.8.6. Ätiologisch versus interpretativ	230
	4.8.7. Ahistorisch versus historisierend	231
	4.8.8. Geschlossen versus offen	232
	4.8.9. Prädetermination des Forschers versus Relevanzsysteme der Betroffenen	234
	4.8.10. Distanz versus Identifikation	234
	4.8.11. Statisch versus dynamisch-prozessual	236
	4.8.12. Starres versus flexibles Vorgehen	237
	4.8.13. Partikularistisch versus holistisch	237
	4.8.14. Zufallsstichprobe versus theoretical sampling	238
	4.8.15. Datennähe versus Datenferne	239
	4.8.16. Unterschiede versus Gemeinsamkeiten	240
	4.8.17. Reduktive versus explikative Datenanalyse	242
	4.8.18. Hohes versus niedriges Meßniveau	243
	4.8.19. Schematischer Vergleich quantitativer und qualitativer Sozialforschung	243

5. Chancen und methodologische Probleme der Triangulation 245

    5.1. Definitionselemente 248

    5.2. Absichten und Chancen 249

    5.3. Methodologische Probleme 251

    5.4. Methodologische Konsequenzen 255

6. Ausblick 258

Glossar 262

Literaturverzeichnis 277

Verzeichnis der Abbildungen 290

Personenregister 291

Sachregister 294

1. Einführung

Aus dem Unbehagen an der unreflektierten Anwendung herkömmlicher Forschungsverfahren hat sich innerhalb der letzten Jahre eine neue Richtung empirischer Sozialforschung entwickelt, die gemeinhin mit dem Schlagwort „qualitativ" in Abhebung zu den sog. „quantifizierenden" Verfahren belegt wird. Fragte *Küchler* 1980 in einem Überblicksartikel noch, ob es sich bei der zunehmenden Verbreitung „qualitativ" orientierter Projekte und Forschungsansätze lediglich um einen „Modetrend" oder gar um einen „Neuanfang" handelt (*Küchler* 1980, S. 373), so wirft der gleiche Autor nur drei Jahre später die Frage auf, ob die qualitativen Verfahren einen neuen „Königsweg" der Sozialforschung beschreiten (*Küchler* 1983). Und zu Beginn des letzten Jahrzehnts dieses Jahrhunderts konstatiert *Mayring* eine „qualitative Wende" und sieht darin „eine tiefgreifende Veränderung der Sozialwissenschaften in diesem Jahrhundert" (*Mayring* 1990, S. 1).

Die eher (ab)wertende Kennzeichnung der qualitativen Sozialforschung als „Modetrend" scheint offenbar relativ schnell unhaltbar geworden zu sein. Dieser Einstellungswandel – auch auf seiten kritischer Beobachter der neuen Forschungsrichtung – dokumentiert in erhellender Weise die zunehmende Relevanz qualitativer Methodologie und die wachsende Aufmerksamkeit, die diese im Rahmen der laufenden Diskussionen um Angemessenheit und Fruchtbarkeit von Verfahren zur empirischen Erfassung der sozialen Wirklichkeit erfährt. Dabei geht die Anwendung qualitativer Verfahren bereits weit über den engeren Bereich soziologischer Forschung hinaus und hat auch in benachbarten sozialwissenschaftlichen Disziplinen Einzug gehalten (für die Pädagogik vgl. dazu *Garz/ Kraimer* 1983, für die Psychologie *Jüttemann* 1985). Mit diesem Lehrbuch soll versucht werden, diesem Bedeutungsgewinn qualitativer Sozialforschung Rechnung zu tragen.

Am Anfang steht eine erste Charakterisierung der qualitativen Sozialforschung, die eher überblicksartige Vorstellungen dieses Paradigmas entwickelt. Dann geht es um die Kritik an der herkömmlichen Sozialforschung, von der aus der neue Forschungstyp *auch* seinen Ausgang nimmt und in Absetzung davon eigene Prinzipien zu entwickeln sucht. Diese Prinzipien qualitativer Sozialforschung werden danach – und zunächst ohne weitergehende Differenzierung – in den zentralen Aspekten dargestellt.

Ein nächster Schritt beabsichtigt, das Anwendungsfeld qualitativer Forschungsmethoden typologisch aufzugliedern, um damit auch die bestehenden und manchmal tiefgreifenden internen Differenzierungen des neuen Forschungsparadigmas zu erfassen. Dabei werden anhand dieser Typologie verschiedene Ansätze, die sich mittlerweile im deutschsprachigen Raum etabliert haben, kurz charakterisiert. Hiermit läßt sich das Vorgehen qualitativer Sozialforschung, aber auch die Vielfalt innerhalb dieser Forschungsrichtung, recht gut verdeutlichen.

Es schließt sich eine ausführliche Grundlegung der qualitativen Sozialforschung in soziologisch-theoretischer und wissenschaftstheoretischer Orientierung an. Der Symbolische Interaktionismus als Anwendungsfall des interpretativen Paradigmas sowie Phänomenologie und Hermeneutik werden als zentrale Fundierungen qualitativer Sozialforschung herausgearbeitet.

Dieser Behandlung der Eigenart qualitativer Sozialforschung und ihrer metatheoretischen Grundlegung folgt dann der Versuch, die Methodologie qualitativer Sozialforschung spezifischer zu kennzeichnen. Erreicht werden soll dies auch dadurch, daß die Gütekriterien qualitativer Sozialforschung analysiert und mit den anerkannten der herkömmlichen Ansätze (wie Validität, Reliabilität, Objektivität, Repräsentativität und Generalisierbarkeit) verglichen werden. Bei Kenntnis dieser Differenzierungen lassen sich dann Ähnlichkeiten und Unterschiede zwischen den beiden Typen empirischer Sozialforschung besser herausarbeiten und verstehen. In diesem Kapitel werden zudem die methodologischen Auffassungen der qualitativen Sozialforschung zu Theorien und Hypothesen, zu Datenerhebung, -auswertung und -analyse behandelt. Es schließt mit der expliziten und vergleichenden Gegenüberstellung von methodologischen Prinzipien und Konsequenzen qualitativer und quantitativer Sozialforschung.

Eine Einführung in Methodologie und Methoden qualitativer Sozialforschung kommt nicht umhin, auch auf die noch schwerwiegenden ungelösten Probleme wissenschaftstheoretischer, methodologischer, methodischer und technischer Art des neuen Paradigmas zu verweisen. Nur durch die differenzierte Abwägung der Vor- und Nachteile qualitativer Forschungsmethoden kann deren Einsatz in der empirischen Arbeit sinnvoll und fruchtbar gestaltet werden. Da dies auch für die quantitative Sozialforschung gilt und – wie wir sehen werden – Zielsetzungen und Erkenntnismöglichkeiten offenbar unterschiedlich sind, sollen abschließend noch Überlegungen zum gegenseitigen Verhältnis von quantitativer und qualitativer Sozialforschung angestellt werden.

Der Band 1 endet mit theoretischen Überlegungen zu den Möglichkeiten, die manchmal unvereinbar erscheinenden Positionen qualitativer und quantitativer Sozialforschung zu vermitteln: In Konkretisierung der methodologischen Basis werden in Band 2 dieser Einführung in Methodologie und Methoden qualitativer Sozialforschung Einzelmethoden und -techniken der qualitativen Forschungsrichtung dargestellt werden, um einen Überblick über das zur Verfügung stehende Instrumentarium der qualitativen Sozialforschung zu verschaffen und Anfängern den Einstieg in das Anwendungsfeld einer relativ neuen empirischen Forschungsrichtung zu erleichtern.

Ausgangspunkt, Ordnungskriterien und Gestaltungsprinzipien dieser Einführung sind also primär methodologische Grundsätze, weil sich qualitative Sozialforschung vor allem als alternatives methodologisches Paradigma entwickelt und etabliert hat. Andere strukturierende Prinzipien (wissenschaftshistorische, gegenstandsorientierte etc.) wären denkbar, werden hier aber nicht verfolgt.

2

2. Erste Charakterisierung der qualitativen Sozialforschung

Mit dem Begriff der qualitativen Sozialforschung werden oft – gerade auch auf seiten derer, die quantitativ arbeiten, insbesondere in der kommerziellen Markt- und Meinungsforschung – Vorstellungsinhalte assoziiert, die dem qualitativen Paradigma keineswegs gerecht werden können. Qualitative Methoden werden auf die Messung von Qualitäten, d. h. nonmetrische Eigenschaften von Personen, Produkten und Diensten reduziert und „als qualitative Forschung werden jene Methoden charakterisiert, bei denen wenig Auskunftpersonen, keine Stichprobenverfahren und keine statistischen Analysen eingesetzt werden" (*Vogel/Verhallen* 1983, S. 146).

Wollte man die qualitative Sozialforschung aus der Sicht ihrer Nicht-Befürworter negativ ausgrenzend definieren, so müßte man also folgende Elemente herausgreifen:

- eine sehr kleine Zahl von Untersuchungspersonen;
- keine echten Stichproben nach dem Zufallsprinzip;
- keine quantitativen (= metrischen) Variablen;
- keine statistischen Analysen.

Bei den genannten Merkmalen handelt es sich aber um doch eher „äußerliche" Kennzeichen, die nicht einmal in jedem Fall vorliegen müssen. So gibt es zwar qualitative Untersuchungen bei denen tatsächlich nur sehr wenige Fälle analysiert wurden (Fallstudie als Extremtypus), doch sind auch solche mit relativ großen Probandenzahlen denkbar und auch schon realisiert worden (etwa n zwischen 50 und 100). Wenn trotzdem in der Regel die Fallzahlen gering sind, so sind zumeist extrainhaltliche Gründe, wie Kosten, Zeit, Ressourcen etc., dafür verantwortlich. Eine prinzipielle und methodologische Ablehnung hoher Fallzahlen wäre nach der qualitativen Sozialforschung nur insoweit gegeben, als man damit dem einzelnen Forschungsobjekt (= Subjekt) nicht mehr gerecht werden könnte und die (hier noch zu entwickelnden) methodologischen Kriterien verletzt werden würden.

Wenn in der Regel keine echten Zufallsstichproben gezogen werden, so ist dies nur die Folge der geringen Zahl von Untersuchungspersonen, die eine sinnvolle Stichprobenrealisierung ausschließt. Keineswegs wird von qualitativen Sozialforschern der Wert von Stichproben prinzipiell negiert.

Ob statistische Analysen durchgeführt werden, ist zunächst auch wieder eine Frage der Fallzahl und keine der grundsätzlichen Einstellung gegenüber der Statistik. Zwar stellen statistische Maßzahlen in den Augen qualitativer Sozialforscher eine Verkürzung konkreter Lebenssachverhalte dar (bei den „Quantifizierern": Reduktion von Daten zum Zwecke des Informationsgewinns), doch sind quantifizierende Aussagen nicht a priori ausgeschlossen. Dies gilt insbesondere dann, wenn es sich um sehr einfache Verfahren, wie etwa Prozentuierungen, Typenbildungen etc. handelt.

Daß das Meßniveau der Variablen in der qualitativen Methodologie nur eine untergeordnete Rolle spielt, ist richtig. Doch können und werden auch bei qualitativen Erhebungsmethoden (narratives Interview, Biographie, Gruppendiskussion etc.) quantitative (metrische) Variablen, wie etwa Alter, Kinderzahl, Dauer der Arbeitslosigkeit etc. festgestellt. Daher ist das Meßniveau ebenfalls kein notwendiges Konstituens für qualitative Forschung.

Somit ist zunächst einmal festzuhalten, daß mit der obigen „Definition" aus der Sicht quantitativer Sozialforschung der wesentlich andersartige Ansatzpunkt qualitativer Forschungsmethoden und deren strukturelle Verschiedenheit zu den quantitativen Methoden nicht adäquat und zureichend wiedergegeben wird. Jene genannten Definitionselemente sind in der Methodologie qualitativer Sozialforschung eher peripher und abgeleitet aus einer grundsätzlicheren Kritik der quantitativen Praxis.

Vermehrt läßt sich heute in den Sozialwissenschaften ein Unbehagen an den konventionellen Methoden und insbesondere an der bislang dominierenden Stellung standardisierter Massenbefragungen feststellen (vgl. z.B. *Küchler* 1980, *Hoerning* 1980, *Lamnek* 1978, *Blumer* 1973). Der zentrale Einwand gegen die Verwendung sog. quantitativer Verfahren zielt darauf ab, daß durch *standardisierte* Fragebogen, Beobachtungsschemata usw. das soziale Feld in seiner Vielfalt eingeschränkt, nur sehr ausschnittweise erfaßt und komplexe Strukturen zu sehr vereinfacht und zu reduziert dargestellt würden.

„Zielt die konventionelle Methodologie darauf ab, zu Aussagen über Häufigkeiten, Lage-, Verteilungs- und Streuungsparameter zu gelangen, Maße für Sicherheit und Stärke von Zusammenhängen zu finden und theoretische Modelle zu überprüfen, so interessiert sich eine qualitative Methodologie primär für das ‚Wie' dieser Zusammenhänge und deren innere Struktur vor allem aus der Sicht der jeweils Betroffenen" (*Kiefl/Lamnek* 1984, S. 474). „*Qualitative methodologies refer to research procedures which produce descriptive data: people's own written or spoken words and observable behavior.* This approach ... directs itself at settings and the individuals within those settings holistically; that is, the subject of the study, be it an organization or an individual, is not reduced to an isolated variable or to an hypothesis, but is viewed instead as part of a whole. The methods by which we study people of nessecity affects how we view them. When we reduce people to statistical aggregates, we lose sight of the subjective nature of human behavior. Qualitative methods allow us to know people personally and to see them as they are developing their own definitions of the world. We experience what they experience in their daily struggle with their society. We learn about groups and experiences about which we may know nothing. Finally, qualitative methods enable us to explore concepts whose essence is lost in other research approaches. Such concepts as beauty, pain, paith, suffering, frustration, hope and love can be studied as they are defined and experienced by real people in their everyday lives" (*Bogdan/Taylor* 1975, S. 4f.).

Wenn man danach die Ansätze qualitativer Richtung als einen „neuen" Typ empirischer Sozialforschung bezeichnet, so muß hinzugefügt werden, daß die Novität nur eine relative ist, da das Unbehagen gegenüber standardisierten Untersuchungsmethoden und die ihnen zugeordnete Konzeption vom sozialwissenschaftlichen Gegenstandsbereich (der „sozialen Welt") auf eine lange Geschichte in der Entwicklung der soziologischen Disziplin zurückgreifen kann. Als Wegmarken dieser Tradition seien nur die Positionen der Chicagoer Schule um *Thomas* und *Park* genannt, die heute in Fortentwicklung unter dem Begriff des *Symbolischen Interaktionismus* firmieren.

Aber auch auf seiten der „Empirie" ist auf jene Arbeiten zu verweisen, die *Bonß* in einer historisch-systematischen Untersuchung zur Geschichte der empirischen Sozialforschung der „monographischen Linie" zuordnet (vgl. *Bonß* 1982; vgl. auch *Kern* 1982). Oft erscheint der Rückgriff qualitativ orientierter Forscher auf bereits traditionell verankerte Formen der Erhebung und Analyse nur als Wiederbelebung von in Vergessenheit geratenen Einzelmethoden. So haben in diesem Sinne zum Beispiel die Methode der teilnehmenden Beobachtung, die Biographieforschung und das Gruppendiskussionsverfahren eine regelrechte Renaissance erfahren.

Wenn nun einzelne Methoden, die im Rahmen qualitativer Sozialforschung heute verwendet werden, bereits eine längere Tradition besitzen und das Anliegen dieser Forschungsrichtung, das sich wesentlich auch aus dem Unbehagen gegenüber standardisierten Untersuchungsverfahren speist, nicht als völlig neu bezeichnet werden können, so ist in der gegenwärtigen Situation dennoch folgendes neu:
- Die Ausbreitung qualitativer Forschungsverfahren und die Zahl qualitativ orientierter Forschungsprojekte haben einen neuen Quantitätsgrad erreicht, der möglicherweise eine Tendenzwende hin zur *monographischen* Linie anzeigt.
- Die Methodendiskussion im Rahmen des qualitativen Ansatzes selbst hat eine neue Qualität erreicht, d. h. sie wird zunehmend systematisch mit dem Ziel der Begründung eines *eigenständigen Paradigmas* betrieben und erschöpft sich nicht mehr in der kritischen Auseinandersetzung mit den herkömmlichen quantitativen Methoden.
- Schließlich hat die von den „Qualitativen" vorgebrachte Kritik an den Verfahrensweisen einer „tatsachenbezogenen Empirie" (vgl. *Bonß* 1982) das Monopol quantifizierender Untersuchungsmethoden ins Wanken gebracht und damit eine *Grundlagendiskussion über die Prinzipien empirischer Sozialforschung* entfacht, in deren Gefolge eine unreflektierte Anwendung traditioneller Forschungsmethoden nicht mehr legitimierbar erscheint.

Die gegenwärtige Situation in der empirischen Sozialforschung ist also durch eine gewisse (hilfreiche) Verunsicherung der Vertreter etablierter Forschungsansätze, durch eine weitgehende Unübersichtlichkeit im Feld qualitativer Alternativvorschläge und oft durch gegenseitige Abschottungen, Verteufelungen oder auch nur durch Mißverständnisse geprägt. Aber an vielen Stellen ist auch die Bereitschaft festzustellen, zu einer systematischen Klärung der gemeinsamen Problemstellungen beizutragen. Dies setzt allerdings mit voraus, quantitative und qualitative Methoden nicht als prinzipiell unvereinbare Untersuchungsverfahren, sondern als sich ergänzende Alternativen im Feld empirischer Forschung zu begreifen (vgl. hierzu das Kapitel 5).

Um die jeweiligen Eigenarten der beiden Vorgehensweisen besser begreiflich zu machen und damit insbesondere das Verständnis der hier primär interessierenden qualitativen Sozialforschung zu fördern, sollen im folgenden mit dem Mittel der idealtypischen Kontrastierung beide Richtungen mit ihrem metatheoretischen Hintergrund charakterisiert werden. Ein Einstieg dazu bietet sich mit der Kritik an, der sich die herkömmlichen quantitativen Ansätze gegenübersehen und die zur Basis jener Prinzipien wurde, die sich die qualitative Sozialforschung ihrem eigenen Selbstverständnis nach heute zuschreibt. Auf der Grundlage dieser Programmatik sollte es dann möglich sein, das sich gegenwärtig darbietende Feld qualitativer Sozialforschung schrittweise abzutasten.

2.1. Wichtige Kritikpunkte an der traditionellen quantitativen Sozialforschung

Bis etwa in die Mitte der sechziger Jahre hinein bestand ein weitgehender Konsens in der Beurteilung der empirischen Sozialforschung, deren Qualität vielfach daran gemessen wurde, inwieweit sie sich dem von den Naturwissenschaften übernommenen Modell zu nähern vermochte. *Müller* charakterisiert diese Übereinstimmung auf der wissenschaftstheoretisch-methodologischen Ebene als „Festhalten am Postulat der Einheitswissenschaft ... verbunden mit der Verpflichtung auf das Hempel-Oppenheim-Schema der wissenschaftlichen Erklärung, meist in seiner probabilistischen Version ... und an der strikten Trennung von Gewinnungs-, Begründungs- und Verwendungszusammenhang: Bedingung für die Aufnahme einer Aussage in den Corpus des wissenschaftlich anerkannten Wissens (bis zu ihrer etwaigen Widerlegung) ist ihr Standhalten im wissenschaftlichen Begründungsverfahren; der Gewinnungszusammenhang einer Aussage ist nach diesem Wissenschaftsverständnis eine Frage der Forscherpsychologie ... Reflexionen über den außenwissenschaftlichen Verwendungszusammenhang von Forschung sind eine Frage des Berufsethos" (*Müller* 1979, S. 12).

Gegen diese hier nur knapp skizzierte Grundposition und die dahinter stehenden wissenschaftstheoretischen Basisüberlegungen (vgl. dazu im Detail etwa *Prim/Tilmann* 1973) wurde besonders im sog. Positivismusstreit (vgl. *Adorno* u. a. 1969) vor allem von Vertretern einer kritisch-dialektischen Gesellschaftstheorie Kritik formuliert (vgl. auch *Bogumil/Immerfall* 1985, S. 72 ff.). Aber es gab auch im Bereich der analytischen Wissenschaftstheorie selbst wichtige Einsichten in den Problemcharakter empirischer Aussagen (z.B. die von *Kuhn* (1967) und *Feyerabend* (1975) vertretene These der Theoriebeladenheit aller Beobachtungsaussagen), die später in den siebziger Jahren von den Anhängern des qualitativen

Paradigmas in kritischer Absicht aufgegriffen und gegen die analytische Richtung als ganze verwendet wurden.

So entwickeln sich die von den Kritikern quantitativer Sozialforschung vorgebrachten Vorwürfe aus verschiedenen Quellen und die Angriffe gegen die etablierten Methoden fanden nicht zuletzt Nahrung durch jene reflektierten Versuche der immanenten Methodenkritik, die von den prinzipiellen Befürwortern quantifizierender Verfahren selbst angestrengt wurden (als Beispiel einer solch differenzierten und immanent angelegten Methodenkritik: *Kriz* 1981). Ohne der Vielfältigkeit der vorgebrachten kritischen Überlegungen gerecht werden zu können, sollen einige zentrale Kritikpunkte gegenüber den traditionellen Forschungsansätzen kurz benannt werden. *Girtler* (vgl. 1984, S. 26) faßt die Hauptargumente gegen eine naturwissenschaftlich ausgerichtete „positivistische" Soziologie (und Ethnologie) zusammen:

1. Soziale Phänomene existieren nicht außerhalb des Individuums, sondern sie beruhen auf den Interpretationen der Individuen einer sozialen Gruppe (die es zu erfassen gilt).
2. Soziale Tatsachen können nicht vordergründig „objektiv" identifiziert werden, sondern sie sind als soziale Handlungen von ihrem Bedeutungsgehalt her bzw. je nach Situation anders zu interpretieren.
3. „Quantitative" Messungen und die ihnen zugrundliegenden Erhebungstechniken können soziales Handeln nicht wirklich erfassen; sie beschönigen oder verschleiern eher die diversen Fragestellungen. Häufig führen sie dazu, daß dem Handeln eine bestimmte Bedeutung unterschoben wird, die eher die des Forschers als die des Handelnden ist.
4. Das Aufstellen von zu testenden Hypothesen vor der eigentlichen Untersuchung kann dazu führen, dem Handelnden eine von ihm nicht geteilte Meinung oder Absicht zu suggerieren oder aufzuoktroyieren.

Alle vier Kritikpunkte an der quantitativ-standardisierenden Vorgehensweise lassen sich in dem folgenden Beispiel lokalisieren:

Beispiel:
Ein Kreuz hinter der Antwortalternative „weiß nicht" in einer schriftlichen Befragung kann sehr Unterschiedliches und meist nicht eindeutig Feststellbares bedeuten:
– Der Befragte weiß die richtige Antwort auf die gestellte Frage tatsächlich nicht.
– Der Befragte weiß mit der Frage überhaupt nichts anzufangen, weil er sie vielleicht nicht versteht.
– Der Befragte hat keine Lust über die Beantwortung der Frage nachzudenken.
– Der Befragte kann seine Antwort nicht in das vorgegebene Kategorienschema einordnen.
– Der Befragte möchte nicht antworten und die Unwilligkeit hinter angeblichem (und sozial akzeptiertem) Nichtwissen verbergen.

Ein, seinem Anspruch nach, „naturwissenschaftlich-positivistisches" Forschungsvorgehen trägt demnach kaum dazu bei, menschliches Handeln konsequent zu erfassen: „Es werden zwar bei den konventionellen Verfahren Zahlen und Prozentzahlen in großer Menge angeboten, es wird jedoch kaum gezeigt, wie der Mensch wirklich handelt und wie seine Interpretationen des Handelns aussehen" (*Girtler*

1984, S. 26 f.). Auch für einen entschiedenen Verfechter qualitativer Methoden kann dies jedoch nicht bedeuten, die quantitative Sozialforschung eindeutig abzulehnen, selbst wenn er sich gegen bestimmte Auswüchse, wie den Mythos der Quantifizierbarkeit und der Gesetzmäßigkeit sozialen Handelns dezidiert wendet, „was aber nicht heißen soll, daß ich für bestimmte Fragestellungen die Quantifizierung der Daten bzw. Statistiken nicht für wichtig halte, so z.B. bei der Feststellung von Delikthäufigkeiten, Arbeitslosenraten usw. Jedoch: um den Regeln des ‚typischen' sozialen bzw. kulturellen Handelns auf die Spur zu kommen, bedarf es der (qualitativen, S.L.) Methoden" (*Girtler* 1984, S. 12 f.).

Die grundsätzlichen Einwände machen die Abwendung von bzw. die Skepsis gegenüber den quantitativen Methoden erklärlich. Mehr und mehr finden qualitative Verfahren, vor allem Intensivinterviews, Gruppendiskussionen, teilnehmende Beobachtungen etc. Eingang in die empirische Forschung, dies vor allem auch im Rahmen eines multimethodischen Vorgehens bzw. von Methodenkombinationen, die auf die Integration verschiedener Merkmale des Forschungsgegenstandes abzielen (vgl. *Witzel* 1982, S. 10).

Die von *Girtler* vorgebrachten allgemeinen Kritikpunkte an der konventionellen, quantitativ-standardisierenden Sozialforschung sollen im folgenden noch ergänzt und differenziert werden, wobei sich wegen der Verschränktheit der Kritikpunkte auch Redundanzen ergeben. Die eher pragmatische Aufgliederung erfolgt vor allem aus didaktischen Gründen. Es sollte klar sein, daß sich Schwierigkeiten aus der Anwendung quantitativer Forschungsmethoden meist auf allen theoretischen wie praktischen Ebenen des Forschungsprozesses ergeben – zumindest sich aber auswirken – und sich deshalb die Kritik auf alle Bereiche erstreckt. Daraus folgt, daß die meist interdependente und durch alle Ebenen durchgreifende Kritik hier nur analytisch aufgegliedert werden kann. Weiter ist mit der Klassifikation der Kritikpunkte keine hierarchische Differenzierung intendiert, wie auch die Genese der Kritikpunkte aus der Position qualitativer Sozialforschung nicht immer eindeutig zu entscheiden ist.

2.1.1. Die restringierte Erfahrung

Die quantitative Sozialforschung und die hinter ihr stehende wissenschaftstheoretische Position des „Positivismus" vertritt das Konzept einer *restringierten Erfahrung*. (Hier wird in der Terminologie der Frankfurter Schule unter dem Begriff des Positivismus in letzlich unangemessener Weise sowohl der Logische Empirismus des Wiener Kreises als auch der Kritische Rationalismus *Poppers* zusammengefaßt; vgl. zu einer angemessenen Charakterisierung *Mittelstrass* 1980, 1984.) Die Restriktion wirkt dabei in zweifacher Hinsicht:

Einmal wird das wissenschaftliche Erkenntnisinteresse und der Bereich potentieller Forschungsgegenstände von vornherein auf das „Positive" und das tatsächlich Gegebene beschränkt. Damit bleiben nicht unmittelbar ersichtliche Phänomene sowie das „Wesen der Dinge" prinzipiell vom Erkenntnisprozeß ausgegrenzt. (Prototypisch hierfür die Inhaltsanalyse in der Definition von *Berelson* (1952), nach der sie sich nur auf *manifeste Inhalte* zu beziehen habe. *Latente Sinnstrukturen* wären damit aus der Analyse ausgeschlossen.)

Zum anderen ist auch die Erfahrung als Überprüfungs- und Bewährungsinstanz wissenschaftlicher Aussagen restringiert. Zulässig zur empirischen Prüfung von Hypothesen sind nur jene Erfahrungsdaten, die in irgendeiner Form standardisierbar (quantifizierbar) und damit intersubjektiv nachvollziehbar sind. „Common sense" und lebensweltlicher Erfahrungsschatz der untersuchten Gesellschaftsmitglieder bleiben damit als Quelle, Gegenstand und Verifikationskriterium wissenschaftlicher Erkenntnis ausgeschlossen.

Das Verhältnis von Theorie und Erfahrung dürfe aber nicht auf die nachträgliche Überprüfung hypothetischer Sätze durch restringierte Erfahrung reduziert werden. Restringierte Erfahrung meint dabei die Überprüfung von Hypothesen und Theorien im Sinne kontrollierter und reproduzierbarer (Einzel-)Beobachtungen. Dies schalte die „vorgängige", d. h. „vorwissenschaftlich" oder „lebensgeschichtlich" erworbene Erfahrung aus (vgl. u. a. *Fuchs* 1978, S. 581). Genau dies kann und soll aber auch Gegenstand sozialwissenschaftlicher Forschung sein.

In diesem Sinne weist *Filstead* auf den großen Abstand hin, den die Sozialforscher zum Objektbereich ihrer Wissenschaft einhalten, was zu einer Vertiefung des Grabens zwischen den Soziologen und der empirischen sozialen Welt führt: „Wir entfalten technische Spezialisierungen und denken dabei kaum daran, ob sie eigentlich dazu taugen, die Realität der empirischen sozialen Welt zu erfassen. Der wachsende Trend zur Quantifizierung hat zu einem verminderten Verständnis der empirischen sozialen Welt geführt. ... Wenn sie menschliches Verhalten besser verstehen wollen, müssen die Soziologen, statt einen immer größeren Abstand von den Phänomenen der empirischen sozialen Welt herzustellen, in direkten Kontakt mit ihr treten" (*Filstead* 1979 a, S. 30).

Die qualitative Sozialforschung ist nicht zuletzt der Versuch, den restringierten Erfahrungsbegriff der quantitativen Sozialforschung zu überwinden. „Ihre Forderung nach Öffnung der Forschung für das Alltagsbewußtsein, ohne bei einer unreflektierten Replikation des Alltagsbewußtseins stehen zu bleiben, und nach emphatischer Rekonstruktion der sozialen Realität belegen dies recht deutlich" (*Bogumil/Immerfall* 1985, S. 107).

2.1.2. Schein und Wirklichkeit

Weil die herkömmliche empirische Sozialforschung sich nur für die – lediglich objektiv erscheinenden – gesellschaftlichen Tatbestände interessiert und deren Wahrnehmung durch die Gesellschaftsmitglieder als Ausdruck eines wahren Bewußtseins begreift, nimmt sie das *Epiphänomen fälschlich für die Sache selbst* (vgl. *Adorno* 1957, S. 88). Damit dupliziert sie in ihrer Hypothesenbildung das bereits verdinglichte Bewußtsein der Untersuchten und zementiert die ideologische Verblendung des gesellschaftlichen Zusammenhangs.

Diese „Verdoppelung der Realität" greift umso mehr, als die Hypothesen bereits vorab formuliert werden und damit die Vorurteile des Forschers in die Konzeption des Gegenstandsbereichs einfließen, bevor dieser sich in seiner Eigenart entfalten kann. Damit wird die wissenschaftliche Vorstellung von der Wirklichkeit den erst noch zu untersuchenden Phänomenen aufoktroyiert, wiewohl andererseits diese Wirklichkeitskonzeption das verdinglichte Bewußtsein der Gesellschaftsmitglieder bereits reproduziert. Damit schließt sich der Zirkel der ideologischen Verblendung und der analytische Durchblick auf die Sache selbst und die gesellschaftliche „Totalität" wird in ihrer wahren Objektivität verbaut.

Eng damit zusammen hängt der gegen die Sozialforschung erhobene Vorwurf der Theorielosigkeit. „Eine grundlegende Arbeit über die Gesellschaft, in der Soziologen ihre Tätigkeit ausüben und die ihre Tätigkeit in näher zu bestimmender Weise beeinflußt, ist in den wenigsten Forschungsarbeiten zu finden. . . . In aller Regel bleiben sogar die Hinweise auf eine Theorie über das jeweils untersuchte Teilgebiet abrißhaft. Forschungsmethoden werden oft als ‚atheoretische' Werkzeuge betrachtet" (*Müller* 1979, S. 12).

Eine Vermittlung zwischen Theorie und Empirie – wenn auch nur für begrenzte Forschungsbereiche – versucht *Mertons* Konzept der Theorien mittlerer Reichweite zu leisten (vgl. *Merton* 1949). Die damit verbundene Partialisierung ist von der Hoffnung getragen, daß sich die räumlich und/oder zeitlich begrenzten Theorien einmal zu einer umfassenderen Theorie der Gesellschaft zusammenfügen lassen. Bislang erscheint die Erfüllung dieser Hoffnung jedoch mehr als fraglich und es scheint, als hätte sich dieser Kritikpunkt kaum auf die Forschungspraxis ausgewirkt. Auch wenn fallweise die Verbindung von soziologischer Reflexion und gesellschaftlicher Realität verwirklicht wurde, gründet sich die Kritik nicht auf einen kritischen, gesellschaftstheoretischen Alternativentwurf (vgl. *Müller* 1979, S. 13).

In einer eingehenden Kritik der standardisierenden Forschungs- und Meßverfahren konnten *Cicourel* (1970), *Berger* (1974) und *Kreppner* (1975) zeigen, daß der komplexe und prozessuale Kontextcharakter der sozialwissenschaftlichen Forschungsgegenstände kaum durch eine normierte Datenermittlung zu leisten ist, und stattdessen situationsadäquate, flexible und die Konkretisierung fördernde Methoden notwendig sind, doch werden keine systematisch entwickelten und erprobten Alternativen genannt. „Ein Wissenschaftler, der an solchen Methoden interessiert ist, muß . . . neben der Bearbeitung des Forschungsgegenstandes nicht nur eigene methodologische Kriterien entwickeln, sondern darüber hinaus diese gegenüber den traditionellen Verfahren legitimieren, um Fachkollegen und nicht zuletzt Geldgeber oder Gutachter günstig zu stimmen. Andererseits werden in der Sozialforschung schon immer qualitative Methoden angewendet, allerdings nur als heuristische Instrumente zur Vorbereitung von Untersuchungen, gleichsam als Materiallieferanten für die Erstellung standardisierter Verfahren. Sie gelten als vorwissenschaftlich und sind entsprechend wenig ausgefeilt. Mangels eindeutiger Kriterien wird so in den Methodenlehrbüchern die Ausgestaltung des qualitativen Untersuchungsablaufes der Findigkeit und Risikobereitschaft des Forschers überlassen" (*Witzel* 1982, S. 10).

2.1.3. Herrschaftsstabilisierung

„Der Positivismus kann den Wald (Gesellschaft) vor lauter Bäumen (Empirie) nicht erkennen, da er bei seiner Herangehensweise an Erkenntnis von Gesellschaft und damit verbunden an die dort feststellbaren Sachverhalte Verdinglichung... aufsitzt. Dadurch suspendiert er (a) von vornherein die Möglichkeit von Gesellschaft und behandelt (b) das, was Gemachtes ist, als Faktum" (*Bogumil/Immerfall* 1985, S. 77).

Die in der etablierten Sozialforschung betriebene „Verdoppelung der Realität" durch die Übernahme der ideologisch verzerrten Wahrnehmungsformen und die damit einhergehende Reproduktion des verdinglichten Bewußtseins besitzt eine *herrschaftsstabilisierende Funktion*. „Die vorherrschenden Verfahren zur Untersuchung sozialen Bewußtseins ... sind zugeschnitten auf die Erfassung von Bewußtsein, das mit bestehenden Herrschaftsverhältnissen konform geht" (*Berger* 1974, S. 11). Unter Bedingungen des Spätkapitalismus bedeute dies eine Stabilisierung der kapitalistischen Verhältnisse.

Allgemeiner – ohne Rekurs auf kritisch-theoretische oder historisch-materialistische Überlegungen – läßt sich der Vorwurf der Herrschaftsstabilisierung wie folgt fassen: Da die quantitative Sozialforschung wegen ihrer Methodologie die vorgefundenen Fakten „naiv und direkt" interpretiert und die Kritik solcher Fakten in der Methodologie ausgeschlossen ist, werden die jeweils bestehenden Verhältnisse erhalten und stabilisiert. (Kritik bestehender Zustände ist in dieser Position nicht die Aufgabe des Wissenschaftlers.) Aber auch die methodologische Absicht, historisch invariante Gesetzmäßigkeiten zu suchen und zu finden, trägt ein konservativ-stabilisierendes Element in sich. Gesellschaftliche Ordnungen, Bedingungen und Verhältnisse bleiben so erhalten.

Auf methodischer Ebene (z. B. Erhebungstechniken) machen manche Autoren ebenfalls herrschaftsstabilisierende Mechanismen in der quantitativen Sozialforschung aus. Dem wird aber sogar von manchem ihrer Kritiker entgegengehalten: „Wenn auch nicht völlig zu leugnen ist, daß die Meinungsforschung mit ihrem Bild vom isolierten Meinungsträger Entsolidarisierungstendenzen fördern könnte, *verwechselt der Vorwurf, die Meinungsforschung verändere systematisch das Verhalten der Befragten in Richtung auf ideologische und integrative Anpassung (Berger 1974, S. 80), Ursache und Wirkung.* Der Bote wird für die böse Kunde, die er bringt, haftbar gemacht" (*Bogumil/Immerfall* 1985, S. 130).

2.1.4. Der Primat der Methode

Auf der anderen Seite wird aber das einmal ausgebildete methodische Instrumentarium zur Verfolgung der verschiedensten Fragestellungen immer wieder herangezogen, ohne auf die *Eigenart der Forschungsgegenstände genügend Rücksicht zu nehmen.* Damit trete die zu untersuchende Wirklichkeit unter die Maßgabe der vorhandenen Untersuchungsmethoden. Dieser „Primat der Methode über die Sache" verhindert eine angemessene und gültige Erfassung der interessierenden

Sachverhalte. Mehr noch: In der (quantitativen) Forschungspraxis verselbständige sich ein bestimmter „Methodenapparat gegenüber den Sachen", gelange „die Universalität des gesellschaftlichen Zusammenhangs" (*Adorno* 1956, S. 106) nicht zum Ausdruck. Das meint: Der Methodenapparat werde nicht der Eigenart und Qualität der „Sachen" angepaßt, sondern vielmehr die Untersuchung gesellschaftlicher Phänomene nach den vorhandenen Forschungsmethoden festgelegt, bzw. die Gegenstände der vorgegebenen Methode angepaßt, d. h. verdinglicht. Die Auswahl der Forschungsgegenstände richte sich dabei weit mehr nach den verfügbaren Verfahrensweisen, als nach der Wesentlichkeit des Untersuchten.

In diesem Sinne schreibt *Adorno*: „Die Dinghaftigkeit der Methode, ihr eingeborenes Bestreben, Tatbestände dingfest zu machen, wird auf ihre Gegenstände, eben die ermittelten subjektiven Tatbestände übertragen, als ob diese an sich dingfest wären" (*Adorno* 1972, S. 514). „Der Positivismus engt Erfahrung per definitionem auf Tatsachen, auf Widerspruchsfreies ein, indem er Methode und Sache trennt und diese hinter jene zurückstellt. Durch die Methode wird bestimmt, was als Erfahrung zugelassen wird; die Struktur des Gegenstandes wird der eigenen Methodologie zuliebe verleugnet" (*Bogumil/Immerfall* 1985, S. 81).

Simpler gefaßt, könnte man sogar soweit gehen und behaupten, es würde nur das untersucht werden, was vermeintlich mit den verfügbaren Methoden und der zugrundeliegenden Methodologie ausreichend exakt erfaßt werden kann. Andere Forschungsfragen werden ausgeschlossen anstatt sie zum Anlaß zu nehmen, für sie (und vielleicht nur für sie) adäquate Methoden zu entwickeln.

Da das Schwergewicht der traditionellen Sozialforschung bei der Methode liegt, die auf einen Gegenstand angewandt wird, ist die Angemessenheit der Methode mindestens gefährdet. Gerade die Berücksichtigung der Struktur des zu Untersuchenden erfordert ein eben nicht abstraktes Methodenset oder allgemeine Instrumentarien, sondern die aus dem Gegenstand sich entwickelnde Methode. Dies impliziert auch die Berücksichtigung der Individualität und Einzigartigkeit des beforschten Objekts als Subjekt.

Die mit der traditionellen Sozialforschung einhergehende und notwendige Folge der Faszination vom „Gesetz der großen Zahl" („alles über einen Leisten schlagen") läßt darüber hinaus die *Quantität vor die Qualität* treten. Dieser Vorwurf leitet unmittelbar zu einem weiteren Problem, dem des quantitativen Messens, über.

2.1.5. Der Meßfetischismus

Die Vernachlässigung qualitativer Aspekte in der quantitativen Sozialforschung läuft parallel mit dem darüber hinaus oft zu beobachtenden *Meßfetischismus*. Der Hauptvorwurf gegenüber der herkömmlichen Methodologie lautet, die Meßproblematik in den Sozialwissenschaften (vgl. *Kreppner* 1975) entweder erst gar nicht angemessen zu begreifen und/oder die falschen Lösungswege einzuschlagen, wenn Meßfehler vermieden werden sollen. Bei der Messung geht es um die Umformung kommunikativer Erfahrungen in Daten (vgl. *Habermas* 1967, S.

192 ff.). Da es uninterpretierte Erfahrungen aber nicht gibt, stellt der Umformungsprozeß des Messens selbst eine Interpretation dar.

Cicourel (1970) hat hierzu herausgearbeitet, daß der Forscher in der Interpretation seiner Beobachtungen, also bei der Zuordnung von Zeichen zu Erfahrungen nach bestimmten Meßregeln, auf sein alltagsweltliches Vorverständnis zurückgreift, ohne allerdings diesen Rückgriff auf den „common sense" zu explizieren. Damit wird die Problematik der Meßoperation nicht nur nicht erkannt, sondern auch die impliziten (Interpretations-)Regeln, die dieser Operation zugrundeliegen, werden nicht ausgewiesen. Die intersubjektive Nachvollziehbarkeit der Messung und damit deren Kritisierbarkeit – beides Forderungen der methodologischen Konzeption – sind somit nicht gegeben.

Von historisch-materialistischer, also gesellschaftstheoretischer Seite her kommend wird der Meßfetischismus mit anderer Argumentation angeprangert: „Die Vorherrschaft der Tauschwerte über die Gebrauchswerte verlangt in den positiven Sozialwissenschaften den Rückgriff auf elaborierte Meßtechniken, den Primat der strikten Quantifizierung über die Rücksicht auf die Eigenschaften der Sachverhalte selbst" (*Ritsert* 1971, S. 62). *Ritsert* sieht in jener Neigung, höhere Meßniveaus zu wählen, als sie den Daten, der ‚Sache selbst' (der Realität) entsprechen, die Interessen in dem für die historisch gegenwärtige (kapitalistische) Gesellschaft kennzeichnenden System der Warenproduktion und des Warentausches verkörpert.

2.1.6. Instrumentalisierung als Intersubjektivität

Auf der anderen Seite aber führt die Forderung nach *Intersubjektivität* als wissenschaftlich-methodologisches Prinzip dazu, daß innerhalb der quantitativen Verfahren versucht wird, die Einflüsse des Forschers und des Erhebungsinstruments auf die Ergebnisse so weit wie möglich zu reduzieren bzw. zu eliminieren. Unerkannt bleibt dabei nach Meinung der Kritiker eines solchen Vorgehens, daß sich diese Einflüsse gar nicht eliminieren lassen, ja die Involviertheit des Forschers in den Forschungsprozeß ein unumgehbarer und notwendiger Faktor der Ergebnisproduktion sei. Daher sei der Lösungsweg, den die „Quantitativen" mit einer immer weitergehenden *Instrumentalisierung der Erhebungsmethoden* beschreiten, ein falscher, weil er die Abhängigkeit der Methode vom zu untersuchenden Gegenstand und die substantielle Verstrickung des Forschers in den Prozeß der Untersuchung leugne.

Versteht man den Forschungsablauf als kommunikative Beziehung zwischen Forscher und Forschungsobjekt, so ergibt sich die Intersubjektivität gerade nicht aus der Standardisierung der Methoden, sondern aus der Anpassung der Methoden an das individuelle Forschungsobjekt sowie der Verständigung und dem Verstehen zwischen Forscher und Forschungsobjekt.

Aus dem Primat der Methode leitet sich weiter ab – gerade wenn man die theoriegeleitete Datenproduktion der quantitativen Sozialforschung betrachtet -, daß die meßtheoretischen Implikationen der Methoden nur generalistisch und kaum gegenstandsbezogen gesehen werden. Dies führt zu dem Mißverständnis, die Befunde als mit der sozialen Realität übereinstimmend zu begreifen, obgleich sie sehr stark instrumentenproduziert sind. *Meßartefakte* entstehen notwendig da, wo die Instrumente nicht im sozialen Kontext ihrer Anwendung gesehen werden. Die herausgestellte Intersubjektivität ist noch lange kein Wahrheitsbeweis.

2.1.7. Naturwissenschaft als Vorbild

Methodologie und Methoden der Sozialwissenschaften orientieren sich in ihrer quantitativ-empirischen Ausrichtung am naturwissenschaftlichen Vorbild. Dort geht es um allgemeine Gesetzmäßigkeiten (nomologische Aussagen), die Erklärungen, Prognosen und technologische Anweisungen ermöglichen. Kennzeichnend für die naturwissenschaftliche Methodologie ist aber: „*Isolation* (Vorgänge werden aus ihrem Zusammenhang herausgelöst und einzeln bearbeitet; anders herum formuliert, Problemkomplexe werden – analytisch – zergliedert), Mathematisierung (der durch Experiment und Beobachtung gewonnenen Erfahrung) und Reproduzierbarkeit der Ergebnisse durch Wiederholung von Beobachtung und Experiment" (*Konegen/Sondergeld* 1985, S. 25).

Diese Position kann aber den Sozialwissenschaften nicht gerecht werden: Ihr Analysegegenstand ist der in einem sozialen Kontext lebende und handelnde Mensch, das soziale Individuum, dessen Handeln mit Sinn, mit Bezug auf andere versehen ist; dieses Handeln muß verstanden werden. Somit bedarf auch seine wissenschaftliche Analyse einer anderen Methode. (Die naturwissenschaftlichen und zum Gegenstand der Analyse gemachten Phänomene müssen eben erklärt werden; verstehen – im Sinne einer Erfassung ihrer „Motivation" – ist nicht möglich.) Nicht die generelle, hinter dem Handeln vermutete Gesetzmäßigkeit – die es so nicht gibt -, sondern die für das Verstehen notwendigen Motive sind entscheidend. Die geisteswissenschaftliche Methode des Verstehens ist realitätsgerechter und dem sozialwissenschaftlichen Gegenstand angemessen.

2.1.8. Subjekt als Objekt

Von der naturwissenschaftlichen Methodologie müssen sich die Sozialwissenschaften schon deshalb unterscheiden, weil ihr Gegenstand eben nicht naturwissenschaftliche Objekte, sondern menschliche Subjekte sind. Die quantitative Sozialforschung behandelt aber durch ihre standardisierten Methoden die menschlichen, je individuellen Subjekte als Objekte, als pure Datenlieferanten. Dies wäre jedoch nur dann methodologisch zu akzeptieren, wenn „der Sozialwissenschaftler, das forschende *Subjekt*, den sozialen Tatbeständen, den zu erforschenden *Objekten*, so distanziert und gleichsam neutral gegenübertreten könnte, wie der Naturwissenschaftler den natürlichen Objekten" (*Konegen/Sondergeld* 1985, S. 27), was natürlich unmöglich ist.

Die quantitative Sozialforschung übersieht, daß ihre Forschungsobjekte auch im Forschungsprozeß als aktiv handelnde und kompetente Interaktionspartner auftreten. Sie sind – und genau in dieser Eigenschaft erlangen sie ihre Bedeutung – „Experten" für die zu untersuchenden Fragen. Wegen genau dieser Eigenschaft sind sie ausgewählt worden. Sie sind „als gleichberechtigte Partner ernstzunehmen. Kriterium der Wissenschaftlichkeit von Aussagen ist ihre Handlungsrelevanz, nicht Entsubjektivierung" (*Bogumil/Immerfall* 1985, S. 69).

Die vom Forscher in der quantitativen Sozialforschung geforderte Distanz und Neutralität müßten in den Sozialwissenschaften auch umgekehrt die Objekte den Forschungssubjekten und -methoden entgegenbringen, was natürlich nicht gewährleistet ist. Sowohl Forscher als auch die Untersuchten sind im Forschungsprozeß soziale Subjekte, die in gegenseitiger Orientierung und Anpassung aneinander handeln. Die Untersuchten sind eben nicht (nur) Datenträger, sondern sie stehen im Forschungsprozeß in einer sozialen Beziehung zum Forscher (eine Beziehung, auf der gerade die Aktionsforschung aufbaut (vgl. *Haag* 1972, *Moser* 1975)). Sie zu negieren oder auch nur zu vernachlässigen, bedeutet nach Auffassung qualitativer Forscher, auf die Kooperation der Untersuchten geradezu zu verzichten. „In seinem bahnbrechenden Aufsatz über den reaktionären Charakter traditioneller Erhebungsmethoden denunzierte Fuchs diese als repressive Geheimwissenschaft. In der Interaktion während der Erhebung sieht er eine willkommene Einflußgröße, die es für die Emanzipation der Forschungsobjekte zu nutzen gelte" (*Bogumil/Immerfall* 1985, S. 70).

Während wir in unserer Kritik allerdings herausstreichen, daß die qualitative Sozialforschung die Subjekthaftigkeit der Forschungsobjekte stärker berücksichtigt, kommen *Bogumil/Immerfall* bei ihrer Analyse (sie beziehen zusätzlich den Historischen Materialismus und die Kritische Theorie mit ein) zu einem tendenziell anderen Befund: „Wir meinen, hier festhalten zu können, daß den Sehweisen trotz aller Unterschiede das *Bild des Subjekts gemeinsam* ist: ein hilfloses, das trotzdem noch handelt und sich nicht nur verhält. Wir möchten dies als *partielle Subjekthaftigkeit* bezeichnen" (1985, S. 104).

2.1.9. Die Scheinobjektivität der Standardisierung

Kritiker der quantifizierenden Sozialforschung haben die von ihr verlangte Objektivität in Daten und Interpretation als Scheinobjektivität bezeichnet, weil durch eine Standardisierung der Verfahren keineswegs auch die geforderte interpersonale Synonymität gewährleistet werden könne. Standardisierung der Bedeutungen ist etwas anderes als Standardisierung von Aussagen oder Handlungen. Gleiche Phänomene können unterschiedlich interpretiert werden.

Die Absicht quantitativer Sozialforschung, durch Standardisierung (man denke hier an die Befragung) für alle gleiche Erhebungssituationen zu schaffen, um eine Vergleichbarkeit in der Analyse und Interpretation herzustellen, geht an der Realität vorbei: Zunächst bleibt es bei der Absicht, weil in der Forschungsrealität jedes Interview tatsächlich anders abläuft. Weiter und wichtiger jedoch ist die Tatsache, daß selbst bei (unterstellten) gleichen Situationen die Perzeptionen und Deutungen der Handelnden sehr unterschiedlich ausfallen können, was aber wegen der Standardisierung keine Berücksichtigung findet. „Die ‚präzisen, genau definierten Beobachtungsmethoden' eines Forschers produzieren leicht etwas, das mit der normalen Lebenssituation eines Probanden nichts mehr zu tun hat" (*Polsky* 1973, S. 71). Durch die qualitativen Methoden „gelingt es jedoch, die soziale Wirklichkeit, wie sie die Menschen tatsächlich sehen – und nicht wie sie der Soziologe sieht -, ‚objektiv' darzustellen" (*Girtler* 1984, S. 40). Empirische Forschung ist daher nur dann fruchtbar, wenn sie die Perspektive der Untersuchten aufnimmt.

2.1.10. *Die Forscherperspektive als Oktroy*

Das quantifizierende Vorgehen in empirischer Forschung nach der naturwissenschaftlich orientierten Methodologie und insbesondere nach dem kritischen Rationalismus setzt voraus, daß der Forscher *vor* Untersuchung des sozialen Feldes Hypothesen formuliert hat, die er mit der empirischen Erhebung testen möchte. „Dies würde bedeuten, den Handelnden etwas aufzuzwingen, was sie vielleicht gar nicht ihrem Handeln zugrundegelegt haben" (*Girtler* 1984, S. 25).

Die Hypothesen und die daran sich anschließenden Operationalisierungen beim quantitativen Vorgehen legen nämlich fest, was für die Untersuchung relevant ist und wie es erfaßt wird. Somit wird nur das erhoben, was der Forscher für sinnvoll und notwendig – und vor Kenntnis des Objektbereichs – erachtet. Die Perspektiven und die Relevanzsysteme der betroffenen Untersuchungsobjekte mögen ganz andere sein. Der Forscher wird sie nie erfahren, weil er seine Vorstellungen mit dem standardisierten Instrument den zu untersuchenden Subjekten aufoktroyiert. „Ein Gesprächsteilnehmer in einem unstrukturierten Interview wird wahrscheinlich eher eine Entdeckung provozieren, indem er etwas Unerwartetes sagt, als ein Teilnehmer, der uns eine von sechs vorkodierten Antworten in einem Fragebogen ankreuzen kann" (*Becker/Geer* 1979a, S. 159).

Die wichtige Frage, ob der quantifizierende Sozialforscher durch seine theoretischen Vorüberlegungen und Hypothesen seinen Untersuchungsgegenstand erst so konstituiert, wird in der quantitativen Sozialforschung vernachlässigt. (Es konnte gezeigt werden (vgl. *Schwartz/Jacobs* 1979), daß die theoretischen Kategorien von *Durkheim* zum Selbstmord für die Selbstmörder aus deren Sicht nicht so bedeutend sind.) Das Aufoktroyieren der Forscherperspektive beim standardisierten Interview kann sich auch wegen der als asymmetrisch empfundenen Interaktionsbeziehung ungünstig auf die Motivation des zu Befragenden zur Mitarbeit auswirken. *Girtler* (1984, S. 40) geht davon aus, daß auf Gültigkeit dann zu hoffen ist, wenn das Interview für die Alltagswelt des Befragten bedeutsam und emotionales Engagement vorhanden ist. Allein schon aus forschungspraktischen Gründen kann somit gegen die Verwendung standardisierter Befragungstechniken argumentiert werden. Dies wurde jedoch schon weit früher erkannt, so daß sich auch in den konventionellen Lehrbüchern Empfehlungen finden, ein allzu starres Abfragen zu vermeiden und in ein standardisiertes Interview auch und gerade offene Fragen einzubauen, deren Wert aber weniger im Informationsgewinn als in der Motivationserhaltung gesehen wird.

Trotz dieser eher technischen „Finessen" bleibt das Grundsatzproblem erhalten. Ja die These von der „Theoriebeladenheit aller Beobachtungen und Aussagen" kollidiert sogar – immanent betrachtet – mit dem objektivierenden Anspruch einer nomologisch-dekuktiven und empirisch analytischen Wissenschaftsphilosophie und mithin mit der auf ihr basierenden, quantitativ verfahrenden empirischen Sozialforschung.

2.1.11. Methodologie und Forschungsrealität

„Methodologische Ergebnisse können nur dann für die Lösung der konkreten Probleme des Sozialwissenschaftlers fruchtbar werden, wenn sie auch tatsächlich angewendet werden. Dies geschieht jedoch heute relativ selten und oft selbst dann nicht, wenn man prinzipiell nicht skeptisch bezüglich der Bedeutung methodologischer Fragen ist" (Opp 1970, S. 11).

Das Problematische an dieser Situation auf seiten der quantifizierenden Sozialforschung ist, daß aus der von allen konzedierten Diskrepanz zwischen methodologischen Forderungen und empirischer Forschungspraxis keine Konsequenzen gezogen werden. Weder werden die methodologischen Postulate bezweifelt, noch ergeben sich Veränderungen im Forschungshandeln. „Trotz der eingetretenen Sensibilisierung für das problematische Verhältnis von Postulat und Forschungshandeln (wird) die strikte Methodologie nicht in Zweifel gezogen und die Divergenz zur Praxis nicht als grundsätzliches Problem des Gegenstandsbezugs sozialwissenschaftlicher Forschung diskutiert" (Müller 1979, S. 37).

Das Charakteristische und zugleich Problematische besteht nun genau darin, daß das Nachdenken über diese Dissoziation von Anspruch und Wirklichkeit in der quantitativen Sozialforschung nicht dazu geführt hat, das Verhältnis von Methodologie und Objektbereich neu zu überdenken. Vielmehr wird an Symptomen kuriert (die Methoden „verbessert" etc.), ohne jedoch grundsätzlich den spezifischen Gegenstand der Sozialwissenschaften zu reflektieren.

Wissenschaftstheoretiker (als Metatheoretiker) und Sozialforscher (als Theoretiker oder Praktiker) kommunizieren offenbar zu wenig miteinander. Und „weil die allgemeine Beurteilung praktizierter methodischer Prinzipien (jedoch) Sache der Wissenschaftstheoretiker ist, die ihre Aufgabe abgelöst von konkreten Problemen angewandter Methodologie erfüllen, bleibt die vorherrschende Sozialforschung gegen eine radikale Kritik ihrer Methoden weitgehend abgesichert" (Berger 1972, S. 11).

Im übrigen gilt hier besonders, daß die Wissenschaftstheoretiker und Methodologen allzu oft sich nur theoretisch-abstrakt mit Sozialforschung beschäftigen. Praktische Erfahrungen haben die wenigsten gesammelt. Daher gehen methodologisch-normative Forderungen nicht selten an der Forschungsrealität vorbei (vgl. Lamnek 1981), während die Grundsätze qualitativer Forschung sich deutlich aus dem konkreten Forschungsalltag ableiten lassen. Aber auch soziologische Theorien auf den Forschungsprozeß angewandt stützen die methodologische Position der qualitativen Sozialforschung.

2.1.12. Die Distanz des Forschers zum Gegenstand

Gerade durch die Standardisierung der Erhebungsmethoden glaubt der Forscher sich der Notwendigkeit enthoben, sich in das zu untersuchende Feld zu begeben: Formal-methodisch geschulte Interviewer oder Beobachter nehmen ihm die (lästige) Arbeit ab. Damit bleibt dem Forscher der Gegenstand fremd und seine Interpretationen gehen möglicherweise an der Realität vorbei. „Wir entfalten technische Spezialisierungen und denken dabei kaum daran, ob sie eigentlich dazu taugen, die Realität der empirischen sozialen Welt zu erfassen. Der wachsende Trend zur Quantifizierung hat zu einem verminderten Verständnis der empirischen sozialen Welt geführt. . . . Wenn sie menschliches Verhalten besser verstehen wollen, müssen die Soziologen, statt einen immer größeren Abstand von den Phänomenen der empirischen sozialen Welt herzustellen, in direkten Kontakt mit ihnen treten" (*Filstead* 1979 a, S. 30).

Die theoretischen und methodologischen Erwartungen der quantitativen Sozialforschung fordern geradezu die für die sozialwissenschaftliche Erkenntnis hinderliche Distanz zwischen Forscher und Beforschten. Die soziale Welt der Untersuchten bleibt daher verborgen. Sie einzubeziehen ist aber notwendige Voraussetzung sozialwissenschaftlicher Arbeit. „Im Gegensatz zum quantitativen Kollegen weiß der qualitative Forscher, daß seine Fähigkeit zum Verständnis nicht mit seiner Distanz zum Untersuchungsgegenstand zunimmt" (*Bogumil/Immerfall* 1985, S. 60).

In qualitativer und quantitativer Sozialforschung liegen also unterschiedliche Auffassungen über die Gestaltung der Relation zwischen Forschungssubjekt und Forschungsobjekt vor, im und nach dem Forschungsprozeß zugrunde. Diese soziale und kommunikative Beziehung wird methodologisch jeweils anders gefaßt, woraus notwendig unterschiedliche Erkenntnischancen und -restriktionen resultieren.

2.1.13. Die Ausblendung des Forschungskontextes

Soziale Interaktionen – und die Datenerhebung ist eine solche – werden bei quantitativ-standardisiertem Vorgehen unabhängig vom situativen Kontext gefaßt. Die Standardisierung soll ja gerade auch eine der Erhebungssituation sein. „Unter der Voraussetzung eines normativen Paradigmas gelten deshalb die kommunikativen Rahmenbedingungen der Forschung lediglich als Randbedingungen; das Problem wird darin gesehen, wie die zu untersuchenden Variablen gegenüber diesen Randbedingungen isoliert werden können, damit die Veränderungen der abhängigen Variable den Einwirkungen der unabhängigen Variable zugeschrieben werden können" (*Zedler/Moser* 1983, S. 125). Tatsächlich aber – und hierauf weist auch die quantitative Sozialforschung hin – muß der Forschungskontext in den gegenseitigen Determinationen des Handelns von Forscher und Untersuchten gesehen werden. Stichworte hierzu sind Reaktivität, Hawthorne- und Rosenthaleffekt etc. Allerdings betrachtet man solche Phänomene als Störvariablen, die eliminiert werden müssen, während die qualitative Sozialforschung den Forschungskontext als prinzipielle Voraussetzung von Erhebung, Analyse und Interpretation berücksichtigt wissen will.

Ob auf quantitativ-methodologischer Basis gewonnene Informationen zutreffend sein können, muß aus der Sicht qualitativer Methodologie bezweifelt werden. Es genügt eben nicht, Methoden und Situationen zu standardisieren. Vielmehr kommt es darauf an, die situativ (und nicht normativ) determinierte Informationsproduktion in deren Interpretation einzubeziehen. Nur so können datenproduzierende Handlungen sinnhaft verstanden werden.

2.1.14. Meßartefakte

Hier rücken eher methodisch-technische Schwierigkeiten empirischer Sozialforschung ins Blickfeld, die sich meist im praktischen Forschungsprozeß lokalisieren lassen, wiewohl ihre Interdependenz mit den schon angesprochenen Problemen nicht zu leugnen ist. Wir verweisen hierzu im Detail auf *Kriz* (1981), der insbesondere das Problem der Forschungsartefakte beleuchtet und der – selbst ein kritischer, quantifizierender Methodologe der Sozialwissenschaften – eine immanente Methodenkritik empirischer Sozialforschung leistet.

Es gibt im Grunde zwei ungeplante und damit meist unberücksichtigte Einflußfaktoren auf die konkreten Forschungsergebnisse, die das Ideal einer geplanten, kontrollierten und objektiven empirischen Sozialforschung erschüttern. Einmal „gestaltet" der Forscher durch seine Entscheidungen für bestimmte Untersuchungsaspekte, Erhebungsschritte, Analysemodelle etc. seinen Untersuchungsgegenstand (vgl. *Kriz* 1981, S. 57), unterläuft also seine Annahme eines objektiv und unabhängig Vorgefundenen. Zum anderen konstituieren die Untersuchten als Erkenntnissubjekte – genauso wie der Forscher selbst – ihre Wirklichkeit, können also nicht als reine Objekte im Sinne der Naturwissenschaften aufgefaßt werden (vgl. *Kriz* 1981, S. 59). Untersuchender und Untersuchter treffen also in der Erhebungssituation in einem sozialen Prozeß aufeinander. Aspekte dieser von *Kriz* so bezeichneten *Metainteraktion* wurden bereits auf methodologischer Ebene angeschnitten. Dagegen bezieht sich der Begriff der ‚Forschungsartefakte' – wiewohl nicht unabhängig davon – auf die Problematisierung des methodischen Vorgehens in der Sozialforschung.

Als Forschungsartefakte werden allgemein alle fehlerhaften Forschungsergebnisse verstanden, die durch unterschiedliche Störfaktoren im Forschungsprozeß bedingt sind. Diese Störfaktoren können sowohl in der Erhebungssituation wie in der Weiterverarbeitung wirksam werden, also in der Datenerhebung bzw. der Datenauswertung.

Was hierbei jedoch wichtig erscheint und was allein die Kritik an der quantitativen Sozialforschung legitimiert, ist die Unterscheidung von Artefakten und Fehlerquellen artifizieller Ergebnisse, die nur in der quantitativen Sozialforschung auftreten, von solchen Schwierigkeiten und verzerrenden Fehlern, denen auch eine qualitativ verfahrende Sozialforschung unterliegt. Nur wenn es gelingt, methodische Fehlerquellen und methodologische Problematiken bei der quantitativen Sozialforschung zu isolieren, kann dies von seiten einer qualitativen Sozialforschung als Berechtigung zu einer expliziten Kritik an ihr in Anspruch genommen werden.

Anzubringen sind noch einige Bemerkungen, die das schwierige Problem dieser Differenzierung betreffen. So scheint es einsichtig, Forschungsartefakte, die unter dem Aspekt der Datenauswertung genannt werden, als solche zu führen, die immanent im Paradigma der quantitativen Sozialforschung und im Rahmen ihrer Methodologie gelöst werden können. Die unzulässige Anwendung statistischer Modelle (Intervallskalierung topologischer Variablen), die verfälschende Interpretation von Ergebnissen (Kausalartefakt) und die trügerische Vorgabe forschungslogischer Erfordernisse (Ex-post- als Ex-ante-Hypothesen) sind eher auf persönliche Insuffizienzen des Forschers oder auf eine ungenügende methodologische Ausbildung zurückzuführen denn auf ein prinzipielles Defizit der Methodologie und können auch innerhalb dieses Rahmens angegangen werden. Außerdem scheinen auch verfälschende Einflußnahmen des Versuchsleiters sowie verzerrende Protokollierungsfehler z. B. durch eine verbesserte Interviewerschulung wenn nicht vermeidbar, so doch reduzierbar.

Trotzdem bleibt ein nicht vernachlässigbarer Rest, der auf methodologischer Ebene als die grundsätzliche Unfähigkeit des Forschers thematisiert wurde, sich vom interaktiven und kommunikativen Forschungsprozeß zurückzuziehen und der von qualitativer Seite als ein Hauptargument gegen die Möglichkeit einer Objektivierung und Quantifizierung vorgebracht wird. Dies gilt ebenso für die Reaktivität des Untersuchungsgegenstandes, bei dem durch bessere Kontrolle der Experimentierbedingungen oder durch Standardisierung der Befragung die Reaktivität vermindert, aber kaum ausgeschlossen werden kann.

Die Eliminierung sozialer Interaktionskomponenten im Forschungsprozeß kann einmal nicht absolut geleistet werden und geht zum anderen eventuell nur auf Kosten der adäquaten Erfassung sozialer Einstellungs- und Handlungsmuster sowie der Interpretationsleistungen der Handlungspartner im Forschungsprozeß.

2.1.15. Fazit

Bei der Beurteilung der bislang herausgearbeiteten Kritikpunkte an der quantifizierend arbeitenden Sozialforschung muß bei jedem einzelnen Problembereich berücksichtigt werden,

- ob die genannten Probleme überhaupt als Fehlerquellen zu werten sind oder nicht vielmehr als unumgehbare, tolerierbare oder sogar erwünschte Effekte (z. B. die Reaktivität des Untersuchungssubjektes bei der Aktionsforschung) betrachtet werden können;
- ob die Problemquellen und die daraus sich ergebenden Unangemessenheiten des Vorgehens eindeutig und allein bei der quantitativen Sozialforschung verortet werden können;

- ob die qualitative Sozialforschung die der quantitativen Sozialforschung gegenüber vorgebrachte Kritik zu vermeiden und die daraus zu folgernden Konsequenzen selbst einzulösen vermag.

Zusammenfassend gründen sich die Einwände gegen eine quantifizierend-objektivistisch verfahrende Sozialforschung vor allem auf:

- die symbolische Vorstrukturiertheit des soziologischen Gegenstandsbereichs;
- den interaktiven Prozeß zwischen Forscher und Erforschtem;
- das Vorhandensein einer von beiden möglicherweise gemeinsam geteilten Alltagskultur und Lebenswelt;
- das Wirksamwerden einer unter den gleichen Bedingungen ebenfalls gemeinsam geteilten Common-sense-Rationalität.

Viele Kritikpunkte an der traditionellen empirischen Sozialforschung sind vor allem durch die philosophische Hermeneutik *Gadamers* (1960) auf der einen Seite, sowie eine phänomenologisch begründete Lebensweltanalyse (vgl. *Husserl* 1950, *Schütz* 1960) bzw. die ebenfalls phänomenologisch/hermeneutisch und sprachphilosophisch beeinflußten Positionen (Symbolischer Interaktionismus, Ethnomethodologie; vgl. *Winch* 1958, *Cicourel* 1970) auf der anderen Seite geprägt. Die sich darauf berufende qualitative Sozialforschung ist durch die Schlagworte
- Kommunikation,
- Verstehen,
- Subjekt,
- Lebenswelt
gekennzeichnet. „Hieran orientieren sich auch ihre Methoden, die größtenteils Systematisierungen von Alltagspraktiken sind" (*Bogumil/Immerfall* 1985, S. 111) und die wir später behandeln werden.

Da wesentliche Kritikpunkte von den (meta-)theoretischen Positionen Phänomenologie und Hermeneutik beigesteuert werden, sollen deren zentrale Ansatzpunkte unter weitergehender theoretischer Perspektive und nicht negativ abgrenzend, sondern positiv formuliert werden.

2.2. Zentrale Prinzipien qualitativer Sozialforschung

Auf der Basis der formulierten Kritik an der quantitativen Sozialforschung ist der methodologische Gegenentwurf qualitativer Sozialforschung besser zu begreifen. Dabei haben sich im Laufe zunächst der kritischen Auseinandersetzung mit konventionellen Verfahren und dann dem Versuch der praktischen Umsetzung eigener Vorstellungen verschiedene Prinzipien herauskristallisiert, die man in ihrer Zusammenfassung als die *Programmatik qualitativer Sozialforschung* verstehen kann. Die mir als am wesentlichsten erscheinenden Prinzipien sollen kurz behandelt werden.

2.2.1. Die Offenheit

Das Prinzip der Offenheit erklärt sich aus dem Unbehagen an einer Sozialforschung, die aufgrund standardisierter Erhebungsinstrumente und vorab formulierter Hypothesen nur jene Informationen aus dem Forschungsfeld aufnehmen und produktiv verarbeiten kann, die nicht vorab durch das methodische Filtersystem ausgesiebt worden sind. Diese informationsreduzierende Selektion ist insbesondere bei hochstandardisierten Erhebungstechniken anzutreffen, wo etwa vorformulierte Antwortkategorien die möglicherweise vorhandene Informationsbereitschaft des Befragten abwürgen. Demgegenüber plädieren die Vertreter einer primär qualitativ orientierten Vorgehensweise dafür, den Wahrnehmungstrichter empirischer Sozialforschung so weit als möglich offen zu halten, um dadurch auch unerwartete, aber dafür umso instruktivere Informationen zu erhalten.

Diese Grundhaltung beinhaltet dabei eine Offenheit sowohl
– gegenüber den *Untersuchungspersonen* (inklusive ihrer individuellen Eigenarten) selbst, aber auch
– gegenüber der *Untersuchungssituation*
– und den im einzelnen anzuwendenden *Methoden,*

wenn etwa unerwartete Umstände eine Abweichung von der ursprünglichen Planung nahelegen (Anpassungsfähigkeit des methodischen Instrumentariums an das Untersuchungsobjekt und die Situation, nicht umgekehrt).

Das Prinzip der Offenheit impliziert dabei auf methodologischer und wissenschaftstheoretischer Ebene verschiedene Konsequenzen. Die beiden wichtigsten davon sind die Betonung einer *Explorationsfunktion* qualitativer Sozialforschung und der Verzicht auf eine „*Hypothesenbildung ex ante*" (*Hoffmann-Riem* 1980, S. 343 ff.). Qualitative Sozialforschung legt das Schwergewicht auf die explorierende Felderkundung, die bei Anwendung standardisierter Techniken ohne vorherige Erkundungsphase meist sträflich vernachlässigt wird. Für den interpretativen Soziologen, ist „Sozialforschung... weitgehend Exploration" (*Hoffmann-Riem* 1980, S. 345).

Mit dem Ziel einer zunächst ausführlichen Erkundung des Feldes wird die theoretische Durchdringung des Forschungsgegenstandes zurückgestellt. Diese theoretische Strukturierung des Gegenstandsbereichs aber wäre für die quantitative Sozialforschung Voraussetzung für die Bildung von Hypothesen, die dann ja im Forschungsprozeß geprüft werden sollen. Daß eine ausreichende Vorstrukturierung des Forschungsgegenstands oftmals nicht erfolgt, bevor die zu überprüfenden Hypothesen gebildet werden, wäre ein weiterer wichtiger Vorwurf der qualitativen gegenüber der quantitativen Sozialforschung. Zur Vermeidung des gleichen Fehlers wird daher bei qualitativ orientierten Projekten auf eine Hypothesenbildung ex ante zumeist verzichtet.

Die in der qualitativen Sozialforschung zum methodischen Prinzip erhobene Verzögerung der theoretischen Strukturierung bedeutet in der Konsequenz einen Verzicht auf vorab zu formulierende und dann in der Untersuchung zu prüfende Hypothesen. Qualitative Sozialforschung versteht sich demnach nicht als hypothesenprüfendes, sondern als *hypothesengenerierendes* Verfahren. Die Hypothesen sollen einer Empfehlung von *Glaser* und *Strauss* zufolge erst auf der Grundlage der im Forschungsprozeß erhobenen Daten entwickelt und, nicht wie in der quantitativen Sozialforschung üblich, die vorab formulierten Hypothesen auf der Grundlage der Daten empirisch überprüft werden (vgl. *Glaser/Strauss* 1965, 1967). Der Hypothesenentwicklungsprozeß ist daher bei qualitativen Projekten – zumindest dem Lehrbuch nach – erst mit dem Ende des Untersuchungszeitraums „vorläufig" abgeschlossen. Im Untersuchungsprozeß selbst ist der Forscher gehalten, so offen wie möglich gegenüber neuen Entwicklungen und Dimensionen zu sein, die dann in die Generierung der Hypothesen einfließen können.

2.2.2. Forschung als Kommunikation

Die methodische Verzögerung einer theoretischen Strukturierung des Forschungsgegenstandes mittels eines Hypothesensystems entspricht nicht nur dem angeführten Prinzip der Offenheit, sondern auch der Einsicht des qualitativen Ansatzes, daß Forschung als Kommunikation zu denken ist – insbesondere als Kommunikation und Interaktion zwischen Forscher und zu Erforschendem. Während nach herkömmlicher Auffassung der Einfluß dieser Interaktionsbeziehung auf das Resultat der Untersuchung als „Störgröße" zu identifizieren ist, die es durch Verfeinerung der Methode und durch Standardisierung zu beseitigen gilt, begreift die qualitative Seite die Kommunikation zwischen Forscher und Beforschtem als konstitutiven Bestandteil des Forschungsprozesses (vgl. *Küchler* 1983, S. 10).

Die Kommunikationsbeziehung ist Voraussetzung des „research act" (vgl. *Denzin* 1970) und gibt den interaktionellen Rahmen des Forschungsprozesses ab; das kommunikative Regelsystem kann aber auch selbst zum Gegenstand des Forschungsinteresses werden. Eine Unabhängigkeit zwischen dem Forscher und seinen Daten – und das heißt zwischen ihm und den Untersuchten als den Produzenten dieser Daten – gibt es jedenfalls nicht, wie dies eine naturwissenschaftlich orientierte Methodologie nach Meinung qualitativer Sozialforscher gerne unterstellt, denn schon die Datengewinnung sei eine kommunikative Leistung.

Schütze spricht deshalb vom „kommunikativen Grundcharakter" der Sozialforschung (vgl. *Schütze* 1978). „Der kommunikative" – sprich: qualitative – „Sozialforscher behandelt das informierende Gesellschaftsmitglied als prinzipiell orientierungs-, deutungs- und theoriemächtiges Subjekt" (*Schütze* 1978, S. 118). Mit seinen Definitions- und Interpretationsleistungen deutet aber das Gesellschaftsmitglied nicht nur die ihm zugängliche Wirklichkeit, sondern konstituiert diese auch damit. Mit anderen Worten, die Sicht der Wirklichkeit ist perspektivenabhängig und mit dem Wechsel der Perspektive ändert sich auch das, was als wirklich gilt.

Die qualitative Sozialforschung hat nach Meinung ihrer Vertreter Konsequenzen aus dieser Perspektivität der Weltsicht und Wirklichkeitskonzeption zu ziehen. Denn jede Beschreibung von Sachverhalten, „steht bereits im Lichte von Theorien" (*Schütze* 1978, S. 123). Das heißt, eine theorieunabhängige Beobachtungsaussage existiert nicht (hier konvergiert die interpretative Soziologie mit Einsichten der neueren analytischen Wissenschaftstheorie, die von der „Theoriebeladenheit alle Beobachtungsaussagen" spricht). Dies gilt aber nicht nur für die Beobachtungsaussagen der Sozialforscher, sondern auch für die Ausführungen der Untersuchten, da diese ja als „theoriemächtige Subjekte" definiert werden (im Sinne von „Alltagstheorien"; vgl. dazu *Dewe* u. a. 1984).

Wenn nun weder die Informationen der Untersuchten, noch die Urteile der Forscher als theorieunabhängige und verläßliche Aussagen über die Wirklichkeit behandelt werden können, so rückt für die qualitative Sozialforschung notwendigerweise der Prozeß des gegenseitigen Aushandelns der Wirklichkeitsdefinitionen zwischen Forscher und Erforschtem in den Mittelpunkt des Interesses, also ihre kommunikative Interaktion. Forschung wird damit als Kommunikation begriffen. Da die „Reaktivität" in der Untersuchungssituation keine „Störquelle", sondern konstitutiver Bestandteil des als Kommunikation begriffenen Forschungsprozesses ist und sich eine Neutralität des Meßinstruments ebenso wenig gewährleisten läßt, ist die forschungsspezifische Kommunikationssituation möglichst weit an die kommunikativen Regeln des alltagsweltlichen Handelns anzunähern. Mit anderen Worten: es ist in Interview oder Beobachtung eine möglichst natürliche Kommunikationssituation zu schaffen (vgl. zu diesem Aspekt besonders *Hoffmann-Riem* 1980, S. 348 ff.; zum „Dialogkonzept vgl. *Kleining* 1982, S. 240 ff.), was durch eine Standardisierung natürlich nicht erreicht werden kann.

2.2.3. *Der Prozeßcharakter von Forschung und Gegenstand*

Wie wir gesehen haben, wird der Forschungsprozeß innerhalb der qualitativen Methodologie als Kommunikationsprozeß begriffen. Dies hat weitreichendere Implikationen als nur die Konzeption von „Forschung als Kommunikation", da für diese Auffassung auch die Berücksichtigung der „Prozeßhaftigkeit" sozialer Phänomene wesentlich ist. Die Prozeßhaftigkeit ist dabei nicht nur dem Forschungsakt zu unterstellen, der als Kommunikation und damit als Interaktionsprozeß begriffen wird, sondern auch dem Forschungsgegenstand.

Qualitative Sozialforschung interessiert sich primär für Deutungs- und Handlungsmuster, die eine gewisse kollektive Verbindlichkeit besitzen (vgl. *Hopf* 1982, S. 311 ff.). Die kollektiv geteilten Muster des Agierens und Interpretierens können aber nicht als einfach gegebene und unabänderliche vorgestellt werden, sondern sie werden nach den Grundannahmen einer interpretativen Soziologie immer wieder reproduziert und modifiziert durch das Handeln und Deuten der sie praktizierenden Gesellschaftsmitglieder; d. h. die Muster existieren nicht per se, sondern nur durch ihre Anwendung. Sie werden von den sozialen Akteuren konstituiert, so wie diese mit Hilfe der Deutungs- und Handlungsmuster die soziale

Wirklichkeit schaffen. Diesen Konstitutionsprozeß von Wirklichkeit zu dokumentieren, analytisch zu rekonstruieren und schließlich durch das verstehende Nachvollziehen zu erklären, ist *das* zentrale Anliegen einer qualitativen Sozialforschung und der sie begründenden interpretativen Soziologie.

Das Forschungsinteresse ist damit auf den Prozeß der Konstitution von Wirklichkeit und auf den Prozeß der Konstitution von Deutungs- und Handlungsmustern gerichtet, mit deren Hilfe die Welt gedeutet und praktisch gehandhabt wird. Qualitative Sozialforschung nimmt die Verhaltensweisen und Aussagen der Untersuchten nicht einfach als statische Repräsentationen eines unveränderlichen Wirkungszusammenhangs, sondern als prozeßhafte Ausschnitte der Reproduktion und Konstruktion von sozialer Realität.

Das „Prinzip der Prozessualität" soll damit die wissenschaftliche Erfassung des Entstehungszusammenhangs sozialer Phänomene gewährleisten. In seiner Prozessualität erkannt werden soll aber nicht nur der Forschungsgegenstand, sondern als prozeßhaft gilt auch der Akt des Forschens selbst, der die Kommunikation zwischen Forscher und Informant voraussetzt. Alle Beteiligten des Interaktionsprozesses wirken damit an der Konstruktion von Wirklichkeit und an der Aushandlung von Situationsdefinitionen mit. Die Involviertheit des Forschers ist konstitutiver Bestandteil des Forschungsprozesses und damit auch des Ergebnisses dieses Prozesses.

2.2.4. *Reflexivität von Gegenstand und Analyse*

Die Reflexivität wird – wie die Prozessualität – im Forschungsgegenstand wie auch im Forschungsakt vermutet. Bei der Analyse nimmt das „Reflexivitätsprinzip" eher die Form einer Forderung an. Für den Analysegegenstand, also die zu untersuchenden sozialen Phänomene und Prozesse, braucht die Reflexivität nicht erst gefordert zu werden. Sie erklärt sich aus der theoretischen Konzeptualisierung des Gegenstandsbereichs selbst, die von der interpretativen Soziologie entwickelt wird. Eine Grundannahme des interpretativen Paradigmas nämlich besteht darin, den Bedeutungen von menschlichen Verhaltensprodukten – seien sie nun sprachlicher (Symbole, Deutungen, Sprechakte) oder nonverbaler Natur (Gesten, Handlungen usw.) – eine prinzipielle Reflexivität zu unterstellen. Dies meint, daß jede Bedeutung kontextgebunden und jedes Zeichen Index eines umfassenderen Regelwerks ist (Indexikalität). Damit verweist jede Bedeutung reflexiv auf das Ganze, wird die Bedeutung eines Handelns oder eines sprachlichen Ausdrucks nur durch den Rekurs auf den (symbolischen oder sozialen) Kontext seiner Erscheinung verständlich.

Aus der Reflexivität der Bedeutungen ergibt sich auch der Mechanismus der *Sinnzuweisung* (zum ethnomethodologischen Mechanismus der reflexiven Sinnzuweisung vgl. *Mohler* 1981, S. 722). Wenn aber jede Bedeutung immer schon reflexiv auf alle anderen Bedeutungen verweist und das Verständnis von Einzelakten das Verständnis des Kontextes voraussetzt, dann ist beides, *Sinnkonstitution* und *Sinnverstehen*, zirkulär. Diese Zirkularität wird begriffen im Sinne des (fruchtbaren) *hermeneutischen Zirkels* (vgl. *Gadamer* 1960), nicht im Sinne des (unfruchtbaren) *logischen Zirkels.* Die Zirkularität – oder Reflexivität – des Forschungsgegenstandes (im Sinne einer zu analysierenden Sinnkonstitution) findet also ihre Entsprechung in der Zirkularität der Verstehensleistung, d. h. in der Methode zur Dechiffrierung des Sinns.

Daher ist für *Kleining* die qualitative Sozialforschung notwendigerweise zirkulär, weil sie zur Erzielung ihres Forschungsresultats dieses Ergebnis schon voraussetzt und auch am Ende des Forschungsprozesses zum Ausgangspunkt zurückkehrt. Im Gegensatz zur „linearen Strategie" der quantitativen Sozialforschung sei der Einstieg und Beginn bei der qualitativen Analyse prinzipiell beliebig (vgl. *Kleining* 1982, S. 243 f.).

Ohne die Reflexivität des Analyseprozesses derart zu verschärfen – was übrigens praktisch kaum umsetzbar sein dürfte -, kann die Forderung nach Reflexivität der Methode auch in einem abgemilderten und etwas abgewandelten Sinne erhoben werden. Sie meint dann die Möglichkeit des Reagierens auf neue Konstellationen, eine Art Offensein für unerwartete Situationsmomente im Prozeß des Forschungsakts. Dies setzt eine reflektierte Einstellung des Forschers wie auch die Anpassungsfähigkeit seines Untersuchungsinstrumentariums voraus. Daß darüber hinaus auch die Beziehung zwischen dem Erforschten und dem Forscher nicht nur eine kommunikative, sondern auch eine reflexive ist und sein sollte, versteht sich für das qualitative Paradigma wieder von selbst (zum Gesamtkomplex des Reflexivitätsprinzips vgl. auch *Müller* 1979).

2.2.5. Die Explikation

Das Prinzip der Explikation ist eher als Forderung, denn als real praktiziertes Vorgehen im Rahmen qualitativer Sozialforschung zu verstehen. Es meint die wünschbare Erwartung an die Sozialforscher, die *Einzelschritte des Untersuchungsprozesses* so weit als möglich *offen zu legen.* Expliziert werden sollen diesem Prinzip gemäß auch die *Regeln,* nach denen die erhobenen Daten – also etwa die Texte von Interviews – interpretiert werden bzw. anhand welcher Regeln die kommunikative Erfahrung überhaupt erst in Daten umgeformt wird. Da das Regelwissen – dem interpretativen Paradigma gemäß – aber meist ein implizites und dem Anwender in der Regel nicht bewußt ist und diese Unterstellung auch für den Forscher gelten muß, ist die Forderung nach Explikation kaum vollständig zu erfüllen.

In einer abgeschwächten Form macht es aber auch hier Sinn, die Fehler einer unreflektierten Anwendung von Untersuchungs- und Analyseverfahren zu vermeiden. Zurecht weist *Hopf* auf die oft stillschweigende Verkodung und Quantifizierung im Rahmen der herkömmlichen Forschungsverfahren hin (vgl. *Hopf* 1982, S. 316). Hier eröffnet sich dem gründlicher vorgehenden qualitativen Sozialforscher die Möglichkeit, seine Interpretationsprozesse, denen er die Rohdaten unterwirft, besser zu explizieren. Ob das Explikationsprinzip aber auch ein Garant für die Gültigkeit dieser Interpretationen ist, kann bezweifelt werden. Es sichert lediglich die Nachvollziehbarkeit der Interpretation und damit die Intersubjektivität des Forschungsergebnisses.

2.2.6. Flexibilität

Ein weiterer, wichtiger Vorteil der qualitativen Sozialforschung, der von den bereits genannten charakteristischen Elementen nur analytisch zu trennen ist, ist ihre vergleichsweise besonders große Flexibilität. Zwar gilt auch für die quantitativ orientierte Methodologie die Forderung, daß sich die Erhebungsinstrumente bzw. deren Auswahl und Anwendung an der Problemstellung und der sozialen Realität zu orientieren hätten (und nicht umgekehrt), doch ist die praktische Einlösung dieses Anspruchs mitunter nicht so einfach: Ein quantitativ orientierter Forscher möchte etwa der Frage nachgehen, inwieweit der Wunsch nach Kindern vom Einkommen und vom Sozialprestige bestimmt ist. Aufgrund des Literaturstudiums gelangt er zu der zu überprüfenden Annahme, wonach eine U-förmige Beziehung zwischen unabhängigen und abhängigen Variablen bestehe, d. h. daß sich Befragte mit geringem und mit hohem Einkommen durchschnittlich mehr Kinder wünschen als solche mit mittlerem Einkommen. Er wird nun darangehen, diese Hypothese in standardisierten Fragebogenitems zu operationalisieren, zu prüfen und schließlich in eine umfassendere Theorie (z. B. ökonomischer Art) einzubauen. Wegen der standardisierten und starren Vorgehensweise läßt sich zwar eine Entscheidung hinsichtlich der Ausgangsfrage treffen, jedoch weiß man nicht, ob die untersuchten Faktoren wirklich die entscheidenden sind.

Ein flexibleres Verfahren, etwa die Durchführung narrativer Interviews, das den Befragten mehr Eigenleistung abverlangt und ihnen mehr Gestaltungsmöglichkeiten läßt, kann zu differenzierteren Einsichten führen und zeigen, daß es bestimmte Lebensmuster und Lebenseinstellungen gibt, die den Kinderwunsch beeinflussen und – obgleich in einer bestimmten historischen Situation vom Einkommen abhängig – zu unterschiedlichen Haltungen gegenüber der Familie beitragen. Inwieweit eine familiale, kinderfreundliche Orientierung besteht, hinge dann in weit höherem Maße von persönlichen Werten als von der aktuellen Einkommenssituation ab.

Für den Unterschied zwischen qualitativer und quantitativer Vorgehensweise scheint wesentlich, daß bei der quantitativen Forschung davon ausgegangen wird, daß die zu untersuchende Sphäre des sozialen Lebens bereits hinreichend bekannt und damit eine besondere Offenheit und Flexibilität nicht mehr erforderlich sei. Für den explorativen bzw. qualitativen Forscher kommt es dagegen darauf an, den Forschungsprozeß „so zu entwickeln und zu präzisieren, daß sein Problem, die Steuerung seiner Untersuchung, Daten, analytische Beziehungen und Interpretationen dem empirischen sozialen Leben erwachsen und darin verwurzelt bleiben. Exploration ist per definitionem eine flexible Vorgehensweise, bei der der Forscher von einer Forschungslinie auf eine andere überwechselt, neue Punkte zur Beobachtung im Verlauf der Untersuchung dazunimmt, sich in neuen Richtungen bewegt, an die vorher gar nicht gedacht wurde, und schließlich seine Definition dessen, was relevante Daten sind, im gleichen Maße wie man neue Erkenntnisse und ein besonderes Verständnis gewinnt, verändert. In Bezug auf diese Dinge steht die explorative Untersuchung im Kontrast mit der verbindlichen und genau umschriebenen Prozedur, wie sie das gegenwärtige wissenschaftliche Protokoll fordert. Die Flexibilität der explorativen Vorgehensweise bedeutet nicht, daß die Untersuchung richtungslos vonstatten ginge; aber es bedeutet, daß der Blickwinkel zunächst weit ist, aber im Verlauf der Untersuchung fortschreitend zugespitzt wird. Der Zweck explorativer Forschung ist, sich einem klaren Verständnis dafür, wie man sein Problem stellen sollte, anzunähern; zu lernen, was die angemessenen Daten sind; Ideen über signifikante Bezugslinien zu entwickeln und seine begrifflichen Werkzeuge im Lichte dessen zu konstruieren, was man über den Lebensbereich lernt. In dieser Hinsicht unterscheidet sich Exploration von der etwas hochgestochenen Haltung des Forschers, der unter einem etablierten wissenschaftlichen Protokoll gezwungen ist, noch vor der eigentlichen Untersuchung ein festgelegtes und klar strukturiertes Problem vorzulegen, zu wissen, welche Arten von Daten er sammeln soll, einen vorgefertigten Satz von Techniken zu haben und dann auch daran festzuhalten und schließlich seine Ergebnisse an zuvor aufgestellte Kategorien anzupassen" (*Blumer* 1979, S. 54 f.).

Zur besonderen Verdeutlichung des Gemeinten greifen wir auf ein Beispiel aus der ethnologischen Feldforschung zurück, doch sind die hier angesprochenen Zusammenhänge auch in den scheinbar so alltäglichen und vertrauten Bereichen der eigenen Gesellschaft zu berücksichtigen.

Beispiel:
Bei der Untersuchung des Lebens in einem javanischen Dorf wurde zunächst eine Cencusbefragung durchgeführt. Dabei stellte sich unter anderem heraus, daß die Beantwortung aller mit Jahresangaben verbundenen demografischen Fragen, die besonders interessierten, schwierig war. Andererseits führten aber die Censusinterviews allmählich zu einem Verständnis der Daten über die wichtigsten wirtschaftlichen, sozialen, religiösen und kognitiven Grundmuster und überzeugten gleichzeitig die Probanden von der Harmlosigkeit der Befragungsaktion, die für die Dorfbewohner einen Unterhaltungswert bekam und sie für die nächste Untersuchungsphase, die Durchführung von Tiefeninterviews, aufgeschlossen machte. Parallel dazu wurde von der nicht-teilnehmenden und teilnehmenden Beobachtung Gebrauch gemacht, wobei dieselben Abläufe untersucht wurden, auf die sich auch die Fragen der Tiefeninterviews bezogen, um so abweichende Handlungsmuster zu entdecken, die zum Untersuchungsgegenstand in einer späteren Befragungsrunde werden sollten. Die Forscher führten auch systematische Beobachtungen sowie eine detaillierte periodische Wirtschaftserhebung durch. In der letzten Phase der Feldforschung fand eine Schlußbefragung statt, in der Fragen zu wirtschaftlichen Schlüsselmerkmalen neu gestellt oder zur Überprüfung der Datenqualität nochmals wiederholt wurden. Ergänzend dazu wurden auch weitere Informationen, wie Statistiken, herangezogen (vgl. *Schweizer* 1982, 1985).

Bemerkenswert an diesem Beispiel ist nicht nur der Einsatz einer Vielzahl von Forschungstechniken, sondern auch die stetige Einbeziehung der erhaltenen Daten für die nachfolgenden Untersuchungsschritte. Flexible Erhebungsverfahren befähigen dazu
– besser den jeweiligen Eigenheiten des Untersuchungsgegenstandes anzupassen und
– den im Verlauf des Forschungsprozesses erzielten Erkenntnisfortschritt für die nachfolgenden Untersuchungsschritte zu verwerten.

Flexibilität ist dabei weniger eine Qualität eines einzelnen Erhebungsverfahrens (obwohl es das auch ist), sondern eine des gesamten Forschungsprozesses. Flexibilität und die Verwendung einzelner hoch standardisierter Verfahren innerhalb einer Untersuchung schließen sich also nicht notwendig aus, doch widerspricht die Forderung nach Flexibilität der Beschränkung auf eine standardisierte Technik. „Es gibt keine Vorschriften, denen man bei Verwendung irgendeiner dieser Vorgehensweisen folgen muß; die Vorgehensweise sollte an ihre Umstände angepaßt und an der Einschätzung ihrer Angemessenheit und Fruchtbarkeit orientiert werden" (*Blumer* 1979, S. 55). Andererseits ist es lohnend, sich an bestimmte Maxime – schon aus Gründen der Arbeitsökonomie – zu halten.

Aufgrund der Elastizität und Flexibilität werden qualitative Verfahren gelegentlich als „weiche Methoden" (im Gegensatz zu den „harten" oder „starren" quantitativen Methoden) bezeichnet. Verschiedentlich wurde dies im Sinne einer geringeren Gültigkeit der qualitativen Verfahren mißverstanden. (Vgl. hierzu die weiteren Ausführungen im 4. Kapitel.)

2.2.7. Fazit

Die hier angeführten Prinzipien qualitativer Sozialforschung ließen sich um weitere ergänzen. Je nachdem auf welcher methodologischen Abstraktionsebene man sich bewegt, sind die Regelanweisungen fast beliebig vermehrbar. Einen näher an der Forschungspraxis orientierten Vorschlag macht zum Beispiel *Kleining* (1982, S. 230 ff.). Danach soll gemäß den ersten beiden Regeln sowohl das Vorverständnis über die zu untersuchende Gegebenheit als auch die Konzeption des Gegenstandsbereichs als „vorläufig" angesehen werden. Regel 3 beinhaltet die Empfehlung der „maximalen strukturellen Variation der Perspektiven" (*Kleining* 1982, S. 234), d. h. der möglichst differenzierenden Betrachtung des zu untersuchenden Gegenstandes, und Regel 4 empfiehlt die Analyse der Daten auf Gemeinsamkeiten hin.

In diesen praktischen Regelanweisungen sind jedoch teilweise die bereits vorher angeführten Prinzipien qualitativer Sozialforschung impliziert (z. B. das Prinzip der „Offenheit" in Regel 1 und 2) bzw. Grundprinzipien jeglicher empirischen Analyse enthalten (Regel 3 und 4 könnten in jedem Lehrbuch empirischer Sozialforschung stehen). Es ist daher die Frage, inwieweit die o. g. Prinzipien und Regeln typisch für eine spezifische Form der Sozialforschung sind. Nicht zuletzt für die Beantwortung dieser Frage wird es hilfreich sein, sich näher die theoretische Basis qualitativer Methoden und Forschungsansätze anzusehen.

Festgehalten werden sollen hier noch einmal die zentralen Prinzipien qualitativer Sozialforschung:
- *Offenheit* des Forschers gegenüber
  - den Untersuchungspersonen,
  - den Untersuchungssituationen und
  - den Untersuchungsmethoden,
  ist ein erstes Prinzip empirischer Forschung.

- Empirische Forschung ist immer auch *Kommunikation,* weshalb die alltäglichen Regeln der Kommunikation im Forschungsprozeß zu beachten sind.
- Empirische Forschung ist *prozeßhaft* und damit in ihrem Ablauf veränderbar.
- Empirische Forschung ist *reflexiv* in
  - Gegenstand und Analyse,
  - in der Sinnzuweisung zu Handlungen, also auch im Analyseprozeß.
- Die einzelnen Untersuchungsschritte sollen *expliziert* werden, um den kommunikativen Nachvollzug zu ermöglichen.
- Empirische Forschung muß *flexibel* im gesamten Forschungsprozeß auf die Situation und die Relation zwischen Forscher und Beforschten (auch im Instrumentarium) reagieren, sich an veränderte Bedingungen und Konstellationen anpassen.

2.3. Das Feld qualitativer Sozialforschung

Aus den bisherigen Ausführungen sollte bereits deutlich geworden sein, daß es eine verbindliche oder auch nur einheitliche Methodologie qualitativer Sozialforschung nicht gibt, sondern das Etikett „qualitativ" vielmehr als eine Art Sammelbegriff fungiert, dem sich oft recht unterschiedliche grundlagentheoretische Positionen und Verfahren der empirischen Forschung zuordnen lassen. Das interpretative Paradigma und der damit identifizierte qualitative Forschungsansatz sind durch eine große – und mittlerweile fast unübersichtliche – Heterogenität gekennzeichnet. Trotzdem erscheint es sinnvoll, dieser verwirrenden Mannigfaltigkeit etwas beizukommen durch einen zweifachen, heuristischen Ordnungsversuch: nämlich chronologisch und typologisch. Zunächst einige kurze Hinweise zur historischen Entwicklung qualitativer Sozialforschung.

2.3.1. Chronologie qualitativer Sozialforschung

Ein Unbehagen gegenüber der grundlagentheoretischen Position und Methodologie quantitativer Sozialforschung existierte schon früh und wurde zum Beispiel von *Blumer* bereits Mitte der fünfziger Jahre formuliert (vgl. *Blumer* 1954). Aus dem Kreis der sog. Chicagoer Schule ging in der Folgezeit nicht nur ein neuer grundlagentheoretischer Ansatz (der Symbolische Interaktionismus) hervor, sondern es wurden in den sechziger Jahren von den Anhängern auch alternative Forschungstechniken erprobt, die dem *Blumer*schen Prinzip, möglichst nahe an der „natürlichen sozialen Welt unserer alltäglichen Erfahrung" zu bleiben, gerecht werden sollten. Diesem Postulat entsprach am ehesten eine Feldforschung, die so weit als möglich in die Lebenswelt der Untersuchten einzutauchen versuchte. Als Forschungsgegenstand diente häufig der Alltag von sozialen Außenseitern (vgl. *Bek-*

kers „Outsiders" (1963) oder die von *Whyte* (zuerst 1943) durchgeführte Studie über die „Street Corner Society" eines italienischen Stadtviertels). Die entsprechende Forschungstechnik war die teilnehmende Beobachtung, die zu einer ausgefeilten Erhebungs- und Analysemethode entwickelt wurde (vgl. *Becker/Geer* 1979 (zuerst 1960) und *McCall/Simmons* 1969).

In den siebziger Jahren hatte sich die qualitative Methodologie in den Vereinigten Staaten als eigenständiger Forschungsansatz bereits soweit etabliert, daß in diesem Zeitraum zahlreiche Standardwerke erscheinen und sich durchsetzen konnten, die eine gewisse Kodifizierung der entsprechenden theoretischen methodologischen und technischen Prinzipien qualitativer Sozialforschung anstrebten (vgl. *Filstead* 1970, *Lofland* 1971, *Bogdan/Taylor* 1975, *Tukey* 1975, *Schwartz/Jacobs* 1979, *Patton* 1980).

Die Rezeption und Entwicklung qualitativer Sozialforschung im deutschsprachigen Raum ist zunächst durch einen gewissen „time lag" und darüber hinaus durch eine unterscheidbare Schwerpunktsetzung charakterisiert. Zwar wurde von der *Arbeitsgruppe Bielefelder Soziologen* bereits 1973 versucht, die interaktionistische Theorie- und Forschungstradition (Symbolischer Interaktionismus, Ethnomethodologie, Ethnotheorie und Ethnographie) einer deutschsprachigen Leserschaft zu erschließen und in einer Nachfolgepublikation auch die methodologischen Grundzüge einer kommunikativen Sozialforschung zu umreißen (vgl. *Arbeitsgruppe Bielefelder Soziologen* 1976), doch kam es zu einer intensiveren Rezeption der Forschungstechniken und zu einer Ausdifferenzierung auch eigenständiger Ansätze erst einige Jahre später.

Zunächst ging es in einer ersten Rezeptions- und Entwicklungsphase qualitativer Sozialforschung in Deutschland primär darum, das qualitative Paradigma gegenüber den quantitativen Ansätzen abzugrenzen und theoretisch zu begründen. Parallel zu diesen metatheoretischen Abgrenzungs- und Etablierungsbemühungen wurden vereinzelt auch forschungspraktische Arbeiten angestrengt, die heute – wie im Falle von *Oevermanns* „objektiver Hermeneutik" (1979) und *Schützes* „Konversationsanalyse" (1976) – fast schulenähnliche Bedeutung besitzen.

In einem zweiten Schub wurden dann weitere Diskussionsbestände des angelsächsischen Sprachraums für eine breitenwirksame Rezeption zugänglich gemacht (vgl. *Hopf/Weingarten* 1979, *Gerdes* 1979) und in einer Reihe von Zeitschriftenaufsätzen zu Beginn der achtziger Jahre die methodologischen Probleme und Eigenheiten des qualitativen Ansatzes differenziert diskutiert (vgl. *Hoffmann-Riem* 1980, *Küchler* 1980, *Mohler* 1981, *Wilson* 1982, *Kleining* 1982, *Hopf* 1982).

Erst mit Beginn dieser zweiten Entwicklungsphase kam es zu einer vollen Entfaltung des qualitativen Paradigmas und zum Umsetzungsversuch der theoretischen Ansprüche auch in die Forschungspraxis. Standen zunächst noch die Fragen und Vorteile einer nicht restringierten Datengewinnung im Vordergrund, so konzentrierte sich die Diskussion zunehmend auch auf die Probleme der Auswertung, also auf die Prinzipien der Interpretation des meist sehr umfangreich erhobenen Materials (vgl. dazu z. B. *Mühlfeld* u. a. 1981 und *Südmersen* 1983).

Mitte der achtziger Jahre schließlich kann die qualitative Sozialforschung als etabliert angesehen werden. Die ursprüngliche Zurückhaltung und „Schüchtern-heit" sowie die anfänglichen Such- und Klärungsprozesse sind in der zweiten und dritten „Generation" qualitativer Sozialforscher meist einem strotzenden Selbstbe-wußtsein gewichen. Begünstigt wurde diese Entwicklung durch die zunehmende Komplexität des qualitativen Ansatzes selbst, die einen Überblick und damit die kritische Einschätzung durch immer neue Ausdifferenzierungen der Erhebungs- und Analysetechniken erschwert. So werden die relevanten methodologischen Fragestellungen zunehmend in Sonderdiskursen verfolgt und die verschiedenen Aspekte eines Ansatzes nur noch für Spezialisten zugänglich. Diese Aufsplitterung der Methodendikussion ist es, die auch eine übersichtliche und leicht verständliche Darstellung der qualitativen Sozialforschung und ihrer verschiedenen Entwick-lungslinien so schwierig macht.

2.3.2. Typologisierung qualitativer Sozialforschung

In diesem Abschnitt geht es darum, das aktuelle Feld qualitativer Sozialforschung etwas zu ordnen. *Lüders/Reichertz* unterscheiden in ihrer typologisierenden Auf-gliederung des qualitativen Forschungsfeldes drei „Forschungsperspektiven", die jeweils eine besondere Ebene der sozialen Wirklichkeit anvisieren und zum Gegen-stand der Analyse machen. So zielt die erste Perspektive „auf den *Nachvollzug* des subjektiv gemeinten Sinns", die zweite auf eine „*Deskription* sozialen Handelns und sozialer Milieus" und die dritte Forschungsperspektive schließlich „auf die *Rekonstruktion* deutungs- und handlungsgenerierender Tiefenstrukturen" (vgl. *Lüders/Reichertz* 1986, S. 92 ff.). Bei diesem „Modell" wird die zu erforschende Ebene der sozialen Wirklichkeit sukzessive nach unten verlagert. Gibt sich die erste Perspektive noch überwiegend mit der Rekonstruktion von individuellen Sinnzu-schreibungen und Handlungsmotiven zufrieden, so stellt sich die zweite bereits eine genuin soziologische Aufgabe mit der Beschreibung von Handlungszusam-menhängen subgruppenspezifischen Sozialmilieus. Diese beiden Analyseziele ver-bleiben aber immer noch in gewissem Sinne auf der Ebene von Oberflächenphäno-menen und entbehren letztlich eines explanativen Anspruchs, während die dritte Forschungsperspektive eindeutig auf die Tiefenstruktur der Sozialwelt mit entspre-chendem Erklärungsanspruch bei der Rekonstruktion von Strukturlogiken gerich-tet ist.

Man könnte zur Charakterisierung der drei Forschungsrichtungen auch die beiden folgenden Sequenzen verwenden: von der Egologik über die Soziologik zur Struktur- und Generierungslogik einerseits, vom reinen Nachvollzug über die Deskription zur Explanation andererseits. Die beiden Autoren sind nun der Meinung, daß sich den drei typologisch unterschiedenen Forschungsperspektiven mehr oder weniger eindeutig verschiedene Forschungsansätze in der qualitativen Sozialforschung zuordnen lassen. Wir wollen diese instruktive Klassifikation etwas eingehender behandeln, da sie das empirische Forschungsfeld qualitativer Sozialforschung besser zu ordnen und illustrieren hilft.

32

2.3.2.1. Der Nachvollzug des subjektiv gemeinten Sinns

Auf den *Nachvollzug des subjektiv gemeinten Sinns* zielen Forschungsansätze, wie etwa die „Oral History" oder die Biographieforschung, die sich das Subjekt und seine Lebensumstände zum primären Bezugspunkt wählen. Im Mittelpunkt steht dabei zum Beispiel die Rekonstruktion subjektiver Sichtweisen und (Leidens-)Erfahrungen. Methodologisches Prinzip ist die Forderung, dem untersuchten Subjekt in allen Phasen des Forschungsprozesses gerecht zu werden, es in „dialogischer Form" soweit als möglich an der Untersuchung zu beteiligen. Nicht zufällig wird damit meist ein Aufklärungsanspruch von Wissenschaft verbunden und der beteiligte Sozialforscher versteht sich oft als Advokat klienteler Interessen, als Anwalt der von ihm Untersuchten.

Interessiert ist diese Art qualitativer Sozialforschung vor allem an der *Dokumentation und Archivierung subjektiver Äußerungen*. Mit dieser Sammlerattitüde gerät die anvisierte Rekonstruktion des subjektiven Sinns aber oft nur zur einfachen Wiedergabe und Paraphrasierung individueller Äußerungen. Die subjekttheoretischen Grundannahmen bleiben häufig unexpliziert oder bei Klärungsversuchen nach Meinung von *Lüders/Reichertz* „optimistisch dilletantisch" (1986, S. 93). Die Praxis dieses Forschungstyps bezeichnen sie als „meist erstaunlich blauäugig bzw. methodologisch unreflektiert" (*Lüders/Reichertz* 1986, S. 92). Charakteristisch sei eine Vorliebe für diese Forschungsperspektive in der Pädagogik.

2.3.2.2. Die Deskription sozialen Handelns

Auf die *Deskription sozialen Handelns und sozialer Milieus* zielen vor allem ethnographisch und phänomenologisch orientierte *Lebensweltanalysen* ab, aber nach *Lüders/Reichertz* in einer zweiten Entwicklungslinie auch *ethnomethodologische* und *narrationsstrukturelle Konzepte* (1986, S. 91). Die phänomenologisch orientierte Milieudeskription (vgl. *Grathoff* 1984, *Hildenbrand* 1985) dechiffriert die Symbolik einer spezifischen Lebenswelt mittels präzis erhobener und möglichst „nichtinterpretierter" Beobachtungsdaten. Erzielt wird damit eine genaue Deskription zum Beispiel von Milieuinventar und milieuspezifischen Verhaltensweisen. Der milieuanalytische Forschungstyp bedient sich dabei meist eines Methodenbündels, d. h. einer Kombination von biographischen und ethnographischen Verfahren.

Dem ethnomethodologischen und interaktionslogisch orientierten Forschungstyp (vgl. *Bohnsack* 1983, *Sacks* u. a. 1974) geht es dagegen schon nicht mehr um reine Beschreibung, sondern um die *Rekonstruktion der Regeln sozialen Handelns*. Dieses Interesse teilt der interaktionistische Ansatz im übrigen mit den konversations- und narrationsstrukturellen Verfahren (vgl. *Schütze* 1977), denen es im Falle der Konversationsanalyse um die Dokumentation und Rekonstruktion von (Gesprächs-)Regeln und Interaktionsstrukturen geht, im Falle des narrationsstrukturellen Verfahrens sogar um die Rekonstruktion des faktischen Handlungszusammenhangs und -ablaufs anhand von Erzählungen (vgl. *Lüders/Reichertz* 1986, S. 93).

Der Vielfalt von Analysezielen und Verfahrensweisen der hier angeführten Ansätze wird die oben referierte Etikettierung als „deskriptiver" Forschungstyp – das wissen auch die beiden Autoren – im strengen Sinne nicht gerecht. Deshalb soll hier kurz versucht werden, zwei maßgebliche und mittlerweile etablierte Ansätze etwas näher zu charakterisieren, die im Trendbericht von *Lüders/Reichertz* der primär „deskriptiv" orientierten Forschungsperspektive zugeordnet werden.

Der *ethnographische Ansatz* von *Hildenbrand* und seinen Mitarbeitern wurde bisher in zwei familienthematischen Untersuchungen entwickelt und erprobt. Es geht dabei im wesentlichen um die Rekonstruktion von Familien- und Biographieverlaufstypen, vor deren Hintergrund dann spezifische Fragen – wie etwa die nach den Ablöseprozessen Schizophrener (vgl. *Hildenbrand* 1985) – verfolgt werden können. Die Rekonstruktion individueller Biographieverläufe ist also eingebettet in die Untersuchung der jeweiligen Familiensituationen. Deren Deskription wird mit Hilfe milieuanalytischer Verfahren – insbesondere der Beobachtung und des „Familiengesprächs" – betrieben (zu den „Biographiestudien im Rahmen von Milieustudien" vgl. *Hildenbrand* u. a. 1984). Dabei werden die Untersuchten bzw. ihre Familien im jeweiligen sozialen Umfeld lokalisiert und die spezifischen Interaktionsverhältnisse und Sinnwelten der Familien zu rekonstruieren versucht.

Methodisch geht es um die „minutiöse Erfassung von realitätskonstituierenden Prozessen und Strukturen innerhalb von Familieninteraktion und -kommunikation" (*Blankenburg* u. a. 1983, S. 8 f.). Diese Prozesse der Wirklichkeitskonstruktion werden im Erhebungsakt, also im gemeinsamen familiengeschichtlichen Erzählen, selbst vermutet, so daß ihre Verlaufslogik anhand des dokumentierten Materials rekonstruiert werden kann (vgl. *Hildenbrand* 1984). Dazu bedient man sich im Rahmen des ethnographischen Ansatzes der extensiven Einzelfallanalyse (z. B. *Hildenbrand* 1983) und schließlich zur Konstruktion von Verlaufstypen oder familialen Bewältigungsformen von Alltagsproblemen des kontrastierenden Fallvergleichs. Die Konstruktion von Verlaufs- und Bewältigungsformen wird im Sinne der *Weber*schen Idealtypik verstanden. Zwar gilt danach zum Beispiel ein bestimmter Krankheits- und Biographieverlauf von Schizophrenen vor dem Hintergrund spezifischer Familiensituationen als typisch, doch der Zusammenhang wird nicht als „Kausalbeziehung", sondern als „Entsprechungsverhältnis" verstanden (*Hildenbrand* 1985, S. 346). Die Aversion gegen Kausalmodelle und die sog. „Subsumtionslogik" weist ihn damit idealtypisch als Vertreter des qualitativen Forschungsansatzes aus.

Der von *Schütze* vertretene *konversations- und narrationsstrukturelle Ansatz* vertraut im Gegensatz zur ethnographischen Milieustudie, die sich wesentlich auch auf Beobachtungsdaten stützt, allein auf den Text, der sich als Dokumentation etwa eines Interviewgesprächs niederschlägt. Allerdings soll die Interviewsituation dabei möglichst nahe an die Bedingungen natürlicher und situativer Erzählung heranreichen – eine Forderung, die es nahelegt, den Eingriff des Forschers in den Erzählprozeß möglichst gering zu halten. *Schütze* hat zu diesem Zweck eine spezielle Technik des offenen qualitativen Interviews entwickelt: das „narrative Interview" (vgl. *Schütze* 1977). Dabei komme es darauf an, durch einen gezielten

Erzählanreiz möglichst auch Äußerungen über heikle Themen hervorzulocken und Erzählungen über Geschichten anzuregen, in die der Befragte nicht immer vorteilhaft involviert ist (*Schütze* hat das Instrument des „narrativen Interviews" z. B. bei einem Projekt zur Erforschung kommunaler Machtstrukturen erfolgreich angewandt; vgl. *Schütze* 1976). Die einzelnen Auswertungsschritte sind dabei im Rahmen einer „Konversationsanalyse" organisiert (vgl. *Kallmeyer/Schütze* 1976). Hierbei geht es *Schütze* und seinen Mitarbeitern primär um eine Rekonstruktion von Zugzwängen und Ablaufmustern des Gesprächs – also um die Strukturen der Erzählung (deshalb auch „narrationsstruktureller Ansatz").

Der theoretisch interessante und oft kritisierte „Trick" des narrationsstrukturellen Ansatzes besteht nun darin, aus Verzögerungen im Erzählablauf, aus zufälligen Schwankungen im Detaillierungsgrad und aus sonstigen „Durchbrechungen" des Erzählschemas auf mangelnde Konstanz und Inkongruenzen der Wirklichkeitskonstruktion im Erzählprozeß zu schließen (zu einer Kritik des „Narrativismus" vgl. *Bude* 1985 und in einem mehr konstruktiven Sinne *Matthes* 1985). Kritische Stellen im Konstruktionsprozeß aber indizieren nach *Schütze* auch kritische Stellen in der biographischen Wirklichkeit. Die Technik des narrativen Interviews wird daher oft in Verbindung mit biographischen Ansätzen verwendet (vgl. *Schütze* 1982, 1983 und 1984). Dabei geht es insbesondere darum, über die Rekonstruktion narrativer Strukturen von autobiographischen Interviews allgemeintypische „Prozeßstrukturen des Lebenslaufs" zu erschließen (vgl. *Schütze* 1981).

2.3.2.3. Die Rekonstruktion von Strukturen

Auf die „*Rekonstruktion* von deutungs- und handlungsgenerierenden *Strukturen*" schließlich zielen Ansätze, die die „Tiefenstruktur" menschlicher Äußerungen als relativ autonome und als die eigentlich interessierende Realitätsebene begreifen (vgl. *Lüders/Reichertz* 1986, S. 95 ff.). Im Mittelpunkt des analytischen Interesses dieser Forschungsperspektive stehen also nicht die Motive der Handelnden oder etwa die Deskription eines spezifischen Sozialmilieus, sondern die Strukturlogik wie die „impliziten Regeln", nach denen Deutungen und Handlungen generiert werden. Insofern erheben die strukturtheoretischen Ansätze in der qualitativen Sozialforschung – in Absetzung von den anderen beiden Forschungsrichtungen – einen genuinen Erklärungsanspruch. Sie greifen in ihrer theoretischen Fundierung auf kompetenztheoretische, strukturalistische und interaktionistische Prämissen zurück (vgl. *Lüders/Reichertz* 1986, S. 95).

Mit der Konzentration auf die Tiefenstrukturen, die eine deutungs- und handlungsgenerierende Funktion besitzen, gerät die Komponente des handelnden und interpretierenden Akteurs zum Epiphänomen. Zugespitzt formuliert fungieren die untersuchten Individuen nur noch als Träger von Strukturen und als Vollzieher von Regeln. Der subjektiv gemeinte Sinn und die Handlungsmotive werden als Oberflächenderivate behandelt, wenn es den strukturtheoretischen Ansätzen primär um eine Aufklärung der „objektiven" Handlungsbedeutung geht (in diesem Sinne ist auch die objektive Hermeneutik *Oevermanns* (1979 a) zu verstehen).

Mit dieser Verschärfung der Forschungsperspektive handeln sie sich dann auch bei *Lüders/Reichertz* den Vorwurf einer „Metaphysik der Strukturen" ein (vgl. 1986, S. 95). Methodologisch bedienen sich die strukturtheoretischen Ansätze qualitativer Sozialforschung vor allem hermeneutischer „Interpretations-", oder besser „Rekonstruktions"verfahren. Während es der „sozialwissenschaftlichen Hermeneutik" *Soeffners* (1982b) noch um eine Verbindung rekonstruktiver Analyse mit phänomenologischer Deskription geht, hat sich die „objektive Hermeneutik" *Oevermanns* fast vollständig von dieser geisteswissenschaftlich-verstehenden Traditionslinie entfernt.

Abschließend wollen wir die Methodologie *Oevermanns*, die sich mittlerweile fast zu einer eigenständigen Forschungsperspektive mit starkem Einfluß auf andere qualitativ orientierte Arbeiten entwickelt hat, kurz etwas näher kennzeichnen.

Das Wort „objektiv" in *Oevermanns* objektiver Hermeneutik meint nicht – um von vorneherein ein weit verbreitetes Mißverständnis auszuräumen – den Anspruch auf Objektivität der rekonstruktiven Analyse und somit der wissenschaftlichen Aussagen über den untersuchten Gegenstandsbereich, sondern bezieht sich auf die als objektiv gefaßte Existenz des Gegenstandsbereichs selbst. Gegenstand der objektiven Hermeneutik ist mithin die „objektive" Bedeutungsstruktur konkreter Äußerungen. Diese als objektiv existent angenommene Bedeutungsstruktur ist nach *Oevermann* sozusagen den Äußerungen und Handlungen „latent" unterlegt und deckt sich im Normalfall nicht mit den psychisch repräsentierten Bedeutungen auf seiten der involvierten sozialen Akteure und Textproduzenten. Deshalb besteht nach dieser Konzeption eine prinzipielle Diskrepanz zwischen der „latenten Sinnstruktur" – deren Rekonstruktion die Aufgabe der objektiven Hermeneutik ist – und den subjektiv intentional repräsentierten Bedeutungen, deren „Nachvollzug" zum Beispiel Ziel der ersten hier angeführten Forschungsperspektive ist. Vielmehr lassen sich die subjektiven Repräsentationen, also die Handlungsmotive und der „subjektiv gemeinte Sinn", erst vor dem Hintergrund der „latenten Sinnstrukturen" analysieren und verstehen. Die „latenten" oder „objektiven" Bedeutungsstrukturen fungieren damit für *Oevermann* als „Realität sui generis" (*Oevermann* u. a. 1979a, S. 368) und sie werden explizit in die Nähe von *Poppers* Welt 3 gerückt (vgl. *Oevermann* u. a. 1979a, S. 382). Die Selbstetikettierung dieser Methodologie als „objektive Hermeneutik" ist also leicht irreführend, weil sich der Begriff „objektiv" nicht etwa auf eine in Anspruch genommene Objektivität der Analyse, sondern auf die objektiv reale Existenz ihres Gegenstandsbereichs bezieht. „Hermeneutisch" ist dabei das Rekonstruktionsverfahren, das strukturtheoretisch begründet wird. Deshalb verwendet *Oevermann* für seinen Ansatz auch die weit treffendere Bezeichnung „strukturale Hermeneutik" (vgl. *Oevermann* 1983).

Oevermann hat seine Methodologie im Verlauf eines mehrjährigen Forschungsprojektes über innerfamiliale Interaktionsstrukturen entwickelt. Sie ist daher das Ergebnis einer forschungspragmatischen Auseinandersetzung mit Problemen der Interpretation von Texten. Erst 1979 hat *Oevermann* mit Mitarbeitern das Resultat seiner Überlegungen publiziert und das rekonstruktive, textinterpretative Vorgehen an ausführlichen Fallbeispielen illustriert (vgl. *Oevermann* u. a. 1979a). Im selben Jahr erschien ein struktur- und kompetenztheoretischer Aufsatz, in dem er die Entwicklung seiner Methodologie genetisch zurückverfolgt und grundlagentheoretisch fundiert (vgl. *Oevermann* 1979b).

Oevermann kommt es auf die Rekonstruktion latenter Sinngehalte von Äußerungen und Handlungen an. Dies ist nur in einem extensiven Interpretationsprozeß zu erreichen. Deshalb wird in einem achtstufigen Verfahren jede Textsequenz in unzähligen Gedankenexperimenten auf ihren wahrscheinlichen „latenten Sinngehalt" hin interpretiert. Sind es zunächst auch alle unplausiblen „Lesarten", die in der Textinterpretation aufgestellt werden, so seligiert sich nach und nach die am wahrscheinlichsten und die „objektive Bedeutungsstruktur" am treffendsten wiedergebende Interpretation heraus. Dabei wird grundsätzlich mit der Interpretation der für sehr ergiebig gehaltenen Anfangssequenz begonnen und im folgenden sequentiell vorgegangen.

Am Interpretationsprozeß sind dabei prinzipiell immer mehrere Forscher beteiligt, was *Oevermann* den Vorwurf eingebracht hat, die individuelle Willkürlichkeit des „Verstehens" nur durch eine Art Gruppenprozeß zu ersetzen. Genau betrachtet fungiert aber der zwischen den beteiligten Forschern einmal erreichte Konsens über die aufrechtzuerhaltenden Lesarten nicht als Beleg für ihre Gültigkeit, sondern die Interpretation in der Gruppe hat lediglich den Zweck, den Einfallsreichtum bei der Aufstellung von Lesarten zu mehren und die Verfechter bestimmter Lesarten zu zwingen, plausible strukturtheoretische Begründungen für ihre Interpretationen anzuführen, um sich damit argumentativ gegen die anderen Interpretationsbeteiligten durchsetzen zu können. Letzte Instanz für konkurrierende Interpretationen – darauf hat *Oevermann* mehrmals hingewiesen – ist immer der Text, der die konsensuell akzeptierten Lesarten schließlich decken muß (zum Verhältnis von Text und sozialer Realität bei *Oevermanns* Konzeption vgl. kritisch auch *Bude* 1982).

Der eklatante Nachteil bei diesem, sonst recht ergiebigen, Interpretationsverfahren ist der enorme Zeitaufwand, der auch für die Interpretation nur kurzer Textsequenzen aufgebracht werden muß. Das Verfahren der objektiven Hermeneutik ist daher für die Bewältigung umfangreichen Datenmaterials kaum geeignet. Sinnvoll erscheint vielmehr sein schwerpunktmäßiger Einsatz bei zentralen oder für zentral erachteten Textausschnitten, also zur Aufklärung von Bruchstellen in der rekonstruktiven Analyse. Allerdings dürfte ein derart instrumentalisiertes Verständnis des *Oevermann*schen Interpretationsverfahrens auch problematisch sein, da dessen Verwendung ja immer mit grundlagentheoretischen Annahmen der objektiven Hermeneutik einhergeht und eine bestimmte Konzeption des Gegenstandsbereichs voraussetzt – nämlich die Trennung zwischen latenter Bedeutungsstruktur und psychischer Repräsentanz des Sinngehalts einerseits und die Auszeichnung der „objektiven Bedeutungsstruktur" als „Realität sui generis", die für *Oevermann* den eigentlichen Gegenstand der rekonstruktiven Analyse bildet, andererseits.

2.3.3. Fazit

- Unter Rekurs auf die Typologie von *Lüders / Reichertz* und mit Hilfe von drei „extrahierten" exemplarischen Ansätzen wurde versucht, das Feld qualitativer Sozialforschung zu ordnen. Das Unterscheidungskriterium zwischen den Forschungsperspektiven war die Zielsetzung der drei verschiedenen Ansätze:

  - der Nachvollzug des subjektiv gemeinten Sinns
  - die Deskription sozialen Handelns und sozialer Milieus
  - die Rekonstruktion von Strukturen.

Sukzessive wurde dabei die in Angriff genommene Ebene sozialer Wirklichkeit nach unten hin versetzt.

- Während es in der ersten Forschungsperspektive sozusagen um die *Erfassung von Oberflächenphänomenen,* also lediglich um den Nachvollzug des subjektiv gemeinten Sinns geht, zielt die dritte Perspektive auf eine Rekonstruktion der deutungs- und handlungsgenerierenden *Tiefenstrukturen* selbst ab.
- Zusammenfassend könnte man den ersten beiden Ansätzen eine *deskriptiv orientierte Forschungspraxis* zuordnen, der letzten Forschungsperspektive aber eine primär *grundlagentheoretische Orientierung.*
- Dementsprechend setzen die beiden ersten Ansätze das *Schwergewicht auf die Datengewinnung* und auf die Ausbildung *adäquater Erhebungsverfahren,* während die explanativ-rekonstruktiven Ansätze der dritten Forschungsperspektive eher am *Auswertungsprozeß* und an *geeigneten Interpretationsverfahren* interessiert sind.
- Der *deskriptiven Orientierung* entspricht weiterhin eine „Priorität inhaltlicher Fragestellungen" und das Ziel, *spezifische Gegenstandsbereiche explorativ zu strukturieren.* Im Rahmen dieser Aufgabenstellung wird etwa empirisches Material für Bindestrich-Soziologien produziert. Bevorzugte Methoden sind das qualitative Interview und die teilnehmende Beobachtung.
- Dem Interesse an den Inhalten steht auf der Seite *strukturtheoretischer Ansätze* die „Priorität methodologischer Fragestellungen" gegenüber. Dieser Forschungsperspektive geht es bevorzugt um die *Erprobung und Weiterentwicklung von qualitativen Methoden und grundlagentheoretischen Fundierungen* des interpretativen Paradigmas.
- Ob diese Arbeitsteilung im Feld qualitativer Sozialforschung sinnvoll ist und vor allem der eigenen, aus der Kritik an der quantitativen Sozialforschung entstandenen Programmatik entspricht, muß jeder für sich selbst beurteilen.

3. Grundlagen qualitativer Sozialforschung

Die Notwendigkeit, aber auch die Schwierigkeit einer Präzisierung des Begriffs qualitativer Methoden ergibt sich schon daraus, daß es sich teilweise um recht heterogene Vorgehensweisen handelt, die zwar gewisse grundlegende Gemeinsamkeiten aufweisen, im übrigen aber – nicht anders als entsprechende quantitative Verfahren – jeweils spezifische Ausschnitte der sozialen Realität erfassen und zudem, wie etwa das narrative Interview oder die Einzelfallstudie, auf unterschiedlichen Ebenen liegen. Daher sollen die gemeinsamen Grundlagen qualitativer Verfahren vorgestellt werden.

Die Diskussion um quantitative und qualitative Orientierung (vgl. etwa *Berger* 1974) läßt sich als Weiterführung der Diskussion des Methodendualismus, d. h. der natur- und geisteswissenschaftlichen bzw. nomothetischen und idiographischen Methode in den Sozial- und Kulturwissenschaften um die Jahrhundertwende auffassen, die selbst wiederum auf den Konflikt zwischen Realismus und Idealismus zurückgeht. Seit den zwanziger Jahren, insbesondere seit dem Ende des Zweiten Weltkrieges und dem „Siegeszug" der empirisch und pragmatisch orientierten amerikanischen Soziologie, kam es zu einem vorläufigen Ende derartiger Auseinandersetzungen (vgl. *Hoffmann-Riem* 1980, S. 339ff.), die außerhalb Deutschlands ohnehin nur geringe Resonanz fanden. Da es jedoch innerhalb einer lebendigen Wissenschaft keine endgültigen „Sieger" und „Verlierer" gibt, kommen beim Übergewicht einer Position fast zwangsläufig Gegenströmungen auf, die sich auf andere Traditionen, Theorien und auch Methoden berufen, diese neu interpretieren und weiterführen.

Der Grundgedanke der quantitativen Sozialforschung, fußend auf der Tradition des Empirismus, Sensualismus und Positivismus, bestand darin, daß die Wahrnehmung der Welt nur über die menschlichen Sinne erfolgt und die Differenzierung zwischen physikalischer und sozialer (bzw. kultureller) Realität allenfalls aus konventioneller oder forschungspragmatischer Sicht gerechtfertigt erscheint, es also keinen grundsätzlichen Unterschied zwischen natur- und geisteswissenschaftlicher Methodologie gibt. Soziales Leben läuft – vergleichbar einem Naturvorgang – nach bestimmten Regelmäßigkeiten ab und der Forscher kann es gleichsam von außen in seinem Ablauf beobachten und prinzipiell erklären. Wenn sich auch im Laufe der Entwicklung eine Ernüchterung durchsetzte und vom Entwurf solcher Theorien abgesehen wurde, ist der ihnen zugrundeliegende objektivistische Standpunkt auch heute noch anzutreffen. „Quantitative methodology is routinely depicted as an approach to the conduct of social research which applies natural science, and in particular a positivistic approach to social phenomena. The paraphernalia of positivism are characterized typically in the methodological literature as exhibiting a preoccupation with operational definitions, objectivity, replicability, causality, and the like" (*Bryman* 1984, S. 77).

Dem steht die Auffassung gegenüber, daß der Mensch nicht nur Untersuchungs-objekt, sondern auch erkennendes Subjekt ist und damit – im Gegensatz zur unbelebten und belebten, aber nichtmenschlichen Natur – eine Doppelrolle ein-nimmt, der eine, ihrem Anspruch nach, objektivistische Sozialforschung nicht gerecht werden kann. Der Forscher trägt gewisse Hintergrunderwartungen in sich, die nicht unkontrolliert als Interpretationsrahmen in den Forschungsprozeß einge-hen können, sondern thematisiert werden müssen. Somit kann das Ziel nicht die Herstellung einer Objektivität im naturwissenschaftlichen Sinne sein, da es hierzu einer Position außerhalb von Kultur, Gesellschaft und Geschichte bedürfte. Es genügt also nicht, das Auftreten von Phänomenen festzustellen; zusätzlich bedarf es der Erforschung der diesen Phänomenen von den handelnden Menschen zugrunde-gelegten Bedeutungen, d. h. des (im wesentlichen subjektiven) „gemeinten Sinns", wofür die jeweiligen Selbstauslegungen der Untersuchten entscheidend sind. Um soziales Handeln als sinnhaftes Handeln zu erforschen, müssen die Bedeutungen der verwendeten Symbole (und insbesondere der Sprache als dem wichtigsten Symbolsystem) bekannt sein, die ganz wesentlich vom jeweiligen situativen Kontext (Indexikalität) abhängen. Grundsätzlich stellt sich somit dann die Frage, wie Fremdverstehen und Fremdinterpretation möglich sind.

Die Chance des *Fremdverstehens* beruht zum einen auf der (vernünftigen, aber letztlich unbeweisbaren) Annahme, daß andere Personen (im gleichen Kulturkreis) zumindest über mehr oder weniger *ähnliche Bewußtseinslagen* verfügen, also ein genügend großer Vorrat *gemeinsamer Symbole* existiert, zum anderen auf der Annahme einer *Reziprozität der Perspektiven*, d. h. daß Interaktionspartner in der Lage sind, sich gedanklich in die Positionen der jeweils anderen hineinzuversetzen. Dies macht deutlich, daß sich die Erfassung sozialen Handelns nicht allein auf die durch die „quantitative" Methodologie zugänglichen Aspekte beschränken läßt, wird doch die Aufgabe des Forschers darin gesehen, die Prozesse der Handelnden zu rekonstruieren, durch die die soziale Wirklichkeit in ihrer sinnhaften Struktu-riertheit hergestellt wird. Durch die Heranziehung eines standardisierten Beobach-tungsschemas, durch das Auszählen der Kontakthäufigkeit oder durch die Regi-strierung von Körperreaktionen, aber auch durch die Messung der Probandenant-worten auf vorgegebene Fragebogenitems sowie durch kausale Interpretationen ist dem *subjektiv gemeinten Sinn von Handeln* schwer beizukommen.

Als Gegenpositionen zum weitgehend vorherrschenden neo-positivistischen Me-thodologieverständnis haben die sog. Kritische Theorie („Frankfurter Schule") und der Symbolische Interaktionismus weitgehende Einflüsse ausgeübt. Die Einwände der erstgenannten bezogen sich u. a. auf den ihrer Meinung nach unbegründeten Objektivitätsanspruch der konventionellen Sozialforschung (vgl. z. B. *Habermas* 1970), doch erwies sich die Auseinandersetzung mit der auf die Phänomenologie zurückgehenden interaktionistischen Position für die Weiterentwicklung der Me-thodologie als folgenreicher (vgl. etwa *Rose* 1967, *Blumer* 1973). Verhaltens- und Bewußtseinsphänomene (Einstellungen, Werthaltungen) werden aus dem sozialen Prozeß heraus erklärt, der wiederum als durch Muster aufeinanderbezogenen Handelns strukturiert aufgefaßt wird. Diese Muster sind durch die Sprache vermittelt und erlauben der handelnden Person, in sich selbst die Reaktionen hervorzurufen, die ihr Handeln bei den Interaktionspartnern auslöst, und diese Erwiderungen zur Kontrolle seines eigenen Verhaltens einzusetzen (vgl. *Bisler* 1973, S. 310).

Ausgehend von dem Anspruch, daß das Forschungsziel darin bestehe, die Prozesse zu rekonstruieren, durch die die soziale Wirklichkeit in ihrer sinnhaften Strukturierung hergestellt wird, ergeben sich bestimmte Ansprüche an die Sozialforschung. So soll diese sein:

- *interpretativ*, d.h. die soziale Realität wird als gesellschaftlich, ihr Sinn also durch Interpretation und Bedeutungszuweisung, konstruiert und nicht objektiv vorgegeben aufgefaßt (vgl. *Berger/Luckmann* 1969),
- *naturalistisch*, d.h. Untersuchungsfeld ist die natürliche Welt, die mit naturalistischen Methoden erfaßt und beschrieben werden soll (vgl. *Schatzmann/ Strauss* 1973),
- *kommunikativ*, d.h. die methodologischen Regeln können nicht losgelöst von den vorgängigen Regeln des alltäglichen Kommunikationsprozesses festgelegt werden, da die soziologischen Methoden der Sozialforschung Kommunikation implizieren (vgl. *Arbeitsgruppe Bielefelder Soziologen* 1976, S. 16 f.),
- *reflexiv*, d.h. sie soll „sich selbst in mehrfacher Hinsicht kritisch reflektieren" (*Müller* 1979, S. 10), was ein theoretisches und praktisches Problem von Soziologie und Sozialforschung ist (vgl. *Beck* 1974, S. 232 f.) und
- *qualitativ*, d.h. zunächst einmal negativ ausgrenzend in der Anwendung von Methoden der empirischen Sozialforschung sich auf nicht-standardisierte beziehen und dadurch dem Untersuchungsgegenstand angemessen und offen gegenübertreten (vgl. *Hopf/Weingarten* 1979, S. 14).

Verfahrensweisen, die von den Vertretern einer „harten" Methodologie teilweise als präwissenschaftlich und vorläufig abgetan werden, erfahren somit eine Aufwertung. Dabei kann man auf umfassende und differenzierte theoretische und empirische Studien zurückgreifen, wie sie u.a. in den zwanziger und dreißiger Jahren dieses Jahrhunderts von den Vertretern der sog. Chicago-Schule geleistet wurden.

Ungeachtet der prinzipiellen Berechtigung quantitativer und qualitativer Verfahren lassen sich immer noch Tendenzen ausmachen, den Anhängern und Praktikern der jeweils anderen Richtung oberflächliche Fliegenbeinzählerei bzw. essayistisches, vorwissenschaftliches Vorgehen vorzuwerfen. Wohltuend hebt sich hier die Position des „klassischen" Sozialforschers *Lazarsfeld* ab, der beide Methodologien ohne Vorurteile praktizierte (vgl. *Lazarsfeld* 1972). Auf einen möglichen kombinierten Einsatz der beiden Paradigmen wird noch in Kapitel 5 einzugehen sein.

Sehr oft gewinnt man in der aktuellen methodologischen Diskussion den Eindruck, als fungiere der Begriff „qualitative Sozialforschung" als eine Art Omnibusbegriff, unter den sich differenzierbare wissenschaftstheoretische Positionen unterschiedlicher Theorie-Schulen und vor allem eine Unzahl konkreter empirischer Forschungsverfahren problemlos subsumieren ließen. Die Bedeutung des Begriffs ist jedenfalls kaum präzisiert, weshalb es ungemein schwer fällt, die Prinzipien qualitativer Sozialforschung und vor allem die Forschungspraktiken der sich als qualitativ verstehenden Projekte auch nur einigermaßen eindeutig zu bestimmen. Diese Schwierigkeit löst sich selbst dann kaum auf, wenn man versucht, der theoretischen und methodologischen Tradition etwas auf den Grund zu gehen, auf der die solcherart etikettierten Forschungsansätze fußen oder die zumindest von Vertretern qualitativer Sozialforschung zur Auszeichnung der eigenen metatheoretischen Basis reklamiert wird.

Man ist zunächst darauf verwiesen, die Selbstetikettierungen qualitativer Sozialforschung als Ausweis ihrer grundlagentheoretischen Orientierung zu nehmen. Wenn dies auch nicht zu einer vollständigen Auflösung der Konfusion und der herrschenden Mißverständnisse in der gegenwärtigen Methodendiskussion führen muß, so kann damit doch zumindest eine Klärung des Selbstverständnisses qualitativer Sozialforschung erreicht werden. Im folgenden wollen wir daher zunächst die Konzepte benennen, unter denen sich der qualitative Ansatz auf dem Markt soziologischer Paradigmen anpreist und in einem zweiten Schritt dann etwas näher seine metatheoretischen Quellen auszuloten versuchen.

3.1. Die soziologisch-theoretischen Voraussetzungen

Man kann die Grundlagen der qualitativen Sozialforschung, die sich als methodische Position auf ihr vorgelagerte und sie begründende Konzeptionen stützt, in zwei – zunächst eigenständigen und analytisch zu trennenden, obwohl wissenschaftshistorisch und faktisch nicht ganz unabhängigen – Wurzeln sehen: in metatheoretischen (= wissenschaftstheoretischen oder methodologischen) Vorstellungen einerseits und in substanztheoretischen, soziologischen Auffassungen andererseits. Letztere sollen zunächst behandelt werden.

Dabei soll nicht näher eingegangen werden auf spezifische Etikettierungen wie „reflexive Soziologie" (vgl. *Müller* 1979) oder „interpretative Soziologie" (vgl. *Hoffmann-Riem* 1980), die oft nur unterschiedliche Nuancierungen des ausführlicher bearbeiteten „interpretativen Paradigmas" darstellen und mit dessen Grundpositionen kompatibel sind (vgl. dazu auch den Reader „Interpretative Social Science" (*Rabinow/Sullivan* 1979)). Ebenfalls nicht weiter verfolgt werden soll die Gleichsetzung von „qualitativer" mit „explorativer" Sozialforschung (wie dies weitgehend *Gerdes* (1979) tut, was ihm den Vorwurf der Verkürzung qualitativer Sozialforschung, ihrer Reduktion auf die Vorbereitung quantitativer Methoden und damit der Zuweisung eines inferioren Status eingetragen hat).

3.1.1. Das interpretative Paradigma

Als die umfassendste und zugleich am weitesten verbreitete Kennzeichnung des theoretischen Hintergrunds qualitativer Sozialforschung kann der Begriff des

„interpretativen Paradigmas" gelten. Explizit als Etikett zur Auszeichnung einer bestimmten Tradition soziologischer Theorien wurde der Begriff von *Wilson* (1970; vgl. auch 1982) in Abgrenzung zu dem von ihm so bezeichneten „normativen Paradigma" eingeführt.

Das interpretative Paradigma umschreibt weder eine bestimmte Form von Objekttheorien, noch kann es im strengen Sinne als eine wissenschaftstheoretische Position bezeichnet werden. Treffend könnte man das interpretative Paradigma „am ehesten als eine grundlagentheoretische Position bezeichnen, die davon ausgeht, daß alle Interaktion ein interpretativer Prozeß ist, in dem die Handelnden sich aufeinander beziehen durch sinngebende Deutungen dessen, was der andere tut oder tun könnte" (*Matthes* 1973, S. 201).

So ist die Terminologie *Wilsons* bei der Kennzeichnung opponierender grundlagentheoretischer Positionen auch irreführend, wenn er diese unter dem Begriff des normativen Paradigmas zusammenfaßt. Gemeint ist hier nämlich nicht ein „*normatives Wissenschaftsverständnis*" (etwa im Gegensatz zu einem analytischen), sondern die Bezeichnung drückt ein *normatives Wirklichkeitsverständnis* aus, das heißt „eine Auffassung von gesellschaftlicher Wirklichkeit als in sozialen Normierungen objektiv sachhaft und äußerlich vorgegeben" (*Matthes* 1973, S. 202). Diese Konzeption sozialer Wirklichkeit wird etwa der Verhaltens- und Systemtheorie, dem Strukturfunktionalismus und in gewissem Sinne auch dem Historischen Materialismus zugeordnet. Das interpretative Paradigma hingegen begreift soziale Wirklichkeit und damit den Gegenstandsbereich der Sozialwissenschaften als durch Interpretationshandlungen konstituierte Realität. Gesellschaftliche Zusammenhänge, die einer soziologischen Analyse unterworfen werden können, sind daher nicht objektiv vorgegebene und deduktiv erklärbare „soziale Tatbestände", sondern Resultat eines interpretationsgeleiteten Interaktionsprozesses zwischen Gesellschaftsmitgliedern.

Die methodologische Konsequenz, die das interpretative Paradigma aus dieser Konzeption sozialer Wirklichkeit und damit des Gegenstandsbereichs der Soziologie zieht, ist daher folgende: Wenn Deutungen konstitutiv sind für die „gesellschaftliche Konstruktion der Wirklichkeit" (vgl. *Berger/Luckmann* 1969), dann muß auch die Theoriebildung über diesen Gegenstandsbereich als interpretativer Prozeß angelegt sein. Das heißt, „die Prozesse der Interpretation, die in den jeweils untersuchten Interaktionen ablaufen, müssen interpretierend rekonstruiert werden" (*Matthes* 1973, S. 202). Diese methodologische Schlußfolgerung aus der Konzeption des soziologischen Gegenstandsbereichs als Produkt interpretationsgeleiteter Interaktionsprozesse ist zwar bei näherer Betrachtung logisch nicht zwingend, da die Natur des Objekts nicht die Form seiner wissenschaftlichen Erfassung determinieren muß, wird aber von sämtlichen empirischen Forschungsansätzen, die im Fahrwasser des interpretativen Paradigmas schwimmen, umstandslos übernommen – so auch von der qualitativen Sozialforschung. Man könnte damit die Ansätze qualitativer Sozialforschung als die methodologische Ergänzung der grundlagentheoretischen Position des interpretativen Paradigmas bezeichnen.

Diese Komplementarität zwischen interpretativem Paradigma und qualitativer Methodologie ist zwar – wie ausgeführt – nicht logisch zwingend – da menschliche Interpretationsleistungen etwa auch als Objekt einer Kausalanalyse behandelt werden könnten -, aber stabiles Ergebnis des theoriehistorischen Entwicklungsprozesses. Auf dem Hintergrund dieser disziplinären Entwicklung können daher das interpretative Paradigma und die qualitative Methodologie gleichgesetzt werden. Der Konzeption des soziologischen Gegenstandsbereichs als Produkt von Interpretationsleistungen entspricht ein interpretatives Analyse- und Rekonstruktionsverfahren. Die Beziehungen zwischen grundlagentheoretischer Position und Methodologie sind so eng, daß es überhaupt schwer fällt, sich qualitative Forschungsmethodologien zu denken, die sich nicht dem Symbolischen Interaktionismus, der Ethnomethodologie oder der phänomenologischen Lebensweltanalyse – alle dem interpretativen Paradigma zugehörige Ansätze – verpflichtet sehen.

3.1.2. „Natural Sociology" und „Natural History"

Ein anderes Etikett, das Teilen qualitativer Sozialforschung häufig angeheftet wird und das zugleich eine weitere „Version" qualitativer Sozialforschung charakterisieren kann, ist das der „natural sociology" (als englischsprachige Grundlagenwerke vgl. *Schatzmann/Strauss* 1973 und *Bogdan/Biklen* 1982, zur deutschen Rezeption: *Gerdes* 1979). Die „naturalistischen Untersuchungsmethoden" lehnen sich eng an die empirische Tradition von Ethnographie und Kulturanthropologie an und sind durch eine Betonung der „Feldarbeit" gekennzeichnet. Die „natürliche" Umwelt von Individuen und Gruppen ist daher auch bevorzugtes Untersuchungsfeld dieser Forschungsvorhaben. Insofern könnte man die Studien der natural sociology auch als eine Art Lebensweltanalyse kennzeichnen – allerdings nicht unbedingt im Sinne der phänomenologischen Konstitutionsanalyse, auf die später noch einzugehen sein wird. Die Feldstudie der natural sociology verbleibt meist bei der Beschreibung von Sozialmilieus und den Lebenswelten der Untersuchten als eingrenzbaren Handlungsbereichen, ist also eher konkretistisch-deskriptiv angelegt. Dies trifft jedoch auch für viele andere qualitativ konzipierte Untersuchungen zu, die sich nicht explizit der natural sociology zuordnen würden. Die Betonung der deskriptiven Analyse kann daher – wenn auch nur mit Einschränkung – als ein Charakteristikum qualitativer Sozialforschung im Unterschied zum Erklärungsanspruch herkömmlicher Ansätze betrachtet werden. Entscheidendes Kennzeichen der *natural sociology* als einer Möglichkeit qualitativer Sozialforschung *ist empirische Arbeit in natürlichen sozialen Feldern und zwar mit Methoden, die den zu untersuchenden Mitgliedern des sozialen Feldes alltäglich vertraut sind.*

Die natural sociology hat also einen doppelten Begriff von „Natürlichkeit": Einmal geht es um die natürlichen sozialen Felder und zum anderen um die in diesen Feldern natürlichen Methoden. Diese Natürlichkeit als Alltäglichkeit wurde insbesondere im Umfeld der Chicagoer Schule praktiziert. Sie ist aber nur *eine* Fundierung von qualitativer Sozialforschung, die mindestens durch die „natural history" ergänzt werden kann.

„Naturgeschichte unterscheidet sich von Geschichte dadurch, daß sie sich mehr mit dem *Typischen einer Klasse von Phänomenen* als mit ihrer Einmaligkeit in jedem besonderen Fall beschäftigt. Sie sucht eher das *Kennzeichnende* als das Unterscheidende – eher *Regelmäßigkeit* als Eigentümlichkeit – von Ereignissen herauszufinden. Daher werde ich mich hier mit jenen Merkmalen des Prozesses der Regelsetzung und -durchsetzung befassen, die für diesen Prozeß typisch sind und seine spezifischen Kennzeichen darstellen" (*Becker* 1973, S. 116) (Hervorhebung S.L.). Diese, auf den ersten Blick den Maximen qualitativer Sozialforschung scheinbar widersprechende Aussage erfährt eine positive Wendung, wenn man sich das Programm der natural history in der Chicagoer Schule, insbesondere in der Ausprägung durch *Park* (vgl. *Hughes* 1955), ansieht.

„Für Soziologen in der ,natural-history'-Tradition ist soziales Geschehen nichts anderes als *Interaktion*. Sie ist gesteuert durch *subjektive Definitionen,* wie sie aber erst in der *Interaktion* (d. h. im *Handeln,* genauer im *sozialen* Handeln) faßbar und relevant werden, als immer schon aufeinander bezogene, *ausgehandelte Bedeutungen" (Bühler-Niederberger* 1989, S. 458). Dies ist zunächst noch nicht spezifisch für die natural history, sondern eigentlich typisch für den symbolischen Interaktionismus, der im nächsten Abschnitt behandelt werden wird. Auf der Basis dieser Vorstellung allerdings wird nun das naturgeschichtliche Element eingeführt. Die Idee der Naturgesetzlichkeit könnte dabei nun dahingehend mißverstanden werden, als gäbe es in einem quasi naturwissenschaftlich-quantitativen Sinne determinierte gesellschaftliche Prozesse, die ohne intentionales Zutun der Akteure immer in der gleichen, spezifischen Weise, eben quasi naturgesetzlich notwendig, so ablaufen. Das ist aber im Sinne der natural history keine notwendige Voraussetzung. Die natural history begreift Prozesse, Abläufe und Phänomene als soziale insoweit, als sie *interaktiv konstruierte Geschichte* sind. Dabei ist die Absicht der natural history, einerseits *typische Sequenzen* und andererseits *universelle Aussagen* zu finden (vgl. *Bühler-Niederberger* 1989, S. 461 f.). (Man vergleiche hierzu eine gewisse Parallelität bei *Glaser/Strauss,* wenn von gegenstandsbezogenen zu formalen Theorien (Abschnitt 4.1.3.4.) fortgeschritten wird.) Während die Ermittlung der typischen Sequenzen ein dezidiert qualitativ-empirisches Element darstellt, ist der Versuch, zu universellen Aussagen zu gelangen, eine methodologisch-wissenschaftstheoretische Zielsetzung auf der Basis so gewonnener Informationen. „*Parks* wissenschaftliches Ziel waren generelle Aussagen – aber *nur,* wenn sie in dieser Art begründet waren! Stützten sie sich nicht auf konkrete spezifische Daten, möglichst auf Erfahrung aus erster Hand, lehnte er sie ab" (*Bühler-Niederberger* 1989, S. 462).

Ziel empirischer Arbeit war es nach *Park* also, zu Naturgesetzen vorzustoßen. Dabei war qualitativ-empirisches Vorgehen notwendige Voraussetzung. Sozialwissenschaftliche Arbeit „führt von der *Geschichte zur Soziologie: vom Konkreten zum Abstrakten* (*Bühler-Niederberger* 1989, S. 462). Auch hier ist die Parallelität zu *Glaser/Strauss* (vgl. 4.1.3.) augenscheinlich. Ebenso offenkundig sind die Ähnlichkeiten auf explizit wissenschaftstheoretischer Ebene, denn natural history läßt Induktion und Deduktion als gegenseitige Befruchtung auf dem Weg zu Naturgesetzen zu. Desgleichen sind etwa quantitativ-standardisierte Daten nicht ausgeschlossen, obwohl qualitative Informationen Priorität genießen. Dies wird verständlich, wenn man die symbolisch-interaktionistische und interpretative Perspektive als Basis zugrunde legt.

Das Programm der natural history als Naturgeschichte erinnert sehr an naturkundliches Vorgehen, bleibt allerdings nicht bei der Beschreibung und Klassifikation stehen. Aus der *Deskription* und der daraus sich entwickelten *Klassifikation* sollen durchaus *Theorien* entwickelt werden.

Nachdem „soziale Phänomene als *interaktiv konstruierte* Geschichte verstanden (werden)... ist ‚natural history' eine jeweils bereichspezifische Konstruktion des *Verlaufs* solcher Interaktion; stets auf der Basis weniger Untersuchungsobjekte. Rekonstruiert wird, indem (a) *Phasen* (man könnte auch sagen *Stadien*) unterschieden werden, welche die Interaktion durchläuft... Rekonstruiert wird (b) mit einem generalisierenden und vom Besonderen abstrahierenden Interesse: Auf der Suche nach der *uniformen Sequenz des Typus"* (*Bühler-Niederberger* 1989, S. 459).

Trotz der Suche nach allgemeineren Gesetzlichkeiten (man vgl. hierzu auch die Ethnomethodologie in 3.1.4.) ist die natural history also einer ausgesprochen qualitativen Methodologie verpflichtet: Die eingesetzten Methoden – teilnehmende Beobachtung und offene Interviews – sind qualitativ; die Rekonstruktion von Entwicklungsphasen ist ebenso ein Element des qualitativen Paradigmas wie die Suche nach Typischem, prozessuale Datenorganisation ebenso wie die Heranziehung vielfältigen Materials, die ganzheitliche Perspektive (Variablenkomplexe) ebenso wie der Weg vom Konkreten zum Abstrakten. Es bleibt allerdings der (scheinbare) Widerspruch in der natural history, die „letztlich eine Naturwissenschaft einer sozial konstruierten Wirklichkeit" (*Bühler-Niederberger* 1989, S. 457) sein möchte.

- *Natural sociology* ist empirische Arbeit in *natürlichen sozialen Feldern* mit solchen *Methoden,* die den Menschen in den zu untersuchenden sozialen Feldern vertraut, weil alltäglich sind.
- *Natural history* sucht nach *typischen Sequenzen* in und *universellen Aussagen* über den Ablauf der von Individuen *interaktiv konstruierten Wirklichkeit,* was die Erfassung der Perspektive der Untersuchten voraussetzt.

3.1.3. Der symbolische Interaktionismus

Die der qualitativen Sozialforschung eigene Vorgehensweise entspricht auf inhaltlich-theoretischer Ebene wohl am besten der soziologischen Theorie des symbolischen Interaktionismus, dessen Forschungsverständnis mit dem zentralen Anliegen explorativer bzw. qualitativer Forschung übereinstimmt (vgl. *Gerdes* 1979, S. 10).

Beim symbolischen Interaktionismus handelt es sich um eine vor allem auf *Mead* zurückgehende sozialpsychologisch orientierte Theorierichtung, die *„individuelles Verhalten und Bewußtsein aus dem sozialen Prozeß heraus erklärt und diesen selbst durch Muster aufeinander bezogenen Handelns strukturiert sieht, die dem Indivi-*

duum sprachlich vermittelt sind und es ihm ermöglichen, in sich selbst die Erwiderungen hervorzurufen, die sein Handeln im Partner hervorruft und diese Erwiderungen zur Kontrolle seines eigenen Verhaltens einzusetzen" (*Fuchs* u. a. 1973, S. 310).

„*Symbole*" als Vorgänge oder Gegenstände, die als Sinnbilder auf etwas anderes verweisen (z. B. Fahne als Symbol für Nation) sind Kulturprodukte. Obgleich interindividuelle Variationen möglich und wahrscheinlich sind (eine schwarze Katze bedeutet nicht für alle Menschen Unglück), gibt es historisch und gesellschaftlich festgelegte und von jedem Gesellschaftsmitglied zu erlernende Grundbedeutungen. Die zentrale Hypothese des symbolischen Interaktionismus ist, daß soziale Interaktionen stark von diesen Grundbedeutungen der verwendeten Symbole abhängig und geprägt sind. Aufgabe der wissenschaftlichen Erforschung sozialen Handelns ist es, Funktion und Bedeutung der verwendeten Symbolsysteme zu untersuchen. Die *Sprache* stellt dabei ein besonders bedeutsames Symbolsystem dar (vgl. *Käsler* 1974, S. 14). (Für eine allgemeine Darstellung des symbolischen Interaktionismus vgl. *Helle* 1977.)

Unter „symbolischer Interaktion" versteht man also ein wechselseitiges, aufeinanderbezogenes Verhalten von Personen und Gruppen unter Verwendung gemeinsamer Symbole, wobei eine Ausrichtung an den Erwartungen der Handlungspartner aneinander erfolgt. (Daneben gibt es auch nicht-symbolische Interaktionen, d. h. reflexartiges aufeinanderbezogenes Verhalten, wenn sich z. B. jemand schnell bückt, um einem Schlag auszuweichen.)

Zur Untersuchung menschlichen Handelns sind Methoden erforderlich, die in besonderer Weise die subjektiven Ebenen der Interpretation durch die Akteure in einer konkreten Situation miteinbeziehen. Demgemäß erscheint es unangemessen, vorgefaßte theoretische Konstrukte und eine vorweg definierte Methode von außen an den Erkenntnisgegenstand heranzutragen. Indem man die empirische soziale Welt als aus permanenten Interaktionsprozessen bestehend auffaßt, ergibt sich die Notwendigkeit, in Kontakt zu ihr zu treten. Auf der anderen Seite ist jedoch auch eine analysierende Vorgehensweise gefordert, um nicht bei einer bloßen essayistischen Betrachtung stehenzubleiben.

Die Überprüfung von Fragestellungen, Hypothesen, Daten und Interpretationen geschieht nach der Methodologie des symbolischen Interaktionismus in einem wechselseitigen Rückkoppelungsprozeß zwischen dem „*Wissenschaftsverstand*" und dem „*naiven Alltagsverstand*", die beide gleichermaßen notwendig und für sich allein jeweils unzureichend sind. Eine Reduzierung auf den Wissenschaftsverstand birgt die Gefahr in sich, daß der Forscher in der theoretischen Rekonstruktion seines Gegenstandes diesen selbst aus dem Blickfeld verliert; eine Begrenzung auf den Alltagsverstand würde zur Erfassung einer konkreten und umfassenden, aber doch auch verzerrten Realität führen. „Aus diesem Grund kann und muß der naive Blick auf den ‚Untersuchungsgegenstand' (der in naiver Sicht eben nicht nur ein ‚Gegenstand' ist) in der Tat die wissenschaftliche Sichtweise kontrollieren. Voraussetzung ist freilich, daß der Forscher mit dem untersuchten sozialen Bereich so vertraut ist, daß er die interne alltägliche Sichtweise in diesem Bereich überhaupt ‚naiv' nachvollziehen kann" (*Gerdes* 1979, S. 10). Theoretische Konzeptionen sind während des gesamten Untersuchungsverlaufs offenzuhalten und unterliegen einer allmählichen Strukturierung durch das Füllen mit Inhalten. Zentrale Elemente dieser, von *Blumer* (1969) als „naturalistisch" bezeichneten, Methodologie sind *Exploration und Inspektion.*

Exploration bedeutet die Untersuchung eines fremden Lebensbereiches im Rahmen einer flexiblen und reflexiven Vorgehensweise, indem Ergebnisse über Einzeldaten und deren Zusammenhänge sowie die methodischen Schritte zu ihrer Gewinnung und Überprüfung ständig reflektiert und im Laufe des Untersuchungsprozesses korrigiert werden können. Der Forscher muß demnach bereit sein, seine theoretischen Vorstellungen ständig vom realen Untersuchungsfeld prüfen zu lassen und die methodischen Schritte den situativen Momenten entsprechend anzupassen (vgl. *Witzel* 1982, S. 34).

Der Zweck der Exploration besteht darin, daß der Forscher zu einem klaren Verständnis seines Problems kommt, daß er erkennt, was angemessene Daten dafür sind, und welche konzeptuellen Mittel zur Verfügung stehen. Die Exploration ist nicht an einen bestimmten Satz von Techniken gebunden und schließt jede ethisch akzeptable Vorgehensweise ein.

Die Exploration erfordert vom Wissenschaftler das Bemühen um ein vorurteilsfreies und sensibles Sich-Einlassen sowie die Bereitschaft, eigene Konzeptionen zu überprüfen und ggf. abzuändern. Entscheidend dafür ist seine Fähigkeit, sich in die Rolle seiner jeweiligen Interaktionspartner zu versetzen, ohne dabei die kritische Distanz ganz zu verlieren. *Grümer* (1974, S. 115) weist in diesem Zusammenhang auf das Problem des *„going native"*, d. h. die mögliche *Überidentifikation* mit der untersuchten Gruppe hin. Für einen teilnehmenden Beobachter ergibt sich das Risiko, Maßstäbe und Verhaltensmuster der Akteure auf Kosten der eigentlichen Beobachtungsaufgaben zu übernehmen.

Dagegen wendet *Girtler* (1984, S. 63) ein, daß man falschen Ergebnissen aufgrund zu großer Distanz gerade dadurch begegnen kann, daß man durch einen engen Kontakt zum Forschungsbereich die den Blick beeinträchtigenden Vorverständnisse bzw. Vorurteile beiseitezuschieben versucht: „Der Forscher, der zu einem ‚Mitglied' der Gruppe wird, hat in diesem Sinn die Chance, zu echten Ergebnissen zu gelangen. Keineswegs kann jedoch eine solche Strategie negativ für die Forschungsergebnisse sein. . . . Eine solche Aufgabe der Distanz, welche mit der oben postulierten ‚Offenheit' des Forschers in engem Konnex steht, macht den Forscher für vieles in der zu erforschenden Gruppe empfänglich, was ihm sonst nicht so ohne weiteres deutlich werden würde. . . . Vielmehr . . . gelingt es erst auf einem solchen Weg, die Alltagswirklichkeit der betreffenden Menschen in ihrer ganzen Tiefe zu erfassen. Man nähert sich demnach der sogenannten ‚Objektivität' so viel eher, als wenn man distanziert beobachtet und Aufzeichnungen macht" (*Girtler* 1984, S. 63 f.).

Das Entscheidende scheint hier darin zu bestehen, inwieweit der Forscher fähig ist, bewußt *sowohl Identifikation als auch Distanz in den jeweiligen Arbeitsphasen herzustellen*, d. h., inwieweit es ihm gelingt, die Lebenswelt seiner Untersuchungspersonen betreten und verlassen zu können.

Die *Inspektion* als zweites Element der Methodologie ist eine analysierende Tätigkeit, die die Exploration überlagert. *Blumer* kennzeichnet sie als „intensive, konzentrierte Prüfung des empirischen Gehalts aller beliebigen analytischen Elemente, die zum Zwecke der Analyse benutzt werden, wie auch eine entsprechende Prüfung der empirischen Beschaffenheit der Beziehungen zwischen solchen Elementen" (*Blumer* 1973, S. 126). Es handelt sich also darum, Zusammenhänge zwischen empirischen Sachverhalten herzustellen und im Rahmen wissenschaftlicher Theorien zu diskutieren (vgl. *Witzel* 1982, S. 34). Die analytischen Elemente werden dabei aus den unterschiedlichsten Perspektiven betrachtet, wobei verschiedenste Fragen an sie herangetragen werden.

Ebenso wie es in der Methodologie qualitativer Sozialforschung auf die ständige Überprüfung und Korrektur von Daten und Konzeptionen durch die reale empirische Welt als Prüfinstanz ankommt, gilt dies auch für den symbolischen Interaktionismus, der von drei grundlegenden methodologischen Prämissen ausgeht (vgl. *Blumer* 1973, S. 80 ff.):

1. *Menschen handeln „Dingen" gegenüber auf der Grundlage der Bedeutung, die diese Dinge für sie besitzen.* Es kommt also nicht darauf an, zu untersuchen, „was ist", sondern „was die Leute glauben, daß ist". Beides kann mehr oder weniger auseinanderklaffen. Es gibt somit keine „Dinge" (Gegenstände, Menschen, Prozesse usw.) an sich, sondern stets mit Bedeutungen versehene „Dinge".

Beispiel:
Nicht ein Blechschild als solches, sondern die Bedeutung, die es als Verkehrszeichen besitzt, ist sozial relevant, indem dadurch das Verhalten der Verkehrsteilnehmer reguliert wird.

Oft kann es vorkommen, daß eine später als falsch erkannte Theorie bestimmte Verhaltensweisen hervorruft, die im Nachhinein die falschen Voraussetzungen zu bestätigen scheinen (sog. self-fulfilling prophecy).
Objekte erlangen ihre soziale Bedeutung dann, wenn sie in Interaktionsprozessen sprachlich thematisiert werden. So lange über eine Sache keine Kommunikation stattfindet bzw. stattfinden kann, gibt es diese Sache als soziale nicht.

Beispiel:
Vor der Entdeckung elektromagnetischer Wellen hatten diese keinerlei Bedeutung für menschliches Verhalten. Ihre bloße, nicht erkannte Existenz hatte wohl einen Einfluß auf die Lebensbedingungen, spielte aber keine Rolle in Interaktionsprozessen.

2. *Die Bedeutung dieser Dinge ist aus sozialen Interaktionen ableitbar.* Es gibt also keine selbstverständlichen oder naturgegebenen, sondern immer nur erlernte Bedeutungen, wobei das Erlernen innerhalb von Interaktionsbeziehungen erfolgt. Anstatt das System der Symbole und Bedeutungen (Normen) als gegeben vorauszusetzen, wird hier der prozessuale Aspekt in den Vordergrund gestellt (vgl. *Wilson* 1970).

Beispiel:
Durch Beobachtung des Verhaltens von Verkehrsteilnehmern an einer Ampel läßt sich erkennen, daß die Farben der Lichter etwas Unterschiedliches bedeuten.

3. *Die Bedeutungen werden in einem interpretativen Prozeß*, den die Person in der Auseinandersetzung mit den ihr begegnenden Dingen *benutzt, gehandhabt und abgeändert.* Die Bedeutung von Dingen (Definitionen, Symbolen) sind somit nicht ein für allemal festgelegt, sondern sie müssen in einem interaktiven Prozeß ermittelt werden, so daß die Realität als gesellschaftliche Konstruktion aufgefaßt wird (vgl. *Berger/Luckmann* 1969).

Beispiel:
Im Verlauf seiner Fahrpraxis lernt ein Autofahrer, flexibler mit den Verkehrsregeln umzugehen; er wird sich nicht mehr so genau an die einmal gelernten Regeln halten, sondern diese der Situation anpassen und die Konformität auch zunehmend von der perzipierten Sanktionswahrscheinlichkeit abhängig machen.

Der symbolische Interaktionismus weicht in seiner Fragestellung von anderen sozialwissenschaftlichen Theorien dadurch ab, daß an die Stelle der bislang vorrangigen Fragen nach dem „Warum" die nach dem „Wie" oder „Wozu" des Verhaltens getreten ist, bzw. daß Strukturen im „Hier und Jetzt" interessieren und weniger solche im Sinne von Ursachen, was auf eine stärkere Gewichtung kommunikations- und informationstheoretischer Ansätze und – methodisch gesehen – auf ein stärkeres Beachten von Relationen gegenüber dem Isolieren einzelner Variablen hinausläuft (vgl. *Haag* 1972, S. 56). Für die Überprüfung sind somit Methoden erforderlich, die in besonderer Weise die subjektive Ebene der Interpretation einer konkreten Situation durch die Akteure einbeziehen, denn auch der symbolische Interaktionismus hält an der Notwendigkeit der Überprüfung theoretischer Aussagen fest, doch erfordert diese Überprüfung eine Methodologie, die sich von der naturwissenschaftlich orientierten, der traditionellen empirischen Sozialforschung, unterscheidet. Da es ihm darum geht, die zu untersuchenden Phänomene der Alltagswelt in den Bedeutungen zu erfassen, wie sie für die interagierenden Personen selbst gegeben sind, gilt sein besonderes Interesse den subjektiven Faktoren sowie „der Wechselwirkung zwischen objektiven ‚Werten' und subjektiven ‚Haltungen'" (*Thomas* 1965, S. 61).

Als notwendige Konsequenz ergibt sich daraus der Versuch, „Verhalten . . . mit den Bedeutungen zu erfassen, mit denen es von den jeweiligen Akteuren belegt ist" (*Rüther* 1975, S. 26). Es gibt eben nicht nur eine „Wirklichkeit". „Das Wissen eines Kriminellen ist anders als das eines Kriminologen. Daraus folgt, daß offenbar spezifische Konglomerate von ‚Wirklichkeit' und ‚Wissen' zu spezifischen gesellschaftlichen Gebilden gehören und daß dieses Gebilde entsprechend berücksichtigt werden muß" (*Berger/Luckmann* 1969, S. 3).

- Bedeutungen, als zentrale Kategorie des symbolischen Interaktionismus, sind soziale Produkte, entstanden in Interaktionen. Gebrauch und Abänderung von Bedeutungen beinhalten einen Interpretationsprozeß, abhängig vom jeweiligen situativen Kontext.
- Beim symbolischen Interaktionismus handelt es sich um einen wirklichkeitsverbundenen Ansatz der wissenschaftlichen Erforschung menschlichen Verhaltens und Zusammenlebens.

- Er verankert seine Probleme in der natürlichen, empirischen Welt, führt seine Untersuchungen in ihr durch und leitet seine Interpretationen aus solchen naturalistischen Untersuchungen ab.
- Damit sind die Erfordernisse einer empirischen Wissenschaft erfüllt: er tritt einer der Beobachtung zugänglichen empirischen Welt gegenüber, stellt abstrakte Probleme bezüglich dieser Welt auf, sammelt die notwendigen Daten durch eine sorgfältige Prüfung dieser Welt und versucht Beziehungen zwischen Kategorien solcher Daten aufzudecken, worüber Aussagen gemacht werden.
- Diese Aussagen werden in einen theoretischen Entwurf eingebracht. Probleme, Daten, Beziehungen, Aussagen und Theorie werden durch eine neuerliche Prüfung der empirischen Welt getestet.
- Exploration und Inspektion dienen der Gültigkeit der Methode, wobei die theoretischen Aussagen und damit auch die Voraussetzungen des symbolischen Interaktionismus überprüft werden.

3.1.4. Ethnomethodologie

Originelle und wichtige Beiträge, die die qualitative Sozialforschung nicht unerheblich mitbestimmt haben, wurden – insbesondere in den letzten 20 Jahren – von den Vertretern der Ethnomethodologie geliefert. Die Ethnomethodologie wurde – anknüpfend an die *Schütz*'sche Konzeption des Alltagswissens und an den symbolischen Interaktionismus von Harold *Garfinkel* begründet. Mit seinen „Studien zu Ethnomethodologie" hat *Garfinkel* eine theoretische Grundlage für den neuen Forschungsansatz geliefert, während es *Cicourel* zu verdanken ist, daß sich die Ethnomethodologie durch die Einbeziehung der phänomenologischen Methode seit Mitte der 60er Jahre in der amerikanischen Soziologie verbreitet hat. Auch in der Bundesrepublik Deutschland fand die Ethnomethodologie eine nicht unbeträchtliche Anhängerschaft, was sich nicht zuletzt aus entsprechenden deutschsprachigen Einführungen ablesen läßt (*Weingarten* 1976, *Eickelpasch* 1983 und *Patzelt* 1987). In Umsetzung der ethnomethodologischen Grundlagen hat sich als Teil der qualitativen Sozialforschung die Konversationsanalyse entwickelt (vgl. *Bergmann* 1991, S. 214). Inwiefern aber kann nun die Ethnomethodologie als eine bedeutsame soziologisch-theoretische Voraussetzung für das Paradigma der qualitativen Sozialforschung gelten?

Die Ethnomethodologie beobachtet „wie die Gesellschaft zusammengefügt wird; das Wie-Es-Gemacht-Wird; das Wie-Es-Zu-Machen-Ist; die sozialen Strukturen der Alltagshandlungen" (*Hill/Crittenden* 1968, S. 12). Ziel der Ethnomethodologie ist es, die Konstruktion von Ordnung und Wirklichkeit sowie die dabei notwendigen Techniken der Sinnproduktion und Sinninterpretation aus der Perspektive der handelnden Menschen heraus zu verstehen. Damit wird eine grundsätzlich subjektivistische Sichtweise der Gesellschaft vertreten, was – wie wir schon gesehen haben – dem quantitativen Modell zuwiderläuft. Denn: „Gesellschaft existiert (d. h. wird konstruiert) nur in den Handlungen der Mitglieder; davon unabhängige ‚soziale Tatsachen' im Sinne *Durkheims* werden nicht beachtet" (*Spöhring* 1989, S. 73). Gesellschaft konstituiert sich durch die Hervorbringung von Sinnstrukturen durch die Gesellschaftsmitglieder. Mit dieser Auffassung richtet sie sich vor allem gegen die struktur-funktionalistische Auffassung von Gesellschaft.

Die Ethnomethodologie will zeigen, daß Personen mehr oder weniger stabile Situationen und Situationskomplexe hervorbringen, also Strukturen konstituieren, indem sie ihre Sinndeutungen und ihre Handlungen aneinander orientieren. Dabei wird der Handlungsbegriff sehr weit gefaßt. Er umschließt sämtliche soziale Phänomene (doing being female, doing sitting, doing asking usw.). Innerhalb dieser Situationen handeln Menschen „wie selbstverständlich". Um genau diese „Selbstverständlichkeiten" geht es. Sie zu erklären, ist Gegenstand der Ethnomethodologie, wobei die Grundbegriffe *Kontext, Indexikalität und Reflexilität* verwandt werden:

1. Die Interagierenden beziehen ihr Handeln auf einen *Kontext,* der ihnen mögliche oder sinnvolle Deutungen ihrer sozialen Wirklichkeit und mögliche oder sinnvolle Handlungen in ihr erlaubt. Der Kontext bildet ein Muster, das den sozialen Erscheinungen zugrundeliegt.
2. Der Sinn von Deutungen und Handlungen ist an den Kontext gebunden und nur aus diesem heraus erschließbar (man vgl. hierzu die Phänomenologie in 3.2.1. und die Hermeneutik in 3.2.2.). Die Beziehung zwischen einer Erscheinung und dem zugrundeliegenden Kontext wird als *Indexikalität* bezeichnet. Um die Indexikalität eines Phänomens zu bestimmen, muß anhand einer *dokumentarischen Interpretation* (Entindexikalisierung) die Erscheinung mit dem Kontextwissen verglichen werden. Die Interpretation findet auf der Grundlage von bekannten Mustern statt und bestätigt bzw. bereichert das Muster. Insoweit ist die dokumentarische Interpretation mit einem hermeneutischen Zirkel zwischen der Wahrnehmung eines Phänomens (Dokuments) und seinem allgemeinen Muster vergleichbar (vgl. 3.2.2.1.).
3. Kontext und Sinn konstituieren sich in jeder Situation durch Handlungen neu. Dieser Vorgang der Herstellung eines sinnvollen Musters, indem indexikalische Ausdrücke möglich sind, wird reflexives Handeln genannt (vgl. *Mehan/Wood* 1976). *Reflexivität* heißt: Von der Handlung kann auf den Sinn geschlossen werden und der Sinn erklärt die Handlung. Dies ist als fortlaufender Interpretationsprozeß zu verstehen.

Beispiel:
Ein Mensch steht laut lachend, gestikulierend und schreiend an der Straße. Die umstehenden Personen deuten sein Verhalten als nicht normal. Dann dreht sich auf der gegenüberliegenden Straßenseite ein anderer Mensch um, überquert die Straße und schließt den „Verrückten" ebenso laut und freudig in die Arme. Das Handeln wird erklärbar: Zwei gute Freunde, die sich lange nicht gesehen haben.

Während durch die Grundbegriffe Kontext, Indexikalität und Reflexivität die ethnomethodologischen Analysedimensionen für die soziale Realität gegeben sind, konstituieren Kontext, Indexikalität und Reflexivität zugleich auch die soziale Wirklichkeit. Der in dieser Realität Handelnde stützt sich wegen der Vagheit bzw. Vieldeutigkeit von alltäglichen Situationen auf *„notwendige Rahmenbedingungen"* (*Spöhring* 1989, S. 76). Diese gestatten es, die Mehrdeutigkeit der Situationen so zu reduzieren, daß gegenseitiges Verstehen und Sinndeutungen ermöglicht werden. Die folgenden, hierfür notwendigen Rahmenbedingungen werden von *Spöhring* (1989, S. 76 f.) genannt:

1. Die *Reziprozität der Perspektiven*: Sie ist vergleichbar dem Konzept der Rollen-übernahme im symbolischen Interaktionismus. Diese „Vertauschbarkeit der Standpunkte" beruht auf der Annahme eines „ähnlichen, sinnlichen, kognitiven und sprachlichen Apparat(es) zur Verarbeitung gleicher (oder ähnlicher) Wirk-lichkeitsausschnitte" (*Spöhring* 1989, S. 76), die die Interagierenden haben (müssen), um sich gleichermaßen auf gleiche – mindestens aber ähnliche – Tatbestände beziehen zu können.
2. Die *„Et-cetera-Annahme"* ermöglicht es den Handelnden, sich gegenseitig be-stimmte *„Hindergrundregeln"* und einen *„umfassenden Sinnzusammenhang"* zu unterstellen (*Spöhring* 1989, S. 76). Diese Hintergrundregeln werden eingesetzt, wenn Mißverständnisse eine sinnvoll aufeinander bezogene Interaktion schwie-rig oder unmöglich machen. Quasi in einem iterativen Prozeß werden durch die Anwendung der Hintergrundregeln Annäherungen an das gegenseitige Verste-hen vorgenommen.
3. Die *„Laß-es-geschehen"*-Regel läßt unklare, undeutliche oder gar falsche Hand-lungen solange zu, als gemeinsame Ziele nicht gefährdet werden. Diese Maxime verweist auf einen weitgehenden Handlungs- und Interpretationsspielraum.
4. „Aufgrund der Unterstellung von ,*Normalformen*' oder ,Typisierungen gängiger Art' werden beobachtete sowie ausgeübte Handlungen, Darstellungen und Situationen dahingehend (um-)gedeutet, daß sie den gewöhnlichen, typischen Erwartungen entsprechen. Die ,*mutatis-mutandis-Klausel*' (,mit den notwendi-gen Änderungen') erlaubt oder gebietet die flexible (Um-)Deutung einer allge-meinen Regel (eines Musters) in der Anwendung auf den konkreten Einzel-fall ... Die ,*ceteris-paribus-Annahme*' (,alle Dinge bleiben gleich') unterstellt zunächst gleiche Umstände für die einzelnen Exemplare eines Musters – zumin-dest bis deren Unterschiedlichkeit offensichtlich geworden ist, in welchem Fall nun die mutatis-mutandis-Klausel eingreifen kann" (*Spöhring* 1989, S. 77).
5. Die *„rückschauend-vorausschauende Sinnorientierung"* (*Garfinkel* 1980, S. 207 f.) ermöglicht in bezug auf eine unklare, vage, mehrdeutige oder wider-sprüchliche Situation sowohl das Erinnern an vergleichbare Situationen in der Vergangenheit als auch die Hoffnung auf eine Klärung in der Zukunft.

Beispiel:
Wenn man einem schon oft gegrüßten Bekannten auf dem Gang begegnet und ihn wieder grüßt, der Gruß jedoch nicht erwidert wird, könnte man annehmen, man sei diesem Menschen tatsächlich noch nie begegnet. Meist wird man jedoch vermuten, der andere habe die Person oder den Gruß nicht wahrgenommen, sei schlechter Laune oder man

selbst habe die Erwiderung des Grußes nicht mitbekommen. Diese Vieldeutigkeit der Situation könnte dadurch einer zukünftigen Klärung zugeführt werden, daß man die nächste Begegnung abwartet, um festzustellen, ob der Bekannte dann zurückgrüßt. Wird der Gruß nicht erwidert, so wird die frühere Situation aufgrund des neuen Musters interpretiert und gedeutet werden.

Die Ethnomethodologie will die Hervorbringung, Verwendung, Veränderung und gegebenenfalls Zerstörung der Muster von Sinndeutungen und Handlungen erforschen. Diese Handlungen werden *Methoden* genannt, denn die Handelnden gehen in der Bewältigung von Alltagssituationen methodisch vor. In sozialen Gruppen und auch in größeren Gesellschaften erzeugen deren Mitglieder mit den kontextabhängigen, indexikalischen und reflexiven Handlungen, die wegen der Zugehörigkeit zu diesen sozialen Gebilden ähnlich sind, eine *Sinnprovinz* bzw. *Ethnie*. Die Ethnomethodologie befaßt sich daher mit den Praktiken der Menschen in einem sozialen Gefüge, eben den Ethno-Methoden der Mitglieder dieser sozialen Konfiguration. Beispielhaft für diese Techniken sind *Garfinkels* Krisen- bzw. Zusammenbruchsexperimente (breaching experiments), in denen er die Interaktionserwartungen der beteiligten Personen bewußt enttäuschte und dabei beobachtete, wie sie bemüht waren, wieder eine sinnvolle und für sie befriedigende Situation wiederherzustellen (vgl. *Garfinkel* 1980). Auch hier ist die methodische Herstellung von Situationsübereinkünften zur Herstellung sozialer Ordnung Gegenstand der Analyse.

Garfinkel verwendet den Begriff der Ethnomethodologie auch, „um auf verschiedene Vorgehensweisen, Methoden, Ergebnisse, Risiken und Irrwitzigkeiten zu verweisen, mit denen das Studium praktischer Handlungen als kontingent fortlaufende Hervorbringungen der organisierten kunstvollen Praktiken des Alltags festgelegt und durchgeführt werden kann" (*Garfinkel* 1972, S. 309). Das „Studium praktischer Handlungen" ist somit eine Alltagshandlung unter vielen. Sowohl der Wissenschaftler als auch der Laie betreiben Soziologie, denn sie machen soziales Handeln und Handlungen beobachtbar und beide sind Methodologen. Der einzige Unterschied zwischen „Laien" und professionellen Soziologen besteht in der Verpflichtung, über das Handlungs- bzw. Untersuchungsobjekt nachzudenken (vgl. *Weingarten/Sack* 1976). So kann auch das Forschungshandeln zu einem Forschungsobjekt werden: *Cicourel* stellt fest, daß sich ein Großteil der sozialwissenschaftlichen Daten und Erkenntnisse auf das Alltagsverständnis – „common-sense-Definitionen der Welt" – der Sozialwissenschaftler stützen. Die Übernahme von Alltagssprache und Alltagswissen erfolgt unreflektiert und führt so zu einer Interaktion zwischen Beobachtung und persönlicher Biographie des Wissenschaftlers. Der Forscher beeinflußt mit seiner subjektiven Sicht von der Wirklichkeit die Wirklichkeit selbst. „Was fehlt, ist ein Modell des Handelnden, das es uns erlaubt, zwischen den möglichen interpretativen Regeln zu unterscheiden, die vom Handelnden und Forscher benutzt werden, um den Sinn oder die Bedeutung der wechselseitigen Gesten und Verbalisierungen ... zu bestimmen" (*Cicourel* 1970, S. 280).

Als Konsequenz aus der Kritik an der traditionellen quantitativen Sozialforschung erschließt sich der Ethnomethodologie ein neues Selbstverständnis: Der in

54

der Forschung selbstverständliche common-sense kann hinterfragt und analysiert werden. Die Vorstellung, ein Wissenschaftler würde die Wirklichkeit nicht beeinflussen, erweist sich als nicht haltbar, denn mit dem Handeln des Forschers konstituiert er die zu untersuchende Wirklichkeit zwangsläufig mit. Die Sicht des Forschers ist notwendig subjektiv, was ihm das Sinnverstehen sozialer Vorgänge erleichtert. Die Wirklichkeitsentwürfe von professionellen Methodologen stehen gleichberechtigt neben denen der Laien (vgl. *Spöhring* 1991). Der Ethnomethodologe versucht allerdings, die dokumentarische Interpretation bewußt zu verwenden, um soziale Situationen und Handlungen zu rekonstruieren und zu konstruieren.

Letztlich bietet die Ethnomethodologie der Sozialforschung weder ein eigenes umfangreiches Programm noch gänzlich neue Methoden an. Sie erweist sich aber als sinnvoll, wenn unproblematische, vertraute, alltägliche, soziale Situationen oder intuitiv verständliche Äußerungen analytisch aufgelöst werden sollen. Sie beschreibt das „know how" der „Laien-Methodologen", wenn diese ihre soziale Welt konstituieren. Die Analogie zum symbolischen Interaktionismus ist offenkundig, doch unterscheidet sich die Ethnomethodologie dadurch, daß sie nicht nur nach den Verfahren und der Intention des Handelns forscht, sondern nach dem Wissen der handelnden Menschen, um die Techniken des „wie" und „wozu". An dem zentralen Begriff der Reflexivität kann die Ethnomethodologie noch einmal verdeutlicht werden: „Dieser Begriff markiert eine Position, die darauf besteht, daß jede Untersuchung der Prozesse des Verstehens und Herstellens von Sinn selbst wieder ein zu analysierender Vorgang eines solchen Prozesses ist" (*Weingarten/Sack* 1976, S. 8).

Charakteristisch für diesen interessanten und nicht unumstrittenen Ansatz ist, daß eine Theorie entwickelt wurde, die im wesentlichen nur Praxis sein will. Um die Ethnomethodologie verstehen zu können, kommt es darauf an, „ethnomethodologisches Forschen im Vollzuge zu beobachten oder noch besser: es selbst zu praktizieren" (*Weingarten/Sack* 1976, S. 8).

- Die Ethnomethodologie ist insoweit empirisch orientiert, als sie ihre Erkenntnisse aus der *untersuchten sozialen Welt* bezieht und diese an ihr zu prüfen trachtet.
- Das „know-how" von Handlungen steht im Mittelpunkt des ethnomethodologischen Interesses. Die soziale Wirklichkeit realisiert sich im alltäglichen Handeln. Die darauf basierenden *Sinnzuschreibungen* und *Interpretationsleistungen* konstituieren die *soziale Ordnung*.
- Die Handelnden interpretieren die Phänomene (Dokumente) und ordnen sie als *indexikalische* Ausdrücke in den *Kontext* (das Muster) ein.
- *Reflexivität* als Gegenstand der Ethnomethodologie meint die Wechselwirkung von *Sinn und Handlung*: der Sinn erklärt die Handlung und die Handlung beschreibt den Sinn.
- Phänomene, die vom gewohnten Muster abweichen, werden dadurch bewältigt, daß die Mitglieder *einer Ethnie entsprechende Techniken* entwickeln, die sich von anderen Ethnien unterscheiden können.

- Die Aussagen und Wirklichkeitsentwürfe der professionellen Soziologen haben dieselbe Gültigkeit wie die der „Laien". Soziologie ist eben nur eine (besondere) *Alltagshandlung* unter anderen.
- Die Ethnomethodologie strebt weder *Objektivität* noch *Non-Reaktivität* im Sinne des quantitativen Paradigmas an. Der Ethnomethodologe beeinflußt als forschendes Subjekt die Wirklichkeit und nutzt diesen Einfluß insoweit, als er sich ein besseres Verständnis derselben dadurch erhofft, daß er der untersuchten Realität möglichst nahe ist.

3.2. Die wissenschaftstheoretische Basis

„The philosophical underpinnings of qualitative methodology are typically attributed to phenomenology, *Verstehen* and symbolic interactionism. Many of these writers view the phenomenological theme as the most fundamental one, symbolic interactionism and *Verstehen* being prominent examples of its basic premises" (*Bryman* 1984, S. 78). Die Phänomenologie wird also als wichtige wissenschaftstheoretische Basis der qualitativen Sozialforschung betrachtet. Bevor wir uns aber mit der Phänomenologie und der Hermeneutik als speziellen metatheoretischen Vorstellungen, die der qualitativen Sozialforschung zugrundeliegen, beschäftigen, erscheint es angebracht, einige allgemeine Bemerkungen zur Terminologie zu machen:

Alle Wissenschaften haben zum Ziel, begründete Aussagen über ihren Objektbereich zu formulieren. Begründet kann im Falle von *wissenschaftlichen* Aussagen jedoch nicht meinen, daß jede Form und jeder Inhalt von Aussagen als wissenschaftlich akzeptiert werden muß, soweit sie irgendwie begründbar erscheinen. „So wird dogmatischen, ideologischen, mystischen und anderen ‚nicht-rationalen' Aussagen die Wissenschaftlichkeit abgesprochen werden müssen" (*Lamnek* 1980, S. 2). Es muß daher überlegt werden, welche Beurteilungskriterien für „Wissenschaftlichkeit" heranzuziehen sind.

„Die Wissenschaftstheorie bietet der Wissenschaft normative, ontologische, logische und epistemologische Kriterien an. Diese sollen selbstevidente Voraussetzungen zur Sicherung wissenschaftlicher Vorgehensweise sein" (*Bogumil/Immerfall* 1985, S. 124); der Wissenschaftstheorie geht es „um die grundsätzliche Legitimation wissenschaftlichen Erkennens. Diese elementare Frage nach der Möglichkeit von Aussagen über eine Objektwelt ist zunächst einmal unabhängig von eben diesen Objekten gestellt: Sie prüft nicht die Ergebnisse der Wissenschaften auf ihre Gültigkeit, sondern sie fragt, wie diese Wissenschaften überhaupt möglich werden. Diese Reflexion ist nicht in dem Sinn auf Gegenstände gerichtet wie die Wissenschaften selber, sondern findet auf einer zweiten Ebene statt: es ist Erkenntnis über Erkenntnis" (*Hauff* 1971, S. 3).

Die *Wissenschaftstheorie* bestimmt also, wie wissenschaftliche Erkenntnis zu gewinnen ist. Da sie dies für alle Einzeldisziplinen zu tun beabsichtigt, muß sie so generell gehalten sein, daß sie für die Naturwissenschaften wie für die Sozialwissenschaften anwendbar erscheint. Sie muß aber andererseits so konkret sein, daß sich aus ihr klare Handlungsanweisungen für den wissenschaftlichen Forschungsprozeß ableiten lassen. Wissenschaftstheorie legt also im wesentlichen fest, was als wissenschaftliche Erkenntnis gelten kann, indem sie Vorschriften über den Weg der wissenschaftlichen Erkenntnisgewinnung formuliert.

Der Wissenschaftstheorie vorgelagert ist die *Erkenntnistheorie*. Sie versucht die Frage zu beantworten, „wie menschliche Erkenntnis, gleichgültig ob wissenschaftlich, vorwissenschaftlich oder unwissenschaftlich überhaupt möglich ist. Wissenschaftstheorie wäre also ein Spezialfall der Erkenntnistheorie" (*Lamnek* 1980, S. 4).

Vor jeder wissenschaftlichen Beschäftigung mit einem gewählten Gegenstand wird die Grundsatzentscheidung darüber zu stehen haben, welche Methoden man akzeptiert, um zu wissenschaftlich anerkannter Erkenntnis zu gelangen. Soweit man Wissenschaft als *mindestens auch* empirisch betrachtet, wird die Forderung nach *systematischer und empirischer Fundierung* als oberstes wissenschaftstheoretisches Prinzip allseits geteilt werden können. Weitergehende wissenschaftstheoretische Entscheidungen stoßen dann schon auf Akzeptanzschwierigkeiten. Gerade in den Sozialwissenschaften scheint es unterschiedliche Wege zu geben, zu wissenschaftlicher Erkenntnis zu gelangen, wie etwa der Vergleich zwischen Kritischem Rationalismus und Phänomenologie – als wissenschaftstheoretischen Positionen der quantitativen und qualitativen Sozialforschung – deutlich machen kann.

Neben dem Begriff der Wissenschaftstheorie wird der der Methodologie sehr oft verwendet; Wissenschaftstheorie und Methodologie sollten jedoch mit unterschiedlichen Vorstellungsinhalten belegt werden, obgleich beide Metatheorien, also Theorien über Theorien, sind. Die „*Methodologie* als Spezialfall oder Anwendungsfall der Wissenschaftstheorie beschäftigt sich mit der Frage, unter welchen Bedingungen wissenschaftliche Erkenntnis auf einen bestimmten Erkenntnis- und Objektbereich (also eine bestimmte Disziplin) bezogen, möglich ist. Diese analytische Trennung kann aber im Einzelfalle nicht immer durchgehalten werden, weil allgemein-wissenschaftstheoretische Implikationen auch spezifisch methodologischer Art und umgekehrt sein können" (*Lamnek* 1980, S. 3 f.). Die nachfolgende Abbildung soll den Zusammenhang zwischen den einzelnen Metatheorien im Überblick verdeutlichen.

Die Methoden bzw. die Techniken beziehen sich auf die denkbaren Wege der Datengewinnung und -auswertung; sie liegen also auf unteren Ebenen und leiten sich aus übergeordneten metatheoretischen Entscheidungen ab. „The choice of a particular epistemological base leads to a preference for a particular method on the grounds of its greater appropriateness given the preceeding philosophical deliberations" (*Byrman* 1984, S. 76).

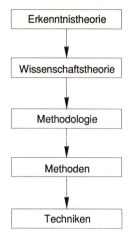

Abbildung 1: Ebenen von „Theorien" in der Sozialforschung

3.2.1. Phänomenologie

Die Phänomenologie wird in diesem Abschnitt als eine metatheoretische Position der qualitativen Sozialforschung behandelt: Unter Phänomenologie versteht man *zunächst und oberflächlich* die Lehre von den Erscheinungen (in der wörtlichen Übersetzung befaßt sie sich mit allem, was „klar vor uns liegt"). Im engeren Sinne handelt es sich bei ihr um das durch keinen ontologischen Standpunkt eingeschränkte Aufweisen innerer und äußerer Gegebenheiten, d. h., man verzichtet in dieser (vorläufigen) Form von Phänomenologie bewußt auf jegliche Aussagen über Sein und Wesen der Erscheinung. Angewandt auf die Sozialwissenschaften läuft dies auf das Bemühen hinaus, die soziale Wirklichkeit möglichst vorurteilsfrei zu erfassen.

Beispiel:
Bei manchen Sozialwissenschaftlern lösen Begriffe wie „Macht", „Autorität", „Herrschaft", „soziale Ungleichheit" usw. bestimmte Gefühlshaltungen und Voreingenommenheiten aus und kanalisieren das Forschungsinteresse in eine bestimmte Richtung, indem z. B. „Macht" als etwas Suspektes und letztendlich zu Beseitigendes wahrgenommen wird, was sich verengend auf eine theoretische Analyse des Phänomens auswirken kann. Klammert man alles Vorwissen von „Macht" und ihren vielfältigen Erscheinungsformen und Rechtfertigungstheorien aus, so gelangt man zu einem phänomenologischen Machtbegriff.

Die Phänomenologie ist keine einheitliche, klar abgegrenzte Disziplin. Man kann mehrere Richtungen unterscheiden, von der streng philosophischen Phänomenologie, die sich als *die* Philosophie überhaupt versteht, bis zur angewandten Phänomenologie in den Geistes- und Sozialwissenschaften (vgl. auch *Rombach* 1974). Wenn somit im folgenden von Phänomenologie gesprochen wird, ist zu berücksichtigen, daß eigentlich nur wesentliche Gemeinsamkeiten verschiedener Positionen herausgegriffen werden. Wenn weiter die Phänomenologie als wissenschaftstheoretische Position behandelt wird, so ist zu bedenken, daß sie auch als erkenntnistheoretische begriffen werden kann (vgl. *Esser* u. a. 1977, S. 87).

Nach einer sehr allgemeinen, kursorischen und kurzen Darstellung soll die Phänomenologie *Husserls* (1859-1938), der als ihr eigentlicher Begründer gilt, behandelt werden und in Abgrenzung dazu die daraus entstandene angewandte Phänomenologie.

Das Ziel der Phänomenologie im engeren Sinne besteht generell darin, durch objektive Erkenntnis das Wesen einer Sache, d. h. das Allgemeine, Invariante, zu erfassen, wobei die untersuchten Phänomene (Erscheinungen) so betrachtet werden, wie sie „sind" und nicht, wie sie aufgrund von Vorkenntnissen, Vorurteilen oder Theorien erscheinen mögen. Dementsprechend lautet die Hauptregel der Phänomenologie auch: „*Zu den Sachen selbst*".

Diese Absicht ist aber noch nicht spezifisch für die Phänomenologie. Das ihr Eigene besteht in der Methode der Reduktion, die dazu führen soll, alle, den Blick auf das Wesentliche versperrenden und damit störenden Elemente zu beseitigen. Sie erfolgt in unterscheidbaren Phasen bis hin zur transzendentalen Reduktion als höchster Stufe der Erkenntnis, die den Blick auf das Wesen der betrachteten Dinge freigibt.

3.2.1.1. Die Phänomenologie bei *Husserl*

Die Phänomenologie von *Husserl* (1950) ist das Ergebnis eines Jahrzehnte währenden Entwicklungsprozesses. Die im Zeitablauf vorgenommenen Modifikationen lassen die Herausarbeitung eindeutiger methodischer Regelungen schwierig erscheinen, zumal inzwischen weitergehende Differenzierungen in verschiedene Richtungen stattgefunden haben.

Husserl faßt die Phänomenologie als eine streng philosophische Methode für die Grundlegung aller anderen Wissenschaften und jeglicher Philosophie auf, wozu sie der Unabhängigkeit von Prämissen und absoluter Sicherheit bedarf. Wenn sie aber jeder Wissenschaft und Philosophie vorausgeht, kann sie nicht auf bestimmte Gegenstände begrenzt sein; sie kann zur Untersuchung alles Seienden herangezogen werden: „Sie ist keine regionale Wissenschaft, sie ist nicht bezogen auf ein . . . Weltgebiet, sondern sie hat als Philosophie die Welt im ganzen zum Gegenstand . . ." (*Fink* 1938, S. 359; zit. nach *Danner* 1979, S. 118).

Die Phänomenologie beansprucht – im Gegensatz zu den positiven Wissenschaften –, eine absolut sichere Grundlage für sämtliche Wissenschaften zu sein. Sie strebt nach letzter Gewißheit und kann sich daher weder an die von anderen Wissenschaften gemachten theoretischen Setzungen noch an das „naive Umgehen mit allem, was ist, bei dem es selbstverständlich als das hingenommen wird, als was es gilt" (*Danner* 1979, S. 118), halten. Sie interessiert sich daher nicht für die Beobachtung von Vorgängen im Sinne der Naturwissenschaften, sondern für die Erfassung des Wesens einer Erscheinung, wobei diese nicht auf sinnlich Gegebenes beschränkt ist, sondern auch im Bewußtsein Existierendes (z. B. als Erinnerung) einschließt. Somit gelten nicht nur konkrete, sinnliche Vorgänge oder Dinge, sondern auch Bewußtseins-Gegebenheiten als Gegenstand der Phänomenologie. Ihre Aufgabe besteht darin, *diese Phänomene so zu erfassen, wie sie sind, und nicht, wie sie uns aufgrund von Vorurteilen oder Theorien erscheinen.* Dies bedeutet, daß alles Vorwissen über einen Gegenstand ausgeschaltet werden muß, bis er selbst oder sein Wesen sichtbar wird. An die Stelle von Analyse oder Erklärung tritt somit die bloße Deskription der Wesensstruktur.

Damit taucht die Frage auf, wie dieses Vordringen zum Wesen der Dinge zu leisten ist. Die Phänomenologie kann weder auf theoretische Setzungen anderer Wissenschaften zurückgreifen, noch das Gegebene als selbstverständlich hinnehmen. Der Rekurs auf eine letzte Gewißheit besteht darin, daß Phänomenologie den Ort und die Art und Weise aufsucht, wo und wie „Welt" begründet und konstituiert wird, wo und wie „Welt" für uns entsteht und besteht (vgl. *Diemer* 1956, S. 32). Es geht also darum, „wie ‚Welt' in unserem Bewußtsein ‚entsteht' und wie sie somit für uns auch ist – denn eine andere Welt, als sie für uns ist, gibt es (für uns) nicht" (*Danner* 1979, S. 118). Die Ausdrücke „Bewußtsein" und „Erleben" dürfen dabei nicht psychologisch mißverstanden werden, denn es geht nicht um „Seelenerlebnisse", sondern um „Denkerlebnisse", die nicht der subjektiven Willkür unterliegen. „Was also bei der Phänomenologie zunächst so aussieht wie eine willkürliche ‚Erfindung' und Produktion von Welt durch jeden von uns, hat formale Allgemeingültigkeit, also den Charakter einer letzten Gewißheit" (*Danner* 1979, S. 119). Die hierbei unterstellte Intersubjektivität ist aus der Sicht anderer Auffassungen nicht unumstritten; ob die „spekulative Introspektion" (*Esser* 1977, S. 86) überwunden wird zugunsten eines höheren Verbindlichkeitsgrades, wird positionsspezifisch differentiell beantwortet werden.

Ausgehend von *Descartes'* „cogito ergo sum" kommt *Husserl* auf ein vor allem Denken und psychologischem Erleben zu denkendes Ich, das er auch als „transzendentales Ich", „transzendentales Ego" oder „transzendentale Subjektivität" bezeichnet. *Janssen* führt hierzu aus: „Die Phänomenologie macht die Erlebnisse des erkennenden *Denkens* zum Thema. Durch ihre deskriptive Erforschung will sie das *Wesen* der Erkenntnis klären. Es kommt darauf an, daß sich die Phänomenologie rein an die Erlebnisse hält und sie so, *wie sie gegeben sind*, untersucht. Sie hat keine darüber hinausgehenden Setzungen mitzumachen; Setzungen bezüglich der Existenz von Objekten, wie sie z. B. in der Naturwissenschaft, der Psychologie, der Metaphysik vorgenommen werden, die sich aber im Bestand der Erlebnisse nicht vorfinden lassen. Nur soweit das Meinen solcher Objekte ein ‚deskriptiver Charakterzug im betreffenden Erlebnis' selbst ist, gehört es zum Thema der Phänomenologie" (*Janssen* 1976, S. 39).

Die Phänomenologie kommt also zu ihrem sicheren Fundament für jede andere Wissenschaft durch die Reduktion auf das transzendentale Ich. Gegenstand der Phänomenologie ist alles im Bewußtsein gegebene Seiende bzw. das Bewußtsein, soweit es sich auf die „Welt" richtet. M.a.W.: „Daß Welt ist und wie sie ist, das ist nur durch Bewußtsein gegeben; und umgekehrt: Bewußtsein ist nur, insofern es Inhalt hat, insofern es auf Gegenstände gerichtet ist. Dieses Gerichtet-sein auf etwas wird als Intentionalität bezeichnet" (*Danner* 1979, S. 119).

Phänomene bei *Husserl* bedeuten somit intentionale Gegenstände (sofern auf sie Bewußtsein gerichtet ist) und intentionale Bewußtseinsakte (sofern dem Bewußtsein Gegenstände gegeben sind, auf die es sich richtet). Dies impliziert, daß „Denken und Erkennen niemals monistisch möglich ist... und Denken... auf etwas bezogen ist" (*Esser* 1977, S. 88). Die Intentionalität kann sowohl ein sinnliches Wahrnehmen eines Gegenstandes, ein Vorstellen, Erinnern, Wünschen oder ein Urteilen über etwas sein, doch ist immer „etwas" gegeben. Gegenstand der Phänomenologie ist damit weder die Welt noch eine ihr gegenüberstehende transzendentale Subjektivität, "... sondern das Werden der Welt in der Konstitution der transzendentalen Subjektivität" (*Danner* 1979, S. 120).

Wir wollen nun der Frage nachgehen, wie das Wesen eines Phänomens erfaßt werden kann. Die Reduktion als grundlegende Methode wurde schon erwähnt. Diese erfolgt über mehrere Schritte oder Stufen bis hin zur transzendentalen Reduktion.

Jede dieser Ebenen repräsentiert eine andere, tiefere, d. h. abstraktere Reflexionsstufe. Zwischen den vier Ebenen lassen sich drei Reduktionsstufen unterscheiden:

Erste Reduktionsstufe (Epoché): Von der theoretischen Welt zur Lebenswelt. Die theoretische Welt ist die Welt, die wir uns zurechtbereiten, indem wir etwa bestimmte traditionelle Sichtweisen übernehmen (z. B. ideologische oder religiöse Weltdeutungen) oder einem bestimmten Wissenschaftsverständnis (z. B. dem der Naturwissenschaften) anhängen. Es handelt sich also um eine konstruierte und „verfälschte", um eine ideale und zufällige Welt. (Wäre man etwa in einer anderen Kultur aufgewachsen, hätte man eine andere Weltsicht.) Auf der ersten Reduktionsstufe geht es darum, diese verfälschenden Einflüsse einzuklammern. „Phänomenologie muß vorurteilsfrei ansetzen; dies ist der Sinn dieser Enthaltung. Phänomenologie darf sich nicht berufen auf die ‚Mitgeltungen', wie sie vor allem vom

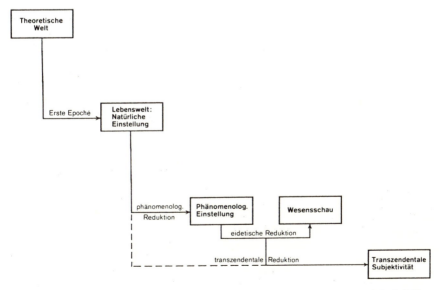

Abbildung 2: Methodische Schritte der Phänomenologie *Husserls* (aus *Danner* 1979, S. 117)

‚Man' bestimmt sind. . . . Was gilt, ist nur das sich in der originären Existenz Konstituierende" (*Diemer* 1956, S. 40). Das sich in der originären Existenz Konstituierende zeigt sich in der ursprünglichen Lebenswelt, der Welt der natürlichen Einstellung, wie sie sich in der alltäglichen Erfahrung dem handelnden Menschen darbietet und die sowohl Naturdinge, Kulturobjekte und Menschen umfaßt. „In dieser Welt, unserer ‚Lebenswelt', existieren wir, in ihr sind wir tätig und verfolgen in ihr alle unsere Ziele. Diese Welt ist uns vertraut und wir orientieren uns an ihr aufgrund unserer alltäglichen Erfahrung" (*Girtler* 1984, S. 18). Im Unterschied zur theoretischen Welt liefert sie eine primäre, vorwissenschaftliche und a-theoretische Grundlage. „In unbefangener, vorurteilsfreier, natürlicher Einstellung nehmen wir im Rahmen der Lebenswelt alles, was wir erleben und dem wir begegnen, naiv hin; wir nehmen hin, daß es und wie es ist" (*Danner* 1979, S. 123). Diese Welt, in der noch nichts Wissenschaftliches produziert wird, liegt vor allem Produzierten, also auch vor der Wissenschaft (vgl. *Janssen* 1976, S. 64). Auf dieser ersten Reduktionsstufe findet eine vorläufige Bereinigung des Vorfeldes statt, um von da aus auf eine weitere Reduktionsstufe, die phänomenologische Reduktion zu gelangen.

Beispiel:
Ein Sozialwissenschaftler möchte eine Untersuchung über Prostitution durchführen. Ein erster Schritt bestünde nun darin, alles irgendwie erworbene Vorwissen, z. B. aus der Sensationspresse, aus der Fachliteratur, eigene Vorurteile usw. zurückzustellen. Dies wird aber vermutlich immer nur annäherungsweise gelingen. Gleichwohl sollte er sich ins Milieu begeben.

Zweite Reduktionsstufe: Von der natürlichen zur phänomenologischen Einstellung.
Hier geht es darum, die Naivität der natürlichen Einstellung aufzudecken, wozu es der Distanzierung bedarf. Man enthält sich nun des natürlichen Hinnehmens und geht reflektierend auf Distanz, indem man das eigene Verhalten zur Welt beobachtet, d. h. indem das reflektierende Subjekt zum unbeteiligten Zuschauer seiner Denkerlebnisse wird (vgl. *Janssen* 1976, S. 66). Dies beinhaltet eine veränderte Einstellung, indem die natürliche Einstellung nun durch das Prisma des Bewußtseins erscheint, jedoch nicht einfach als Bewußtseinsinhalte, sondern als Denkerlebnisse (vgl. *Janssen* 1976, S. 39 f.). Nicht der Gegenstand allein ist wichtig, sondern auch die intentionalen Akte; d. h. ein Gegenstand interessiert als wahrgenommener, erinnerter, vorgestellter usw. Es ist unerheblich, ob der Gegenstand real existiert oder nicht, wichtig ist die Intentionalität. Für die Anwendung in der Sozialwissenschaft ist diese Reduktionsstufe jedoch weniger bedeutsam, obgleich eine von den eigenen Intentionen distanzierte Betrachtung zu Einsichten verhelfen kann.

Beispiel (Ergänzung von oben):
Nun geht es darum, daß der Forscher im Prostituierten- und Zuhältermilieu seine eigenen Einstellungen, Stellungnahmen und Verhaltensweisen analysiert. Er wird sich an eigene Erfahrungen zurückerinnern, seine Erinnerungen analysieren, beobachten, inwieweit bei der Durchführung von Interviews bei ihm Identifikations- und Distanzierungsprozesse auftreten, bei welchen Interviewthemen sich Widerstände bei ihm und den Untersuchten bemerkbar machen usw.

Hierzu gehört auch die selbstkritische Reflexion bei der Übernahme der Perspektiven von Untersuchungspersonen durch den Forscher.

Beispiel:
„Während meiner Polizeiuntersuchung zeigte sich diese Perspektivenübernahme dadurch, daß ich zeitweilig Polizisten überzeugt zustimmte, wenn diese erzählten, bestimmte Menschen seien von Grund auf schlecht und man dürfe sie nicht schonen. Als ich mit Polizisten in ein übel beleumundetes Gastlokal kam, sah ich, wie zwei Männer dieses verließen. Ich ertappte mich dabei, wie ich mich darüber freute, als Polizisten diesen nachgingen und sie festhielten. Weniger ein menschliches Interesse als ein wissenschaftliches bestimmte hier mein Denken, denn ich wollte sehen, wie die Situation abläuft. Im Nachhinein reflektierte ich jedoch meine Position selbstkritisch" (*Girtler* 1984, S. 110).

Die dritte Reduktionsstufe: Von der phänomenologischen Einstellung zur Wesensschau (eidetische Reduktion). Zunächst wurde durch Einklammerung des Vorgegebenen die natürliche Einstellung erzeugt, die dann auf der zweiten Reduktionsstufe reflektiert wurde. Nun geht es darum, das Wesen eines Gegenstandes herauszustellen, womit das Gegenstandsgebiet der Phänomenologie quantitativ eingegrenzt wird. *Husserl* (1950) spricht in diesem Zusammenhang von „eidetischer Reduktion" (von „Eidos" (gr.) = Idee, Wesen). Die Rückführung auf das Wesen geschieht dabei durch nüchterne Reflexionsarbeit, nicht durch mysteriöse Intuition. Die eidetische Reduktion geht dabei von einem unmittelbar, intuitiv gegebenen Phänomen aus. Man versucht, das Wesentliche dadurch herauszuanalysieren, daß man das jeweils vorgegebene Phänomen frei variiert, um so aus der Vielfalt von Variationen, das „Invariante" herauszufiltern. Dieses Invariante stellt das Wesen dar, „seien es objektive Formen oder seien es subjektive Strukturen, etwa Erlebnisweisen, Einstellungen" (*Diemer* 1959, S. 243).

Beispiel:
Der Sozialforscher aus dem Prostituiertenbeispiel hat nun eine Reihe von Biographien der Prostituierten sowie anderes Material (z. B. Sekundärberichte, Literatur) vor sich. Bei der Analyse seiner Daten stellt er bestimmte typische Eigentümlichkeiten fest, die immer wieder auftreten, z. B. zerrüttete Familienverhältnisse, geringe soziale Kontrolle, geringe Leistungsmotivation, unbefriedigtes Streben nach Anerkennung usw. Aufgrund derartiger, in bestimmter Kombination auftretender, Merkmale könnte er nun eine Typologie konstruieren.
Wittfogel (1977, zuerst 1959) entdeckte in einer vergleichenden Untersuchung totaler Macht die „orientalische Despotie" als eine, den pluralistischen westlichen Gesellschaften entgegengesetzte Gesellschaftsordnung, die sich gegenwärtig vor allem im „realen Sozialismus" manifestiert, deren Wurzeln aber historisch weit in die sog. „hydraulischen Gesellschaften", vornehmlich des alten Orients, zurückreichen. Grundlage dieses Gesellschaftstypus war eine hochentwickelte und staatlich regulierte Bewässerungswirtschaft in den großen Überschwemmungsgebieten (Ägypten, Mesopotamien, Indien, China). Durch den Vergleich einer Vielzahl von Erscheinungsformen despotischer Herrschaftssysteme gelangte *Wittfogel* zu einigen wesentlichen Strukturmerkmalen und Wesenseigenheiten, die sich für die weitere Ausarbeitung der Theorie als fruchtbar erwiesen.

Die „freie" Variation eines Phänomens bedeutet, daß man es von verschiedenen Gesichtspunkten aus betrachtet, etwa nach seiner Zweckmäßigkeit, seiner Entstehungsgeschichte, seiner Beschaffenheit, seinem ästhetischen Wert usw. Was sich dann als das Gemeinsame, Invariante usw. herauskristallisiert, ist das „Wesen".

Beispiel:

Will man zum „Wesen" des Kraftfahrzeugs vordringen, so kann man zunächst von allen Abarten und Sonderentwicklungen (Dreirad, Feuerwehrauto, Elektroauto usw.) absehen, weiterhin von allen Kraftfahrzeugen, die nicht dem Zweck der Beförderung von Menschen und/oder Gütern dienen (z. B. Schrottautos, Spielzeugautos); man kann verschiedene Arten vergleichen (Lastwagen, Busse, *Pkw* usw.) und so auf das Gemeinsame, das Wesen, kommen.

Unter „Wesensschau" versteht man also, daß durch die freie Variation das Wesen als eigenes Phänomen extrahiert und damit einem unbeteiligten Betrachter sichtbar wird. Dieses Wesen beschränkt sich nicht (wie im Beispiel) auf etwas Allgemeines; man kann auch das Wesen von etwas Individuellem, z. B. einer Person, herausarbeiten, wobei sich das Allgemeine des Wesens in einer invarianten Handlungs- und Denkweise manifestiert:

Beispiel:

„Seltsam hebt sich die Persönlichkeit Heinrichs *VI.* ab von der des Vaters, neben dem jugendfrischen Greise der frühgereifte Jüngling, neben dem Helden die Charakterfigur! Von Friedrich zeitig in die große Politik eingeführt und selbständig mit wichtigen Aufgaben betraut, zum Mitregenten erhoben und zuletzt als Vertreter im Abendlande zurückgelassen, tritt er uns jetzt mit seinen 24 Jahren als ein völlig Fertiger entgegen. Der magere, schwächliche Körper, das bleiche, ernst, fast bartlose Antlitz, das ganz von der mächtigen Stirn beherrscht wird, verrät die Gedankenarbeit des Staatsmannes, nicht die Faustkraft des Kriegers. In der Tat ist von dem reicheren, harmonischeren Wesen des Vaters hier nur eine Seite in großartiger Steigerung auf Kosten aller anderen Eigenschaften entwickelt: der Sinn für Macht und die Kunst staatsmännischen Handelns" (*Hampe* 1963, S. 221).

Der Autor hat aus einzelnen biographischen Zügen, bestimmten typischen Handlungsweisen usw. das Bild eines skrupellosen und erfolgreichen Machtmenschen entworfen.

Interessanter für unsere Zwecke ist die Erkenntnis des Wesens von Gruppen, Sozialkategorien oder sozialen Schichten:

Beispiel:

„Die wenigen traditionsgeleiteten Menschen in Amerika können als politisch Gleichgültige dieses Typus bezeichnet werden. Sie sind von jener klassischen Gleichgültigkeit wie das niedrige Volk in Antike und Mittelalter – Schichten, die sich im Verlauf der Geschichte zwischen immer wiederkehrenden Ausbrüchen von barbarischem Zynismus und vereinzelten Revolten mit der tyrannischen Herrschaft einer Elite abgefunden haben. Sie haben weder die Mittel, um zu politischem Einfluß zu gelangen, noch eine Vorstellung davon, welchen Nutzen sie für sich daraus ziehen könnten. Die elementaren politischen Werkzeuge, die Kenntnis des Lesens und Schreibens, staatsbürgerliche Erziehung und organisationstechnische Erfahrungen fehlen ihnen" (*Riesman* 1958, S. 177).

Die Phänomenologie *Husserls* begnügt sich jedoch noch nicht mit der eidetischen Reduktion zum Wesen einer Sache. Dies wird als Vorbedingung dafür gesehen, daß eine transzendentale Reduktion stattfinden kann, die zur transzendentalen Subjektivität führt.

Auf der abstraktesten und für *Husserl* entscheidenden Reflexionsstufe geht es um die Erreichung des reinen, absoluten oder transzendentalen Bewußtseins. Dieses führt auf ein Ich zurück, das noch vor dem Bewußtsein im psychologischen Sinn liegt und auch vor dem Ich, das als der „unbeteiligte Zuschauer" der phänomenologischen Einstellung bezeichnet wurde (*Danner* 1979, S. 127). Diesem Ich ist Welt „vorgegeben": „Vorgegeben zu sein besagt, einem Subjekt vorgegeben zu sein; und zwar in irgendwelchen subjektiven Gegebenheiten. Das Vorgegebene und die Weisen seines Gegebenseins gehören zusammen ... Hat die Welt ihr Sein darin, dem Subjekt gegeben zu sein, dann muß das Subjekt selber von anderer Art sein als alles Welthafte. Es ist transzendentales Leben, das fungierend-leistend für das transzendente Sein der Welt aufkommt" (*Janssen* 1976, S. 149 ff.).

Fink (1938, S. 355 f.) faßt die Formen des Ich folgendermaßen zusammen: Zunächst gibt es das „weltbefangene Ich der natürlichen Einstellung, sodann das transzendentale Ich, dem ‚Welt' in strömender Universalapperzeption vorgegeben ist und das Welt in Geltung hat und schließlich den die Epoché (Reduktion) vollziehenden Zuschauer. Beim transzendentalen Ich geht es darum, wie Welt konstituiert ist, wobei sich die ‚Leitfäden' dazu aus der eidetischen Reduktion ergeben. In der transzendentalen Reduktion wird „die Welt im ganzen ... erkennbar als Resultat einer transzendentalen Konstitution, sie wird ausdrücklich zurückgenommen in das Leben der absoluten Subjektivität; transzendentales Leben läßt Welt entspringen" (*Fink* 1938, S. 377). Die Ebene der transzendentalen Subjektivität stellt die ursprüngliche Ebene dar, auf die sich die anderen Ebenen gründen, da (in phänomenologischer Sicht) die Wesensschau, die phänomenologische Einstellung, die natürliche Einstellung und die Konstruktion einer theoretischen Welt auf der Konstitution von Welt in der transzendentalen Subjektivität basieren (vgl. *Danner* 1979, S. 128). Abbildung 2 schlüsselt sich rückwärts von der transzendentalen Subjektivität her auf.

3.2.1.2. Angewandte Phänomenologie

Da es in den Sozialwissenschaften um die Erfassung des tatsächlich Vorfindbaren und die Erkenntnis seiner Wesensstruktur geht, kann bei der Anwendung der Phänomenologie von der transzendentalen Reduktion abgesehen werden. Da auch die intentionalen Bewußtseinsgegebenheiten, wie sie durch die phänomenologische Reduktion ermittelt werden, nicht interessieren, reduziert sich bei der Anwendung das Schema aus Abbildung 2 auf Theoretische Welt, Lebenswelt und Wesensschau:

Abbildung 3: Angewandte Phänomenologie (vgl. *Danner* 1979, S. 135)

Ziel des ersten Schrittes ist eine möglichst vorurteilsfreie Einstellung. Verzerrende subjektive Momente sollen ausgeklammert werden, ebenso theoretisches Vorwissen, das den Blick zu den Gegenständen selbst verstellt, und die weiteren Überlegungen vorschnell in eine bestimmte Richtung kanalisiert.

Beispiel:
Man beobachtet, daß ein Jugendlicher Ladendiebstähle begeht und versucht, dies damit zu erklären, daß er aufgrund des geringen Taschengelds einerseits und des Konsumdrucks andererseits nicht in der Lage ist, die Mittel-Ziel-Diskrepanz auf legale Weise zu bewältigen. Eingehendere Gespräche könnten jedoch erbringen, daß er sich von seinen Eltern vernachlässigt fühlt und durch die Ladendiebstähle Aufmerksamkeit erregen möchte. (Ebenso ist der umgekehrte Fall denkbar, daß unbewußter Protest unterstellt wird, während tatsächlich ein Mittel-Ziel-Konflikt vorliegt.) Bevor man einen Sachverhalt durch eine passende Theorie zu erklären sucht, sollte man den Sachverhalt klären.

Es gibt eine Reihe wissenschaftlicher und lebenspraktischer Systeme, die in dieser Weise einengend wirken und – oft nicht wahrnehmbar – die weitere Forschung, d. h. die Suche nach neuen Erklärungsalternativen, behindern. Verhängnisvoll ist, daß dies meist gar nicht als Mangel empfunden wird, da die Erklärungen ja vordergründig „passen". Beispiele hierfür sind die Gesellschaftsbedingtheit oder die „natürliche Gutheit des Menschen" (*Danner* 1979, S. 136), der angeblich „unaufhaltsame Fortschritt", die Friedfertigkeit der Eigengruppe und die Aggressivität von Fremdgruppen usw. Dazu gehören auch scheinbar selbstverständliche Kategorisierungen, deren artifizieller Charakter allenfalls bei der Konfrontation mit anderen Entwürfen deutlich wird. Hier zeigt sich der begrenzte Erkenntniswert eines Vorgehens, bei dem der Forscher den Probanden bestimmte, ihm logisch erscheinende Kategorien vorgibt, anstatt deren Sichtweise bzw. Kategorisierungssysteme zu ermitteln, um für nicht Vorgesehenes offen zu bleiben.

Will man eine möglichst vorurteilsfreie Einstellung erreichen, so bedarf es einer erhöhten Sensibilität für die eigenen Gefühle, Wünsche und Einstellungen des Forschers. Wer z. B. aufgrund seiner eigenen Lebensgeschichte zu Mißtrauen und Vorsicht neigt und gewohnt ist, bei der Erreichung seiner Ziele indirekte Wege zu bevorzugen, die von anderen nicht so ohne weiteres erkennbar sind, wird vielleicht dazu neigen, auch seinen Forschungsobjekten derartige Strategien zu unterstellen (und sie bei entsprechendem Vorgehen auch herausbringen); wer selbst materielle Belohnungen gering schätzt, kann leicht ihren Wert für andere Menschen unterschätzen usw. Ein gewisses Maß an Selbsterkenntnis und Selbstkritik scheint also unerläßlich, zumal individuelle Züge auch die Auswahl und Präferenz der Theorien beeinflussen. Eine grundsätzlich distanzierte Einstellung zu anderen Menschen verträgt sich z. B. leichter mit Lern- und Verhaltenstheorien oder Systemtheorien als mit der Humanistischen Psychologie.

Ein in seiner Bedeutung nicht zu unterschätzender Verzerrungsfaktor sind Traditionen, die sich in vielfacher Weise äußern können: sei es, daß sich ein Forscher gewohnheitsmäßig innerhalb einer bestimmten Theorie bewegt, anstatt sich bewußt für eine Theorie zu entscheiden, die er als ein für einen bestimmten Zweck geeignetes Instrument auffaßt, sei es, daß er routinemäßig einem bestimmten Untersuchungsdesign folgt, ohne zu überlegen, ob auch andere weiterführen könnten. Die übliche Abfolge bei empirischen Untersuchungen besteht darin, zunächst explorativ, d. h. etwa mit unstrukturierten Interviews zu arbeiten (sofern man nicht auf die explorative Phase überhaupt verzichtet), und dann die so gebildeten Hypothesen mit standardisierten Instrumenten zu überprüfen. Gelegentlich kann aber auch der umgekehrte Weg sinnvoll sein:

Beispiel:
Bei einem Forschungsprojekt zum Geburtenrückgang wurde zunächst eine standardisierte Befragung durchgeführt. Obgleich so einige charakteristische Zusammenhänge offengelegt werden konnten, waren die Ergebnisse nach Ansicht der Autoren letztlich unbefriedigend. Erwartete Unterschiede zwischen Müttern mit und ohne weiteren Kinderwunsch ließen sich nicht aufzeigen und manche Ergebnisse warfen neue Fragen auf, die einen Perspektivenwechsel nahelegten, indem man sich nun bemühte, bei der Frage nach der Elternschaft die Sicht der Frauen zu erfassen und einen ganzheitlichen Zugang zum „weiblichen Lebenszusammenhang" (vgl. *Prokop* 1976) zu finden. Dieser Perspektivenwechsel machte ein anderes Untersuchungsverfahren als in der ersten Forschungsphase erforderlich, nämlich das zentrierte Interview (vgl. *Urdze/Rerrich* 1981).

Andererseits ist jedoch zuzugestehen, daß derartige Traditionen auch arbeitsökonomische Vorteile bieten, muß man doch so nicht stets von Neuem beginnen und begründen, sondern man kann auf bewährten Vorleistungen aufbauen. Aber schon die verwendete Sprache schließt bereits Vor-Interpretationen der Welt und damit Vorurteile ein.

Beispiel:
Delinquente Subkulturen werden gelegentlich als „anomische Gruppen" bezeichnet. Dieser Begriff ist jedoch irreführend, da es in derartigen Gruppen durchaus bestimmte Regeln und Normen gibt (z. B. im Zusammenhang mit Prestigedifferenzierungen, der Verteilung der Beute usw.). „Anomisch" kann in diesem Zusammenhang also immer nur mit dem Zusatz „in Relation zur dominanten Kultur/Gesellschaft" verwendet werden. Zur Vermeidung von Mißverständnissen empfiehlt es sich deshalb, von derartigen begrifflichen Unsauberkeiten Abstand zu nehmen.

Genau genommen dringt man ohnehin nie zu den Gegenständen selbst vor, sondern immer nur zu den jeweiligen sprachlichen Entsprechungen. Somit läßt sich niemals eine völlige Vorurteilslosigkeit erreichen, sondern stets nur eine möglichst vorurteilsfreie Einstellung: „Es geht prinzipiell darum, von einer Welt ‚aus zweiter Hand' auf eine Welt ‚aus erster Hand' zurückzugehen, die *Husserl* als ‚Lebenswelt' charakterisiert hat. *Der Sinn der Forderung nach Vorurteilsfreiheit liegt in einer kritischen und skeptischen Haltung, wenn man will in einer fruchtbaren ‚Gegen-Haltung', nämlich einmal gegen wissenschaftliche Meinung, gegen Tradition, gegen eigene Vorstellungen, auch gegen die Sprache zu fragen: ‚Wie ist es denn nun eigentlich wirklich?'. Dennoch müssen derart gewonnene phänomenologische Ergebnisse in ihrer möglichen Bedingtheit gesehen werden"* (*Danner* 1979, S. 137).

Das Ziel des Phänomenologen wird also darin gesehen, „die Pseudo-Objektivität sozialer Sachverhalte und deren ontologischen Schein (zu) brechen, indem er sich von den ‚Selbstverständlichkeiten' der Alltagswelt, von den fraglos hingenommenen Voraussetzungen, die die ‚natürliche Einstellung' zu dieser Welt bestimmen, reflexiv distanziert" (*Keckeisen* 1974, S. 54 f.).

Im Gegensatz zu *Husserl* spielt die phänomenologische Reduktion für die hier interessierenden Zusammenhänge keine Rolle. Während es nämlich bei *Husserl* um die Intentionalität geht, d. h., insofern und wie das Bewußtsein auf einen Gegenstand gerichtet und der Gegenstand nur als ein intentionaler bedeutsam ist, geht es in den Sozialwissenschaften um Inhalte, genauer, um Wahrnehmungs- oder Bewußtseinsinhalte. Nicht der Bewußtseinsakt interessiert, sondern der Gegenstand, der in einer Wahrnehmung oder einem Urteil gegeben ist, und der (naiv und unkritisch) als Wirklichkeit hingenommen wird. Wir haben es hier mit Phänomenen zu tun, d. h. mit Gegenständen, Vorgängen, Relationen, Strukturen usw., die möglichst vorurteilsfrei, naiv und unkritisch hinzunehmen sind (vgl. *Danner* 1979, S. 138 f.).

Der Erwerb einer möglichst vorurteilsfreien Einstellung ist Voraussetzung für die Zuwendung zu den Phänomenen in Form der Beschreibung (Deskription). (Erst nach Abschluß der Deskription sind Analyse und Erklärung möglich.) Die Beschreibung zielt darauf ab, das Wesen eines Gegenstandes zu erfassen. Sie soll dabei möglichst *unvoreingenommen, genau* und *vollständig* sein. Nach *Diemer* (1971, S. 6) sollen folgende Forderungen erfüllt sein:
1. Schlicht sehen lassen und beschreiben.
2. Nur das Phänomen sehen und beschreiben.
3. So unvoreingenommen wie möglich sehen und beschreiben.
4. So genau wie möglich sehen und beschreiben.
5. So einfach wie möglich sehen und beschreiben.
6. So vollständig wie möglich sehen und beschreiben.
7. Nur in den Grenzen der Phänomengegebenheit sich bewegen.

Da stets unendlich viele Gesichtspunkte desselben Gegenstandes möglich sind, kann eine Beschreibung nie vollkommen sein.

Beispiel:
„Um ca 20 h tauche ich wieder am Westbahnhof in der Stehbierhalle auf. Ernstl, der alte Sandler, erkennt mich sofort, als ich das Lokal betrete. Er winkt mich zu sich. Ich stelle mich zu ihm. Es sind noch drei andere Sandler am Tisch. Der eine hat ein Bierglas vor sich, in dem nur mehr ein kleiner Rest sich befindet. Mir fällt auf, daß dieser Sandler in der nächsten Zeit keinen Schluck aus dem Glas macht. Mir erzählt Ernstl, dies wäre das sogenannte Alibikrügerl, dies sei notwendig, damit der Wirt oder die Polizei den betreffenden Sandler nicht aus dem Lokal werfen könne" (*Girtler* 1984, S. 143).

Die im Protokoll des obigen Beispiels beschriebenen Gegebenheiten und Vorgänge am Treffpunkt der Sandler sind notwendig selektiv im Hinblick auf das Forschungsinteresse. Der Leser erfährt einiges über die Strategien der Sandler (Wiener Stadtstreicher), um kostenlos zu einem Bier zu kommen oder sich im Lokal aufhalten zu können, aber kaum etwas über die Inneneinrichtung des Lokals, über den Zustand der Toiletten, die Frequentierung durch Reisende, die Außentemperatur, das Angebot an Speisen und Getränken u. a. m. Ein Protokollant wäre mit dem

68

Festhalten derartiger Einzelheiten nicht nur überfordert, sondern hätte auch ein wenig brauchbares Ergebnis zustandegebracht, denn der Leser müßte sich aus der Materialfülle nun selbst das für den Forscher Relevante heraussuchen. Das „Wesen" des Sandlertreffens und der typischen Strategien der Stadtstreicher könnte so nicht erfaßt werden.

Heidegger benennt den Sinn der Phänomenologie folgendermaßen: „Das was sich zeigt, so wie es sich von ihm selbst her zeigt, von ihm selbst her sehen lassen" (1963, S. 34). Dies bedeutet, daß der phänomenologisch Arbeitende das Sich-Zeigende so in seine Beschreibung einbringt, wie es sich „von ihm selbst her" zeigt, d. h., er soll unverstellt und vorurteilsfrei darstellen (vgl. *Danner* 1979, S. 140). In der Beschreibung soll also Erscheinendes dominieren, subjektive Interpretationen und Voreingenommenheiten müssen eliminiert werden. *Während es beim Beschreiben darauf ankommt, daß die Sache selbst in Erscheinung tritt, ist das Verstehen in der Hermeneutik* (vgl. 3.2.2.) dadurch gekennzeichnet, daß etwas sinnlich Gegebenes in seiner Bedeutung als etwas Menschliches verstanden wird.

Erst nach der Beschreibung eines Gegenstandes (im phänomenologischen Sinn) kann zur Wesenserfassung, der abschließenden Phase, vorgedrungen werden. Die Wesenserfassung kann dabei mit einer künstlerischen Fotographie verglichen werden. Im Unterschied zu einer einfachen Abbildung (die der Beschreibung entspricht), weist eine fotographische Aufnahme ein „Motiv" auf, wobei Wesentliches festgehalten und herausgestellt wird. Die grundlegende Annahme besteht darin, daß allgemeine, in zahlreichen Variationen immer wiederkehrende, Gegebenheiten existieren. Die Wesenserfassung erfolgt dabei in Analogie zur eidetischen Reduktion im Sinne *Husserls* indem man den untersuchten Gegenstand von möglichst vielen Seiten her zu betrachten und zu beschreiben versucht, um so das Wesenhafte eines Gegenstandes herauszuschälen.

Beispiel:
Wittfogel erwähnt in seiner Arbeit über die orientalische Despotie zahlreiche Arten des Terrors und kommt so zu einer Reihe von Gemeinsamkeiten, die sich, ungeachtet mancher äußerlicher Parallelen, gut von den Verhältnissen in den zeitgenössischen Gesellschaften des Westens abheben lassen (vgl. *Wittfogel* 1977, S. 184 ff.).

Ein Verfahren zur Wesenserfassung stellt die *semantische Sprachanalyse* dar, bei der die Wortbedeutungen das Wesentliche eines Phänomens sichtbar machen sollen. Problematisch erscheint dies insofern, als die Zeitgebundenheit der Sprache nicht genügend berücksichtigt wird; Familie im heute verwendeten Sinn hat eine andere Bedeutung als „familia" im ursprünglichen Sinne, denn der so wesentlich erscheinende gefühlsmäßige Aspekt spielte kaum eine Rolle (vgl. z. B. *Zigann* 1977, S. 5). Eine Sprachanalyse kann wichtige Hinweise auf eine Sache geben, doch sind diese Hinweise an der Sache selbst zu überprüfen.

Solange die semantische Analyse nicht das einzige Mittel im Bemühen um die Wesenserfassung bleibt, stellt sie ein legitimes Vorgehen innerhalb der phänomenologischen Analyse dar. Ergänzt wird sie durch phänomenologisches Schauen, d. h. durch die Betrachtung eines Phänomens aus verschiedenen Perspektiven.

Phänomenologische Aussagen erfüllen nicht die Forderung der Allgemeinheit im „positivistischen" Sinne, da sie standortbedingte Implikationen enthalten, doch kann ein hoher Verbindlichkeitsgrad im Dialog, d. h. im Gespräch mit (wirklichen oder gedachten) Anderen erreicht werden (vgl. *Danner* 1979, S. 145). Im Dialog kann die Erfahrung gemacht werden, daß Behauptungen einen „teilweisen oder vollkommenen Widerspruch erfahren und daß gerade infolge dieser Divergenzen in der Unterredung mit anderen gemeinsame Einsichten gewonnen werden können, deren Wahrheitscharakter offenkundig ist" (*Strasser* 1965, S. 99). Der Dialog liefert somit zusätzliche Variationsmöglichkeiten und Perspektiven.

3.2.1.3. Zusammenfassung

Ursprünglich war die Phänomenologie als wissenschaftliche Methode mit dem Ziel konzipiert, eine unabhängige und sichere Grundlegung für sämtliche Wissenschaften zu liefern. *Ihr Gegenstand ist „Welt" bzw. intentionale Gegenstände und Bewußtseinsinhalte. Ihr Ziel ist die Erkenntnis von Wesensstrukturen.*

- Absicht der Phänomenologie ist, die Dinge nicht so zu nehmen, wie sie sich zeigen, sondern zu den Dingen selbst vorzudringen. „Um diese oberflächliche Darstellungsweise aufzulösen, daß sie also in ihrem ‚Wesen' *erscheint*, sei die Methode der *Konstitution* erforderlich" (*Esser* 1977, S. 89). Damit wird das zu Untersuchende zum *Phänomen*. Die Methode der Phänomenologie besteht in der *Reduktion* bis zur transzendentalen Subjektivität.
- In einem ersten Schritt wird von einer sekundären, theoretischen, von Voreingenommenheiten geprägten Welt auf eine primäre Lebenswelt zurückgegangen, die durch die „natürliche Einstellung" gekennzeichnet ist, in der das Gegebene naiv als solches hingenommen wird. *Von der theoretischen Welt zur Lebenswelt.*
- Hier setzt die phänomenologische Reduktion an: *Von der natürlichen zur phänomenologischen Einstellung.* Die phänomenologische Einstellung ist durch den „unbeteiligten" Zuschauer gekennzeichnet, der sich mit den Denkerlebnissen und den intentional gegebenen Gegenständen befaßt, der reflektierend auf Distanz geht.
- Bei der darauf folgenden dritten Stufe, der *eidetischen Reduktion,* geht es um die Herausarbeitung des *Wesens* eines Gegenstandes. Indem der Gegenstand in seinem intentionalen Gegebensein variiert wird, gelangt man zum Invarianten, zum Allgemeinen, dem Wesen. „Schließlich wird auf ein Ich zurückgegangen, dem in der Weise Welt vorgegeben ist, daß das Vorgegebene und die Weisen, wie es dem Subjekt gegeben ist, zusammengehören. Auf dieser Ebene der transzendentalen Subjektivität wird Welt konstituiert" (*Danner* 1979, S. 129).
- Phänomenologisches Vorgehen bedeutet, einen Gegenstand so *objektiv wie möglich zu beschreiben,* d. h. ihn zu befreien von subjektiven, theoretischen und traditionellen Elementen, damit sein Wesen zur Geltung kommen kann.

Durch das Variieren eines Gegenstandes soll das *Invariante, eben das Wesen,* erkennbar werden.

- Wegen des Bemühens um (möglichst) vorurteilsfreie Aufdeckung von Wesensstrukturen kann Phänomenologie durchaus als kritische Wissenschaft betrachtet werden, doch wird eine über die Beschreibung hinausgehende Analyse und Erklärung abgelehnt.
- Ohne terminologischen Rekurs auf die Reduktionsschritte läßt sich die Phänomenologie in vier Stufen knapp und pragmatisch skizzieren:
  - Alle Elemente und Aspekte eines Untersuchungsgegenstandes werden gesammelt.
  - Diese Bestandteile des Forschungsobjektes werden daraufhin untersucht, ob sie überflüssig oder veränderlich sind; solche werden ausgeschlossen (Einklammerung).
  - Es verbleiben jene Elemente, die dann für die Konstitution des Untersuchungsgegenstandes notwendig und invariant sein müssen.
  - Die verbliebenen, charakteristischen Elemente bilden eine Struktur, sie konstituieren das Typische, das Wesen des Gegenstandes.

3.2.2. Hermeneutik

Der metatheoretische Hintergrund qualitativer Sozialforschung, den man in der geisteswissenschaftlichen Tradition von Phänomenologie und Hermeneutik lokalisieren kann, schließt unmittelbar an die Grundannahmen des interpretativen Paradigmas an bzw. führt zu diesem hin. Zwei zentrale Argumentationsstränge bilden die Basis: Einmal wird geltend gemacht, „daß Soziales nur über ‚Sinn' konstituiert sei und so auch nur Sinn-Rekonstruktion das adäquate sozialwissenschaftliche Verfahren sei" (*Esser* 1977, S. 84). Zum anderen müsse der oberflächliche Schein der Realität durchstoßen werden, um sozialwissenschaftlich sinnvolle Aussagen machen zu können. „Weil Wissenschaft ein sozialer Prozeß sei, müsse sie – als Sozialwissenschaft erst recht – wieder ‚verständlich' gemacht werden" (*Esser* 1977, S. 85). Beide Elemente verweisen auch auf die Hermeneutik, die zunächst einmal ohne spezifischen Rekurs auf das sozialwissenschaftlich-interpretative Paradigma vorgestellt werden soll.

Der Begriff Hermeneutik leitet sich ab vom griechischen „hermeneuein" (= aussagen, auslegen, übersehen) und gibt einen Hinweis darauf, daß es sich um eine Wissenschaft handelt, die sich mit der Auslegung (z. B. von Texten) befaßt, ohne darauf beschränkt zu sein. Hermeneutik ist „zunächst nichts anderes als eine Kunstlehre des Verstehens" und „hat sich im 19. Jh. mit der Entwicklung eines historischen Bewußtseins von einer *Technik* zu einer universalen *Theorie* des Umgangs mit historisch-gesellschaftlichen Gegenständen entwickelt. Ihr liegt die Überzeugung zugrunde, daß die historische Überlieferung in subjektiv vermitteltem *Sinn* bestehe und die Kultur- und Sozialwissenschaften durch diese prinzipielle Unterscheidung von der Natur eine eigene Methode des *Verstehens* forderten" (*Hauff* 1971, S. 7). „Die Besonderheit, daß soziale Prozesse und Beziehungen nur als sinnhafte und beabsichtigte Handlungen für die Soziologie relevant seien, ist der Ausgangspunkt für ein dem nomologischen Erklärungsschema alternativ gedachtes Vorgehen: *Verstehen* (und als Technik: die Hermeneutik)" (*Esser* 1977, S. 74). Obgleich hier Hermeneutik nur als „Technik" begriffen wird, stimmen beide Zitate inhaltlich darin überein, daß der Objektbereich der Sozialwissenschaften methodologische Berücksichtigung in der Hermeneutik findet: *Hermeneutisches Verstehen bezieht sich auf das Erfassen menschlicher Verhaltensäußerungen und Produkte.*

Beispiel für das Verstehen menschlicher Produkte:
Sog. Venusstatuetten aus dem Aurignacien (jüngere Altsteinzeit), d. h. Statuetten von Frauen mit überdimensionalen sekundären Geschlechtsmerkmalen, sehen viele Forscher als Priesterinnen, die Familien-, und Sippenriten ausführen, andere aber als die Schutzherrin des Feuers (vgl. *Tokarew* 1968, S. 30).

Beispiel für das Verstehen menschlichen Verhaltens:
Ein Betrunkener pöbelt Passanten an. Diejenigen, die sich dessen bewußt sind, daß es sich um eine Ausnahmesituation, verursacht durch zu großen Alkoholkonsum und Hemmungswegfall, handelt, werden sich davon nicht persönlich betroffen fühlen und deshalb auf die Beleidigungen nicht aggressiv reagieren. Jemand, der Trunkenheit jedoch nicht „versteht" und nicht entsprechend auslegen kann, ist der Gefahr ausgesetzt, ungewollt in eine Auseinandersetzung hineingezogen zu werden.

Die Hermeneutik macht das „Verstehen" zum Untersuchungsgegenstand. Der Verstehensvorgang als solcher soll untersucht und strukturiert werden. Dabei kann nicht von einer einheitlichen und allseits akzeptierten Theorie ausgegangen werden, denn es handelt sich bei den theoretischen Überlegungen zum Verstehen um ein komplexes „System" verschiedener philosophischer Begründungen mit jeweils unterschiedlichen methodischen Vorgehensweisen:

Entstanden ist die Hermeneutik als Lehre von der Auslegung vorbildlicher und verbindlicher Texte (vgl. *Friedrich/Killy* 1965, S. 276), d. h. religiöser oder Rechtsschriften, wobei es darum ging, die Autorität des Textes auf eine konkrete Situation hin zu befragen. In diesen Fällen spricht man von *dogmatischer Hermeneutik.* Kennzeichnend für sie ist, daß die Auslegungsmöglichkeiten durch außertextliche Instanzen (Priesterschaft, Chefideologen, „herrschende Lehre") eingeschränkt sind.

Beispiel für extratextliche Interpretationsrestriktionen:
In der Kirchengeschichte gibt es zahlreiche Beispiele dafür, daß bestimmte Auslegungen der Heiligen Schrift verworfen und als Ketzerei verdammt wurden.
Die Auseinandersetzungen zwischen Kaiser und Papst im 12. Jh. entzündeten sich u. a. auch daran, ob das lateinische Wort „beneficia" als „Wohltaten" oder „Lehen" übersetzt werden sollte.

Der Einfluß außertextlicher Instanzen ist in unserer Zeit keineswegs verlorengegangen, doch haben sie an Determinationsvermögen und Verbindlichkeit eingebüßt. Gerade mit dieser Entwicklung wurde die Vielfältigkeit der Deutungsmöglichkeiten eines Textes sichtbar, so daß sich das Problem der richtigen oder „objektiven" Interpretation von Kulturgütern deswegen besonders stellt, weil es nun keine

Autoritäten mehr gab, die in Zweifelsfällen eine einzige Auslegungsmöglichkeit als richtig durchsetzten konnten. Der Säkularisierungsprozeß hat auch dazu beigetragen, daß eine „richtige" Auslegung religiöser Texte viel von ihrem praktischen Wert verlor; Interpretation wurden zunehmend zu einem Anliegen wissenschaftlicher Experten und Fachgelehrter.

Die Fortschritte der empirisch-experimentellen Vorgehensweise im Bereich der unbelebten Natur erwiesen sich als so offensichtlich überlegen, daß Textauslegungen antiker Autoren über Naturphänomene, z. B. innerhalb der Chemie, gar nicht mehr diskutiert wurden. Die Anwendbarkeit des naturwissenschaftlichen Paradigmas in nur mit Texten arbeitenden Disziplinen (z. B. Philosophie, Philologie, Theologie) schied ebenfalls aus und wurde auch nicht weiter diskutiert. Die Sozialwissenschaften (im weitesten Sinne) beziehen sich dagegen auf empirisch-experimentell faßbare Phänomene, aber auch auf Kulturprodukte, so daß prinzipiell beide Vorgehensweisen Erkenntnisse liefern. Das Gewicht verschob sich aber zusehends in Richtung auf eine Reflexion der Bedingungen des Verstehens und die technischen Möglichkeiten der Auslegung. *Die Beschäftigung mit dem „Verstehen" wird als freie oder allgemeine Hermeneutik zur speziellen Methode für geisteswissenschaftliche Gegenstände und grenzt sich damit von der naturwissenschaftlichen Erkenntnisweise ab.* Für die Sozialwissenschaften entsteht dadurch eine besondere Situation, denn der Gegenstandsbereich der Soziologie gehört weder ganz den Geisteswissenschaften noch ganz den Naturwissenschaften an, woraus sich die Kontroversen zwischen „Verstehen" und „Erklären" (vgl. 4.8.1.) ergeben. Teilweise wurde versucht, diesen Gegensatz durch den „Trick" aufzuheben, daß das Verstehen als eine Methode der Hypothesengenerierung aufgefaßt wurde (vgl. *Abel* 1953). Aber „hermeneutisches Verstehen kann nicht zu einem Teil der hypothetisch-deduktiven Erklärung gemacht werden, in der es allenfalls das Aufstellen von Hypothesen ermöglicht" (*Hauff* 1971, S. 9).

Als Begründer der allgemeinen Hermeneutik gilt der Philosoph *Schleiermacher* (1768–1834), auf den sich dann *Dilthey* (1833–1911) bezog. *Schleiermachers* (1959) „allgemeine Hermeneutik", die er neben einer Anzahl „spezieller Hermeneutiken" ausarbeitete, sollte „von der einfachen Tatsache des Verstehens ausgehend aus der Natur der Sprache und aus den Grundbedingungen des Verhältnisses zwischen dem Redenden und dem Vernehmenden ihre Regeln in geschlossenem Zusammenhang" entwickeln (*Schleiermacher*, zit. nach *Ebeling* 1959, Sp.224). *Schleiermacher*, auf den auch der Begriff des hermeneutischen Zirkels zurückgeht, unterschied *zwei Formen des Verstehens*:

a) *grammatisches Verstehen* als unmittelbare sprachliche Interpretation;

b) *psychologisches Verstehen* als Identifikation mit dem Anderen, um aus der Kenntnis von dessen Lebensbezügen das Verstehende zu erfassen.

Die Überwindung der hermeneutischen Differenz (Differenz zwischen dem Verstehenden und dem vom Autor Gesagten; vgl. Abbildung 5) geschieht nach *Schleiermacher* dadurch, daß die Situation des Autors durch eine grammatische und psychologische Rekonstruktion wiederhergestellt wird.

Durch *Dilthey* wurde die Hermeneutik zu einer speziellen geisteswissenschaftlichen Methode, die sich stark von der naturwissenschaftlichen abhob. Ihr geht es nämlich nicht um *kausale Erklärung,* sondern um *Zeicheninterpretation,* was zunächst einmal einen symbolisch strukturierten Objektbereich voraussetzt. Dabei ist man sich der Geschichtlichkeit der Erkenntnis bewußt: Sowohl der subjektive Verstehens- als auch der objektivierte Sinnzusammenhang sind in ein veränderliches Wirkungs- und Bedeutungsganzes eingebettet. Aus diesem Grund strebt man in der Hermeneutik auch nicht nach nomologischen, räumlich und zeitlich invarianten Gesetzesaussagen, würde dies doch einen Standpunkt außerhalb der Geschichte voraussetzen.

Beispiel:
Für das Verhalten von Gasen lassen sich bestimmte, raum-zeitlich unabhängige Gesetzmäßigkeiten aufstellen. Erhöht man z. B. die Temperatur, so steigt der Druck etc. Analoge Gesetzmäßigkeiten für menschliche Kollektive sind dagegen kaum möglich, denn alle Veränderungen spielen sich innerhalb eines geschichtlichen Prozesses ab, in den sowohl die jeweiligen Ergebnisse von Veränderungen eingehen als auch die jeweiligen Interpretationen der Handlungssubjekte. Eine starke Bevölkerungszunahme muß nicht in jedem Fall zu einer Expansion nach außen führen, sondern nur unter spezifischen Bedingungen, z. B. wenn keine Methoden bekannt sind, die Ernteerträge zu erhöhen, wenn eine militärische Überlegenheit gegenüber Nachbarvölkern besteht und wenn sich die betreffende Gruppe als „Herrenvolk" identifiziert, das zur Herrschaft über andere berufen ist.

In den Sozialwissenschaften ist das Verstehen zentral und spezifische Bedingungen müssen Berücksichigung finden: „Ich habe ein Handeln oder eine Handlung eines Fremden dann verstanden, wenn ich mir Aufschluß verschafft habe über einen *Handlungsentwurf* (Pläne, Ziele) und den beabsichtigten Einsatz bestimmter *Mittel,* wenn ich also das *Motiv* seines Handelns erkennen kann und wenn ich die Handlungssituation so sehen gelernt habe, wie der zu verstehende Fremde sie selber sieht. Hierin liegt die Basis für das Postulat, Verstehen müsse sich an dem *subjektiv gemeinten Sinn* des Handelnden selber orientieren und dürfe nicht als eine Interpretation fremden Handelns von außen . . . an das zu beschreibende Handeln herangetragen werden" (*Giesen/Schmid* 1976, S. 165).

3.2.2.1. Die zwei hermeneutischen Zirkel als Hilfen beim Verstehen

Nach *Dilthey* ist Verstehen ein gewöhnliches Gewahrwerden des sozialen Lebens aber auch – verfeinert und kritisch kontrolliert – eine Untersuchungsmethode der Humanwissenschaften. Die wissenschaftlich kontrollierte Interpretation stellt eine höhere Form des Verstehens dar, die durch ein besonderes Vorgehen, den *hermeneutischen Zirkel,* gerechtfertigt ist. Dabei handelt es sich um eine wiederkehrende, kreisförmig verlaufende Bewegung, eben eine Zirkelbewegung, bei der *die Einzelelemente nur aus dem Gesamtzusammenhang verständlich sind und sich das Ganze wiederum nur aus den Teilen ergibt* (hermeneutischer Zirkel II). Andererseits kann man einen Text nur dann verstehen, wenn bereits ein gewisses Vorverständnis vorhanden ist. *Man kann nicht vollkommen voraussetzungslos an einen Text heran-*

gehen, sondern muß das eigene Vorverständnis in seiner Geschichtlichkeit erkennen. Mit dem Verstehen des Textes erfährt das zugehörige Vorverständnis eine Korrektur und Erweiterung, so daß wiederum ein besseres Textverständnis entsteht usw: „Nur wo der Interpret sich selbst in der Wirklichkeit versteht, die erkannt werden soll, kann es zu dem Austausch kommen, in dem das Vor-Verständnis in wiederholtem Wechsel von dem Textsinn überwunden wird und die Wahrheit des Textes sich durchsetzt" (*Heidegger* 1963).

Beispiel:
Ein naturwissenschaftlicher Laie kann mit einem Buch über Atomphysik nicht viel anfangen, ein Fremdsprachenunkundiger nichts mit einem fremdsprachigen Text usw. Um zu verstehen, bedarf es der Aneignung bestimmter Grundbegriffe bzw. Vokabeln, die – zusammen mit bestimmten invarianten Regeln (z. B. Logik oder Grammatik) – dazu beitragen, weitere Zusammenhänge zu erschließen.

Der hermeneutische Zirkel I läßt sich in nachfolgender Abbildung veranschaulichen (aus *Danner* 1979, S. 53):

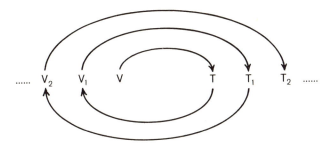

V = Vorverständnis; T = Textverständnis; V_1 = erweitertes Vorverständnis;
T_1 = erweitertes Textverständnis usw.
Abbildung 4: Der hermeneutische Zirkel I

Das ursprüngliche, noch so rudimentäre Vorverständnis ist notwendige Voraussetzung für das Verstehen des Textes und muß zur Auslegung herangezogen werden. Durch das Verstehen des Textes eignet man sich ein Wissen über das behandelte Gebiet an, mit dem das ursprüngliche Vorverständnis erweitert und korrigiert wird. Mit dem erweiterten Vorverständnis läßt sich der Text wiederum besser verstehen, das ursprüngliche Textverständnis wird erweitert. Dieser Prozeß läuft entsprechend weiter, so daß – der Intention des Verstehens nach – der Text schließlich so verstanden wird, wie dies von seinem Produzenten beabsichtigt wurde. Die Differenz zwischen dem ursprünglichen und dem erweiterten Textverständnis bzw. dem Verständnis des Autors wird durch die skizzierte zirkelförmige Bewegung überwunden. Eine absolute Kongruenz zwischen dem Verstehenden und dem Produzenten des Textes ist kaum herzustellen, weshalb die *hermeneutische Differenz als Strukturelement des hermeneutischen Verstehens* betrachtet werden muß.

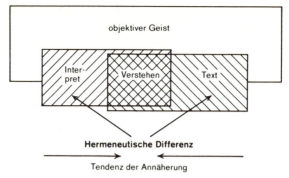

Abbildung 5: Die hermeneutische Differenz (aus *Danner* 1979, S. 55)

Während der hermeneutische Zirkel I sich auf das Verhältnis von Vorverständnis und Textverständnis bezog, ist beim Verstehen von Texten ein weiterer hermeneutischer Zirkel anzuwenden, der innerhalb des beschriebenen Interpretationsvorgangs liegt (quasi auch parallel zu diesem ist) und ihn notwendig ergänzt. Es handelt sich bei diesem Zirkel um die Erkenntniserweiterung im Verstehen durch die Relation zwischen dem *Besonderen und dem Allgemeinen oder zwischen den Teilen und dem Ganzen.*

Korrekterweise sollte man beim hermeneutischen Verstehen eher von einer spiralförmigen als von einer zirkelartigen Bewegung sprechen, denn die Momente, zwischen denen das Verstehen hin- und herläuft, erfahren eine ständige Korrektur und Erweiterung. Das erste Verständnis eines Textes wird durch nochmaliges Lesen erweitert; der Leser ist nun in der Lage, sein anfängliches Verständnis unter Berücksichtigung des erweiterten Verständnisses zu beurteilen.

Die Überwindung der hermeneutischen Differenz geschieht somit in der Bewegung der hermeneutischen Spirale. Eine spiralförmige Bewegung charakterisiert aber nicht nur das Verhältnis zwischen Vorverständnis und Textverständnis, sondern auch das zwischen Textteil und Textganzem:

Beispiel:
„Item so eyn mensch mit eynem vihe, mann mit mann, weib mit weib, vnkeusch treiben, die haben auch das leben verwürckt,vnd man soll sie der gemeynen gewonheyt nach mit dem fewer vom leben zum todt richten" (aus: Die Peinliche Gerichtsordnung Kaiser Karl V. von 1532; § 116). Einzelne Wörter, wie „vihe", „verwürckt" oder „fewer" mögen zunächst und für sich allein heute unverständlich wirken. Im Gesamtzusammenhang des Textes werden sie in ihrer Bedeutung aber schnell erkannt und verstanden, wie der gesamte Text verständlich wird.

Einzelne, wichtige Begriffe lassen sich häufig nur aus dem Textganzen erschließen, während das vollständige Verstehen des Gesamttextes das Verstehen dieser Begriffe zur Voraussetzung hat. Die hermeutische Spirale besteht also auch darin, daß der Teil vom Ganzen her verstanden, korrigiert oder erweitert wird und sich umgekehrt das Ganze von den Teilen her bestimmt.

Die hermeneutische Spirale muß sich nicht auf Texte im engeren Sinne beschränken:

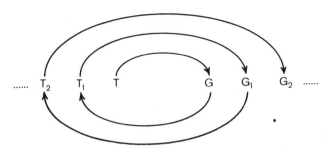

T = Teil, z. B. Wort; G = Ganzes, z. B. Satz; T_1 = vom Ganzen her interpretierter Teil; G_1 = vom Teil her interpretiertes Ganzes usw.

Abbildung 6: Der hermeneutische Zirkel II (aus *Danner* 1979, S. 56)

Beispiel:
1799 fand ein französischer Pionieroffizier der Expeditionsarmee Napoleons in Ägypten in der Nähe von Rosette (70 km östlich von Alexandria) einen Stein mit Inschriften in Griechisch, Demotisch und den bis dahin nicht identifizierbaren Hieroglyphen. Mit Hilfe der Überlegung, daß es sich beim griechischen Text um eine Übersetzung der Hieroglyphen handeln könnte und mit Hilfe der bekannten Eigennamen von Königen gelang eine schrittweise Entzifferung der Hieroglyphenschrift, die Erstellung eines Wörterbuches und einer „Grammatik".

Auch das Verhältnis von Theorie und Praxis läßt sich anhand des hermeneutischen Zirkels darstellen: Überlegungen über gesellschaftliche Zusammenhänge (Theorie) gehen von einer gesellschaftlichen Wirklichkeit bzw. deren Wahrnehmung (Praxis) aus und versuchen, diese zu verstehen, wobei sich allgemeine Sätze und Ordnungsschemata ergeben, die wiederum zu einem besseren Verständnis der Praxis beitragen können.

Beispiel:
Die wiederholt gemachte Erfahrung, von Menschen in bestimmten sozialen Positionen herablassend behandelt zu werden, kann das Nachdenken über Bestimmungsgründe und Erscheinungsformen von sozialer Ungleichheit anregen. Werden so entstandene Theorien aufgegriffen und gesellschaftlich wirksam, wenn z. B. eine revolutionäre Bewegung entsteht, so werden die Inhaber von Machtpositionen darauf reagieren, etwa durch verstärkte Repression oder subtilere Gestaltung der Diskriminierung. Letztere mag vielfach unbemerkt bleiben, doch wird sie möglicherweise langfristig durchschaut, so daß eine neue Theorie über verborgene bzw. informelle Diskriminierung entsteht, die eines Tages ebenfalls gesellschaftlich wirksam werden kann.

Bei der hermeneutischen Spirale handelt es sich nicht um einen additiven Prozeß, d.h. es werden nicht die Wortbedeutungen nacheinander geklärt, danach der Textzusammenhang und schließlich der historische Kontext hinzugenommen. Das

Verstehen läuft vielmehr in einem wechselseitigen Sicherhellen, in einem Hin- und Herspiel von Wort und Satz, von Grammatik und Satz usw. ab. Dies bedeutet auch, daß zunächst unverständlich Bleibendes zurückgestellt werden kann, bis man nach einem weiteren Fortschreiten des Verstehensprozesses sich erneut an seine Aufhellung wagt.

Inhaltlich bedeutet dieser Zirkel, daß das Verstehen von Teilen sich aus dem Ganzen und das Verstehen des Ganzen sich aus den Teilen ergibt. Auf Sprache bezogen wird der damit gemeinte Sachverhalt leicht verständlich: Viele Wörter (Begriffe) haben mehrere Bedeutungen, sie sind äquivok, wie etwa der Begriff der Rolle. Ob es sich um eine Tapetenrolle, eine Turnrolle, eine Schauspielrolle oder den soziologischen Rollenbegriff handelt, kann aus dem Kontext, dem Ganzen, erschlossen werden. Viele Wörter erhalten ihre Bedeutung (Sinn) und können erst verstanden werden durch den Bezug auf andere Wörter (Indexikalität)(z. B. dieser, er, unser etc.).

„Wörter können sowohl als Signifikant (Bedeutungsträger, Bezeichnung eines materiellen Gegenstands) als auch als Signifikat (Sinn) stehen" (*Merten* 1983, S. 64). Auto als Signifikant meint ein Beförderungsmittel, als Signifikat mag es ein Statussymbol bedeuten. Sieht man sich die Sprache einmal genauer an, so stellt man sehr schnell fest, daß es für einen Signifikanten (Wort) mehr als ein Signifikat (Homonyme oder Polyseme) und für ein Signifikat (Bedeutung) mehr als einen Signifikanten (Synonyme) geben kann. Im Falle von Homonymen (nach *Dietrich/ Klein*, 1974, S. 94) sind 43 % der deutschen Wörter Homonyme) muß der Sinn (die Bedeutung) eines Wortes notwendigerweise aus dem Kontext erschlossen werden. Somit wird deutlich, daß der hermeneutische Zirkel *II* auch im Alltag von erheblicher Bedeutung ist und implizit angewandt wird.

Verläßt man die rein linguistische Ebene und bezieht sich stärker auf die soziologisch relevanten Aspekte, so beschreibt die Ethnomethodologie den geschilderten Sachverhalt aus anderer Perspektive: Der Sinn von Aussagen als alltagsweltlichen Ereignissen „ist indexikal, d. h. relativ zu Benutzer, Anwendungsvorgang, Hörerstandort und Sozialbeziehung der Akteure" (*Bogumil/Immerfall* 1985, S. 57).

Es gilt nach dem hermeneutischen Zirkel II aber auch, daß der Sinn einer Gesamtaussage erst dann erkannt werden kann, wenn die Einzelteile der Aussage, also etwa die Wörter, bekannt sind und verstanden werden. Dies schließt nicht aus, daß unbekannte Wörter in ihrem Sinn eben durch den Kontext erschlossen werden können. (Man vergleiche hierzu die eigenen Fremdsprachenkenntnisse.)

3.2.2.2. Formen des Verstehens

Den Naturvorgängen liegen bestimmte Gesetzmäßigkeiten zugrunde. Sind diese bekannt, so können Sachverhalte erklärt, d. h. auf kausale Ursachen zurückgeführt werden. Im Unterschied dazu kann das Seelenleben nicht mit derartigen Gesetzen erklärt, doch es kann „verstanden" werden. (Die Natur erklären wir, das Seelenleben verstehen wir; vgl. *Dilthey* 1961, S. 144.) *„Verstehen" umfaßt insofern mehr als „erklären", weil es versucht, die Bedeutung eines Sachverhalts zu ergründen.* Verstehen ist das „Erkennen von etwas als etwas (Menschliches) und gleichzeitig das Erfassen seiner Bedeutung" (*Danner* 1979, S. 34). Während man beim Erklären Tatsachen aus Ursachen und Gegebenheiten von einem Prinzip herzuleiten versucht (vgl. *Diemer* 1971, S. 9f.), zielt Verstehen auf das Erfassen von Bedeutungen ab. Nicht, warum jemand etwas tut, sondern was er tut, interessiert.

Beispiel:
Ein Jugendlicher begeht vandalistische Akte, indem er eine große Reklametafel beschmiert. Ein „erklärender" Forscher wird nun nach Ursachen für dieses Verhalten suchen, indem er sich mit dem Herkunftsmilieu oder der Sozialisationsgeschichte des Betreffenden befaßt, versucht, das konkrete Verhalten aus einer Frustrations-Aggressions-Theorie abzuleiten usw. Ein „verstehender" Sozialwissenschaftler wird dagegen zunächst danach fragen, was diese Tafel bzw. der manifeste oder latente Kommunikationsinhalt der Reklamebotschaft für den Betreffenden bedeutet, wie er sie wahrgenommen und verstanden hat etc. Bereits dieses Beispiel macht deutlich, daß sich die beiden Vorgehensweisen nicht notwendig ausschließen: Der wahrgenommene Kommunikationsinhalt kann in der erklärenden Betrachtung als aggressionsauslösender Stimulus interpretiert werden, die Sozialisationsgeschichte in der verstehenden Perspektive als Lebenszusammenhang, doch handelt es sich hier nicht um eine bloße Addition von Komponenten.

Dilthey definiert „Verstehen" wie folgt: *„Wir nennen den Vorgang, in welchem wir aus Zeichen, die von außen sinnlich gegeben sind, ein Inneres erkennen: Verstehen!"* (*Dilthey* 1957, S. 318). Beim Erkennen eines Inneren aus Zeichen handelt es sich also darum, aus dem Äußeren etwas Inneres, nicht unmittelbar Wahrnehmbares, zu erfassen: Aus dem Kopfschütteln entnehmen wir Ablehnung, aus dem an die Stirnetippen Abwertung, in einem roten Licht erkennen wir die Aufforderung zum Anhalten. Der Verstehensvorgang läßt sich folgendermaßen skizzieren (nach *Danner* 1979, S. 36):

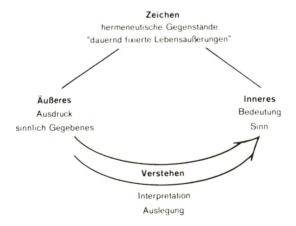

Abbildung 7: Schematische Darstellung des Verstehens

Das „Äußere" eines Verkehrszeichens ist z. B. eine runde, weiße Scheibe mit einem roten Rand. Das „Innere" dieses Zeichens ist das Verbot, einen so gekennzeichneten Weg zu befahren. Jemand, der sich daran macht, dieses Zeichen auszulegen, bemüht sich um Verstehen. Dabei ist zwischen psychologischem Verstehen und Sinnverstehen zu differenzieren.

Beim *psychologischen Verstehen* wird versucht, durch *Nacherleben einer Situation oder durch Sichhineinversetzen* (Empathie) in einen anderen zu verstehen. Diese Art des Verstehens ist gefühlsmäßig, subjektiv und kann „falsch" in dem Sinne sein, daß die eigene Befindlichkeit auf die äußere Realität bzw. den Autor projiziert wird.

Beispiel:
Ein Musikstück löst bei einem Hörer Gefühle der Trauer, Hoffnungslosigkeit usw. aus. Der Hörer glaubt, die Erlebnisse des Komponisten nachzuempfinden, es werden bei ihm bestimmte Assoziationen hervorgerufen etc. Unabhängig vom Erlebniswert dieser Art des Verstehens wurde hier aber nichts vom „objektiven" Sinnzusammenhang erfaßt.

Beim *Sinn-Verstehen* (auf das es der Hermeneutik vorrangig ankommt) handelt es sich um das *Verstehen eines Sachverhalts durch die Beleuchtung und Erfassung des Sinnzusammenhangs*, in den dieser eingeordnet werden muß. Der Sachverhalt muß also in etwas Übergeordnetes eingebettet werden.

Beispiel:
Ein Musikstück spricht nicht nur gefühlsmäßig an, sondern weist auch eine musikalische „Gestalt" auf, die sich aus Rhythmus, Tempi, Harmonien, Tonlagen usw. ergibt. Erst aus dem Gesamtzusammenhang resultiert der „Sinn".

Eine vergleichbare Unterscheidung läßt sich auch für das Verstehen anderer menschlicher Produkte (Bilder, Texte usw.) und Verhaltensweisen treffen. Dabei ist aber zu berücksichtigen, daß auch „objektives" Sinnverstehen eine Mehrzahl von Interpretationen zuläßt, was man an den verschiedenen Auslegungen von Texten (Bibelexegese), Kunstwerken oder Interaktionen zeigen kann. Damit stellt sich die Frage, wie „objektives" Sinnverstehen erreicht werden kann bzw. ob und wie sich Diskrepanzen auf der Sinn-Ebene vermeiden oder wenigstens reduzieren lassen.

Neben der Differenzierung in psychologisches Verstehen und Sinnverstehen betrifft eine zusätzliche Unterscheidung die zwischen elementarem und höherem Verstehen (vgl. *Dilthey* 1961 b, S. 207 ff.). *Elementares Verstehen ist Verstehen im alltäglichen Umgang*, ohne daß ein bewußtes Bemühen um Verstehen stattfindet: Eine ausgestreckte rechte Hand wird (in unserer Kultur) als Initiative zur Begrüßung begriffen, ohne daß es weiterer Erklärungen bedarf. Konflikte können sich ergeben, wenn zwischen Angehörigen verschiedener Kulturen elementares Verstehen nicht möglich ist, die ausgestreckte Hand z. B. als ein Anzeichen von Feindseligkeit begriffen wird; auch im folgenden konstruierten Fall ist elementares Verstehen nicht möglich:

Beispiel:
Der Xaver Hintermoser ist wegen Körperverletzung angeklagt. Vor Gericht schildert er den Tathergang: „Also, erst hat er mich getreten. Dann hat er mich einen ‚Pardon' geschimpft, da habe ich ihm eine geschmiert."

Elementares Verstehen beschränkt sich nicht auf menschliches Verhalten. So werden z. B. bestimmte Geräusche aus der Höhe als von einem Flugzeug stammend verstanden, ohne daß man sich der Richtigkeit des Verstandenen durch einen Blick nach oben versichert. Würde man aber – bei unbedecktem Himmel – kein Flugzeug finden, so ist der unmittelbare Verstehensakt gestört, und man wird versuchen, diese unverstandene Beobachtung in einen umfassenderen Zusammenhang einzuordnen, indem man sich z. b. überlegt, welcher andere Apparat flugzeugähnliche Geräusche verursachen oder ob man sich nicht auch getäuscht haben, ob das Flugzeug vielleicht zu hoch bzw. zu klein gewesen sein könnte, ob man eine bessere Brille bräuchte usw.

Im elementaren Verstehen wird das menschliche und darum geistige Geschehen um uns herum als solches erfaßt, ohne daß ein bewußtes Bemühen um Verstehen stattfindet (vgl. *Danner* 1979, S. 41). Dieses Bemühen setzt – wie am obigen Beispiel verdeutlicht – erst ein, wenn eine Störung des Verstehensaktes vorliegt. In einem solchen Fall beginnt höheres Verstehen, das auf elementarem Verstehen aufbaut. Höheres Verstehen läßt sich jedoch nicht auf das Bemühen um Beseitigung von Störungen elementaren Verstehens reduzieren.

Beispiel:
Das Verstehen von Ritualen läßt sich nur aus einem historisch, kulturell und gesellschaftlich bedingten Zusammenhang verstehen; manche Handlungssequenzen mögen sinnlos erscheinen, weil das entsprechende Wissen verlorengegangen, höheres Verstehen somit unmöglich geworden ist. Häufig wird in solchen Fällen eine nachträgliche Begründung geliefert und akzeptiert. So geht z. B. das sog. „jus primae noctis", wonach dem Feudalherrn das Recht zukam, mit einer Neuvermählten vor dem Ehemann sexuell zu verkehren, ursprünglich nicht auf das Ausnutzen von Abhängigkeiten zurück, sondern auf Vorstellungen, wonach bei der Defloration magische Kräfte freigesetzt werden, die einem gewöhnlichen Gruppenmitglied gefährlich und nur von einem mächtigen Würdenträger (mit bestimmten religiösen Funktionen) neutralisiert werden können.

Beim höheren Verstehen kann es sich – je nach zugrundeliegendem Sachverhalt – um einen recht mühsamen und langwierigen Prozeß handeln (z. B. Aneignung komplexer Wissensgebiete). Auch im Bereich menschlichen Verhaltens kann höheres Verstehen einen großen Aufwand (Zeit, Intellekt etc.) erfordern. Um z. B. eine fremde Kultur wenigstens in Grundzügen zu verstehen, wird eine mehrjährige Feldforschungsarbeit notwendig sein.

Höheres Verstehen liegt dann vor, wenn der Verstehensakt nur leistbar ist, wenn das zu Verstehende aus einem größeren (übergeordneten) Zusammenhang hergeleitet wird. „Höheres Verstehen baut also auf das elementare auf und stellt den *individuellen* oder den *allgemeinmenschlichen* (Lebens-) *Zusammenhang* her" (*Danner* 1979, S. 42). Höheres Verstehen bedeutet Erhöhung des Erkenntnisniveaus (des Verstehens), gerade auch durch die Anwendung des hermeneutischen Zirkels.

	psychologisches Verstehen	Sinnverstehen
elementares Verstehen	**Alltag** Beispiel: Geräusch	**Alltag** Beispiel: Sprache **Wissenschaft** Beispiel: Sprache
Höheres Verstehen	**Alltag** Beispiel: Verhalten Handlungsmotive	**Alltag** Beispiel: Gebrauchs- anleitung **Wissenschaft** Beispiel: (schwieriger Text)

Abbildung 8: Verschiedene Arten des Verstehens

Betrachten wir die Differenzierungen zwischen psychologischem Verstehen und Sinnverstehen einerseits sowie die zwischen elementarem und höherem Verstehen andererseits, so erhalten wir obige Matrix (nach *Danner* 1979, S. 43):

Wir können insgesamt festhalten, daß für die Hermeneutik das psychologische und das elementare Verstehen weniger bedeutsam sind als das Sinnverstehen und das höhere Verstehen. Auf letzteres bezieht sie sich in besonderem Maße.

3.2.2.3. Zur Objektivität des Sinnverstehens

Nachdem wir festgestellt haben, daß die hermeneutische Differenz, nämlich die mangelnde Kongruenz zwischen dem von dem Produzenten einer Handlung gemeinten Sinn und dem von dem Verstehenden interpretierten Sinn, geradezu strukturell angelegt ist, wird die Frage aufgeworfen, inwieweit objektives Sinnver- stehen möglich ist. In *DILTHEYs* Definition ist Verstehen das Erkennen eines Inneren an dem Äußeren eines Zeichens. Das „Innere" und die Sinnebene verwei- sen auf das, was von *Dilthey* (1961, S. 150) als *„objektiver Geist"* (nicht im Sinne von *Hegel*) bezeichnet wird. Darunter wird *etwas Gemeinsames, ein verbindendes Drittes*, verstanden, *an dem die konkreten Einzelmenschen mehr oder weniger alle Anteil haben* (vgl. *Danner* 1979, S. 45). Dabei darf „objektiv" nicht im Sinne von absolut verstanden werden. Objektive Gegebenheiten sind nicht als unveränderli- che, allgemeingültige Wahrheiten aufzufassen, sondern als sich vom Subjektiven abgrenzende Gegebenheiten. Die Frage, inwieweit sich eine Person einer gegebe- nen objektiven Norm gegenüber konform verhalten möchte, stellt eine subjektive Entscheidung dar. Die Norm ist objektiv, weil sie unabhängig von der konkreten Person besteht und Verbindlichkeit beansprucht. Soziale Normen sind aber relativ, d. h. sie existieren in Abhängigkeit von Raum und Zeit und unterliegen Wandel und Kritik. Normen berühren aber insoweit das Absolute, als keine menschliche Gesell- schaft ohne Normen vorstellbar ist.

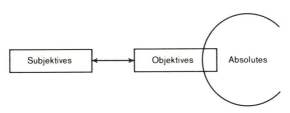

Abbildung 9: Verhältnis von subjektiven und absoluten Gegebenheiten (nach *Danner* 1979, S. 44)

Es zeigt sich also, daß es sich beim objektiven Geist nicht notwendigerweise um einen metaphysischen Begriff handelt. Seine Bedeutung für das Verstehen ergibt sich daraus, daß er das Gemeinsame, das Verbindende ist, an dem verschiedene Subjekte partizipieren. *Dilthey* bezeichnet den objektiven Geist auch als *Sphäre der Gemeinsamkeiten*: „Jedes Wort, jeder Satz, jede Gebärde oder Höflichkeitsformel, jedes Kunstwerk und jede historische Tat sind nur verständlich, weil eine Gemeinsamkeit den sich in ihnen Äußernden mit den Verstehenden verbindet; der einzelne erlebt, denkt und handelt stets in einer Sphäre von Gemeinsamkeit, und nur in einer solchen versteht er. Alles Verstandene trägt gleichsam die Marke des Bekanntseins aus solcher Gemeinsamkeit an sich. Wir leben in dieser Atmosphäre, sie umgibt uns beständig. Wir sind eingetaucht in sie. Wir sind in dieser geschichtlichen und verstandenen Welt überall zu Hause, wir verstehen Sinn und Bedeutung von dem allen, wir selbst sind verwebt in diese Gemeinsamkeiten" (*Dilthey* 1961 b, S. 146).

Verstehen zwischen Menschen ist also nur möglich, wenn Gemeinsamkeiten zwischen den Interaktionspartnern bestehen. Die wohl wichtigste Gemeinsamkeit ist die Sprache, doch umfaßt der „objektive Geist" mehr als diese, nämlich die Gemeinsamkeit aller Lebensbezüge, also z. B. Gebärden, Höflichkeitsformeln oder Kunstwerke.

Der objektive Geist ist Ausdruck einer bestimmten Kultur in einer bestimmten Zeit, *gleichzeitig ist er aber auch das eine Kultur bestimmende*, d. h. das Vorgegebene, das Verstehen voraussetzt. Er wird im Verlauf des Sozialisationsprozesses vermittelt. Damit stellt sich die Frage nach durchgängigen menschlichen Gemeinsamkeiten, also solchen, die als unabhängig von kulturspezifischen Bedingungen gelten können. Manche Grenzen ergeben sich sowohl durch die verschiedenen Sprachen (deren Wörter nicht einfach austauschbare Zeichen sind) als gerade auch durch die historische Bedingtheit des objektiven Geistes.

Beispiel:
Nach *Thomas* (1937) gibt es im Arabischen ungefähr 6000 Bezeichnungen für das Kamel und die Eskimos kennen eine große Anzahl von Namen für „Schnee" (vgl. *Boas* 1938).
  Wie *Hofstätter* (1957) zeigen konnte, assoziieren Amerikaner mit „loneliness" andere Qualitäten als Deutsche mit „Einsamkeit".
  „Sodomiterei" (bzw. „Sodomie") wurde früher allgemein für sexuell abweichendes Verhalten verwandt; im Skandinavischen und Finnischen wird es mit inzestuösem Verhalten gleichgesetzt (*Fromm* 1967). Die heutige Eingrenzung auf (strafbare) sexuelle Beziehungen zwischen Mensch und Tier ist somit Ausdruck eines Bedeutungswandels, der bei der Übersetzung und Interpretation entsprechender Texte zu berücksichtigen ist.

Texte, archäologische Funde, Rituale usw. sind Objektivationen des Lebens. Alles ist „durch geistiges Tun entstanden und trägt daher den Charakter der Historizität. In die Sinnenwelt selbst ist es verwoben als Produkt der Geschichte... *Was der Geist heute hineinverlegt von seinem Charakter in seine Lebensäußerung, ist morgen, wenn es dasteht, Geschichte"* (*Dilthey* 1961, S. 147). Geschichte wird damit stets im objektiven Geist gegenwärtig; gesellschaftliche Institutionen, wie z. B. das Rechtssystem, lassen sich ohne Kenntnis ihrer Herkunft nur unzureichend erfassen. Aus dem Fortwirken des Vergangenen erklärt sich auch die verschiedentlich geforderte Verantwortung jeder Generation für ihre Geschichte (etwa *Picht* 1969 b): Dabei geht es nicht um Kollektivschuld, sondern darum, daß eine Auseinandersetzung mit der Vergangenheit (und den bis zur Gegenwart anhaltenden Wirkungen) geleistet wird. Man kann z. B. bestimmte gegenwärtige Entwicklungstendenzen einfach als gegeben hinnehmen; man kann aber auch fragen, warum sie so ablaufen und ob die anfänglich geltenden Voraussetzungen und Ziele heute noch gelten bzw. wünschenswert sind. So kann bei den heutigen technischen Möglichkeiten der Datenerfassung und Datenverarbeitung etwas mehr Mißtrauen gegenüber den Informationsbedürfnissen der Bürokratien angebracht sein als noch vor zwanzig Jahren.

Verstehen ist insofern immer geschichtlich, als das Gemeinsame, das Verstehen erst ermöglicht, etwas geschichtlich Gewordenes darstellt, auch wenn dies nicht immer bewußt ist (vgl. *Danner* 1979, S. 47). Verstehen ist somit ein „Einrücken in den Überlieferungszusammenhang" (*Wuchterl* 1977, S. 175). Der Forscher ist, wie jeder Mensch, ein geschichtliches Wesen. Sprache und Begriffe, in denen er denkt und sich mitteilt, sind in und aus seiner Zeit entstanden: „Geschichte kann also nur von einem geschichtlichen Wesen verstanden werden. Dieser Satz beschränkt sich nicht auf die Geschichtswissenschaft, sondern muß auf alles Geschichtliche bezogen werden. ‚Objektiver Geist', der geschichtlich ist, wird verstanden, weil der Verstehende ein historisches Wesen ist; wir können sagen: Das *Verstehen selbst ist geschichtlich"* (*Danner* 1979, S. 48; vgl. auch *Ebeling* 1959, Sp.244). (Daraus erklärt sich auch die Bezeichnung der Hermeneutik als „historische Methode".) Hermeneutik hat somit den jeweiligen Verstehens-Horizont mit Blick auf den Kulturraum und die geschichtliche Situation zu erhellen.

Beispiel:
Der Ende des 15. Jh. erstmals erschienene „Hexenhammer", ein Handbuch der Hexenjäger, und die Hexenprozesse bleiben unverständlich ohne Berücksichtigung der geschichtlichen und geistesgeschichtlichen Situation zu Beginn der Neuzeit. Die Beschäftigung damit zeigt, daß die Verfolger nicht vom Irrsinn befallen waren, sondern innerhalb der historischen und ideologischen Voraussetzungen durchaus rational handelten.

Die anfänglich gestellte Frage nach den Möglichkeiten des Verstehens muß also wie folgt beantwortet werden: Grundlage dafür ist der „objektive Geist", der selbst jedoch von der jeweiligen Kultur und Zeit abhängt. Unabhängig davon, also *ohne Berücksichtigung von Zeit und Kultur*, ist Verstehen nicht möglich. „Wenn das Auslegen von *Sinn*, das *Verstehen* historischer Ereignisse und Zusammenhänge, für die Hermeneutik konstitutiv ist, so muß sie der Gefahr entgehen, durch ein

‚geschichtliches Engagement' des Interpreten festgelegt und eingeengt zu werden"
(vgl. *Apel* 1971, S. 31). „Denn dieses subjektive Moment verhindert, daß die
Abhängigkeit sowohl der Überlieferung wie der Interpretation von objektiven
gesellschaftlichen Bedingungen offenbar werden. Läßt der Interpret diese Zusammenhänge aber unberücksichtigt und beruft sich allein auf den in der Tradition
liegenden Sinn, führt diese mangelnde Reflexion zur Ideologisierung des Sinnverstehens" (*Hauff* 1971, S. 8; vgl. hierzu *Habermas* 1969, S. 163 f.). „Diese Reflexion
und ihre Kategorien können nach Meinung der Positivisten keine Aussagen über
eine gesellschaftliche Wirklichkeit machen, da sie nicht das Ergebnis wissenschaftlicher Forschung sind, sondern auf reiner Spekulation beruhen und unbeweisbar
bleiben. *Topitsch* hat die Geschichte solcher Begriffe wie ‚Totalität', ‚Dialektik',
‚Wesen' bis zu ihrem Ursprung aus mythisch-schamanistischen Beschwörungsfor-
meln verfolgt, um sie als vorwissenschaftlichen Irrationalismus zu dekuvrieren"
(*Hauff* 1971, S. 17).

Wie gezeigt wurde, erheben die unter dem Sammelbegriff „positivistisch" cha-
rakterisierten Auffassungen die Forderung nach *Allgemeingültigkeit*, also *raum-
zeitlicher Unabhängigkeit wissenschaftlicher Aussagen*. Wissenschaftliche Ergebnisse müssen danach wiederholbar, jederzeit nachprüfbar und intersubjektiv sein
(vgl. z. B. *Prim/Tilmann* 1973), was nach den bisherigen Ausführungen beim
hermeneutischen Verstehen nicht zutreffen kann. Die *Intersubjektivität* taucht in
der Hermeneutik zweifach auf: einmal ist sie *notwendige Voraussetzung für Verstehen* (gemeinsame Kultur etc.), zum anderen ist *sie im Wesen des Untersuchungsobjekts verankert*. „Damit wird die Intersubjektivität zur Voraussetzung *und* Garantie
der Richtigkeit" (*Esser* 1977, S. 90), was im Verständnis traditioneller Methodologie einen logisch unzulässigen Zirkel darstellt. Würde eine solche Intersubjektivität
existieren, müßte tatsächlich eine Allgemeingültigkeit der Sinndeutung und Interpretation existieren, andere Auffassungen dürften nicht möglich sein. Andererseits
bedeutet ja „Allgemeingültigkeit" Unabhängigkeit vom kulturellen und historischen Bezug der erkennenden Menschen. Dies würde heißen, daß die Vorgänge
oder Produkte, über die generelle Aussagen vorgenommen werden, wiederholbar
und jederzeit überprüfbar sind, d. h., daß sie einer bestimmten Gesetzesstruktur
(wie etwa innerhalb der (klassischen) Physik) unterliegen. Eine Anwendung von
Gesetzesaussagen auf konkrete Einzelwesen, Gesellschaften oder Kulturen ist aber
nicht möglich, wie sich an der Schwierigkeit von richtigen Prognosen belegen läßt.
(Man kann z. B. zeigen, daß beim Eintreten bestimmter Ereignisse eine Revolution
wahrscheinlicher wird, doch sind Zeitpunkt und Ablauf kaum vorherzusagen.)

Bollnow möchte daher für die Geisteswissenschaften die Forderung nach Allgemeingültigkeit durch die nach *Objektivität* ersetzen. Objektivität wird dabei verstanden als „Wahrheit im Sinne der Angemessenheit einer Erkenntnis an ihrem Gegenstand. Wir heben diesen in der Natur der Wahrheit enthaltenen Zug als besonderen
Begriff heraus, um in ihm die methodische Seite, das höchste erreichbare Maß an
wissenschaftlicher Sicherheit zu betonen" (*Bollnow* 1966, S. 59). (Zu Begriff und
Inhalt von Objektivität in qualitativer und quantitativer Sozialforschung werden
weitere Ausführungen in 4.4.3. gemacht werden.)

3.2.2.4. „Regeln" der Hermeneutik

Die Hermeneutik liefert letztlich keine methodischen Instrumente zur objektiven Erkenntnis, doch bietet sie „Regeln", die beim höheren Verstehen, z. B. bei Textinterpretationen, beachtet werden sollten:

1. Um die Bedeutung von Sachverhalten zu erfassen, bedürfen folgende Fragen einer Klärung:
   - Welche Bedeutung verband der Urheber mit dem zu Verstehenden?
   - In welchem umfassenderen Sinn- bzw. Bedeutungszusammenhang steht das zu Verstehende?
   - Welche Zielsetzung war damit beabsichtigt?

Im Unterschied zum „Erklären", das nach den Ursachen und Gründen fragt, kommt es also darauf an, etwas in seinem Sinn, in seiner Bedeutung, zu erfassen.

Beim Verstehen ist zwischen psychologischem und Sinn-Verstehen zu differenzieren, also danach, ob der Versuch zu verstehen, gefühlsmäßig geleitet ist oder sich an der Sache orientiert.

Beispiel:
Erscheinungen des Re-Islamisierungsprozesses in der arabischen Welt lösen im Westen vielfach Befremden, Abneigung und Angst aus. Ein an der Sache orientierter Verstehensversuch bezieht zwar derartige Gefühlshaltungen mit ein (als verstehbares Kollektivphänomen), ohne sich aber davon dominieren zu lassen.

2. Verstehen erfordert etwas Gemeinsames (objektiver Geist). Dabei ist darauf zu achten, daß der Sinn aus dem zu Verstehenden herausgeholt und nicht in das zu Verstehende hineingetragen wird.

Beispiel:
In der sog. „vaterländischen Geschichtsschreibung" im 19. und beginnenden 20. Jh. erfuhr der abtrünnige Welfenfürst Heinrich der Löwe gegenüber dem Kaiser Friedrich I (Barbarossa) eine positivere Bewertung, da sich ersterer durch die Ostkolonisation um die deutschen Interessen verdienter gemacht habe als Friedrich durch seine (aus späterer Sicht sich als Mißerfolg erweisenden) Italienzüge. Die Situation im 12. Jh. wurde aus der Sicht des 19. Jh. interpretiert, später geltende nationale Interessen auf das Mittelalter projiziert.

Aufgrund der Kultur- und Zeitabhängigkeit des objektiven Geistes folgt die Notwendigkeit der Berücksichtigung des kulturellen und geschichtlichen Kontextes.

3. Für hermeneutisches Verstehen muß die Forderung nach Objektivität erfüllt sein. Damit stellt sich die Frage, wie andere das zu Verstehende verstehen, welche sachlichen Argumente vorgebracht werden können und inwieweit Offenheit für Gegenargumente besteht.
   Hierbei ist zwischen wesensmäßiger und vermeidbarer Subjektivität (vgl. oben) zu differenzieren. Willkürliche Subjektivität läßt sich dadurch vermeiden, daß man sich seines Vorverständnisses, seiner Voreingenommenheiten und seiner Vorurteile bewußt wird und versucht, sein Verständnis sachlich zu begründen.

4. Höheres Verstehen erfolgt in einer Spiral- oder Zirkelbewegung. Es gilt, herauszufinden, wie ein Teil aus dem Ganzen und das Ganze von den Teilen her verstanden werden kann, welchen Sinn ein Einzelelement vom Gesamtsinn und welchen Sinn das Allgemeine aus dem in bestimmter Weise zu verstehenden Besonderen erhält.

Beispiel:
Der Amateurforscher Erich von Däniken interpretierte das Relief eines Maya-Fürsten auf einem Sarkophagdeckel als Darstellung eines prähistorischen Raumfahrers. Legt man allein diese Abbildung zugrunde, so mag eine derartige Interpretation naheliegen. Je mehr man jedoch das vorhandene Wissen über die Maya-Kultur miteinbezieht, desto eher kann man die Abbildung auch anders verstehen und desto leichter kann die ziemlich spekulative These extraterrestrischer Astronauten in der Vorgeschichte zurückgewiesen werden.

5. Der Abstand zwischen dem Interpreten und Verstehenden wurde als hermeneutische Differenz bezeichnet. Es erhebt sich die Frage, ob diese Differenz im unzureichenden Verstehen des Interpreten liegt oder in dem zu Verstehenden selbst. Bevor man einen Autor als „unverständlich" ablehnt, sollte man sich um das Verständnis bemühen (z. B. durch die Bewußtmachung möglicher Voreingenommenheiten). Weiterhin ist zu klären, ob Unverstandenes und Widersprüchliches auch zunächst bestehen bleiben können, um es später vom Ganzen her aufzulösen (hermeneutischer Zirkel).

Die hier als „Regeln" bezeichneten Punkte der „Checkliste" stellen lediglich Anhaltspunkte für einen Interpreten dar, einem zu verstehenden Sachverhalt gerecht zu werden; es handelt sich um keine geschlossene Regel-Lehre (vgl. *Betti* 1972). Sie sind nicht vollständig und reichen allein nicht für das Verstehen, denn Hermeneutik ist keine technische Methode (vgl. *Danner* 1979, S. 60).

3.2.2.5. Zusammenfassung (nach *Danner* 1979, S. 61 f.)

- Gegenstand der Hermeneutik ist die Auslegung (dauerhaft fixierter) menschlicher Lebensäußerungen.
- Die Hermeneutik bietet die Möglichkeit, menschliche Lebensäußerungen in ihrer Bedeutung zu verstehen, doch kann mit ihrer Hilfe weder die Individualität einzelner Menschen noch das Weltganze erfaßt werden. Es handelt sich bei der Hermeneutik um eine wertfreie Methode, die allerdings keine absoluten Wahrheiten enthüllt und so die gewonnen Erkenntnisse legitimieren kann. Auch existentielle Sinn-Fragen können mit ihr nicht beantwortet werden.
- Der zentrale Begriff der Hermeneutik ist das Verstehen. Damit meint man das Erfassen von etwas als etwas Menschlichem und von dessen Bedeutung (dagegen heißt Erklären das Zurückführen einer Sache oder eines Vorgangs auf Ursachen oder Gründe). *Dilthey* definiert Verstehen als Erkennen eines Inneren an dem Äußeren eines Zeichens.
- Man muß zwischen psychologischem Verstehen (im Sinne des Einfühlens) und Sinn-Verstehen (als eigentlich Bedeutsamem für die Hermeneutik) sowie zwischen elementarem (alltäglichem) und höherem Verstehen differenzieren.

- Voraussetzung für Verstehen ist etwas Gemeinsames (objektiver Geist), an dem die einzelnen Subjekte teilhaben. Dieses Gemeinsame ist in seiner kulturellen und historischen Bedingtheit zu sehen. Auch Verstehen selbst ist geschichtlich und richtet sich auf den geschichtlich gewordenen objektiven Geist.
- Hermeneutisches Verstehen kann dem Anspruch auf Allgemeingültigkeit nicht gerecht werden, doch beschränkt es sich auch nicht auf willkürliche Subjektivität. Hermeneutische Objektivität wird durch die Angemessenheit einer Erkenntnis an ihren Gegenstand erreicht.
- Höheres Verstehen ist durch eine zirkel- oder spiralförmige Bewegung gekennzeichnet; Teil und Ganzes, Vorverständnis und zu Verstehendes sowie Theorie und Praxis erhellen sich gegenseitig.
- Am hermeneutischen Zirkel wird die hermeutische Differenz zwischen Verstehendem und dem zu Verstehenden deutlich, die annäherungsweise überwunden werden soll.
- Hermeneutische „Regeln" sind als Hilfestellung für einen Interpreten aufzufassen, hängen von der jeweiligen hermeneutischen Theorie ab und dürfen nicht im Sinne einer Technologie verwendet werden.

3.2.3. Sozialwissenschaft als Textwissenschaft

Nun sollen die eher allgemeinen Überlegungen zur Hermeneutik auf die spezifisch sozialwissenschaftliche Thematik im Rahmen qualitativer Sozialforschung angewandt werden. Die Grundannahme des interpretativen Paradigmas lautet ja, daß jedes menschliche Handeln eine Deutung der Welt schon voraussetzt, jede Interaktion selbst als Interpretationsprozeß zu begreifen ist und daß diese Interaktions- und Interpretationsleistungen soziale Wirklichkeit konstituieren, deren Deutung dann wieder Voraussetzung für weitere menschliche Aktivitäten ist.

Unter methodologischen Aspekten wird gerade der Forschungsprozeß selbst in diesem Sinne verstanden: „Die Besonderheit des Objektbereichs der Sozialwissenschaften (nämlich: die soziale Konstruktion von Realität) setze voraus, daß der Forscher sich immer wieder aufs Neue der kommunikativen Beziehung zu seinem Gegenstand vergewissere, wenn er nicht Gefahr laufen wolle, zwar Präzises, aber Irrelevantes zu ermitteln" (*Esser* 1977, S. 82). Daraus folgt aber, daß das interpretative Paradigma nicht nur auf das Alltagshandeln, sondern gerade auch auf das Forschungshandeln anzuwenden ist.

Eine ähnliche Argumentationskette läßt sich für eine sozialwissenschaftliche Hermeneutik rekonstruieren, deren Position *Soeffner* (1985) in einem Referat zum zehnjährigen Bestehen des ZUMA in Mannheim formuliert hat. Er geht von der „Zeichenhaftigkeit" der natürlichen Umwelt und des menschlichen Verhaltens aus und nimmt die Deutung des als Zeichen Wahrgenommenen zum Ausgangspunkt seiner methodologischen Überlegungen. Wenn nämlich die Menschen – so argumentiert er sinngemäß – die Welt deuten und sich mithilfe dieser Deutungen in ihr orientieren, so rückt in den Mittelpunkt des wissenschaftlichen Interesses der Deutungsakt selbst. Denn wer über die Akte der Deutung nichts weiß, weiß auch nichts über die Akte und die „Daten", die solcherart gedeutet werden. Die gedeuteten Akte und die „Deutungsakte" verweisen aufeinander. Dies gilt, so könnte man anmerken, zunächst einmal für den Gegenstandsbereich soziologischer Analyse. Nimmt man den Analyse- und Forschungsprozeß noch in die Überlegungen mit auf, kompliziert sich der Sachverhalt: denn auch die Analyse von „Daten" und der alltagspraktischen Deutungen dieser Daten ist wiederum ein Deutungsakt, der ebenfalls nach gewissen Regeln verläuft, wie das Interpretationsgeschäft der untersuchten Alltagsakteure selbst. Daher basiert für *Soeffner* jede Form der Forschung auf Akten der Deutung und ist für ihn auch „jede Form von Sozialforschung in einem sehr allgemeinen Sinn ‚interpretativ'" (*Soeffner* 1985, S. 111). Diesen Zusammenhang meint er auch, wenn er von den „hermeneutischen Grundlagen der Sozialwissenschaften spricht" (*Soeffner* 1985, S. 113) und zum Ausbau einer „sozialwissenschaftlichen Hermeneutik" rät.

Diese „sozialwissenschaftliche Hermeneutik" hätte dabei jene Einsichten für die Praxis der soziologischen Analyse zu spezifizieren, die sie einer allgemeinen „Kunstlehre der Interpretation" entlehnt (vgl. *Soeffner* 1982). Der Entwicklungsversuch einer solchen allgemeinen „Theorie der Auslegung" geht vor allem auf die Schriften *Schleiermachers* und in seiner geisteswissenschaftlichen Weiterentwicklung auf *Dilthey* zurück (vgl. *Schleiermacher* 1977, *Dilthey* 1957). Neben dieser in der „Historischen Schule" begründeten Traditionslinie steht dann die „philosophische Hermeneutik", die gegenwärtig, vor allem von *Gadamer* (1960) vertreten, sogar den Historismus kritisiert und die wichtige Beiträge zur qualitativen Sozialforschung liefert. So ist für *Kleining Gadamers* Behandlung der Offenheit der Frage oder des hermeneutischen Zirkels für den qualitativen Sozialforscher unmittelbar nützlich (vgl. *Kleining* 1982, S. 228).

Auf die Details der hermeneutischen Methode und insbesondere die Einzelschritte ihrer Übersetzung in den qualitativen Forschungsansatz soll hier nicht eingegangen werden. (Einen wichtigen Beitrag zur Rezeption des hermeneutischen Ansatzes hat *Habermas* in „Zur Logik der Sozialwissenschaften" 1967 geleistet. Vgl. als Dokumentation der damit ausgelösten Diskussion um Anspruch und Reichweite der Hermeneutik auch den Sammelband „Hermeneutik und Ideologiekritik" 1971; als weitere Arbeit zu dieser Thematik vgl. den Beitrag von *Radtke* über „Hermeneutik und soziologische Forschung" 1984.) Worauf in diesem Zusammenhang einzugehen wichtig erscheint, ist die umfassendere Frage nach der angemessenen Form sozialwissenschaftlicher Aussagen über den Gegenstandsbereich. In aller Schärfe hat *Dilthey* die Dichotomie zwischen „Erklären" und „Verstehen" formuliert, wobei die von ihm vertretene Hermeneutik als die klassische Lehre vom Verstehen, d. h. vom wissenschaftlichen Begreifen geisteswissenschaftlicher Gegenstände, Eingang in das Selbstverständnis der Human- und Sozialwissenschaften gefunden hat. Ausdrücklich übernimmt später Max *Weber* diese Unterscheidung, obwohl eine genauere Werksanalyse dessen Inanspruchnahme durch die Verfechter eines reinen Verstehens-Ansatzes problematisch machen dürfte (in die Erklären-Verstehen-Debatte führen auch für Studienanfänger gut verständlich ein: *Konegen/ Sondergeld* 1985, S. 63 ff.).

89

Der Verstehensansatz geht im wesentlichen davon aus, daß die Zugehörigkeit des Forschers zum untersuchten Gegenstandsbereich und die symbolische Strukturierung des Objektbereichs ein anderes Vorgehen der wissenschaftlichen Erfassung erfordere als die in den Naturwissenschaften betriebene Form der Erklärung. Verstehender Nachvollzug der Sinngehalte menschlicher Äußerungen und Handlungen steht hier für analytische Zerlegung und theoretische Erklärung. Auch wird den Wissenschaften mit Erklärungsanspruch oft unkritisch ein deduktiv-nomologisches Vorgehen zugeordnet, während sich der Verstehensakt induktiv vollziehen soll. Da jedoch eine präzise Beschreibung und Unterscheidung der beiden Vorgehensweisen nach wie vor aussteht, ja wohl im strengen Sinne gar nicht geleistet werden kann, dürfte es müßig sein, sich auf eine nähere Diskussion zu diesem Punkt einzulassen (vgl. zu fundierten Erklärungsversuchen v. *Wright* 1974 und den von *Apel* herausgegebenen Sammelband 1978; einen übersichtlichen Reader liefern auch *Dallmayr/Thomas/McCarthy* 1977). Neuerdings wird auch versucht, als die adäquate Schlußweise qualitativen Vorgehens die von *Peirce* (1839-1914) herausgearbeitete „Abduktion" auszuweisen (vgl. dazu die Dissertation von *Reichertz* 1985).

Muß die Frage des logischen Vorgehens qualitativer Sozialforschung auch als weitgehend ungeklärt betrachtet werden, so läßt sich für die spezifische Konzeptionalisierung der Sozialwissenschaft im Rahmen eines hermeneutischen Ansatzes doch eher eine Antwort finden. Sozialwissenschaft ist diesem Verständnis nach eine „Textwissenschaft" (zu den forschungslogischen Implikationen dieser ontologischen Festlegung vgl. *Gross* 1981). Ausgehend von der „Zeichenhaftigkeit" menschlicher Produkte und des natürlichen Umfeldes der diese Symbole deutenden Akteure, wird dem „Text" als Dokumentation dieses Symbolgehalts der sozialen Realität eine herausgehobene Bedeutung für die sozialwissenschaftliche Analyse und Theoriebildung zugewiesen.

Soziale Wirklichkeit dokumentiert sich für *Soeffner* als Text und nur über die Textanalyse kann demnach der Gegenstandsbereich der Sozialwissenschaften erschlossen werden. Texte gelten demnach als „Protokolle irreversibler Interaktions- und Interpretationssequenzen", die einen Handlungszusammenhang repräsentieren, in dem die Einzeläußerungen grundsätzlich über sich selbst hinausweisen (vgl. *Soeffner* 1982, S. 13). Dabei kann nach einem weiten Textverständnis „alles zum Gegenstand von Deutungen und Interpretationen gemacht werden ..., was als sinnhaft postuliert ist und als zeichenhaft repräsentiert angesehen wird" (*Soeffner* 1982, S. 19). Aber was nicht in den Texten oder von ihnen abgedeckt ist, wird bewußt nicht zum Gegenstand einer sozialwissenschaftlichen Analyse gemacht (vgl. *Soeffner* 1982, S. 24).

Damit ist der Gegenstandsbereich von seiten einer sozialwissenschaftlichen Hermeneutik mehr oder weniger eindeutig und eng abgegrenzt. *Sozialwissenschaft besteht dann in der Produktion von Texten über Texte (als ihrem Gegenstand) und ist in diesem Sinne interpretativ, da jede Textproduktion welt- und wirklichkeitsdeutend verfährt.* Vor dem Hintergrund dieses Wirklichkeitsverständnisses, das zugleich die spezifische Konzeption des Gegenstandsbereichs abgibt, wird dann verständlich, welcher Stellenwert in den hermeneutisch orientierten Ansätzen den sozialwissenschaftlichen „Interpretationsverfahren" zukommt, mit deren Hilfe über das Medium der extensiven Textanalyse die Strukturen und Konkretionen des Gegenstandsbereichs (der sozialen Wirklichkeit) erschlossen werden sollen. *Soeffner* unterscheidet dabei im Bereich sozialwissenschaftlicher Hermeneutik zwei unterschiedliche Interpretationsverfahren, denen im Bereich der empirischen Forschung qualitativer Richtung Bedeutung zukommt (vgl. *Soeffner* 1982, S. 23). Zum einen handelt es sich um die an sprachlichen und/oder künstlerischen Texten im engeren Sinne orientierten *Interpretationsverfahren*, wozu er die „objektive Hermeneutik" *Oevermanns*, das narrationsstrukturelle Verfahren *Schützes* und sein eigenes pragmatisch und historisch rekonstruktives Verfahren zählt. Und auf der anderen Seite stehen die milieuanalytisch orientierten *Feld- und Einzelfallstudien* etwa von *Grathoff* (1984), *Hildenbrand* (1983) und *Riemann* (1983).

Die Stichwörter „Text", „Zeichenhaftigkeit" und „Symbolgehalt" verweisen bereits darauf, welche Bedeutung auch innerhalb einer hermeneutisch verfahrenden Sozialwissenschaft der „Sprache" als dem Zeichensystem menschlicher Kommunikation zugemessen wird. Mit der Hinwendung zur Dechiffrierung sozialer Wirklichkeit mithilfe einer Analyse textförmiger Symbolgebilde vollzieht die qualitative Sozialforschung damit den sog. „linguistic turn" in Philosophie und Wissenschaftstheorie nach. Diese „sprachanalytische Wende" drückt sich zunächst in der Ausbildung zweier philosophischer Traditionslinien aus: die erste Strömung ist die „Philosophie der idealen Sprache", die zweite die „Philosophie der normalen Sprache". (Einen Überblick über die zugrundeliegenden erkenntnistheoretischen Probleme und Lösungswege dieser beiden Richtungen gibt *Popper* (1984) in seinem Vorwort zu „Logik der Forschung".)

Während die Vertreter der „ideal language philosophy" eine formalisierte, künstliche Sprache zu Zwecken der wissenschaftlichen Analyse zu schaffen versuchen, startet die „ordinary language philosophy" eine Reformulierung der philosophischen Problemstellungen und Lösungswege mit den Mitteln der gesprochenen Gebrauchssprache, also mit der Umgangssprache (vgl. v. *Savigny* 1980). Damit wird die Normalsprache nicht nur zum Instrumentarium der philosophisch-wissenschaftlichen Analyse, sondern die Bedingungen ihrer Verwendung und die Bedingungen des Sprachverstehens auch zum Analysegegenstand. Diese Vorgehensweise findet ihren Ankerpunkt in der Spätphilosophie *Wittgensteins* (1967). Dieser gibt seinem Begriff des „Sprachspiels" eine pragmatische Wendung und versteht die Sprachspiele analog zu „Lebensformen". Damit wird die logische Analyse der Bedingungen des Sprachverstehens zur „sozio"logischen Analyse der Lebensformen. *Winch* hat später die Transformation der *Wittgensteinschen* Spätphilosophie in eine Grundlegung der Sozialwissenschaften noch weiter betrieben (vgl. *Winch* 1958). Auf dieser Tradition basieren im Grunde auch die neueren Ansätze qualitativer Sozialforschung. Es ist dies der Versuch einer linguistischen Grundlegung der Soziologie, die ohne die *Wittgensteinsche* Sprachphilosophie undenkbar wäre und die deshalb guten Gewissens auch als ein wichtiger Teil des metatheoretischen Hintergrunds heutiger qualitativ orientierter Sozialforschung bezeichnet werden kann (vgl. zu dieser linguistischen Grundlegung der Soziologie *Wiggershaus* 1975).

Das Programm einer texttheoretischen Fundierung der Hermeneutik verhält sich dabei komplementär zum linguistischen Grundlegungsversuch der Soziologie und ist in die gleiche sprachphilosophische Rahmenvorgabe als metatheoretischer Hintergrund einzuordnen (vgl. *Radtke* 1984). Es gibt aber auch noch andere Ansätze, die diese Vorgabe teilen. *Wiggershaus* nennt als die wichtigsten die „Ethnomethodologie", den „kommunikationstheoretischen Ansatz" und die „phänomenologisch" orientierte Soziologie (*Wiggershaus* 1975, S. 8 ff.). Die mit den Arbeiten von *Garfinkel* (1967) begründete „Ethnomethodologie" begreift in Anlehnung an *Mannheims* Begriff der „dokumentarischen Interpretation" die Handlungen als Ausdruck und „Dokument" eines zugrundeliegenden Musters. Mit der Rekonstruktion der Muster hofft sie dann auch die „Basisregeln der Kommunikation" zu finden (zur näheren Ausführung des ethnomethodologischen Programms vgl. *Attewell* 1974 und *Eickelpasch* 1983). In einer ähnlich quasi-transzendentalphilosophischen Einstellung betreibt *Habermas* (1981) seine Kommunikationstheorie. Sie soll die universalen Regeln menschlicher Verständigung, also das Apriori jeder empirischen Kommunikation klären helfen. Auch der kommunikationstheoretische Ansatz nimmt wichtige Anleihen bei der Sprachphilosophie (vgl. *Wellmer* 1974). Die *Habermas*sche Kommunikationstheorie ist dabei in ihrer Konsequenz immer als kritische Gesellschaftstheorie angelegt (vgl. *Habermas* 1981; vgl. zum Verhältnis von kritischer Theorie und empirischer Sozialforschung auch *Ritsert* 1971).

Eine phänomenologisch orientierte Soziologie schließlich thematisiert die Konstitution der alltäglichen Lebenswelt. Über die vorgefundenen Typisierungen bildet der Soziologe nach *Schütz* (1960) Typisierungen „zweiten Grades" und verfährt damit in der Theoriebildung nicht prinzipiell anders, als es in der Wissensbildung der Alltagswelt auch geschieht. Den Bezug zu *Wittgensteins* Sprachanalyse stellt insbesondere *Cicourel* (1970) her. Wenn die hier angeführten drei Ansätze auch wichtige Differenzen aufweisen, so dürften sie doch gemeinsam *Wittgensteins* Spätphilosophie als unmittelbaren Anknüpfungspunkt für die Grundlegung einer „nicht-objektivistischen" Sozialwissenschaft ansehen (vgl. *Wiggershaus* 1975, S. 18). Und mit diesem Anspruch einer radikalen Kritik an der Methodologie einer objektivistisch eingestellten Sozialwissenschaft treten auch die verschiedenen Ansätze qualitativer Sozialforschung auf. Dieser kritische Anspruch dürfte das am meisten verbindende Moment zwischen den Verzweigungen des „interpretativen Paradigmas" sein (zu Phänomenologie, Ethnomethodologie und „ordinary language philosophy" in der Nachfolge *Wittgensteins* als den Wurzeln der interpretativen Soziologie vgl. auch *Giddens* 1984, S. 27 ff.).

92

4. Die Methodologie qualitativer Sozialforschung

In diesem Kapitel gehen wir auf methodologische Grundzüge der qualitativen Sozialforschung näher ein und behandeln dabei auch die sog. Gütekriterien für empirische Forschungen (in Anlehnung an die des quantitativen Paradigmas). Wie schon mehrfach erwähnt, erscheint es kaum möglich, eine einheitliche, verbindliche und allseits akzeptierte Methodologie qualitativer Forschungsansätze herauszuarbeiten, da dies dem Selbstverständnis der Vertreter dieser Richtung widerspricht, wie dies auch wegen der Vielfalt der praktizierten Vorgehensweisen illusorisch anmutet. Schließlich handelt es sich um eine Reihe ziemlich heterogener Ansätze, die zwar relativ leicht von den quantitativ orientierten Methoden abgrenzbar sind und untereinander auch Gemeinsamkeiten aufweisen, die sich aber nicht einfach homogenisieren lassen. Polemisch formuliert besteht das Einigende vornehmlich in der Absetzung von der konventionellen Sozialforschung.

Die allgemeinsten Grundzüge einer Methodologie qualitativer Sozialforschung sind wohl von *Blumer* (1969) formuliert worden. Seine methodologische Konzeption geht von drei zentralen Voraussetzungen aus:

1. *Methodologie meint die gesamte wissenschaftliche Suche und nicht nur einen ausgewählten Teil oder Aspekt dieser Suche. Blumer* führt dies im Anschluß an die Kritik einer verbreiteten engen Definition von Methodologie weiter aus: „Die Methode empirischer Wissenschaft umfaßt offensichtlich die gesamte Bandbreite des wissenschaftlichen Akts; sie schließt sowohl die Ausgangsprämissen als auch das ganze Arsenal von Durchführungsschritten ein, die in diesem Akt enthalten sind. All diese Bestandteile sind wesentlich für die wissenschaftliche Studie, und sie müssen alle analysiert und bei der Entwicklung der Prinzipien einer Methodologie berücksichtigt werden" (*Blumer* 1979, S. 42).

Für die Durchführung einer ethnologischen Feldstudie etwa genügt es nicht, methodologische Fragen nur im Zusammenhang mit der Auswahl der Untersuchungseinheiten, dem Forschungsdesign und etwaigen Korrelationsplänen zu diskutieren. Zunächst einmal ist dem Umstand Rechnung zu tragen, daß die empirische Welt immer nur durch ein bestimmtes Raster wahrgenommen werden kann, das Auswahl und Formulierung von Problemen festlegt. Die Aufgabe des Methodologen besteht darin, das zugrundeliegende Bild der empirischen Welt auf einen Satz von Prämissen zu reduzieren, die entweder explizit oder implizit den Schlüsselobjekten, die das Bild ausmachen, zugesprochen werden. Weiter gehört die kritische Problemauswahl und -formulierung, die Bestimmung der zu erhebenden Daten und der dazu erforderlichen Mittel sowie der Beziehungen zwischen den Daten, die Interpretation der Ergebnisse

und der Verwendung theoretischer Konzepte dazu (vgl. *Blumer* 1979, S. 42ff.).
Während aber die Berücksichtigung dieser Erfordernisse im Rahmen einer
Feldforschung in offensichtlich fremdartigen kulturellen Zusammenhängen
leicht einsehbar erscheint, wird dies bei weniger „exotisch" anmutenden Unter-
suchungsgegenständen öfter vernachlässigt.

2. *Jeder Teil der wissenschaftlichen Suche muß – ebenso wie der vollständige*
   wissenschaftliche Akt selbst – dem widerspenstigen Charakter der untersuchten
   empirischen Welt entsprechen; deshalb sind Forschungsmethoden dieser Welt
   untergeordnet und sollten einem Test durch sie unterworfen werden. „Prämissen,
   Probleme, Daten, Korrelationen, Interpretationen und theoretische Konzepte
   werden fast immer als gegeben angenommen und so von einer direkten Konfrontation mit der empirischen Welt ausgenommen. Stattdessen betont die
   geläufige Methodologie andere Wege, auf denen versucht wird, die empirische
   Validität der Schemata, Probleme, Daten, Korrelationen, Konzepte und Interpretationen sicherzustellen. Diese anderen, weit verbreiteten und propagierten
   Wege sind: (a) an einem Modell wissenschaftlicher Forschung festzuhalten; (b)
   sich für die Wiederholung von Forschungsprojekten einzusetzen; (c) sich auf
   das Testen von Hypothesen zu verlassen; und (d) sogenannte operationale
   Vorgehensweisen anzuwenden" (*Blumer* 1979, S. 45ff.). (Zur Kritik an der
   Operationalisierung vgl. 4.3.)

3. *Die untersuchte empirische Welt und nicht irgendein Modell wissenschaftlichen*
   Vorgehens liefert die endgültige und entscheidende Antwort auf den Test. Die
   verbreitete Praxis quantitativ orientierter Forschung sieht dagegen anders aus:
   „Ich will nicht übermäßig scharf sein, aber ich glaube, man muß erkennen, daß
   es der gängige Trend in den sozialen und psychologischen Wissenschaften ist,
   sich von einer direkten Prüfung der empirischen Welt abzuwenden; stattdessen
   konzentriert man sich auf theoretische Schemata, vorstrukturierte Modelle,
   Ansammlungen vager Konzepte, ausgefeilter Forschungstechniken und eine
   fast sklavische Befolgung dessen, was man als ‚fachmännisches' Vorgehen bei
   einem Forschungsvorhaben bezeichnet... Die vorherrschende Meinung und
   Praxis besteht darin, daß man der Theorie, dem Modell, dem Konzept, der
   Technik und den Vorschriften über die Vorgehensweise erlaubt, den For-
   schungsprozeß zwingend zu bestimmen und so die resultierende analytische
   Beschreibung der empirischen Welt hinzubiegen, bis sie in die vorausgesetzte
   Form paßt. In diesem Sinne ist ein Großteil der gegenwärtigen wissenschaftli-
   chen Forschung in den sozialen und psychologischen Wissenschaften faktisch
   Sozialphilosophie" (*Blumer* 1979, S. 49).

Diese drei grundlegenden und sehr allgemeinen methodologischen Aussagen
können eine Konkretisierung erfahren, wenn man sie auf die Prämissen des
symbolischen Interaktionismus bezieht.

1. Wenn Menschen auf der Grundlage der Bedeutungen handeln, die die Objekte
   für sie haben, dann muß der Forscher die Objekte so sehen, wie sie seine zu
   untersuchenden Menschen sehen, will er deren Handlungen richtig verstehen.

Entspricht der Forscher dieser Forderung nicht, so führt dies „zum Aufbau einer fiktiven Welt", weil nur die Bedeutungen gesehen werden, die „die Dinge für den außenstehenden Wissenschaftler haben" (*Blumer* 1973, S. 134). Dies hat zur Konsequenz, daß der Forscher sich von seinen Vorstellungen und Bedeutungen lösen muß. „Diese Behauptung fordert Untersuchungsarten, die sich maßgeblich von jenen unterscheiden, die heute im allgemeinen gestützt und bekräftigt werden... Die Forschungsposition des symbolischen Interaktionismus beruht auf dieser Erkenntnis" (*Blumer* 1973, S. 135).

2. „Der symbolische Interaktionismus sieht das Zusammenleben als einen Prozeß an, in dem Menschen... einander Handlungslinien anzeigen und... interpretieren" (*Blumer* 1973, S. 135). Viele konventionell gewonnenen empirischen Erkenntnisse müssen bezweifelt werden, weil sie den Prozeßcharakter der Interaktion und die Interpretation der Beteiligten vernachlässigt haben. „Es ist notwendig, den jeweiligen zu untersuchenden Lebensbereich als einen dynamischen Prozeß zu betrachten, in dem die Teilnehmer die Handlungen der jeweils anderen definieren und interpretieren" (*Blumer* 1973, S. 136). Daraus wird abgeleitet, daß andere Untersuchungsverfahren erforderlich sind, weil die konventionellen Methoden durch die hypothetische Vorausbestimmung des Objektbereichs diesem „Gewalt antun" und die tatsächlichen Abläufe nicht erkennen können: „Eine zweite wichtige methodologische Implikation... ist das Fehlen der Berechtigung, den Prozeß der sozialen Interaktion in eine bestimmte Form zu zwängen" (*Blumer* 1973, S. 136).

3. „Der Mensch ist nicht ein rein reagierender Organismus, der nur auf das Einwirken von Faktoren aus seiner Welt oder von ihm selbst reagiert... Im Gegensatz zu einem Ansatz, der soziales Handeln als ein Produkt ansieht und dann die bestimmenden und verursachenden Faktoren für solch ein Handeln zu identifizieren sucht, muß der hier geforderte Ansatz davon ausgehen, daß die handelnde Einheit einer aktuellen Situation gegenübersteht, mit der sie umzugehen und gegenüber der sie eine Handlungslinie auszuarbeiten hat" (*Blumer* 1973, S. 139f.). Diese methodologische Überlegung gilt für individuelle und kollektive Aktivitäten von Personen, soweit sie soziale Interaktionen sind. Deren empirische Erfassung kann nur aus dem Ablauf der Interaktionen erfolgen: „Aus der Beobachtung, die wir dazu benutzen, um der sozialen Zusammensetzung und dem sozialen Leben einer menschlichen Gruppe eine konzeptionelle Ordnung zu geben – eine jede derartige Kategorie steht für eine Form oder einen Aspekt sozialen Handelns" (*Blumer* 1973, S. 138). Also aus dem Prozeß der Interaktion selbst werden die theoretisch bedeutsamen Konzepte entwickelt.

4. Diese Überlegungen sind auch auf genuin soziologische Untersuchungsgegenstände wie Organisationen, Schichtstrukturen, Institutionen etc. anwendbar, weil diese „Makrogebilde" vom symbolischen Interaktionismus „als Anordnungen von Personen, die in ihren jeweiligen Handlungen miteinander verkettet sind" (*Blumer* 1973, S. 141), betrachtet werden.

Aus diesen Überlegungen zur Methodologie des symbolischen Interaktionismus, die wir stellvertretend für die qualitative Sozialforschung herangezogen haben, leitet *Blumer* die folgende Handlungsanweisung für den empirisch arbeitenden Forscher ab: „Berücksichtigen Sie die Beschaffenheit der empirischen Welt und bilden Sie eine methodologische Position aus, um diese Berücksichtigung zu reflektieren. Dies ist das, was meines Erachtens der symbolische Interaktionismus zu tun bemüht ist" (*Blumer* 1973, S. 143 f.). Und dies haben wir bei unseren weiteren Überlegungen als eine zentrale Forderung immer wieder einzubeziehen, eine Maxime, die sich als „roter Faden" durch alle methodologischen Fragen hindurchzieht.

4.1. Theorien und Hypothesen

Wie bereits mehrfach und in verschiedenen Zusammenhängen betont wurde, besteht ein Konsens darüber, daß das Ziel der Sozialforschung die möglichst unverfälschte Erfassung der sozialen Wirklichkeit ist (vgl. Kapitel 3). Gegen die quantitative Methodologie wird nun der Vorwurf erhoben, daß sie weniger an dieser Wirklichkeit selbst, so wie sie sich für die Betroffenen darstellt, interessiert ist, als an der Überprüfung der vom Forscher *vorab* formulierten Theorien und Hypothesen, was letztlich zu einem Rückzug der Soziologie aus der sozialen Welt und zur Hinwendung an eine „soziologische Welt" mit ungeklärten Bezügen zur realen Welt geführt habe. Das, was erhoben wird, mag wohl für die Konzeption des Forschers bedeutsam sein, aber nicht notwendigerweise für die Untersuchten, die nur die Möglichkeit haben, auf vorab und ohne ihre Mitwirkung gestellte Fragen zu reagieren.

Der „Ausschluß" der Betroffenen aus dem Forschungsprozeß zeigt sich auf fast allen Ebenen konventioneller Sozialforschung: Bei den einzelnen Schritten einer üblichen, d.h. an der quantitativen Methodologie ausgerichteten Untersuchung bestehen kaum Kontakte zwischen Forscher und Erforschten. Allenfalls in der Pretest-Phase und bei der Durchführung der Datenerhebung werden gewisse Verbindungen hergestellt, wobei jedoch häufig nur geschulte Helfer (z. B. Interviewer) tätig werden und die Reaktionsmöglichkeiten der Probanden durch Standardisierung stark eingeschränkt sind. Auch bei den anderen Schritten fehlen Mitwirkungsmöglichkeiten der Untersuchten (vgl. hierzu z. B. *Gerdes* 1979):

1. Die *Auswahl des Problembereichs* kann von den persönlichen Vorlieben des Forschers oder von Aufträgen Dritter abhängen.
2. Beim *Literaturstudium* geläufiger Theorien über den Problembereich werden abstrakte Überlegungen oder allenfalls Erfahrungen aus zweiter Hand verarbeitet.
3. Bei der *Definition des Problems* ist den Forderungen zu genügen, daß ein Bezug zu bekannten Theorien herzustellen ist und die verfügbaren Auswertungsverfahren anwendbar sind.
4. Bei der *Aufstellung der Hypothesen* bestehen für die Betroffenen keinerlei Mitwirkungsmöglichkeiten.

5. Die notwendige *Operationalisierung* der zu untersuchenden Variablen (vgl. 4.3.) beinhaltet weitere Restriktionen. Empirische Daten sind durch den theoretischen Vorgriff operationaler Definitionen geprägt, so daß die empirische Überprüfung „nur noch die immanente Bestätigung des bereits in die eigenen Erklärungsstrukturen zerlegten Gegenstandes vollzieht" (*Witzel* 1982, S. 15).

6. Im *Pretest* findet zwar ein erster Kontakt statt, jedoch unter Restriktionen. Wichtige Vorentscheidungen sind bereits gefallen und hier ermittelte Unzulänglichkeiten lassen sich nur begrenzt für die eigentliche Datenerhebung berücksichtigen. Andere, grundsätzlichere Mängel sind entweder nicht zu erkennen oder werden bewußt in Kauf genommen.

7. Die *Auswahl der Untersuchungseinheiten* erfolgt ausschließlich durch den Forscher.

8. Bei der *eigentlichen Datenerhebung* findet ein beschränkter und meist indirekter Kontakt (z. B. über Interviewer) zwischen Forscher und Untersuchten statt.

9. Die *Datenanalyse* ist wiederum eine Angelegenheit des Forschers allein; Rückkoppelungen sind selten.

Ein Vergleich dieser (modellhaft vorgestellten) Abfolge mit Beispielen explorativer Sozialforschung (vgl. z. B. *Girtler* 1980, 1980a, 1983, 1984; *Schweizer* 1985, 1982) macht den Unterschied zwischen dem Bemühen um möglichst authentische Erfassung der Lebenswelt der Betroffenen einerseits und der Überprüfung von vorab formulierten Hypothesen andererseits deutlich. Während sich der Forscher im erstgenannten Fall primär als Lernender auffaßt, gilt im zweiten Fall die Voraussetzung, daß er bereits genügend über den betreffenden Wirklichkeitsbereich weiß, um gezielte und sinnvolle Beweisfragen stellen zu können. Dabei ergibt sich jedoch immer das Problem, ob seine Vorstellungen genügend vollständig und vor allem realitätsgerecht sind.

Als wichtigste Quelle für die Hypothesen in der explorativen Sozialforschung gilt die Primärerfahrung des Forschers. Er ist sich dessen bewußt, daß er als Mitglied bestimmter sozialer Kategorien, Gruppen und Bereiche (Mittelschicht, Universität usw.) nur wenige Ausschnitte des gesellschaftlichen Lebens und andere (z. B. Homosexuellen-Subkultur, Adel usw.) nur aufgrund von Vor(weg)urteilen kennt, so daß hinsichtlich des Wissens vom Untersuchungsgegenstand nur ein gradueller Unterschied zum Ethnologen besteht.

Der Forschungsprozeß erscheint demnach als „zweite Sozialisation", in welcher der Forscher die zu untersuchende Welt so kennenlernt, wie er seine eigene Welt als Angehöriger eines bestimmten Sozialbereichs erfahren hat. Anstatt Hypothesen zu testen, wird er versuchen, (möglichst „naiv", d. h. ohne Hintergedanken) zu beobachten, zu fragen, die Reaktionen der anderen auf eigene Handlungen zu registrieren, in mehr oder minder großem Umfang an Aktivitäten teilnehmen, dabei auch Fehler machen, Sanktionen erhalten usw. Auf diese Weise wird der untersuchte Bereich als wirkliche Welt und nicht als konstruierte soziologische Welt erlebt. Wenn dabei auch standardisierte Erhebungsinstrumente (Skalen, Intelligenztests usw.) keine Verwendung finden, so muß doch nicht grundsätzlich auf die Möglichkeit der Quantifizierung verzichtet werden (vgl. z. B. *Schweizer* 1982, 1985).

Die sich in den obigen Überlegungen niederschlagende Distanz gegenüber der herkömmlichen Art deduktiver Theorien beinhaltet keine, theoretischen Konzepten gegenüber grundsätzlich negative, Einstellung der qualitativen Sozialforschung. „I want to make it clear that theory per se is not the villain; the villain is deductive theory, with its labyrinth of various logical, mathematical, and technical paraphernalia. What I am suggesting is the need for more inductive ‚grounded theory' à la Glaser and Strauss" (*Filstead* 1970, S. 2; vgl. auch *Blumer* 1973, S. 52 ff.; *Hopf* 1979, S. 14 f.; *Gerdes* 1979, S. 1 ff.).

Daß *Filstead* mit dem Wort „Schurke" (villian) die quantitative Sozialforschung meint, ist unbestreitbar. Dieser Vorwurf taucht bei anderen Vertretern der qualitativen Forschungsrichtung in ähnlicher Weise auf: Durch die Aussage der Wissenschaftstheoretiker veranlaßt, daß es für die Adäquatheit einer Hypothese oder einer Theorie belanglos ist, aus welchen Gründen sie aufgestellt wurde und woher sie kommt, hat sich in der Soziologie eine methodologische Richtung durchgesetzt, die sich im wesentlichen darauf beschränkt, Hypothesen zu testen; und da die Hypothesen gemäß der geltenden Methodologie aus bereits bestehenden Theorien abgeleitet werden (müssen), hat die Sozialforschung den Kontakt zur tatsächlich existierenden sozialen Wirklichkeit weitgehend eingebüßt. Um diese Kluft zwischen realer sozialer Welt und soziologischem Wissen zu verengen, sind Theorien notwendig, die direkt aus den empirischen Studien entwickelt werden, weil nur diese Theorien gewährleisten, der sozialen Wirklichkeit angemessen zu sein.

Dagegen läßt sich aus der Sicht der herkömmlichen Methodologie Kritik vorbringen: Da die Gesamtheit der Ereignisse, über die ein Forscher Hypothesen entwickelt, oft unendlich ist und sich auch auf zukünftige Phänomene beziehen kann, gibt es keine Gewißheit über die Richtigkeit der Hypothesen. Sätze wie „Alle A sind P" können erst dann als wahr gelten, wenn alle Elemente von A als zu P zugehörig bewiesen sind, was bei zeitlich unbegrenzten Hypothesen unmöglich ist. Auf induktive Weise (und aus der Beobachtung der Realität Theorien über die Realität zu entwickeln ist induktiv) läßt sich somit allenfalls der Grad der Überzeugung, mit der ein Wissenschaftler eine Annahme vertritt, bzw. – intersubjektiv – der Bestätigungsgrad erhöhen.

Gegen dieses als ungeeignet angesehene Verfahren der induktiven Bestätigung wurde das Falsifikationsprinzip gesetzt (vgl. *Popper* 1984; vgl. auch *Prim/Tilmann* 1973, S. 85 ff.): Danach wird nicht der (logisch unmögliche) Versuch eines Beweises von Hypothesen und Theorien unternommen, sondern der Versuch, sie zu widerlegen. Nur solche Hypothesen, die strengen Falsifikationsversuchen widerstanden haben, gelten (vorläufig) als bewährt. Die Aufgabe des Forschers besteht demnach im andauernden Bemühen, Hypothesen zu widerlegen, wobei das Zustandekommen der Hypothesen nicht weiter interessiert (wenn man in der Praxis aus arbeitsökonomischen Gründen auch nicht jede beliebige Hypothese testen wird, sondern sich auf sinnvolle Hypothesen beschränkt, was ein intensives Studium der einschlägigen Literatur voraussetzt).

Am Beginn der empirischen Forschung steht nach der Methodologie quantitativer Forschung eine Theorie oder ein Modell, strukturiert in Form von Beziehungen zwischen Konzepten oder Kategorien: „Man benutze die Theorie, um ein spezifisches Problem im untersuchten Bereich zu stellen; man transformiere das Problem in spezifische Arten abhängiger und unabhängiger Variablen, die Konzepte oder Kategorien repräsentieren; man wende präzise Techniken an, um die Daten zu bekommen; man decke die Beziehungen zwischen den Variablen auf und nehme die Theorie oder das Modell zu Hilfe, um diese Beziehungen zu klären. Wenn dieses konventionelle Schema auf das durch Exploration gelieferte Bild angewendet würde, wäre dies sicherlich schon ein Gewinn gegenüber dem, was gewöhnlich gemacht wird, weil man mit Daten arbeiten könnte, die aus aktuellem Geschehen und nicht aus einer Vorstellung von dem, was geschieht, abgeleitet sind. Dennoch sind meiner Ansicht nach diese konventionellen Vorschriften für wissenschaftliche Analyse weder angemessen noch ausreichend für die Art von Analyse, die in einer direkten Untersuchung der empirischen sozialen Welt nötig ist. Selbst wenn man die realistischeren Daten verwendet, die durch Exploration geliefert werden, zwingen die konventionellen Vorschriften wissenschaftlicher Analyse solche Daten immer noch in einen künstlichen Rahmen, der eine genuine empirische Analyse ernstlich behindert und beschränkt" (*Blumer* 1979, S. 57).

Dies liegt nach Auffassung der symbolisch-interaktionistischen Position daran, daß die konventionellen Methoden weder die Eigenart der analytischen Elemente in der empirischen Welt exakt zu fassen bekommen, noch damit ein Aufspüren der Beziehungen zwischen den analytischen Elementen mit hinreichender Präzision möglich ist. Dies kann allein mit der „Inspektion" (vgl. *Blumer* 1973, S. 125 ff.), d. h. einer intensiven gezielten Überprüfung des empirischen Gehalts aller verwendeten analytischen Elemente sowie der empirischen Beschaffenheit der Beziehungen zwischen solchen Elementen geleistet werden (vgl. 4.7.).

Im Unterschied zur quantitativen Auffassung ist die Hypothesenentwicklung in der qualitativen Sozialforschung ein konstitutives Element des Forschungsprozesses. Kennzeichnend ist der offene Charakter der theoretischen Konzepte (vgl. 4.8.8.), d. h. der ständige Austausch zwischen den (qualitativ erhobenen) Daten und dem (zunächst noch vagen) theoretischen Vorverständnis, *so daß es zu einer fortwährenden Präzisierung, Modifizierung und Revision von Theorien und Hypothesen kommt.* Je strukturierter hingegen die Technik der Datensammlung ist, desto unwahrscheinlicher ist das Auffinden neuer Fakten, deren Existenz vorher nicht in Rechnung gestellt wurde, oder die Entdeckung von Hypothesen, die nicht bereits vor Untersuchungsbeginn formuliert wurden. „Bei einem unstrukturierten Interview ist die Wahrscheinlichkeit, durch unerwartete Aussagen der Befragten auf Neues zu stoßen, größer als bei Interviews, in denen die Befragten lediglich eine von sechs vorgegebenen Antwortalternativen ankreuzen können. Zu den Techniken, die mit größter Wahrscheinlichkeit zu unerwarteten Ergebnissen führen, gehören das offene oder unstrukturierte Interview und die teilnehmende Beobachtung" (*Becker/Geer* 1979, S. 140).

Es sollen nun in den folgenden Abschnitten drei methodologische Positionen zur Hypothesenkonstruktion und Theoriebildung behandelt werden, die in der Reihenfolge ihrer Darstellung in ihrer qualitativen Wertigkeit zunehmen. Zunächst wird die noch eher quantitativ orientierte Auffassung beschrieben, wonach qualitative Sozialforschung nur explorativen Charakter habe, was natürlich der qualitativen Sozialforschung nicht gerecht wird. (Unter diese Auffassung wäre auch ein Vorgehen subsumierbar, das qualitativ gewonnene Informationen zur Illustration, Plausibilisierung und/oder Bekräftigung quantitativer Befunde heranzieht.)

Dann wird etwas ausführlicher auf die Überlegungen von *Barton* und *Lazarsfeld* eingegangen, die eine eher vermittelnde Sichtweise von qualitativer und quantitativer Sozialforschung einnehmen, während danach die Position von *Glaser* und *Strauss* sehr ausführlich referiert werden wird, die als explizit qualitativ zu bezeichnen ist, obwohl auch bei ihnen noch quantitative Elemente einen gewissen Stellenwert haben.

Barton und *Lazarsfeld* versuchen in ihrer Auseinandersetzung mit qualitativer Sozialforschung ebenso wie *Glaser* und *Strauss*, Möglichkeiten einer empirisch bezogenen, durch empirische Befunde angeregte Art der Theoriebildung zu entwikkeln. Während sich erstere auf eine breit angelegte Analyse qualitativer Untersuchungen ihrer Zeit stützen, und über die Explikation dessen, was im Rahmen qualitativer Forschung faktisch geschieht, anstreben, zu Einsichten in die Methodologie qualitativer Forschung zu gelangen, sind die Arbeiten von *Glaser* und *Strauss* stärker normativ. Sie versuchen, auf der Basis ihrer eigenen Forschungserfahrungen Regeln zu entwerfen, die den Prozeß der Theoriebildung und die Prüfung der Plausibilität und Glaubwürdigkeit von Theorien anleiten sollen. Sie sind dabei auch zugleich „radikaler" als *Barton* und *Lazarsfeld*. Die Betonung einer auf Empirie bezogenen und in empirischer Forschung verankerten Form der Theoriebildung hat in ihrer Argumentation eine viel grundsätzlichere Bedeutung. Die Entwicklung von „Grounded Theories" ist für sie die zentrale Strategie der Theoriebildung in den Sozialwissenschaften.

4.1.1. Qualitative Forschung als Exploration

Verschiedentlich wird die Auffassung vertreten, daß der Zweck der qualitativen Forschung (ausschließlich) in der Exploration bestehe, um so eine sinnvolle Erkundung neuer und theoretisch noch wenig strukturierter Gegenstandsbereiche zu leisten, woran sich dann die Bildung spezifischer Hypothesen und deren Überprüfung durch standardisierte Techniken anschließen könnte (vgl. z. B. *Hoffmann-Riem* 1980, *Gerdes* 1979 c). „Viele von ihnen (positivistisch orientierte Kritiker der interpretativen Soziologie; S.L.) haben behauptet, die Methode interpretativen Verstehens könne als Quelle für ‚Hypothesen' über das Verhalten ein nützlicher Zusatz zur Sozialwissenschaft sein, aber diese Hypothesen müßten von anderen, weniger impressionistischen Beschreibungen des Verhaltens bestätigt werden" (*Giddens* 1984, S. 66). Nach *Abel* z. B. erfüllt „Verstehen zwei Dinge: Es entlastet uns im Zusammenhang mit einem Verhalten von einer nicht geläufigen und unerwarteten Verständnismöglichkeit und ist Quelle für ‚Vorahnungen', die uns helfen, Hypothesen zu formulieren" (*Abel* 1953, S. 218). Andere qualitative Sozialforscher (z. B. *Girtler* 1984) stehen einer derartigen Reduzierung des forschungslogischen Stellenwertes ihres Ansatzes skeptisch gegenüber und vertreten eine alternative Forschungskonzeption. Qualitative Methodologie stützt sich demnach auf das grundsätzlich unterschiedliche interpretative Paradigma und läßt sich deshalb nicht auf die Explorationsfunktion und damit auf Handlangerdienste für die quantitative Sozialforschung beschränken.

Dabei bleibt aber ungeklärt, was bei der qualitativen Forschung an die Stelle ausformulierter Hypothesen und deren Überprüfung treten soll. Obgleich am Hypothesenbegriff Kritik geübt wird, spielt er auch in der qualitativen Forschung eine Rolle, wenn die Auswertung qualitativ erhobener Daten als abwechselnder Vorgang der Bildung und Überprüfung von „Interpretationshypothesen" (vgl. *Soeffner* 1982, *Oevermann* 1979a) bezeichnet wird. Im Gegensatz zur quantitativen Methodologie werden jedoch die angewandten Falsifikations- bzw. Bestätigungskriterien zumeist nicht explizit gemacht. Die mangelnde Eindeutigkeit empirischer Prüfkriterien für aufgestellte Interpretationshypothesen ist ein grundsätzliches Problem qualitativer Sozialforschung, da sich die wissenschaftlichen Interpreten gemäß der Logik des interpretativen Paradigmas nicht auf eine von ihren Deutungsleistungen unabhängig existierende Wirklichkeit als empirische Prüfungsbasis berufen können.

Ungeklärt bleibt auch, nach welcher Logik sich diese Prüfung, also die Entscheidung für die Verwerfung oder Beibehaltung der aufgestellten Interpretationshypothesen, vollzieht. Die meist bemühte Induktion scheint zwar für die Datengewinnung angemessen, nicht jedoch für den Prüfvorgang. Der Rat von *Blumer* (1973, S. 125ff.), den Hypothesentest als eine Art „direkter" Konfrontation mit der empirischen sozialen Welt als „Inspektion" zu betreiben, scheint am Problem und den bisherigen wissenschaftstheoretischen Erkenntnissen zu dieser Thematik vorbeizugehen. *Köckeis-Stangl* (1980, S. 361) charakterisiert die bei den qualitativen Ansätzen übliche Interpretations- und Forschungspraxis zwar zutreffend als laufende „Alternierung induktiver und deduktiver Verfahren", doch lassen sich daraus keine konkreten und verbindlichen Hinweise für den Ablauf des Prüfvorgangs gewinnen.

Der programmatische Anspruch auf eine „*theoriekonstruktive Leistung*" qualitativer Sozialforschung findet also auf methodologischer Seite keine entsprechende Einlösung, da die logischen Zusammenhänge zwischen erhobenem Datenmaterial in der empirischen Datenbasis begründeter Hypothesengenerierung einerseits und am Text als „letzter Instanz" wiederum geprüfter Interpretationshypothesen andererseits als weitgehend unaufgeklärt erscheinen. Aber selbst wenn sich Einzelhypothesen aus den Daten generieren lassen, stellt das Konglomerat so gewonnener Thesen noch lange keine Theorie im explanativen Sinne dar. Denn die Einzelthesen entstehen in diesem Emergenzprozeß kontingent und sind eher nur im Glücksfall systematisch aufeinander bezogen – was immer noch notwendige Voraussetzung für eine erklärungsleistende Theorie wäre.

Muß also die theoriekonstruktive Intention qualitativer Sozialforschung methodologisch überwiegend skeptisch beurteilt werden, so erscheint ein zweiter Anspruch eher realisierbar zu sein: nämlich die von der qualitativen Sozialforschung programmatisch vertretene Absicht, die *Methode an den Gegenstand anzupassen* und nicht umgekehrt. Gemeint ist mit diesem zweiten zentralen methodologischen Prinzip die Anpassung des methodischen Apparats an die Besonderheiten des untersuchten Gegenstandsbereichs, an die Eigenheiten des Forschungsfeldes und an die jeweiligen Bedürfnisse der Informanten. Dieser Anspruch kann mit dem narrativen Interview oder der teilnehmenden Beobachtung natürlich weit eher eingelöst werden als etwa mit standardisierten Befragungs- und Beobachtungstechniken.

Aus der größeren Anpassungsfähigkeit qualitativer Methoden folgt denn auch der dritte zentrale Anspruch auf eine *höhere Validität* der Ergebnisse (vgl. 4.4.1.), der ebenfalls in einem stärkeren Maße als einlösbar betrachtet werden kann als etwa beim standardisierten Vorgehen quantitativer Sozialforschung. Der Gültigkeitsanspruch und das Anpassungsprinzip haben dabei wichtige methodologische Konsequenzen: *in der qualitativen Sozialforschung scheint es viel mehr auf die intelligible Handhabung des vorhandenen methodischen Instrumentariums anzukommen als auf die Ausgereiftheit der Erhebungs- und Untersuchungstechniken* selbst. Das bedeutet aber, daß der Schwerpunkt auf die individuellen Fähigkeiten des Sozialforschers verschoben wird. Er muß sich im Feld als feinfühlig, reaktionsschnell und der Situation gewachsen erweisen, und es liegt überwiegend in seiner Hand, ob sich die von ihm verwendete Methode als fruchtbar erweist. Dies gilt auch für den Auswertungsprozeß. Auch hier muß der individuelle Interpret über die angemessene hermeneutische Deutungskompetenz verfügen, die sich zwar ausbauen, aber nicht einfach technizistisch erlernen läßt. Es gibt also in der qualitativen Methodologie keine Verselbständigung des technischen Instrumentariums. Dessen fruchtbare Verwendung ist primär von der persönlichen Kompetenz des Sozialforschers abhängig.

Stellt man so sehr auf die Fähigkeiten des Forschers ab, explorativ zu Daten zu gelangen, so hat man natürlich längst jene Position qualitativer Sozialforschung verlassen, wonach die Exploration zur Vorbereitung einer quantitativen Erhebung oder zur „Nachbereitung" einer quantitativen Untersuchung, zur Illustration und Plausibilisierung von Daten diene. Exploration erlangt in der qualitativen Sozialforschung eine eigene Qualität, die letztlich auch über die Hypothesengenerierung und Theorieentwicklung hinausgeht: „Die explorative Erforschung des menschlichen Zusammenlebens ist das Mittel, um gleichzeitig zwei sich ergänzende und miteinander verbundene Ziele zu erreichen. Einerseits ist sie der Weg, über den ein Forscher eine enge und umfassende Bekanntschaft mit einem Bereich des sozialen Lebens herstellen kann, der ihm nicht vertraut und daher unbekannt ist. Andererseits ist sie das Mittel, um seine Untersuchung zu entwerfen und zu verbessern, so daß seine Probleme, seine Untersuchungsausrichtung, seine Daten, seine analytischen Beziehungen und seine Interpretationen aus dem zu untersuchenden empirischen Leben hervorgehen und in ihm begründet bleiben. Exploration ist per

102

Definition eine flexible Vorgehensweise, in der der Wissenschaftler von einer zu einer anderen Untersuchungsmethode wechselt, im Verlauf seiner Studie neue Beobachtungspositionen einnimmt, in der er sich in neue Richtungen bewegt, an die er früher nicht dachte, und in der er seine Meinung darüber, was wichtige Daten sind, ändert, wenn er mehr Informationen und ein besseres Verständnis erworben hat. In dieser Hinsicht steht die explorative Forschung im Gegensatz zu der vorgeschriebenen und begrenzten Verfahrensweise, die von dem gegenwärtigen wissenschaftlichen Programm gefordert wird" (*Blumer* 1973, S. 122).

Der von *Blumer* beschriebene Gegensatz zwischen den beiden Positionen von Sozialforschung spitzt sich auf die Frage zu, wie Hypothesen zu gewinnen und zu behandeln sind. Werden in der quantitativen Sozialforschung die theoretisch-abstrakt (woher und wie auch immer) gewonnenen Hypothesen formuliert und beibehalten, bis sie empirisch scheitern, so ist die Auffassung qualitativer Forschung die, daß man zu Beginn einer Forschung die Zielsetzung sehr breit wählt, um in permanenter Auseinandersetzung mit der Realität durch Exploration schließlich zu engeren Fragestellungen, Erkenntnisinteressen und Hypothesen zu kommen. Solche Hypothesen haben insoweit einen anderen Status als in der quantitativen Sozialforschung, als sie bereits implizit (induktiv) geprüft erscheinen und damit eine andere erkenntnistheoretische Wertung erfahren. (Daß die so „geprüften" Hypothesen möglicherweise eine geringere Reichweite haben, weil sie induktiv gewonnen wurden (= Aufstellung und Prüfung am selben Datensatz), soll bei dem Gütekriterium der Generalisierung in Abschnitt 4.4.4. behandelt werden.) „In der explorativen Sozialforschung ist es für den Forscher besonders wichtig, ständig die Notwendigkeit zu beachten, seine Vorstellungen, Anschauungen und Konzeptionen von dem von ihm untersuchten Lebensbereich zu überprüfen und abzuändern" (*Blumer* 1973, S. 123). Damit soll durch die Exploration „ein entsprechend den Umständen möglichst umfassendes und genaues Bild des zu untersuchenden Bereiches zu entwickeln und auszufüllen" (*Blumer* 1973, S. 124) erreicht werden. Weiter ist mit der durch Exploration gewonnenen deskriptiven Information die Erwartung verknüpft, auch theoretische Zusammenhänge zu erkennen.

Wenn oben festgestellt wurde, daß durch Exploration Hypothesen entwickelt und gleichzeitig auch geprüft werden können, so darf das nicht dahingehend mißverstanden werden, daß Exploration die einzige oder die beste Methode der Prüfung von Hypothesen wäre. „Solch direkte Prüfung erfordert eine andere Vorgehensweise, die meines Erachtens zweckmäßigerweise ‚Inspektion' genannt werden sollte" (*Blumer* 1973, S. 125) (vgl. hierzu 4.7). Somit läßt sich die Exploration als „Methode" qualitativer Sozialforschung in drei Funktionen beschreiben:
1. *Formulierung* von Hypothesen und Theorien.
2. *Modifizierung* von Hypothesen und Theorien.
3. *Partielle Prüfung* von Hypothesen und Theorien.

4.1.2. Qualitative Sozialforschung bei Barton und Lazarsfeld

Barton und *Lazarsfeld* wollen mit dem Herausarbeiten einiger Funktionen qualitativer Sozialforschung, durch Explikation dessen, was in praktischer Untersuchungsarbeit gemacht wird, einen Beitrag zur Systematisierung empirischer Analyse leisten. Der Aufgabenbereich qualitativer Forschung ist im Vergleich zu *Glaser* und *Strauss* (vgl. 4.1.3.), die ihre Arbeit in der Entwicklung von in der Empirie verankerten Theorien sehen, deutlich erweitert. Für *Barton* und *Lazarsfeld* ist der Entstehungszusammenhang von Kategorien und Hypothesen nicht von entscheidender Bedeutung, wenngleich sie deren größere Fruchtbarkeit durch ihre Entwicklung in einer qualitativen Untersuchung nicht bestreiten. Die Leistungsfähigkeit der qualitativen Methode sehen sie (nicht allein aber) besonders in der explorativen Vorbereitung quantitativer Untersuchungen (siehe 4.1.2.1.). Für sie erhält qualitative Sozialforschung nur in eingeschränkten Bereichen eigenständige Bedeutung und Selbständigkeit (vgl. *Barton/Lazarsfeld* 1979, S. 70 ff.). Die beiden Autoren weisen auch auf eine ganze Reihe wichtiger noch ungelöster Probleme qualitativer Methodologie hin, die dringend einer Klärung bedürfen, um die Wissenschaftlichkeit dieser Vorgehensweise zu gewährleisten. Ihre Vorstellungen lassen sich folgendermaßen charakterisieren:

4.1.2.1. Die Exploration

Im Gegensatz zu *Glaser* und *Strauss* (vgl. 4.1.3.), die aus ihrer eigenen Erfahrung mit der Durchführung qualitativer Untersuchungen eher eine „Gebrauchsanweisung" für die empirischen Sozialwissenschaften entwerfen, versuchen *Barton* und *Lazarsfeld* durch systematische Explikation dessen, was praktisch gemacht wird, den Weg zur Analyse qualitativer Methodologie zu ebnen. Da die methodologische Erörterung qualitativer Verfahren noch nicht weit fortgeschritten erscheint (so ist noch völlig ungeklärt, wie sich der Schritt von den Daten zu den Hypothesen vollzieht, was noch ganz in der Persönlichkeit des Forschers angesiedelt ist), ist für die beiden Autoren ihr Vorgehen die einzige Möglichkeit, eine bessere Verständnis- und Verständigungsgrundlage zu schaffen. Die beiden Autoren sehen die Bedeutung qualitativer Sozialforschung hauptsächlich im Vorfeld quantitativer Analyse.

„Theoretische Arbeit ist für sie nicht alleine die Entwicklung, Überprüfung und Integration von Hypothesen mit universellem Geltungsanspruch, sondern . . . auch die interpretierende Auseinandersetzung mit der Geschichte" (*Hopf* 1979, S. 30). Damit unterscheiden sie sich deutlich von *Glaser* und *Strauss*, die in der Entdeckung einer in der Empirie verankerten Theorie die zentrale Aufgabe der empirischen Sozialforschung sehen und an einer „Auseinandersetzung mit der Geschichte" nicht interessiert sind.

Eine besondere Bedeutung und Eigenständigkeit gestehen *Barton* und *Lazarsfeld* qualitativer Sozialforschung nur in den Bereichen zu, die quantitativen Methoden aus den verschiedensten Gründen nicht zugänglich sind, oder die sozialwissenschaftliches „Neuland" umfassen. Unter dieser Voraussetzung soll qualitative Sozialforschung die Entdeckung von Hypothesen fördern und auch zu deren Überprüfung dienen.

Die Darstellung von *Barton* und *Lazarsfeld* ist von dem Prinzip geleitet, von einfacheren zu immer komplexeren Verfahren fortzuschreiten. Wir werden diesem (auch didaktischen) Prinzip ebenfalls folgen, da zum Verständnis komplexerer Vorgehensweisen die Kenntnis der einfacheren zum Teil notwendige Voraussetzung ist. Wie bereits erwähnt, sehen die beiden Autoren qualitative Sozialforschung besonders im Vorfeld traditioneller Empirie angesiedelt, die dann mit den Ergebnissen qualitativer Analyse auf eine fundiertere Basis gestellt werden könnte. Insoweit unterscheiden sie sich nicht von der in 4.1.1. dargestellten Position, wonach qualitative Sozialforschung der Exploration diene. Sie konzedieren aber, daß *qualitative Sozialforschung darüber hinaus zu einem eigenständigen theoretischen Fortschritt führen kann.* Wir werden nun die einzelnen Schritte sukzessive darstellen (vgl. *Barton/Lazarsfeld* 1979):

Die Analyse von Einzelbeobachtungen

Ausgangspunkt einer Analyse von Einzelbeobachtungen ist Datenmaterial, das „*überraschende Beobachtungen*" enthält. Beobachtungen sind dann überraschend, wenn sie nicht mit den Erwartungen des Forschers übereinstimmen oder wenn sie neue Phänomene aufdecken. Die Analyse solcher Beobachtungen kann dann einen Forschungsprozeß mit dem Ziel in Gang setzen, die Entdeckung zu erklären und mögliche Folgewirkungen zu finden, aber auch Indikatoren für unmittelbar nicht meßbare Variablen liefern. Beides kann zu einer Verständniserweiterung und zu einem Erkenntnisforschritt in der Soziologie führen. Ziel einer *Problematisierung eines Sachverhalts* durch Analyse der Einzelbeobachtungen ist, die überraschenden Phänomene zu erklären und auf ihre Folgewirkungen hin zu untersuchen.

Neben den überraschenden Beobachtungen, die die Aufgabe erfüllen, die Suche nach Erklärungen anzuregen, gibt es eine zweite wichtige Variante der Auswertung qualitativer Beobachtungen, die deshalb bedeutsam ist, weil sie Hinweise auf umfassendere Phänomene liefert, die nicht direkt beobachtbar sind. Die *Erstellung von Indikatoren* kann nur dann sinnvoll sein, wenn man davon ausgeht, „daß ein Phänomen, das nicht direkt beobachtet werden kann, dennoch Spuren hinterlassen wird, die, richtig interpretiert, es gestatten, den Gegenstand zu identifizieren und zu untersuchen" (*Barton/Lazarsfeld* 1979, S. 49).

Von besonderer Bedeutung sind drei Kategorien von Indikatoren:
– Indikatoren, die als *qualitativer Ersatz für nicht verfügbares quantitatives Material* dienen; ihnen kommt vor allem in der Untersuchung historischer Zusammenhänge Bedeutung zu.
– Indikatoren für *psychologische Variablen*, die nicht direkt gemessen werden können, wie etwa Motive oder Einstellungen.
– Indikatoren für das *Funktionieren komplexerer Strukturen.*

Barton und *Lazarsfeld* sehen in diesem Bereich der qualitativen Sozialforschung noch erhebliche Möglichkeiten, zu Fortschritten zu gelangen. Auf die wichtige aber noch ungelöste Frage, inwieweit aus dieser Vorgehensweise eine „wissenschaftliche" Methode gemacht werden kann oder ob sie eine „Kunst" bleibt, geben sie keine endgültige Antwort.

Das Erstellen deskriptiver Systeme

Grundlage für diesen, der Analyse von Einzelbeobachtungen nachfolgenden Schritt qualitativer Sozialforschung ist die Sammlung qualitativer Beobachtungen. Um menschliches Handeln verstehen zu können, müssen die zugehörigen Beobachtungen in einem deskriptiven System organisiert werden. Die formale Struktur dieses Systems kann von einer groben Auflistung verschiedener Typen bis zu einer systematisierten Typologie reichen, wobei Herkunft und Genese der Typologie – im Gegensatz zu *Glaser* und *Strauss* – nicht von entscheidender Bedeutung sind (vgl. *Barton/Lazarsfeld* 1979, S. 83).

Die *Typologien* beruhen auf einer *vorläufigen Klassifikation*, die eine „handhabbare Zusammenfassung der vielfältigen Elemente in den ursprünglichen Daten liefern und . . . die für das Verständnis der Situation notwendigen Grundelemente beinhalten" (*Barton/Lazarsfeld* 1979, S. 54). Mit dem weiteren Fortgang der Analyse können die zunächst einfachen Auflistungen in systematische, deskriptive Typologien transformiert werden. Wichtig ist dabei, daß diese Typologien sich grundsätzlich von vorläufigen Kategorien unterscheiden, da sie systematisch gebildet worden sind. (Einen besonders weit fortgeschrittenen Gebrauch systematischer Typologie glauben *Barton* und *Lazarsfeld* bei *Parsons* (1951) zu finden: Durch die Kombination seiner fünf pattern variables scheint es möglich, allgemeine Kategorien etwa zur Beschreibung sozialer Beziehungen zu konstruieren.)

In einer Zusammenfassung des Bereichs „Erstellung deskriptiver Systeme" machen die beiden Autoren nochmals auf die wesentlichen Merkmale aufmerksam: Ausgehend von einem guten *Satz vorläufiger Kategorien* führt die Untersuchung dieser Typen zu einer *kleinen Anzahl von grundsätzlichen Eigenschaften*. Diese wiederum stellen die Basis für eine *systematische Typologie* dar. Für den Erkenntnisfortschritt ist dabei die Vollständigkeit, ob also alle logisch möglichen oder empirisch vorhandenen Kombinationen untersucht werden oder nur ein Teil davon, von geringerer Bedeutung; vielmehr kommt es darauf an, die wichtigen herauszufinden.

4.1.2.2. Die Entdeckung von Beziehungen

Barton und *Lazarsfeld* sind zwar der Auffassung, daß die einzig wirklich angemessene Möglichkeit, Beziehungen zwischen Variablen zu prüfen, die statistische Analyse ist, dennoch sind sie der Meinung, daß auch qualitative Forschung diese Aufgabe zu bewältigen vermag. „Jemand, der sich darauf beschränkt, seine Tabellierungen der wenigen Variablen, die er von vornherein in die Untersuchung eingebracht hat, zu betrachten, um Hinweise auf mögliche Faktoren zu erhalten, die ein statistisches Ergebnis erklären könnten, wird sicherlich keinen Fortschritt machen; manchmal liefert eine einzige schriftliche Bemerkung den entscheidenden Hinweis auf zusätzliche Faktoren" (*Barton/Lazarsfeld* 1979, S. 59). So ist es qualitativer Sozialforschung eben möglich, verbesserte Erklärungsmuster für bestimmte soziale Phänomene zu liefern.

Handlungsrelevante Faktoren

Die Aufgabe, handlungsrelevante Faktoren zu ermitteln, bewegt sich auf der individuellen Ebene. Trotzdem sind die Befunde hierzu für die Soziologie von großem Nutzen, da bisher unbekannte Dimensionen in das Erklärungskonzept mit einbezogen werden. Nach Auffassung der beiden Autoren liefert gerade auch die Untersuchung „abweichender Fälle" zusätzliche, für ein bestimmtes Verhalten relevante Faktoren.

Der Schluß auf Prozesse

Unter diesem Punkt wird eine Reihe qualitativer Vorgehensweisen zusammengefaßt, die Aussagen über die Verkettung von Ursache und Wirkung ermöglichen. *Barton* und *Lazarsfeld* gehen davon aus, daß es grundsätzlich zwei Möglichkeiten gibt, sowohl handlungsrelevante Einzelfaktoren, als auch Verkettungen von Ursache und Wirkung zu entdecken, nämlich einmal „objektive" Informationen darüber zu erheben, welche Ereignisse einem bestimmten Verhalten vorausgegangen sind und zum anderen die handelnden Individuen nach ihren Motiven, Einstellungen und auslösenden Momenten für ein bestimmtes Verhalten zu befragen. Trotz der erheblichen, theoretisch begründeten, Schwierigkeiten der zweiten Möglichkeit kann ein direkt Beteiligter einige Aspekte seines Verhaltens erklären, die ein Außenstehender vielleicht nie entdecken würde.

Quasi-Statistik

Hier entwickelt qualitative Sozialforschung nach Auffassung von *Barton* und *Lazarsfeld* Hypothesen, die eigentlich in die quantitative Forschung gehören. Dabei kann es sich um Aussagen über Häufigkeitsverteilungen oder auch um Korrelationshypothesen handeln. Nur in solchen Fällen der Forschung, die sich mit einem homogenen Untersuchungsgegenstand befassen oder die quantitativ nicht untersucht werden können, gestehen die beiden Autoren dieser Absicht qualitativer Sozialforschung mehr als nur eine spekulative Bedeutung zu.

Systematischer Vergleich

Durch den Vergleich verschiedener Analyseeinheiten hinsichtlich eines Phänomens mit hoher Komplexität können durch qualitative Beobachtungen Erklärungsmuster entwickelt werden. Diese sind über den konkret untersuchten Bereich hinaus von allgemeinerem Aussagewert. Von Quasi-Statistiken unterscheidet sich die Vorgehensweise dadurch, daß die untersuchten Fälle ausgewählt wurden, aber ihre Anzahl zu gering ist, um statistische Tests anzuwenden. Für *Barton* und *Lazarsfeld* stellt der systematische Vergleich – über die Fruchtbarkeit bei der Entwicklung von Hypothesen hinaus – eine Art qualitativer Überprüfung von Hypothesen dar. Der Vergleich, als eine Möglichkeit experimenteller Analyse, liefert Belege für eine Hypothese, was ihre Glaubwürdigkeit erhöhen kann.

4.1.2.3. Integrierende Konstrukte

Mit dem Begriff „integrierende Konstrukte" wird eine Reihe qualitativer Untersuchungen belegt, in denen die Forscher sich genötigt sahen, die große Zahl von Einzelbeobachtungen, die sich weder hinsichtlich deskriptiver Merkmale noch aufgrund der besonderen Beziehungen der Elemente untereinander angemessen untersuchen ließen, in einer einzigen Formel zusammenzufassen. Integrierende Konstrukte können auf ganz verschiedenen Ebenen angesiedelt sein: sie können sich auf ganze Gesellschaften, auf bestimmte Gruppen oder im Extremfall nur auf ein Individuum beziehen. „Diese Definition umfaßt eine ganze Reihe von Vorstellungen: ‚Grundmuster' einer Kultur, ein ‚Thema', ein Ethos, den ‚Zeitgeist' oder die ‚Mentalität der Zeit', einen ‚nationalen Charakter' und, auf der Ebene des Individuums, einen ‚Persönlichkeitstyp'" (*Barton/Lazarsfeld* 1979, S. 80). Deutlich ist den für die integrierenden Konstrukte gewählten Begriffen die phänomenologische Orientierung anzumerken. In den Beziehungen zwischen den Elementen variieren integrierende Konstrukte erheblich; von besonderer (problematischer) Bedeutung sind die integrierenden Konstrukte, die eine Mischung aus deskriptiv und „kausal" aufeinander bezogenen Elementen intendieren.

Diese integrierenden Konstrukte – so die Auffassung von *Barton* und *Lazarsfeld* – sind notwendigerweise nicht deckungsgleich mit der sozialen Realität: Es existiert eine Kluft zwischen den Aussagen des Forschers (= integrierendes Konstrukt) und dem, was die betroffenen Untersuchten gesagt und gemeint haben (vgl. *Barton/Lazarsfeld* 1979, S. 80).

4.1.2.4. Die Überprüfung von Hypothesen

Prinzipiell sind *Barton* und *Lazarsfeld* der Ansicht, daß jede Theorie, ganz gleich welche Bedeutung man diesem Begriff zuordnet, durch qualitative Sozialforschung überprüfbar ist. Sehr häufig findet dieses Verfahren der Hypothesenprüfung Anwendung bei Konzepten, die sich mit umfassenderen Systemen befassen. Für die Bestätigung von Hypothesen ist es von entscheidender Bedeutung, daß die dafür herangezogenen und qualitativ gewonnenen Beispiele wirklich existieren. Gleichwohl sind die beiden Autoren der Auffassung, daß durch qualitative Forschung kein positiver Beweis für eine Hypothese erbracht werden kann. „Sie können jedoch durchaus, je nach Zahl, Reichweite und Beziehungen zur eigenen Erfahrung des Lesers, in unterschiedlich starkem Maße eine Bestätigung oder Erhärtung einer Hypothese darstellen" (*Barton/Lazarsfeld* 1979, S. 83).

Barton und *Lazarsfeld* gehen auf drei Typen solcher *Trendtheorien* beispielhaft ein:

(1) Auf das Konzept von *Fromm* (1941), der in einem Teilaspekt seiner Theorie die Behauptung aufstellt: „Das vereinzelte und angesichts von Monopolen, Massenorganisationen, entpersönlichten Marktmechanismen und periodischen Kriegen ohnmächtig gewordene Individuum entwickelt eine ‚Automatenkonformität' als Fluchtmechanismus" (*Barton/Lazarsfeld* 1979, S. 84). *Fromm* versucht seine Theorie zu bestätigen, indem er zunächst anhand eines (hypnotischen) Experiments zu zeigen versucht, daß es für ein Individuum möglich ist, Gedanken und Gefühle zu haben, die nicht seine eigenen sind, sondern von außen eingebracht wurden. Danach schließt sich der Versuch an nachzuweisen, dieses Phänomen habe in der sozialen Wirklichkeit Relevanz. Dabei wird zunächst ein hypothetisches Beispiel angeführt, das verdeutlichen soll, welche Bereiche eine Rolle spielen könnten, um dann mit einer Reihe von realen Beispielen, etwa mit dem Kind, das „gerne" zur Schule geht, die aufgestellte Behauptung zu bestätigen.

(2) Auf die Hypothese von *Mills* (1951), der behauptet, daß Angestellte wegen der Entwicklung einer städtisch geprägten Gesellschaft unter großer Statusunsicherheit leiden und nicht in der Lage sind, ein stabiles Selbstwertgefühl zu entwickeln. *Mills'* Vorgehensweise bei der Bestätigung von Theorien mit Hilfe qualitativer Daten ist ähnlich. Aus Beobachtungen in unterschiedlichen Bereichen, etwa bei Büroangestellten, die unwesentlichen Veränderungen große Bedeutung zumaßen, bezieht *Mills* Hinweise auf die Intensität der Bemühungen, ein Stück Identität zu erhalten. Darüber hinaus machen ihn ausführliche Interviews auf weitere Phänomene aufmerksam, die seine Vorstellungen bestätigen. Ein Beispiel hierfür stellt das Verhalten von Angestellten dar, die versuchen, den geringen Statuswert ihrer Tätigkeit zu verbergen und ihr Prestige durch das Ansehen der Firma, bei der sie beschäftigt sind, zu erhalten.

(3) Auf das ‚vorläufige Konstrukt' von *Lasswell* (1941), das Folgen der Tendenz aufzeigen soll, die aus der zunehmenden Bedeutung der militärischen Stärke in den internationalen Beziehungen zwischen den Staaten entstehen. *Lasswells* Theorie des ‚Garnisonsstaates' ist ebenfalls eine Trend-Theorie. Dieses Konzept geht aber auch über die beiden ersten Beispiele hinaus, da es sich nicht nur auf die bestehende Situation, sondern auch auf die Zukunft bezieht. Daraus ergeben sich gewisse Konsequenzen für seine Bestätigung. Beobachtungen, wie etwa die Minimierung interner Konflikte im Interesse der nationalen Einheit, verleihen der Theorie eine gewisse Plausibilität. Erst weitere Untersuchungen auf der Basis dieses ‚vorläufigen Konstrukts' können diesem Konzept durch die Beobachtung der postulierten Konsequenzen eine zusätzliche Bestätigung gewähren.

Die Bestätigung einer Hypothese kann durch die verwendeten Beispiele noch wesentlich verbessert werden. Durch diese kann die Aufmerksamkeit des Lesers auf die eigene Erfahrung gelenkt werden, die dann zusätzlich als „Beweis" für die

Hypothese wirkt. Beziehen sich die eingebrachten Beispiele darüber hinaus noch auf unterschiedliche Verhaltensbereiche, so erhält eine Hypothese eine weitere Bestärkung, da sie sehr verschiedene Ereignisse zu erklären vermag.

4.1.2.5. Einige Kritikpunkte

Unbeantwortet in dem skizzierten Modell ist die Frage, inwieweit der Prozeß der Kategorien- und Indikatorenbildung systematisierbar ist, oder ob es sich um individuelle Fähigkeiten des jeweiligen Forschers handelt, die einem strengen Kriterium von Wissenschaftlichkeit nicht genügen können.

Bei der Entdeckung von Beziehungen mit Hilfe qualitativer Daten stellt sich für die Autoren eine ganze Reihe weiterer, ungelöster Fragen. Da sich die Entwicklung der Hypothesen ausschließlich im Kopf des Forschers abspielt, ist dieser Vorgang einer intersubjektiven Nachprüfbarkeit entzogen.

Ganz abgesehen von der Notwendigkeit, bestimmte Extremwerte, das heißt Beobachtungen, die nicht in das Konzept integriert werden können, auszublenden – eine Tatsache, die besonders bei integrierenden Konstrukten zu Problemen führt –, besteht immer noch die Schwierigkeit der zufälligen Auswahl der untersuchten Fälle und die ungewisse Konstanz der anderen relevanten Faktoren.

Auch die Bestätigung von Theorien erweist sich als problematisch. Die Vorgehensweise der einzelnen Forscher verschafft der vorgeschlagenen Erklärung zwar eine gewisse Plausibilität, die in Verbindung mit den Erfahrungen des Lesers als eine Bestätigung der Hypothese wirken können, die aber noch keinen Beweis darstellen. Um dem Anspruch auf Wissenschaftlichkeit gerecht zu werden, müssen sich qualitative Sozialforscher nach Ansicht von *Barton* und *Lazarsfeld* vor allem einer systematischen Untersuchung der zugrundegelegten Methodologie widmen. Eine negative Abgrenzung zur quantitativen Methode wäre dafür alleine nicht ausreichend.

4.1.2.6. Zusammenfassung

- Auch „konventionelle" Sozialforscher räumen dem qualitativen Vorgehen einen hohen Stellenwert im Forschungsprozeß ein. Beobachtungen aus qualitativen Verfahren, die nicht mit den Erwartungen des Forschers übereinstimmen, sind wichtig, weil damit diese *„abweichenden" Phänomene* zum Forschungsgegenstand werden und die Theorie durch die Suche nach einer Erklärung für die devianten Fälle eine Weiterentwicklung und Präzisierung erfährt.

- Dies spricht für *offene Erhebungsinstrumente*, die die Feststellung und Erfassung von Abweichungen erlauben. Offene und flexible Verfahren empfehlen sich auch dann, wenn eine direkte Beobachtung bzw. Befragung nicht möglich ist, und man auf *Indikatoren* (schriftliches Sekundärmaterial wie z. B. Tagebuchaufzeichnungen oder physische Spuren) angewiesen ist, die eine Interpretation erfordern (vgl. *Webb* u. a. 1975, *Bungard/Lück* 1974).

- Die qualitativen Beobachtungen bedürfen einer *vorläufigen Klassifikation*, die auf der Grundlage der erhaltenen Daten vorgenommen wird.
- Ein weiterer Schritt ist die Erstellung einer sog. *„Quasistatistik"*, wobei Hypothesen über Verteilungen, Korrelationen usw. aufgrund der Analyse der Beobachtungen gebildet werden.
- Durch den Vergleich verschiedener Bereiche hinsichtlich eines bestimmten Konzepts lassen sich allgemein annehmbare *Erklärungsmuster* gewinnen.
- Datenmaterial, das sich weder in deskriptiven Merkmalen noch in den besonderen Beziehungen untereinander angemessen untersuchen läßt, soll in einer *Formel* zusammengefaßt werden, die eine Mischung aus *deskriptiv und kausal aufeinander bezogenen Elementen* anstrebt.
- *Trendtheorien*, d. h. solche, „die die Aufmerksamkeit auf eine besondere Entwicklungsrichtung innerhalb einer Gesellschaft lenken, die sich gewöhnlich aus einem zugrundeliegenden Wandel in der ökonomischen oder demographischen Struktur herleiten läßt" (*Barton/Lazarsfeld* 1979, S. 83), werden zunächst aus einem Konzept entwickelt.
- Daraufhin versucht man zu zeigen, daß das behauptete *Phänomen tatsächlich existieren* kann.
- Der nächste Schritt besteht in der *Konstruktion von Beispielen*, die zeigen, wie der Sachverhalt in der Realität vorkommen könnte.
- Schließlich werden *Beobachtungen* präsentiert, die deutlich machen, daß das *Phänomen tatsächlich vorkommt.*

4.1.3. Die datenbasierte Theorie (grounded theory) bei Glaser und Strauss

Glaser und *Strauss* (1967) wenden sich in ihrer Arbeit einer elementaren Aufgabe der Soziologie zu, nämlich der Frage, wie Theorien gefunden und gewonnen werden können. Sie versuchen, Vorschläge für die Entwicklung und Verbesserung von Verfahren der Theoriebildung auszuarbeiten. Dabei sehen sie sich erst am Anfang einer umfassenderen und ausgereifteren Methodologie zur Entdeckung und Entwicklung von Theorien. Ihre Überlegungen sollen erste Anregungen sein, und können keine festen, endgültigen Prozeduren und Definitionen bieten. Der Wissenschaftler, der sich mit ihren Vorschlägen auseinandersetzt, soll dazu animiert werden, sein methodisches Vorgehen bei der Bildung von Theorien zu explizieren und selber einen Beitrag zu einer vertieften Diskussion der Möglichkeiten und Schritte der Theorienentwicklung zu leisten.

Ausgangspunkt für *Glaser* und *Strauss* ist die große Kluft zwischen Theorie und empirischer Forschung, die nach ihrer Überzeugung trotz verschiedener Ansätze und Versuche nicht überbrückt werden konnte. Diese Lücke läßt sich ihrer Auffassung nach nicht durch eine Verbesserung der Methoden zur *Überprüfung* von Theorien schließen. Die Anwendbarkeit und Angemessenheit der Theorien bleibt problematisch. *Glaser* und *Strauss* wenden sich dabei gegen eine bestimmte Art von Theorien, nämlich gegen die des logisch-deduktiven Typs, die für sie ein dauerndes Ärgernis darstellen. Deren Abgehobenheit und Realitätsferne ist es nämlich, die die große Lücke zwischen Theorie und empirischer Forschung bewirkt. Ihre Kritik richtet sich gegen den Versuch, die Diskrepanz zwischen Theorie und Realität durch eine Verbesserung der Prüfmethoden schließen zu wollen. Sie bemängeln, daß das Überprüfen von Hypothesen überbetont, der Prozeß des Entdeckens von Konzepten und Hypothesen, die für einen Forschungsbereich relevant sein können, jedoch vernachlässigt wird. Es ist deshalb ihr elementares Anliegen, die Soziologen an ihre Aufgabe zu erinnern, die nur *sie als Soziologen* vollbringen können, nämlich *soziologische Theorien aufzustellen*. Die Sammlung und Analyse möglichst exakter Fakten/Daten sowie die quantitative Überprüfung von Theorien kann notfalls auch von anderen Fachkräften übernommen werden; soziologische Theoriebildung dagegen nicht. Die fundamentale Kritik lautet, daß Wissenschaftler und Studenten vergessen, nicht gelernt haben oder es bewußt ablehnen, sich mit der Entdeckung und Entwicklung neuer Theorien zu beschäftigen. Man ist der Meinung, die bestehenden Theorien wären ausreichend und konzentriert seine wissenschaftlichen Aktivitäten auf die Auseinandersetzung mit „zentralen soziologischen Figuren", auf die Beschäftigung mit bereits existierenden Modellen und Theorien, ihre Bestätigung oder Modifizierung.

Ganz offensichtlich erweisen sich die bestehenden Theorien zumeist jedoch als nicht ausreichend und dem Untersuchungsgegenstand angemessen. Vielfache Probleme ergeben sich, wenn man sich mit einer abstrakten, deduktiv-axiomatischen Theorie der sozialen Realität im Forschungsprozeß nähert. Die Ursache dafür liegt nach Auffassung von *Glaser* und *Strauss* in der Art der Entstehung der Theorie. Ihre These lautet, daß die Art der Genese von Theorien (obwohl in der Regel vernachlässigt, oder als unwichtig empfunden) von grundsätzlicher Bedeutung für deren Fruchtbarkeit ist: „In contrasting grounded theory with logico-deductive theory and discussing and assessing their relative merits in ability to fit and work (predict, explain, and be relevant), we have taken the position that *the adequacy of a theory for sociology today cannot be divorced from the process by which it is generated*. Thus one canon for judging the usefulness of a theory is how it was generated – and *we suggest that it is likely to be a better theory to the degree that it has been inductively developed from social research*" (*Glaser/Strauss* 1967, S. 5).

Glaser und *Strauss* wollen also die Entdeckung und Entwicklung von Theorien in der empirischen Forschung verankern, Theorien aus konkretem Datenmaterial heraus in direkter Bezugnahme auf die soziale Realität gewinnen. Ihr Weg zur Überbrückung der Kluft zwischen Theorie und empirischer Forschung ist die Entwicklung sogenannter „grounded theories", d. h. auf empirischen Daten und Einsichten beruhender Theorien (grounded = in der Empirie verankert). Sie sind der Meinung, daß es durch dieses Vorgehen weniger Probleme mit der Anwendbarkeit und Angemessenheit der dabei entstehenden Theorien geben wird: Solche Theorien werden – aufgrund ihres Entstehungszusammenhangs – notwendigerweise den empirischen Situationen eher gerecht werden, für Soziologen wie für Laien verständlich, verstehbar sein, „funktionieren", d. h. brauchbare und zutreffende Vorhersagen, Erklärungen, Interpretationen und Anwendungsmöglichkeiten liefern. Zu all dem sind die herkömmlichen Theorien, die auf logischen Betrachtungen basieren, nur sehr schwer – wenn überhaupt – in der Lage.

Qualitative Sozialforschung erhält mit diesem Vorgehen eine besondere Bedeutung: Sie soll nicht nur – wie bei *Barton* und *Lazarsfeld* – als vorbereitende, explorierende Vorstufe für quantitative Forschung und zur Theorieprüfung dienen, also quasi Handlangerdienste für die quantitative Sozialforschung leisten, sondern ihre wesentliche Aufgabe liegt in der Entdeckung und Entwicklung von in der Realität verankerten Theorien: *Qualitative Sozialforschung als Mittel zum Zwecke der Theorienbildung.* Im Gegensatz zur Behauptung, daß systematische Forschung nur quantitativ sein könne, ist die qualitative Forschung oft der beste, und manchmal der einzige Weg, Daten zu einem Thema bzw. Gegenstandsbereich zu erhalten, so jedenfalls *Glaser* und *Strauss*.

Die beiden Autoren unterscheiden zwei Arten von grounded theories, die nicht unabhängig voneinander zu sehen sind: gegenstandsbezogene und formale Theorien.

Gegenstandsbezogene Theorien

Der erste Schritt zur Entwicklung umfassenderer Theorien besteht in der Untersuchung ganz konkreter, spezifischer Gegenstandsbereiche. Zunächst geht es um die Bildung gegenstandsbezogener (= substantive) Theorien: „Wenn wir von der Entdeckung gegenstandsbezogener Theorien sprechen, meinen wir die Formulierung von Konzepten und deren Beziehungen zu einem Satz von Hypothesen für einen bestimmten Gegenstandsbereich – beispielsweise Patientenbetreuung, Bandenverhalten oder Erziehung -, die sich auf Forschung in diesem Bereich stützt" (*Glaser/Strauss* 1979, S. 91).

Formale Theorien

Die gegenstandsbezogenen Theorien bilden erst die Vorstufe für die Entwicklung der als Endziel angestrebten formalen Theorien. Gegenstandsbezogene Theorien stellen das „strategische Bindeglied zwischen der Formulierung und Entwicklung einer auf empirischen Daten basierenden formalen Theorie" (*Glaser/Strauss* 1979, S. 108) dar. Sie streben also die Entwicklung von „*grounded formal theories*" an (im Gegensatz zu den formalen Theorien, die auf logischer Spekulation beruhen). Diese in der Empirie verankerten formalen Theorien bauen auf der Entwicklung gegenstandsbezogener Theorien (substantive theories) auf und sind durch einen *hohen Allgemeinheitsgrad* gekennzeichnet. Formale Theorien wären z. B. Theorien abweichenden Verhaltens, Status-Inkongruenz-Theorien oder Theorien formaler Organisation. Die Bildung und Entwicklung solcher formaler Theorien steht im Zentrum des Interesses.

Die Eigenschaften der formalen Theorie werden wie folgt beschrieben:
a) „In ihnen sollen nach Möglichkeit raum-zeitliche Beschränkungen aufgehoben werden.

b) Die Hypothesen, die Bestandteil einzelner formaler Theorien sind, haben den Charakter von Gesetzeshypothesen, das heißt von Hypothesen über Beziehungen zwischen Variablen, die in ihrem Geltungsanspruch universell sind. Von den bereichsspezifisch bezogenen Hypothesen, die ihrer Anlage nach gesetzmäßige Beziehungen auf niedriger Allgemeinheitsstufe darstellen, unterscheiden sich die Hypothesen der formalen Theorie dadurch, daß sie sich auf Sozialbeziehungen unterschiedlichster Natur beziehen. . . .

c) Die Distanz zu Gesellschaftstheorien unterschiedlichster Art: *Glaser* und *Strauss* verwahren sich explizit gegen gesellschaftstheoretische Ansprüche (grand theory) und beschränken sich auf Theorien, die nach ihrer Auffassung als ‚middle-range'-Theorien zu begreifen sind" (*Hopf/Weingarten* 1979, S. 31).

Glaser und *Strauss* streben nicht eine umfassende Deskription von Gegenstandsbereichen, sondern das Aufdecken allgemeinerer Gesetzeszusammenhänge an, also eine sich durchaus von anderen Positionen qualitativer Sozialforschung unterscheidende Auffassung. „In der Darstellung von *Glaser* und *Strauss* sind die jeweils untersuchten Realitäten tendenziell bloß ‚Material' für die Entwicklung von Hypothesen mit allgemeinem Geltungsanspruch; sie sind nicht Gegenstand eines relativ autonomen historisch-deskriptiven Interesses" (*Hopf/Weingarten* 1979, S. 32).

Wie „grounded theory" entstehen und entwickelt werden kann, und welche Rolle Hypothesen und Hypothesenbildung in diesem Zusammenhang spielen, soll nun behandelt werden.

4.1.3.1. Die vergleichende Analyse als Methode der Theoriegewinnung

Die zentrale Methode zur Entwicklung von „grounded theories" ist die vergleichende Analyse, „a general method of comparative analysis" (*Glaser/Strauss* 1967, S. 1). „Comparative analysis" kann differentielle Bedeutungen haben, verschiedene Formen annehmen und unterschiedlichen Zwecken dienen. Deshalb beschäftigen sich *Glaser* und *Strauss* mit den verschiedenen Anwendungsweisen vergleichender Analyse und versuchen, ihr eigenes Vorgehen deutlich zu machen. Sie betonen, daß die vergleichende Analyse (ebenso wie manch andere Methoden) für soziale Einheiten jeglicher Größe verwendet werden kann: „Our discussion of comparative analysis as a strategic method for generating theory assigns the method its fullest generality for use on social units of any size, large or small, ranging from men of their roles to nations or world regions. Our own recent experience has demonstrated the usefulness of this method for small organizational units, such as wards in hospitals or classes in a school" (*Glaser/Strauss* 1967, S. 21).

So verschieden, wie die Größen der zu untersuchenden Einheiten sein mögen, so unterschiedlich sind die Anwendungsmöglichkeiten und Zwecke vergleichender Analyse: Einmal kann vergleichende Analyse zur *Überprüfung und Validierung von*

Daten und Fakten dienen. *Glaser* und *Strauss* betrachten diesen Aspekt vergleichender Analyse als wertvoll und notwendig, aber diese Form der Anwendung ist selbst noch nicht ihr eigentliches Ziel. „Comparative analysis" bedeutet bei ihnen mehr. Sie stellen fest, daß es nicht so problematisch ist, wenn Daten oder Nachweise einmal nicht ganz exakt sind. Es kommt nicht auf die möglichst genaue Überprüfung bestehender Theorien, sondern auf die *Genese neuer Theorien* an. Und schließlich basiert die neu zu entwickelnde Theorie nicht auf den Fakten und Daten selbst, sondern auf den aus ihnen heraus entwickelten begrifflichen Kategorien und Dimensionen. Und diese Kategorien und Dimensionen bleiben relativ konstant, während sich die zugrundeliegenden Daten und Fakten verändern können, denn die Kategorien und Dimensionen bleiben relevante Konzepte für die soziale Wirklichkeit, auch wenn das Leben der sie initiierenden Daten vielleicht kurz sein mag.

Ein anderer, grundlegender Zweck vergleichender Analyse sind *empirische Generalisationen.* Durch vergleichende Analyse kann die Verbreitung eines Phänomens oder Faktums überprüft und festgestellt werden: „Another standard use of comparative studies is to establish the generality of a fact. Does the incest taboo exist in all societies? Are almost all nurses women?... Our goal of generating theory also subsumes this establishing of empirical generalizations, for the generalizations not only help delimit a grounded theory's boundaries of applicability; more important, they help us broaden the theory so that it is more generally applicable and has greater explanatory and predictive power. By comparing where the facts are similar or different, we can generate properties of categories that increase the categories' generality and explanatory power" (*Glaser/Strauss* 1967, S. 24).

Vergleichende Analyse kann ferner auch zur *Spezifizierung,* zur detaillierten und sorgfältigen Ausarbeitung der Besonderheiten eines einzelnen Falles bzw. einer bestimmten Untersuchungseinheit dienen. Verschiedene Fälle werden zum Vergleich herangezogen, um über die Unterschiede die Eigenschaften und Elemente des eigentlich behandelten Falles besser verdeutlichen und hervorheben zu können.

Eine weitere wichtige Möglichkeit, die die vergleichende Analyse bietet, ist die *Überprüfung und Bestätigung von Fakten, Kategorien, Hypothesen.* „Comparative analysis" eignet sich in besonderem Maße für diese Aufgabe. Implizit wie explizit überprüft der Forscher auf diese Weise ständig seine vorläufigen Annahmen und Ergebnisse anhand des gesammelten und beobachteten Datenmaterials. Der große Fehler, der bei diesem Verfahren gemacht werden kann, ist die vorschnelle Konzentration auf die Bestätigung der bereits bestehenden oder eben erst entstandenen Theorieteile. Es wird dann nicht mehr überlegt, wie und ob noch mehr Erkenntnisse und verallgemeinerungsfähige Aussagen gewonnen werden könnten oder sollten. Mit der Perspektivenverengung auf die Überprüfung der Hypothesen der Theorie wird die Entdeckung und Entwicklung weiterer Erkenntnisse, eine Weiterentwicklung der Theorie evtl. „abgeblockt", neu auftauchende Aspekte werden dann in der Konzeption vielleicht nicht mehr berücksichtigt. Für *Glaser* und

Strauss ist jedoch nicht die Überprüfung und Bestätigung von Theorien die zentrale Aufgabe, sondern die systematische und durchdachte Theorieentwicklung aus dem empirischem Forschungsmaterial heraus.

Es kann sich bei der Überprüfung als einer Funktion vergleichender Analyse sowohl um quantitative wie qualitative Daten handeln. *Glaser* und *Strauss* stützen sich zwar sehr stark auf qualitative Daten und betonen ihre Vorzüge und Bedeutung, schreiben aber: „Our position in this book is as follows: there is no fundamental clash between the purposes and capacities of qualitative and quantitative methods or data. What clash there is concerns the primacy of emphasis on verification or generation of theory – to which heated discussions on qualitative versus quantitative data have been linked historically. We believe that each form of data is useful for both verification and generation of theory, whatever the primacy of emphasis. Primacy depends only on the circumstances of research, on the interests and training of the researcher, and on the kinds of material he needs for his theory. In many instances, both forms of data are necessary – not quantitative used to test qualitative, but both used as supplements, as mutual verification and, most important for us, as different forms of data on the same subject, which, when compared, will each generate theory . . . To further this view, we seek in this book to further the systematization of the collection, coding and analysis of qualitative data for the generation of theory. We wish particularly to get library in field research off the defensive in social research, and thereby encourage it. Although the emphases on qualitative data is strong in our book, most chapters also can be used by those who wish to generate theory with quantitative data, since the process of generating theory is independent of the kind of data used" (*Glaser/Strauss* 1967, S. 17 f.).

Glaser und *Strauss* legen ihr Hauptgewicht auf die systematische Entwicklung von Theorien aus der empirischen Forschung heraus. Das heißt aber nicht, daß sie „Generation" und „Verification" von Theorien trennen und letzteres etwa vernachlässigen wollen. Sie halten beide Aktivitäten für notwendig und wünschen, ihre Daten und Ergebnisse so weit als möglich einer umfassenden Überprüfung zu unterziehen, aber – und das ist wichtig – nicht erst im Anschluß an die fertig gebildete Theorie, sondern permanent während der Herausbildung des theoretischen Bezugsrahmens. Es bedarf keines expliziten, nachträglichen Überprüfungsverfahrens mehr – diese *Überprüfung findet schon ständig im Forschungsprozeß selbst statt.* Wichtig ist dabei, daß diese Überprüfung nicht überbetont wird, und daß sie *dem primären Ziel der Entwicklung einer Theorie untergeordnet* ist, also die Theoriebildung nicht abblockt oder behindert (vgl. *Glaser/Strauss* 1979).

Wegen der völlig anderen Vorgehensweise, Methodik und Forschungsabsicht ergibt sich, daß die angesprochene ständige Überprüfung der Daten, Hypothesen und vorläufigen Ergebnisse auch anderen Kriterien unterworfen ist, als in der quantitativen Sozialforschung (wo es bestimmte Regeln quantitativer Analyse zu befolgen gilt, Regeln zu Problemen wie: Stichprobenbildung, Verkodung, Zuverlässigkeit, Gültigkeit, Indikatorenbildung, Häufigkeitsverteilungen, Formulierung von Konzepten, Konstruktion von Hypothesen und Darstellung empirischer Ergebnisse). *Glaser* und *Strauss* sind der Meinung, daß dieser Kanon quantitativer

Sozialforschung nicht als Kriterium für die Glaubwürdigkeit von ihren, in der Empirie verankerten, Theorien herangezogen werden kann. Ihrer Auffassung nach sollten die Beurteilungskriterien vielmehr auf den allgemeinen Merkmalen qualitativer Forschung beruhen – der Art der Datensammlung, der Analyse und Darstellung wie auch der Art und Weise, in der qualitative Analysen vermittelt und gelesen werden.

Zu Beginn des Forschungsprozesses sollte der Forscher noch möglichst unvoreingenommen, ohne feste Kategorien oder Hypothesen an das Untersuchungsfeld herangehen. Natürlich hat er immer bestimmte soziologische Perspektiven und angesammeltes Hintergrundwissen im Kopf, wovon er sich nicht ganz lösen kann. Er sollte jedoch ohne festes Konzept, ohne feste theoretische Vorüberlegungen an das Feld herangehen und erst einmal die erste Flut von Eindrücken und Daten auf sich zukommen und einwirken lassen, um auf der Basis dieser Daten dann allmählich systematischere Schritte im Vorgehen einzuleiten. Nur zu Beginn eines empirischen Forschungsprozesses sollte der Forscher theorielos, frei arbeiten und sammeln, was es zu sammeln gibt. Wenn sich jedoch die ersten Kategorien, die ersten theoretischen Bezüge aus dem Datenmaterial heraus entwickeln, wird die weitere Arbeit des Forschers zunehmend von diesen in der Anfangsphase entstandenen Teilen eines theoretischen Bezugsrahmens geleitet und systematisiert werden.

So erklärt sich auch die besondere Bedeutung der *vergleichenden Analyse*. Denn der Vergleich ist in der Konzeption von *Glaser* und *Strauss* sowohl bei der Entwicklung von Hypothesen, als auch bei der vorläufigen Prüfung ihrer Glaubwürdigkeit und Plausibilität zentral. Sie schlagen als Methode vor, möglichst viele *Vergleichsgruppen* zu bilden, auszuwählen und in die Untersuchung einzubeziehen. Die Auswahl und Untersuchung dieser verschiedenen Vergleichsgruppen erfolgt systematisch. Sie erfolgt aber nach anderen Gesichtspunkten als in der quantitativen Sozialforschung. Nicht statistische Kriterien werden herangezogen, sondern theoretische: *theoretical sampling* versus statistical sampling.

Dies bedeutet, daß die Vergleichsgruppen auf der Basis bereits vorhandener, in der Anfangsphase des Forschungsprozesses entstandener theoretischer Vorstellungen ausgewählt und unter einigen wenigen, für die Weiterentwicklung der „emergierenden Theorie" zentralen Gesichtspunkte analysiert werden.

Die grundlegenden Fragestellungen, die in diesem Zusammenhang auftauchen, sind: *Welche* Gruppen oder Untergruppen werden als *nächste* im Forschungsprozeß untersucht? Mit welcher theoretischen Absicht und Zielsetzung? Kurz, wie wählt der Forscher seine vielfältigen Vergleichsgruppen aus? Die wesentlichen Kriterien für diese theoretisch begründeten Entscheidungen sind „theoretische Zielsetzung" und „theoretische Relevanz": „Our criteria are those of theoretical purpose and relevance – not of structural circumstances. . . . The reader must remember that our purpose is to generate theory, not to establish verifications with the ‚facts' . . . Group comparisons are conceptual; they are made by comparing diverse or similar evidence indicating the same conceptual categories and properties, not by comparing the evidence for its own sake" (*Glaser/Strauss* 1967, S. 48 f.).

Es geht *Glaser* und *Strauss* also nicht um die „umfassende" Erfassung und Deskription aller Daten, Fakten und Eigenschaften dieser Vergleichsgruppen, sondern diese Gruppen sollen unter einigen wenigen Gesichtspunkten (z. B. durch Vergleich bestimmter Kategorien) untersucht werden. Nur auf diese Weise, durch dieses selektive theoretische Interesse, ist es möglich, in eine einzige Untersuchung eine Vielzahl von Vergleichsgruppen einzubeziehen, und so die Voraussetzungen für allgemeinere Aussagen, Kategorien und Hypothesen zu schaffen. Zum einen hat der Vergleich auf diese Weise die Funktion, Hypothesen mit allgemeinerem Geltungsanspruch – zumindest vorläufig – zu überprüfen, zum anderen erhält man vermehrt die Möglichkeit, völlig neue Aspekte und Fakten in die Analyse miteinbeziehen zu können. Kurz: Die Mannigfaltigkeit, Vielfalt und Extensität der Analyse wird erhöht, das Anregungspotential der Empirie gesteigert.

Die Strategie, multiple Vergleichsgruppen zu wählen, hat manchen Vorteil. So kann man aus deren Ähnlichkeiten oder Unterschieden erkennen, unter welchen Bedingungen z. B. welche Hypothesen gelten mögen. „Multiple Vergleichsgruppen erhöhen die Glaubwürdigkeit auch dadurch, daß der Forscher abschätzen kann, wo eine bestimmte Ereignisfolge mit großer Wahrscheinlichkeit auftreten oder nicht auftreten wird. Diese Schätzungen ermöglichen eine systematische Auswahl von Gruppen, deren Untersuchung dem Forscher weitere Daten liefert, um theoretische Lücken schließen und Hypothesen verifizieren zu können. Insbesondere tragen solche Schätzungen zur Effizienz der Suche nach negativen Fällen bei, die die Umformulierung einer Hypothese notwendig machen können.... Darüber hinaus führt die Existenz von Unterschieden und Ähnlichkeiten zwischen Vergleichsgruppen rasch zu einer generalisierenden Analyse der Beziehungen zwischen Kategorien, aus welcher dann die Hypothesen folgen, die in die gegenstandsbezogene Theorie integriert werden" (*Glaser/Strauss* 1979, S. 98).

4.1.3.2. Die Gleichzeitigkeit von Datensammlung und -analyse

Zu Beginn einer Untersuchung, die erst einmal auf die Entwicklung einer gegenstandsbezogenen (substantive) Theorie ausgerichtet ist, soll noch kein fester theoretischer Bezugsrahmen vorhanden sein. Dieser soll sich ja erst im Laufe des Forschungsprozesses herauskristallisieren. Tatsächlich werden die ersten Beobachtungen des Forschers im Untersuchungsfeld sehr rasch von Hypothesenbildungen begleitet. Während der Forscher sich ganz zu Beginn noch als passiver Empfänger von Eindrücken verhält, wird er bald ganz automatisch dazu übergehen, aktiv solche Daten zu sammeln, die für die Entwicklung und Verifizierung seiner ersten gebildeten Hypothesen bedeutsam sind. Diese Hypothesen stellen Beziehungen zwischen Kategorien und ihren Dimensionen dar, die ihrerseits vom Forscher auf der Grundlage der beobachteten Fakten und Daten gebildet und überprüft werden.

Am Anfang des Forschungsprozesses steht also eine erste Sammlung von

Daten; diese werden kodiert – *Glaser* und *Strauss* sprechen auch vom Vorgang des „stillschweigenden" Kodierens; es werden die ersten Kategorien und ihre Dimensionen gebildet und abgeleitet; diese werden sofort wieder am Forschungsfeld überprüft; gleichzeitig werden weitere Daten gesammelt, interpretiert und verwertet; Kategorien werden bestätigt, verworfen, verändert oder erweitert; erste Hypothesen entstehen und werden gleichzeitig wieder überprüft; erste Integrationsversuche zur Zusammenfassung der ersten Ergebnisse werden unternommen; die frühen Hypothesen, die zunächst oft recht unzusammenhängend wirken, werden bald integriert und bilden die Grundlage für den entstehenden, zentralen, analytischen Bezugsrahmen; dieser analytische Bezugsrahmen wird weiterentwickelt; allmählich entsteht aus ihm eine gegenstandsbezogene Theorie.

Es ist für die Feldforschung charakteristisch, daß mehrere Hypothesen gleichzeitig verfolgt werden. Der Forscher versucht dabei, seine Ergebnisse in regelmäßigen Abständen schriftlich festzuhalten und zu kommentieren. Von zentraler Bedeutung für das Vorgehen ist, daß die verschiedenen Arbeitsvorgänge im Forschungsprozeß *gleichzeitig* vorgenommen und vorangetrieben werden: „Ebenso wie es keine klare Trennungslinie zwischen Datensammlung und Datenanalyse gibt, ... gibt es im Bereich der qualitativen Sozialforschung auch keine scharfe Trennung zwischen stillschweigendem Verkoden auf der einen und Datensammlung und Datenanalyse auf der anderen Seite. *Alle drei Vorgehensweisen gehen ständig ineinander über und sind im gesamten Forschungsprozeß eng miteinander verwoben"* (*Glaser/Strauss* 1979, S. 95; Hervorhebung durch S. L.).

Dieses gleichzeitige Vorgehen hat vielfältige Vorteile in bezug auf die Bildung gegenstandsbezogener Theorien. Während in der quantitativen Sozialforschung die drei genannten Vorgänge hintereinander (also zeitlich getrennt) stattfinden, und deswegen viele Aspekte, die zu „falschen" Zeitpunkten auftauchen, dort nicht berücksichtigt und erfaßt werden können, ist eben gerade dieses bei dem geschilderten Vorgehen möglich. Durch die Gleichzeitigkeit der Vorgehensweisen (kommentieren, interpretieren, sammeln, kodieren, analysieren, verifizieren oder verwerfen) werden die bestmöglichen Voraussetzungen für eine wirklich umfangreiche, umfassende, und dem Gegenstandsbereich angemessene Theoriebildung geschaffen. Durch dieses Vorgehen kann eine optimale Anpassung der Theorie an die soziale Wirklichkeit erfolgen, weil diese Theorie offen gehalten wird für laufende Überprüfungen, Veränderungen und Weiterentwicklungen und weil sie in permanenter, offener Auseinandersetzung mit dem empirischen Datenmaterial entsteht.

4.1.3.3. Die entstehenden Theorien

Welche Arten von Theorien entstehen durch das geschilderte Vorgehen? Wodurch zeichnen sie sich aus, und welche wichtigen Elemente sind in ihnen enthalten? Im Gegensatz zu den Theorien des logisch-deduktiven Typs werden die grounded theories direkt in dem Forschungsprozeß, aus dem empirischen Datenmaterial heraus entwickelt, und nicht deduktiv von a priori-Annahmen abgeleitet. Damit löst sich das Problem der großen Kluft zwischen den abstrakten Theorien und der empirischen Forschung. Denn diese, aus der Empirie heraus entstehenden, auf empirischen Daten und Einsichten basierenden (grounded) Theorien müssen notwendigerweise wegen ihres Entstehungszusammenhanges fruchtbar und dem Untersuchungsgegenstand angemessen sein (und Erklärungen und Voraussagen liefern können). Damit wird noch einmal deutlich, daß die Art der Entstehung einer Theorie (obwohl in der quantitativen Sozialforschung vernachlässigt, als unwichtig empfunden) von grundsätzlicher Bedeutung für die Fruchtbarkeit dieser Theorie ist.

Nicht ganz so verhält es sich allerdings mit der Form, in die eine Theorie gebracht wird. Sie hängt im Gegensatz zur Fruchtbarkeit und Anwendbarkeit einer Theorie in der Regel nicht von der Art ihrer Entstehung ab: „Grounded theory, it should be mentioned, may take different forms. And although we consider the process of generating theory as related to its subsequent use and effectiveness, the form in which the theory is presented can be independent of this process by which it was generated. Grounded theory can be presented either as a well-codified set of propositions or in a running theoretical discussion, using conceptual categories and their properties. . . . The form in which a theory is presented does not make it a theory; it is a theory because it explains or predicts something" (*Glaser/Strauss* 1967, S. 31).

Glaser und *Strauss* treten für die „*discussional form*" von Theorien ein, weil sich dies konsequent aus dem Charakter der Theoriebildung und -entwicklung ergibt: Theoriebildung wird als ein Prozeß angesehen, in dessen Verlauf die Theorie ständig verändert, modifiziert und ausgebaut wird. Sie betonen in besonderem Maße den Entwicklungscharakter ihrer Theorien. Die Theorie wird als etwas sich ständig Weiterentwickelndes betrachtet, nicht als ein vollständiges, abgeschlossenes, vollkommenes Produkt. Dieser Eigenschaft der entstehenden und entwickelten Theorien wird die „discussional form" in besonderer Weise gerecht: „The discussional form of formulating theory gives a feeling of ,ever-developing' to the theory, allows it to become quite rich, complex and dense, and makes its fit and relevance easy to comprehend. On the other hand, to state a theory in propositions, would make it less complex, dense, and rich, and more laborious to read. It would also tend by implication to ,freeze' the theory instead of giving a feeling of a need for continued development" (*Glaser/Strauss* 1967, S. 32).

Wie sehen nun die konstituierenden Elemente solcher Theorien aus, die Kategorien, die Dimensionen, die Hypothesen?

Die Kategorien und ihre Dimensionen

Wie schon erwähnt findet im Forschungsprozeß sehr schnell die Bildung erster Kategorien statt. Der ständige Vergleich vieler Gruppen führt zur Aufdeckung von Ähnlichkeiten und Unterschieden zwischen den Gruppen. Aus der Analyse der Ähnlichkeiten und Unterschiede erwächst die Formulierung abstrakter Kategorien und ihrer Dimensionen. Diese „tauchen" quasi aus dem Untersuchungsmaterial auf („emerge"). Kategorien niedrigeren Niveaus tauchen früher auf, Kategorien höheren Niveaus (integrierende Konzepte) danach. Auch die Dimensionen der Kategorien ergeben sich später im Verlauf der gleichzeitigen Sammlung, Kodierung und Analyse der Daten. Kategorien und ihre Dimensionen variieren je nach Abstraktionsniveau; sie sind relativ und vorläufig.

„Once a category or property is conceived, a change in the evidence that indicated it will not necessarily alter, clarify or destroy it. It takes much more evidence – usually from different substantive areas – as well as the creation of a better category to achieve such changes in the original category. In short, conceptual categories and properties have a life apart from the evidence that gave rise to them" (*Glaser/Strauss* 1967, S. 36)

Kategorien könnten auch aus bereits bestehenden Theorien übernommen werden. Daß aber der Weg über die Empirie gegangen wird, daß man es bevorzugt, die Kategorien aus dem empirischen Datenmaterial selbst entstehen zu lassen, läßt sich leicht erklären: Bei dieser Vorgehensweise ist es kein Problem, angemessene Indikatoren für die Kategorien zu finden. Man muß nicht – wie bei anderen formalen Theorien – die Daten nachträglich und mühsam in vorgefertigte Kategorien und Schemata pressen, und sich dann auch noch bemühen, ein solches Vorgehen gegenüber dem Leser zu erläutern, zu begründen und zu rechtfertigen.

Weil die Kategorien bei den grounded theories aus dem Datenmaterial selbst entwickelt werden, passen sie auch logischerweise sehr gut zur empirischen Realität. „In short, our focus on the emergence of categories solves the problem of fit, relevance, forcing and richness ... While the verification of theory aims at establishing a relatively few major uniformities and variations on the same conceptual level, we believe that the generation of theory should aim at achieving much diversity in emergent categories, synthesized at as many levels of conceptual and hypothetical generalizations as possible" (*Glaser/Strauss* 1967, S. 37).

Theoriebildung soll also auf der Basis vieler und vielfältiger Kategorien erfolgen, die auf möglichst vielen Niveaus konzeptioneller und hypothetischer Generalisierung zusammengefaßt sein sollen. Das erhöht die Chancen der Theorienbildung. Die Begriffe in der Theorie sollen „analytisch" formuliert, d.h. hinreichend verallgemeinert sein, um die Eigenschaften von konkreten Entitäten (nicht die konkreten Entitäten selbst) zu bestimmen. Zum anderen sollen die Begriffe „sensitizing" sein („empfindsam machend, sensibilisierend"), d.h. sie sollen ein „sinnvolles" Bild ergeben, angereichert mit zutreffenden Illustrationen, mit deren Hilfe beim Leser Bezüge zur eigenen Erfahrung hergestellt werden können.

Die Hypothesen

Der Vergleich von Unterschieden und Ähnlichkeiten zwischen den Untersuchungsgruppen bringt nicht nur Kategorien hervor, sondern auch verallgemeinerte Beziehungen zwischen ihnen, also Hypothesen. Sie stellen Beziehungen zwischen Kategorien und ihren Dimensionen dar. Wichtig ist, daß es um die empiriegesteuerte Bildung von möglichst vielen Hypothesen geht, nicht um die Überprüfung einiger weniger logisch-deduktiv abgeleiteter.

Die Hypothesen, die im Forschungsprozeß entstehen, haben zunächst den Status von vermuteten, nicht überprüften Beziehungen zwischen Kategorien und ihren Dimensionen, auch wenn sie so weit als möglich im Forschungsprozeß bestätigt werden. Die zunächst recht unzusammenhängend wirkenden Hypothesen werden im Verlauf der Untersuchung bald integriert und bilden die Grundlage für den zentralen analytischen Bezugsrahmen: „Diese integrierten Hypothesen haben einmal die Aufgabe, die aktive Suche nach Belegen zu steuern, aber sie stellen gleichzeitig auch das Kernstück der Theoriebildung dar, welches den Forscher in die Lage versetzt, verwandte Hypothesen zu entwickeln und andere auszuschließen" (*Glaser/Strauss* 1979, S. 93).

Integration ist ein wichtiger Begriff bei der Entwicklung der Theorien. Ständig findet Integration statt, auf allen Verallgemeinerungsebenen, die sich ergeben. Die laufende Integration neuer Erkenntnisse, Daten, Kategorien und Hypothesen ist notwendig, um nicht einfach bloß ein bezugsloses Nebeneinander von vorläufigen Ergebnissen, sondern ein wirklich zusammenhängendes, integriertes, analytisches Gefüge, eine systematische Theorie, die sich aber auch permanent für Veränderungen und Weiterentwicklungen offen hält, zu erhalten.

Zur Rekapitulation: Hypothesen werden nicht aus einer schon bestehenden Theorie logisch deduktiv hergeleitet, um die Theorie zu überprüfen, sondern sie dienen der Theorieentdeckung und -entwicklung selbst. Sie werden aus dem empirischen Datenmaterial gewonnen und bilden den Kern des entstehenden analytischen Bezugsrahmens. Durch und über Hypothesen, die sich im Forschungsprozeß herauskristallisieren und entwickeln, will man zur Formulierung von grounded theories gelangen: zunächst zu den schon erwähnten gegenstandsbezogenen Theorien, und letztlich dann zu den formalen Theorien. Wie man sich diesen Weg vorzustellen hat, wird im folgenden Abschnitt dargestellt.

4.1.3.4. Von gegenstandsbezogenen zu formalen Theorien

Wie wir gesehen haben, liegt ein Hauptinteresse in der Entdeckung und Entwicklung sogenannter „grounded" formaler Theorien. Die nachstehende Abbildung soll den Weg zu den formalen Theorien veranschaulichen:

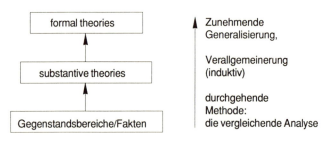

Abbildung 10: Die Genese formaler Theorien

Die gegenstandsbezogenen Theorien stellen eine – in der Regel – notwendige Vorstufe für die eigentlich angestrebten formalen Theorien dar, wie die Abbildung verdeutlicht. „We believe that although formal theory can be generated directly from data, it is most desirable, and usually necessary, to start the formal theory from a substantive one. The latter not only provides a stimulus to a ‚good‘ idea, but it also gives an initial direction in developing relevant categories and properties and in choosing possible modes of integration" (*Glaser/Strauss* 1967, S. 79).

Im Gegensatz zu der ausführlichen Behandlung der Vorgehensweisen zur Bildung gegenstandsbezogener Theorien sind die Ausführungen von *Glaser* und *Strauss* zur Weiterentwicklung von gegenstandsbezogenen zu formalen Theorien doch eher allgemein und relativ unpräzise gehalten. Sie stehen hier noch ganz am Beginn ausgereifterer Methoden und Regeln zur Entwicklung formaler Theorien: „In this chapter we shall only begin the discussion of the processes by which a substantive theory is advanced to a formal one. We should emphasize that, since our experience and knowledge are least extensive in this area, most of our discussion will be concerned with general rules, positions, and examples of initial efforts at generating formal theory. More specific procedures await the time when enough sociologists will have generated grounded formal theory that their procedures can be codified. Although we lack many specific examples, we feel certain of our general position on the ways that formal theory should be generated" (*Glaser/Strauss* 1967, S. 80).

Eine zuverlässige und genaue gegenstandsbezogene Theorie kann nach Auffassung von *Glaser* und *Strauss* nicht formuliert werden, indem einfach nur einige Ideen einer etablierten formalen Theorie auf den Gegenstandsbereich angewendet werden. Der umgekehrte Weg ist erforderlich, auch wenn man gewisse soziologische Sichtweisen und Annahmen von vornherein in die Untersuchung mit hineinnimmt. Erst muß eine gegenstandsbezogene Theorie aus den Daten heraus entwickelt sein, um sehen zu können, welche verschiedenen formalen Theorien vielleicht für die Formulierung zusätzlicher theoretischer Aussagen in der gegenstandsbezogenen Theorie herangezogen werden und nützlich sein könnten.

Irrtümlich wird oft geglaubt, daß formale Theorien direkt auf bestimmte Gegenstandsbereiche angewendet werden könnten und sie den größten Teil der geeigneten notwendigen Konzepte und Hypothesen bereitstellen würden. Die Forschungspraxis zeigt jedoch, welch schwerwiegenden Probleme sich damit ergeben, denn oft „paßt" die Theorie einfach nicht zu dem untersuchten Gegenstand. Daten müssen mühsam unter bestehende feste Kategorien und Schemata der Theorie gezwängt werden. Man kann häufig nur einen kleinen Teil der Hypothesen und Theorieteile einer Überprüfung zuführen. Eventuell neu auftauchende, angemessenere Konzepte und Hypothesen können wegen des starren theoretischen Rahmens nicht mitberücksichtigt und integriert werden. Diese Probleme stellen sich bei dem von *Glaser* und *Strauss* vorgeschlagenen Weg zur Entwicklung der „grounded theories" nicht: „Our approach allowing substantive concepts and hypotheses to emerge first on their own, enables the analyst to ascertain which, if any existing formal theory may help him generate his substantive theories. He can be more faithful to his data rather than forcint it to fit a theory" (*Glaser/Strauss* 1967, S. 34). Die gegenstandsbezogenen Theorien ihrerseits helfen, neue grounded formal theories hervorzubringen. Auf diese Weise wird eine gegenstandsbezogene Theorie zum „strategischen Bindeglied zwischen der Formulierung und Entwicklung einer auf Daten basierenden formalen Theorie" (*Glaser/Strauss* 1979, S. 108).

Der Weg, der beschrieben wird, besteht aus immer weitergehenden Verallgemeinerungen. Allerdings wird der Abstand zur Empirie dann auch größer. *Glaser* und *Strauss* gehen nicht rein induktiv im streng analytischen Sinne vor. Zum einen setzen sie ihre „constant comparative method" von der „analytisch induktiven" Vorgehensweise ab, indem sie auf einige Unterschiede hinweisen, zum anderen verwenden sie im Laufe des „theoretical sampling" auch logisch-dekuktive Ableitungen zur Bildung weiterer Hypothesen. „Also, with either a propositional or discussional grounded theory, the sociologist can (then) logically deduce further hypothesis. Indeed, deductions from grounded theory, as it develops, are the method by which the researcher directs his theoretical sampling" (*Glaser/Strauss* 1967, S. 32). Insgesamt gesehen ist das Verfahren aber induktiv.

Das richtige Vorgehen, formale Theorien zu entwickeln, ist die vergleichende Analyse. Zu diesem Zweck ist eine Vielzahl von Theorien nötig – sowohl auf der Ebene der gegenstandsbezogenen, als auch auf der Ebene der formalen Theorien. Zur Formulierung einer formalen Theorie gelangt man über die vergleichende Analyse der Ergebnisse der einzelnen gegenstandsbezogenen Theorien und durch Verallgemeinerung, Generalisierung der in diesen Theorien enthaltenen Aussagen und Hypothesen. Es ist kein brauchbarer Weg, nur eine einzige gegenstandsbezogene Theorie zu betrachten und ihre Aussagen einfach nur auf eine höhere Allgemeinheitsstufe zu „heben", sie also einfach nur umzuschreiben, umzuformulieren. „Such rewriting techniques applied to a substantive theory, are not an adequate formal theory itself. . . . All they have done is to raise the conceptual level of their work mechanically; they have not raised it through comparative understanding. They have done nothing to broaden the scope of their theory on the formal level by comparative investigation of different substantive areas. They have not escaped the time and place of their substantive research, though their formal writing of the theory may lead readers into thinking so" (*Glaser/Strauss* 1967, S. 81).

Angezielt wird also nicht eine sog. „One-Area Formal Theory" sondern eine „Multi-Area Formal Theory". Analog zum Vorgehen bei der Bildung gegenstandsbezogener Theorien sollen nach *Glaser* und *Strauss* zur Bildung einer formalen Theorie viele „substantive areas" untersucht werden. Auf diese Weise kommen sie über vergleichende Analyse, über die Minimierung und Maximierung von Unterschieden und Ähnlichkeiten, auf die sie in der systematischen Untersuchung vielfältiger Vergleichsgruppen und gegenstandsbezogener Theorien stoßen, zu neuen, noch allgemeineren Aussagen, Kategorien und Hypothesen, die ihrerseits wieder den Kern des neu entstehenden analytischen Bezugsrahmens der formalen Theorie bilden. *Glaser* und *Strauss* betonen die Notwendigkeit, nicht – wie häufig der Fall – bei gegenstandsbezogenen Theorien stehen zu bleiben, sondern den

Schritt weiter zur Formulierung formaler Theorien zu wagen, um auf diese Weise zu allgemeingültigeren, gesetzesartigen Hypothesen gelangen zu können.

4.1.3.5. Zusammenfassung

- Im Gegensatz zu *Barton* und *Lazarsfeld* lehnen es *Glaser* und *Strauss* ab, die qualitative Sozialforschung lediglich als Vorstufe der quantitativen Forschung aufzufassen. Die wesentliche Aufgabe der Soziologie sehen sie in der *Entdeckung und Entwicklung von Theorien.*
- Ihre Kritik gilt somit nicht den Theorien schlechthin, sondern nur dem *eingeengten Theorieverständnis in der quantitativen Methodologie*. Bei dem ihr zugrundegelegten logisch-deduktiven Modell werden die Daten erst im Nachhinein zur Bestätigung oder Widerlegung der Theorie herangezogen, spielen aber keine Rolle bei deren Generierung.
- Das Konzept der *begründeten Theorie* (genauer: auf dem Boden beobachteter Daten begründeten Theorie) bzw. „grounded theory" von *Glaser* und *Strauss* beruht im Gegensatz dazu von Anfang an auf einem *direkten Bezug zur empirischen Wirklichkeit.*
- Die Autoren wenden sich gegen die *Überbetonung der Überprüfung* bei gleichzeitiger *Vernachlässigung der Entdeckung neuer Theorien.*
- Das oberste Ziel besteht in der Entwicklung *gegenstandsbezogener* und verständlicher *Theorien*, d. h. von Konzepten für einen bestimmten Gegenstandsbereich (z. B. Verhalten in delinquenten Gruppen), die sich auf empirische Forschungen in diesem Bereich stützen (vgl. *Glaser/Strauss* 1979 a, S. 91).
- Diese Theorien dienen als Vorstufe für die Entwicklung der letztlich angestrebten *formalen Theorien*, die sich durch einen *hohen Allgemeinheitsgrad* auszeichnen (z. B. Theorien abweichenden Verhaltens).
- Kennzeichen der formalen Theorie sind die *Aufhebung raum-zeitlicher Beschränkungen, universeller Geltungsanspruch und „mittlere Reichweite"* in Abhebung zu Gesellschaftstheorien. Auch formale Theorien bedürfen aber einer empirischen Verankerung.
- Die Hypothesen, die Bestandteil einzelner formaler Theorien sind, haben den Charakter von Gesetzeshypothesen, d. h. von Hypothesen über die Beziehungen zwischen Variablen, die in ihrem Geltungsanspruch universell sind. Der Unterschied zu den bereichsspezifisch bezogenen Hypothesen auf niedrigerer Allgemeinheitsstufe besteht darin, daß sie sich auf Sozialbeziehungen unterschiedlichster Art beziehen (vgl. *Hopf/Weingarten* 1979, S. 31).
- Auf der Basis eigener Forschungserfahrungen versuchen *Glaser* und *Strauss* Regeln zu formulieren, die den Prozeß der Theoriebildung und die Prüfung der Plausibilität und Glaubwürdigkeit von Theorien anleiten sollen:
  - *Datensammlung und Datenanalyse erfolgen gleichzeitig*
    Die Datensammlung ist stets von Hypothesenbildung begleitet. Der Forscher wird nur solche Daten sammeln, die ihm für die Entwicklung und Überprüfung seiner Hypothesen wichtig erscheinen, wobei sich die Hypo-

thesen zwangsläufig herauskristallisieren. Bereits vorhandene Konzepte (preconceptions) werden als *empfindsam-machende Konzepte* (sensitizing concepts) benutzt, indem sie den Forscher veranlassen, seine Aufmerksamkeit auf bestimmte Phänomene zu richten; sie haben jedoch immer nur vorläufigen Charakter. Sie werden nur benutzt, um später wieder aufgegeben zu werden, nachdem mit ihrer Hilfe bestimmte Aspekte des interessierenden Bereichs herausgefunden wurden.

Beispiel:
Bei der teilnehmenden Beobachtung in einer Eingeborenen-Kultur gelangt der Forscher zu der Vermutung, daß bestimmte Arten sexuell abweichenden (bzw. ihm als abweichend erscheinenden) Verhaltens großzügig toleriert werden. Er wird nun sensibilisiert für „sexuelle Permissivität" in dieser Kultur. Im Verlauf seiner weiteren Forschungen auf diesem Gebiet könnte er dann feststellen, daß die Toleranz nur für bestimmte Statusgruppen unter bestimmten Bedingungen gilt, so daß er sein früheres Konzept von der Permissivität in dieser Kultur revidieren muß.

In der Regel befaßt sich der Forscher gleichzeitig mit mehreren Hypothesen, da ja auch im Verlauf der Untersuchung eine Fülle von Daten anfallen. Die zunächst unzusammenhängend erscheinenden Hypothesen werden nach und nach integriert und bilden schließlich die Grundlage für den *zentralen analytischen Bezugsrahmen*. Dieser schützt den Forscher davor, alle erhältlichen Daten anzuhäufen, ohne sich gleichzeitig über Ziel und Zweck seiner Forschung Rechenschaft abzulegen. Die Kategorisierung der Daten erfolgt dabei im Verlauf des gesamten Forschungsprozesses. *Die verschiedenen Stufen der Datenanalyse, d. h. die Datensammlung, Kodierung, Kategorienbildung, Hypothesen- und Theorieentwicklung, laufen gleichzeitig ab* und unterstützen sich wechselseitig im Verlauf des Forschungsprozesses. Probleme können sich aber aus der gewollten Vermischung von Datensammlung und Datenanalyse ergeben, wenn der Forscher immer weitere Daten zur Absicherung und Vervollständigung seiner Analyse sammelt, ohne zu berücksichtigen, daß er so die Theorieentwicklung kaum weiter voranbringt, die Datenmenge also offenbar einen „abnehmenden Grenznutzen" hat.

- *Die Verwendung geeigneter Vergleichsgruppen*
Die Glaubwürdigkeit einer Theorie läßt sich durch die Verwendung von Vergleichsgruppen erhöhen, stellen diese doch Variationen dar, die zur Wesenserkenntnis verhelfen können (vgl. 3.2.). Ähnlichkeiten und Unterschiede verschiedener Vergleichsgruppen tragen dazu bei, die sozialstrukturellen Bedingungen der Anwendbarkeit der Theorie zu erkennen und fördern die Datenanalyse, da sich so verschiedene theoretische Kategorien ergeben, deren Bedeutungen anhand der Gruppenvergleiche festgelegt werden.

Beispiel:
In einer niederländischen Untersuchung zum generativen Verhalten sollten Ursachen und Motive herausgefunden werden, die Frauen veranlassen, freiwillig auf Nachwuchs zu verzichten (vgl. den *Bandt* 1982). Um Einsicht in die Motivationsstrukturen zu erhalten, wurden folgende Vergleichsgruppen gebildet:
1. Freiwillig kinderlose Frauen, die dies auch bleiben wollten;

2. Frauen, die noch unsicher waren, ob sie Kinder wollten oder nicht;
3. Frauen, die ihren Kinderwunsch noch aufschieben wollten;
4. (als Kontrollgruppe) Mütter mit einem Kind unter 2 Jahren.

Auf diese Weise gelang es recht gut, die Besonderheiten der am meisten interessierenden ersten Gruppe herauszuarbeiten (vgl. *Kiefl/Schmid* 1985, S. 202 ff.)

- *Vertrauen in die Glaubwürdigkeit des eigenen Wissens*
  Wegen der Vertrautheit mit dem Feld gewinnt der Forscher Sicherheit hinsichtlich der Gültigkeit seiner Ergebnisse. Durch die Teilnahme am sozialen Leben seiner Untersuchungssubjekte bieten sich ihm vielfältige Gelegenheiten, seine Vermutungen und Analysen im Alltagsleben zu überprüfen, auch ohne vorher ein umfangreiches Instrumentarium entwickeln und testen zu müssen. Die Vertrautheit befähigt dazu, die richtigen Fragen für den Hypothesentest zu stellen:

  Beispiel:
  „Suggestivfragen bzw. ähnliche das Gespräch diktierende Fragen sind auch dann zu empfehlen, wenn der Interviewer durch eine bewußt falsche Unterstellung den Interviewten zu weiteren Informationen anregen will. Bei meiner Polizeiuntersuchung z. B. fragte ich: ‚Die uniformierten Polizisten verstehen sich doch sicher gut mit den Kriminalpolizisten?', obwohl ich ahnte, daß dies nicht stimmen könne, ich hatte jedoch bis dahin keine entsprechende Information. Meine Frage wirkte auf den Beamten derart, daß er lächelnd meinte, dies könne nicht stimmen, denn aus gewissen Gründen wäre die Konkurrenz zwischen diesen Personengruppen eine große" (*Girtler* 1984, S. 160 f.; vgl. auch *Girtler* 1980).

- *Die Vermittlung und Einschätzung der Glaubwürdigkeit*
  Sie erfolgt durch Verständlichmachen des theoretischen Bezugsrahmens, d. h. durch die abstrakte Darstellung des Rahmens und der damit verknüpften theoretischen Annahmen. Dazu müssen die verwendeten Begriffe analytisch formuliert und verallgemeinert werden. Eine andere Möglichkeit besteht darin, die erforschte soziale Welt aus der Perspektive des Bezugsrahmens so lebensnah wie möglich zu beschreiben, z. B. durch persönliche Erfahrungen, Zitate oder Lebensgeschichten (vgl. dazu z. B. *Girtler* 1980, 1980a, 1983). Bei der Darstellung der untersuchten sozialen Welt erscheint es zweckmäßig, *„empfindsam machende"* (sensitizing) Begriffe zu verwenden, um so beim Leser Bezüge zur eigenen Erfahrung herzustellen. Welche dieser grundsätzlichen Alternativen vorzuziehen ist, ergibt sich aus der Auseinandersetzung mit den Daten.

- *Gegenstandsbezogene und formale Theorien*
  Qualitative Forschung ist nach *Glaser* und *Strauss* eine Strategie zur Entdeckung gegenstandsbezogener Theorien, auf deren Grundlage begründete formale Theorien konstruiert werden. In den gegenstandsbezogenen Theorien werden Konzepte zu verschiedenen Hypothesen für einen bestimmten Gegenstandsbereich formuliert. Ihre Merkmale sind: geringe Allgemeinheit, Bereichsspezifität und „mittlere Reichweite" (vgl. *Merton* 1957, 1969). Daraus begründete formale Theorien sind Hypothesen mit universalem Geltungsanspruch und hohem Allgemeinheitsgrad.

Glaser und *Strauss* streben eine möglichst große Theorienvielfalt an, während durch Theorien des logisch-deduktiven Typs oft schon implizit unterstellt wird, daß es nur eine Theorie für einen bestimmten Bereich gäbe, im Extremfall vielleicht sogar nur einen soziologischen Ansatz für alle Bereiche überhaupt.

- Gegen das Konzept der begründeten Theorie von *Glaser* und *Strauss* lassen sich Einwände vorbringen: Da Forschung ohne ein gewisses *Vorverständnis* nicht möglich ist (in der Phänomenologie bemüht man sich um eine „möglichst vorurteilsfreie" Einstellung; vgl. 3.2.), ist die Annahme der völligen Voraussetzungslosigkeit nicht einzulösen. Voraussetzungen und Erwartungen sind schon deshalb notwendig, um die richtige Auswahl aus der Datenmenge zu treffen, wenn man die Wichtigkeit bestimmter Problembereiche einschätzt.
- Ein weiteres Problem ergibt sich daraus, daß immer neue Informationen gesammelt werden und schließlich eine nicht mehr zu verarbeitende *Datenfülle* vorliegt. Hier muß der Forscher für eine sinnvolle Beschränkung sorgen, wobei das andere Extrem einer zu voreiligen Festlegung auf ein bestimmtes Konzept zu vermeiden ist.
- Offen bleibt, wie sich die *Intersubjektivität* (vgl. 4.4.) der so entdeckten Theorien sichern läßt. Forscher unterscheiden sich z. B. schon allein dadurch, daß sie in unterschiedlicher Weise in der Lage sind, zu einer vorurteilsfreien Einstellung zu gelangen. Erfahrungen, Sensibilität, Erwartungen etc. sind ebenfalls differentiell verteilt, weshalb es wahrscheinlich ist, daß verschiedene Forscher unter sonst gleichen Bedingungen zu unterschiedlichen Theorien gelangen.
- Auch die Frage, *wie Hypothesen im Forschungsprozeß „verifiziert"* werden können, wenn die herkömmlichen Hypothesentests ausscheiden, ist schwer zu beantworten. Irgendwann muß der Prozeß der Datensammlung, Datenanalyse und Dateninterpretation zu einem (vorläufigen) Abschluß kommen. Der Zeitpunkt dafür hängt u. a. davon ab, wann eine Erklärung akzeptabel erscheint. Auch hier können sich interindividuelle Differenzen bei den einzelnen Forschern entscheidend auswirken.
- Das Verfahren der *Datensammlung* erscheint weitgehend *unkontrolliert und relativ willkürlich.* Damit ergibt sich die Frage nach dem Unterschied qualitativ erhobener Daten zu jedermanns Alltagserfahrung. Zwar wird ein mit dem Bereich vertrauter und engagierter Forscher mehr und anders wahrnehmen als ein eher zufällig Beteiligter, doch fehlen eindeutige und abgesicherte Kriterien hierfür.
- Auch die Schwierigkeit der Überprüfung der Validität (vgl. 4.4.1.) ist zu erwähnen, die den Nachweis verlangt, daß die erhobenen Daten wirklich empirische Bezugspunkte für die in der Theorie angegebenen Zusammenhänge darstellen.
- Letztlich muß man festhalten, daß auch die Konzeption von *Glaser* und *Strauss* wichtige Fragen unbeantwortet läßt bzw. neue Probleme aufwirft. Wenn man auch damit zu Theorien (mit ebenfalls universellem Geltungsanspruch) gelangt, so läßt sich die *Methode der Theoriekonstruktion doch nur wenig präzise* fassen. Das Anliegen der Autoren besteht möglicherweise weniger in der Entwicklung eines expliziten Alternativkonzepts zur quantitativen Methodologie als in der

Äußerung von Unmut über die relative Erfolglosigkeit der gegenwärtigen Soziologie und Sozialforschung. Ihr Plädoyer zielt auf eine *Verminderung der Reglementierung zugunsten einer breit gefächerten Exploration* ab.

4.1.4. Theorien und Hypothesen in qualitativer und quantitativer Sozialforschung im Überblick

Über die drei behandelten Positionen qualitativer Sozialforschung zur Frage nach Theorien und Hypothesen hinweg lassen sich grundlegende Gemeinsamkeiten feststellen:

- Die problematische *Trennung von Genesis und Geltung*, also von *Entdeckungs- und Begründungszusammenhang* in der quantitativen Sozialforschung, wird in der qualitativen Sozialforschung mehr oder weniger strikt abgelehnt.
- Das Vorgehen der *Theoriegewinnung* ist in der quantitativen Position deduktiv, in dem qualitativen Paradigma *induktiv*.
- Basis für die *Theorieentwicklung* ist in der qualitativen Sozialforschung immer die *soziale Realität* des zu untersuchenden Feldes, weshalb die so produzierten Theorien „*realistischer*" sind.
- Theorien entstehen in einem „Anpassungsprozeß" der Theorien an die soziale Lebenswelt, die als Ausgangspunkt dient: *die Realität modifiziert* in konkreter Forschung *die Theorie permanent.*

In noch weitergehender Vereinfachung können die Unterschiede zwischen qualitativer und quantitativer Sozialforschung bezüglich Theoriebildung und -prüfung in einer Abbildung erfaßt werden:

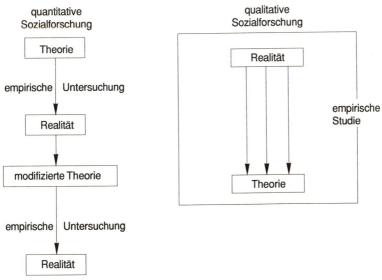

Abbildung 11: Die Theoriebildung in quantitativer und qualitativer Sozialforschung

4.2. Begriffsbildung

„Die Beobachtung geschieht mit Hilfe von Begriffen, die Beobachtungsergebnisse werden in Begriffen mitgeteilt; auch an Bewußtseinsprozesse werden im verstehenden Nachvollzug sprachliche Ausdrücke herangetragen" (*Konegen/Sondergeld* 1985, S. 156). Die Sprache als Mittel der Erkenntnis stellt also Begriffe zur Verfügung, die zur Erfassung, Ordnung und Deutung der natürlichen und der sozialen Umwelt dienen. Sämtliche Beobachtungen zur empirischen Überprüfung oder Gewinnung einer Theorie sind sprachlich vorgeprägt, so daß von einer gegenseitigen Abhängigkeit von Beobachtung, Theorie und Sprache ausgegangen werden kann. Es gibt also keine theoriefreie Beobachtung, keine theoriefreien Begriffe (Basissatz-Problem), keine beobachtungsfreie Theorie und keine sprachfreie Theorie in den Sozialwissenschaften.

Beispiel:
Inwieweit jemand als „krank" oder als „Alkoholiker" gilt (Begriff), ist letztlich theorieabhängig. Begrifflich-theoretische Zuordnungen können auf diese Weise die soziale Wirklichkeit für die Betroffenen in entscheidender Weise bestimmen, z.B. ob jemand den Rest seines Lebens in einer geschlossenen Anstalt verbringen muß.

Eine wichtige Voraussetzung ist daher die Klärung der Sprache, damit sowohl der Forscher als auch der Untersuchte im Alltagsleben mit ihren Worten das Gleiche beschreiben und interpretieren. Schwierig ist das deshalb, weil ein Soziologe beispielsweise bestimmte Begriffe ganz anders als im Alltagsleben gebraucht (vielleicht auch nur spezifischer), also einen anderen Sprachgebrauch und vielleicht eine andere Sprachkultur hat. *Cicourel* nennt dieses Problem „die Vermengung der soziologischen Sprache über soziologische Theorien und soziales Geschehen mit der Sprache, die von den Untersuchungsobjekten benutzt wird" (*Cicourel* 1970, S. 12).

Die qualitative Sozialforschung versucht, Forschungsergebnisse mit Hilfe von Methoden, wie teilnehmender Beobachtung, narrativem Interview etc. zu erhalten. Sie geht dabei von dem Standpunkt aus, daß es auf die Qualität der Aussage ankommt, also auch auf das „Wie" und nicht nur auf das „Was". Deswegen ist es nicht allein wichtig, daß etwa im Interview eine Antwort auf eine Frage gegeben wird, sondern es kommt besonders darauf an, ob diese Antwort vom Interviewer oder Forscher so verstanden wird, wie sie gegeben und gemeint wurde (Bedeutungsäquivalenz im quantitativ-begrifflichen Verständnis). Es ist dabei unerheblich, ob diese Antwort in ein wie auch immer theoretisch vorgegebenes Antwortschema paßt, sondern es ist wichtig, mit welchen Gedanken im Hintergrund der Befragte dieses oder jenes sagt. Der Forscher muß sich also in seinen Gegenstand einfühlen können, er muß das Alltagswissen, die common-sense-Erfahrungen haben wie seine Untersuchungsperson. Dabei tritt das Problem der möglichen Differenz in der Interpretation zwischen Forscher und Untersuchtem auf (vgl. die hermeneutische Differenz).

Von besonderer Wichtigkeit ist die Klärung des Verhältnisses zwischen der

Innenperspektive der Handelnden und der Außenperspektive der Wissenschaft, wobei in der herkömmlichen Sozialforschung das Schwergewicht auf dem Außenaspekt liegt. Auf die Problematik der Vernachlässigung der Innensicht wurde wiederholt hingewiesen. Damit stellt sich die Frage nach der Art der in der Sozialforschung zu verwendenden Begriffe und nach der Arbeitsweise qualitativ orientierter Sozialforscher.

Charakteristisch für qualitative Forschungen ist der *Gebrauch wenig spezifizierter Konzepte zu Beginn der Untersuchung.* McCall (1979) spricht hier von *„orienting concepts"*, *Blumer* (1954) und *Denzin* (1970) von *„sensitizing concepts".* Dies bedeutet aber nicht, daß der Forscher in eine Untersuchung begriffslos ginge, sondern er sollte mit flexiblen Konzepten beginnen, die im Verlauf des explorativen Forschungsprozesses ihre Sensibilität gegenüber der empirischen Welt bewahren (vgl. *Witzel* 1982, S. 16).

Wie bei den Theorien (vgl. 4.1.) gibt es auch bei der Begriffsbildung kontroverse Standpunkte: *Denzin* (1970) sieht die „sensitizing concepts" lediglich als notwendige Vorarbeiten für gültige Operationalisierungen. *Witzel* kritisiert die Reduktion dieses „alternativ zur empiristisch-normativen Theoriebildung formulierten Konzepts auf bloße Hilfsmittel – bzw. Lückenbüßerfunktion" (*Witzel* 1982, S. 35), da so die eigenständige Entwicklung methodologischer Ansätze behindert werde, was sich bei der konkreten methodischen Ausformulierung der einzelnen empirischen Schritte negativ bemerkbar mache.

Ungeachtet der unterschiedlichen Positionen wird aber zunächst das anfallende empirische Material unter einer nur lose strukturierenden Perspektive gesammelt. Erst die später erfolgende theoretische Aufarbeitung der so erfaßten Daten führt zu exakteren Begriffen und Hypothesen. „Ein solcher Ansatz kann als ereignisinterpretierender bezeichnet werden und unterscheidet sich von der gezielten Messung a priori definierter Konzepte in der quantitativen Forschung. Analytische Induktion ist eine Methode systematisierter Ereignisinterpretation, die sowohl den Prozeß der *Genese* wie auch der *Prüfung* von Hypothesen umfaßt. Ihr entscheidendes *Instrument* ist die *Analyse der Ausnahme,* des von der Hypothese abweichenden Falls. Ihr *Ziel* sind Aussagen von der Art: ‚Alle S sind P'" (*Bühler-Niederberger* 1985, S. 475f.; Hervorhebungen durch S. L.). An die Stelle des konventionellen Verfahrens der Verwendung a priori definierter Begriffe tritt also die zunächst versuchsweise Verwendung von Konzepten, die erst im weiteren Untersuchungsverlauf exakt definiert werden.

Tatsächlich kann man aber in der konventionellen, quantitativ orientierten Sozialforschung nicht einmal davon ausgehen, daß exakt definierte Begriffe vorliegen. *Blumer* (1979, S. 58) meint, daß die überwiegende Mehrzahl der begrifflichen Konzepte auffällig vage und wenig präzise in ihren empirischen Bezügen seien, wofür er u. a. Begriffe wie „Sitten", „Integration", „Entfremdung" oder „Anomie" angibt.

In einem ähnlichen Sinne werden Begriffsbildung und instrumentelle Definition von *Adorno* kritisiert: „Das in der empirischen Technik allgemein gebräuchliche Verfahren der operationellen oder instrumentellen Definition, das etwa eine

131

Kategorie wie ‚Konservatismus' definiert durch bestimmte Zahlenwerte der Antworten auf Fragen innerhalb der Erhebung selbst, sanktioniert den Primat der Methode über die Sache, schließlich die Willkür der wissenschaftlichen Veranstaltung. Prätendiert wird, eine Sache durch ein Forschungsinstrument zu untersuchen, das durch die eigene Formulierung darüber entscheidet, was die Sache ist: ein schlichter Zirkel. Der Gestus wissenschaftlicher Redlichkeit, der sich weigert, mit anderen Begriffen zu arbeiten als mit klaren und deutlichen, wird zum Vorwand, den selbstgenügsamen Forschungsbetrieb vors Erforschte zu schieben" (*Adorno* 1972, S. 512 f.).

Dies bedeutet nicht, daß man von jeglicher wissenschaftlicher Begriffsbildung Abstand zu nehmen hätte. *Schütz* (1960) spricht in diesem Zusammenhang von *„Konstruktionen zweiten Grades"*, die auf „Konstruktionen ersten Grades" aufbauen, d. h., auf Konstruktionen, mit welchen die Handelnden die gesellschaftliche Wirklichkeit schon vor und unabhängig von der wissenschaftlichen Untersuchung vorstrukturiert haben (vgl. *Dallmayr* 1977, S. 140).

Bei den Begriffen geht es darum, eine Kongruenz zwischen den *Relevanzsystemen* des Forschers und der Beobachteten bzw. Befragten herzustellen, d. h. die Begriffe des Forschers mit den Vorstellungen der Untersuchten von deren Alltagswirklichkeit in Einklang zu bringen: „Ohne die common-sense Konstrukte der Untersuchten zu kennen (d. h. deren routinierte Interpretationen ihrer täglichen Handlungs- und Interaktionspraxis) kann der Forscher nicht garantieren, daß er überhaupt die Bedeutungsstrukturen derer erfaßt, die als Handelnde in der Situation auftreten, die er beschreiben oder beobachten will" (*Witzel* 1982, S. 16).

Konstruktionen ersten Grades sind somit Vorbedingungen jeder wissenschaftlichen Analyse. Nach *Douglas* (1976) hat jede wissenschaftliche Form des Verstehens menschlicher Handlungen mit dem Verstehen alltäglicher Handlungen zu beginnen, was praktisch darauf hinausläuft, *Schlüsselereignisse* in funktional bedeutsamen und beschreibenden Begriffen festzuhalten und in einen umfassenderen sozialen Kontext zu setzen. „Die Schlüsselereignisse seien Konkretisierungen abstrakter Prinzipien sozialer Organisation" (*Mohler* 1981, S. 720). Damit wird die oft und zurecht kritisierte Distanz des Forschers zur untersuchten sozialen Realität reduziert.

Beispiel:
Aus einer Befragung von Müttern für oder gegen ein zweites Kind (vgl. *Urdze/Rerrich* 1981, S. 21 ff.) einige Zitate:
„Meine Mutter war immer lustig und immer nett und möchte es jedem recht machen . . . aber so leben wie meine Mutter möchte ich nicht. Meine Mutter hat einen Haufen Kinder und einen Haufen Arbeit. Ich finde, für ein Kind muß man schon mehr da sein, als wie wir aufgewachsen sind."
„Wir sind in einem ganz kleinen Ort zuhause, und da hat meine Mutter keine Beschäftigung gefunden. Sie hatte nur mich, war immer zuhause, nur der Haushalt war bei Mutter maßgebend. Sie putzt dauernd und arbeitet im Garten, und das möchte ich nicht machen, nur rumputzen und waschen."
„Nein, ich möchte nicht so leben wie sie. Sie war ja ewig Hausfrau und Hausarbeit kann ja jede machen. Da kann ich eine von der Hilfsschule holen, die saugt mir auch die Wohnung raus."

Aus solchen und ähnlichen Zitaten, die eine Distanzierung von der Lebensweise der Mutter belegen, auch wenn man zu ihr ein positives Verhältnis hatte oder hat, schließen die Autoren: „Die Planung des Lebensweges entwickelt sich in Auseinandersetzung mit der eigenen Mutter. Deren Situation wird überwiegend schlechter als die eigene beurteilt, wofür häufig die Überlastung durch eine zu große Familie verantwortlich gemacht wird. Die Mütter werden mehrheitlich als altmodisch, zu abhängig, zu aufopfernd und zu familienorientiert geschildert. In bewußter Distanzierung zum Leben der Mutter entwickelt sich der Wunsch nach einem besseren Lebensstil – und damit im Zusammenhang – der Wunsch nach weniger Kindern" (*Urdze/Rerrich* 1981, S. 23).

Während in den klassischen Naturwissenschaften bzw. bei der Untersuchung der unbelebten Natur eine Trennung zwischen dem zu erkennenden Untersuchungsobjekt und dem erkennenden Subjekt möglich ist, trifft dies für die Sozialwissenschaften nicht zu. Begriffe dienen hier nicht allein zur Erkenntnis von Zusammenhängen, sondern auch zur Klassifizierung der sie anwendenden: „Jedes soziale Phänomen ist umstellt von volkstümlichen und wissenschaftlichen Begriffen und Interpretationen, deren Gebrauch nicht nur dazu dient, den sozialen Tatbestand selbst zu erhellen, sondern auch den Interpreten sozial einzuordnen" (*Hondrich* 1972, S. 129). Dies gilt sowohl für Konstruktionen ersten als auch zweiten Grades (first order und second order concepts): Konstruktionen zweiten Grades, die auf den Interpretationen der Handelnden aufbauen, sind aber vom Sozialwissenschaftler erzeugte Produkte auf anderem Abstraktionsniveau (vgl. *Girtler* 1984, S. 35).

Beispiel:
Für die Naturwissenschaften ist es unerheblich, etwas über Lebensgeschichte oder soziale Herkunft eines Forschers zu erfahren; die von ihm gemachten Entdeckungen gelten unabhängig von solchen Fakten. Dagegen sind derartige Informationen für die Bewertung der Arbeit eines Sozialwissenschaftlers weit bedeutsamer, wenn man etwa theoretisch davon ausgeht, daß die Klassenlage das Bewußtsein bestimmt bzw. – allgemeiner – die soziale Herkunft die Sicht- und Interpretationsweise beeinflußt.

Soziales Handeln (im weitesten Sinne) ist durch die Deutungsschemata der Akteure vermittelt und kann nicht unabhängig davon erfaßt werden. Die Angemessenheit eines Meßverfahrens ist davon abhängig, inwieweit es gelingt, den Abstand zwischen beiden Ebenen zu überbrücken (vgl. *Jarvie* 1978, S. 224 ff.).

Nicht nur bei der Beschreibung der Daten, sondern bereits bei deren Gewinnung zeigt sich die Abhängigkeit von der Theorie, denn die Alltagserfahrung, die im Lichte theoretischer Begriffe und mit Hilfe von Meßoperationen in wissenschafliche Daten transformiert wird, ist ihrerseits schon symbolisch strukturiert und bloßer Beobachtung unzugänglich (vgl. *Habermas* 1970). In den *Meßoperationen kommt es zur Umformung der Alltagserfahrung in wissenschaftliche Daten,* so daß sich das Problem der Gewinnung adäquater Daten auf methodologischer Ebene auf das Problem der Messung verengt, d. h. auf welche Weise numerische Werte Beobachtungen zugeordnet oder wie kommunikative Erfahrungen in Daten transformiert werden.

Mit diesen Überlegungen sind wir wieder bei der quantitativen Sozialforschung angelangt, die die Schwierigkeiten der Begriffsbildung methodologisch in deren Folge als Meßproblematik der Sozialforschung behandelt. Dies ist deshalb der Fall, weil ein bestimmtes Konzept zugrundeliegt, von dem sich die qualitative Position klar abgrenzt. Um diese Distanzierung besser zu verstehen, wird die quantitative Sozialforschung bezüglich der Begriffsbildung kursorisch skizziert. (Auf Differenzierungen innerhalb dieser Auffassung wird verzichtet.)

In der quantitativen Sozialforschung sollen die in den (deduktiv) entwickelten Theorien und Hypothesen enthaltenen Begriffe als theoretische einer empirischen Überprüfung zugeführt werden. „Hieraus ergeben sich zwei wesentliche Schwierigkeiten: Die eine bezieht sich darauf, inwieweit die Begrifflichkeit an die Erfahrbarkeit herangeführt werden kann, d.h. wie man die theoretischen Begriffe möglichst nahe an die von ihnen gemeinte Erscheinung heranrücken könnte. Eine zweite Schwierigkeit ergibt sich aus der Beziehung zwischen Theorie und Begriff, denn es besteht nicht a priori ein Kompatibilitätsverhältnis zwischen beiden" (*Lamnek* 1980, S. 15). Der empirische Test setzt zunächst voraus, daß die mit den Begriffen gemeinten Sachverhalte prinzipiell beobachtbar sind. Der Sozialforscher fragt also danach, welche empirischen Phänomene dem entsprechen, was theoretisch in den Begriffen steht. In diesem Kontext werden dann die Fragen nach der *Präzision*, der *Reichweite*, der *Kontinuität* usw. der Begriffe relevant.

Wegen der zunächst einmal quasi unabhängig von der Realität angestellten begrifflich-theoretischen Überlegungen (natürlich sind wegen des *Ähnlichkeitskriteriums* (vgl. *Prim/Tilmann* 1973, S. 48) Orientierungen an der Wirklichkeit immer vorhanden) und der theoretisch-abstrakten Fassung der Vorstellungsinhalte der Begriffe besteht immer die Gefahr, daß das theoretisch Gemeinte mit der sozialen Realität nicht deckungsgleich ist. Um dieses Problem zu umgehen, wurden die Begriffe in der Sozialforschung *nominalistisch* definiert. Damit kann nur noch die Frage der *Angemessenheit* der Begriffe, nicht aber die ihrer *Richtigkeit* (= Wahrheit) diskutiert werden. Neben der Tatsache, daß damit Kritikimmunisierungen ermöglicht werden können, werden die nominalistischen Definitionen der Realität schon deshalb nicht mehr gerecht, weil sie sie nur mehr selektiv erfassen. Nur das, was vorab an Vorstellungsinhalten durch die Definition in den Begriff eingebracht wurde, wird auch einer empirischen Prüfung zugeführt; alles andere ist ausgeklammert. „Die von rigiden Sozialforschern vorgeschlagene Lösung des ... Problems besteht darin, die Bedeutung des Begriffs für identisch zu erklären mit den spezifischen Operationen, die die gemeinte Erscheinung messen (fatales Beispiel: Intelligenz ist, was der Intelligenzquotient mißt)" (*Lamnek* 1980, S. 15). Aber gerade dagegen wendet sich der symbolische Interaktionismus, wenn er auf das Problem der möglichen Divergenz von Innenperspektive des Handelnden und Außenperspektive des Wissenschaftlers, also auf die Schwierigkeiten wissenschaftlicher Begriffe und deren Bedeutungen, verweist.

Unterstellt man also, daß alles Ausgeklammerte unerheblich und irrelevant sei, so bleibt immer noch als Problem die mangelnde Kongruenz von theoretisch-abstrakt entwickeltem Begriff und dem in der Realität gemeinten Phänomen. Die

Begriffe müssen an die Wirklichkeit herangeführt werden; hierzu dient die *Operationalisierung* (vgl. 4.3.). In extremtypischer und nicht ganz realitätsgerechter Formulierung kann man nun davon ausgehen, daß der Begriff in seiner operationalisierten Fassung nicht an der Realität gemessen, sondern die Realität an den Begriff angepaßt wird. Alle Phänomene aus der Wirklichkeit, die nicht mit dem Begriff kompatibel sind, werden eben nicht unter diesen subsumiert und aus den weiteren Überlegungen eliminiert.

Damit wird offenkundig, daß die quantitative Sozialforschung zwei „Sprachsysteme" hat: die theoretische Wissenschaftssprache und die Alltagssprache der sozialen Realität, die nicht immer deckungsgleich gemacht werden können. Der Versuch, die nominale Begriffsfassung durch operationale Definition zu ersetzen und damit die Meßoperation selbst zum Inhalt eines Begriffes zu machen, führt bestenfalls zu einer Kongruenz zwischen theoretisch Gemeintem und empirisch Erfaßtem. Ob damit das Erfaßte auch das letztlich Gemeinte ist, muß nicht selten offen bleiben. „Der begriffliche Konstruktivismus ... kann als ein Indiz dafür gedeutet werden, daß die empirische Sozialforschung an dem Vorsatz festhält, ihren Gegenständen die Begriffe auf den Leib zu schreiben" (*Hartmann* 1970, S. 77). Dies aber beinhaltet die geschilderte Gefahr mangelnder Abbildung der Realität. Das Wissenschaftssystem oktroyiert der sozialen Wirklichkeit seine theoretischen Vorstellungen auf. Aber „es gilt eine Kongruenz zwischen den Relevanzsystemen des Forschers und des Beobachteten herzustellen, d.h. vor allem die Begriffe des Sozialforschers in Einklang zu bringen mit den Vorstellungen der untersuchten Individuen oder Gruppen von deren Alltagswirklichkeit. Ohne die common-sense-Konstrukte der Untersuchten zu kennen (d.h. deren routinierte Interpretationen ihrer täglichen Handlungs- und Interaktionspraxis) kann der Forscher nicht garantieren, daß er überhaupt die Bedeutungsstrukturen derer erfaßt, die als Handelnde in der Situation auftraten, die er beschreiben oder beobachten will. Berücksichtigt er seine Untersuchungsgegenstände nicht gemäß ihrer eigenen Relevanzstrukturen im Alltagsleben, läuft er Gefahr, ... Fehler zu begehen" (*Witzel* 1982, S. 16).

Vergleicht man diese nominalistische Position der quantitativen Sozialforschung mit dem, was als wissenschaftstheoretische Basis des qualitativen Paradigmas – nämlich Phänomonologie und Hermeneutik – herausgestellt wurde, so wird die Unvereinbarkeit beider Positionen in der Begriffsbildung deutlich. Die Operationalisierung für das Phänomen zu nehmen, erscheint qualitativer Sozialforschung absurd. Unter Rekurs auf das einleitend zu diesem Abschnitt gebrachte Beispiel wollen wir dies verdeutlichen:

Beispiel:
Ob ein Arzt einen Menschen als psychisch krank bezeichnet (theoretischer Begriff) und/oder ob die Umwelt ein analoges oder abweichendes Urteil fällt und/oder der Betroffene sich krank oder gesund fühlt, sind verschiedene Konstellationen sozialer Realität, die unterschiedlich verhaltenswirksam werden. Die Definitionen des Arztes zu übernehmen, mag eine gravierende Veränderung der Wirklichkeit zur Folge haben.

135

Eigen- und Fremddefinitionen im Beispiel können stellvertretend für Alltagssprache und Wissenschaftssprache oder für Real- und Nominaldefinition, also letztlich
auch für qualitative und quantitative Sozialforschung stehen. Dies bedarf weiterer
Erläuterungen:

Die Phänomenologie ist angetreten, das Wesen der interessierenden Phänomene (Dinge) zu erkunden. Die Hermeneutik ist eine Methode, insbesondere sprachlich gefaßte Phänomene (Aussagen) zu verstehen und zu interpretieren. Als Sozialwissenschaftler beschäftigen wir uns mit sozialer Realität, also mit Menschen und
deren Beziehungen untereinander. Die nominalistische Position tut nun so, als
könnte sie mit ihrem Begriffsapparat unvoreingenommen ihrem Objektbereich
gegenübertreten. Hierzu „würde allerdings gehören, daß der Sozialwissenschaftler, das forschende Subjekt, den sozialen Tatbeständen, den zu erforschenden
Objekten, so distanziert und gleichsam neutral gegenübertreten könnte, wie der
Naturwissenschaftler den natürlichen Objekten" (*Konegen/Sondergeld* 1985,
S. 27). Dem ist natürlich nicht so, weil schon im notwendigen Gebrauch der
Sprache Determinationen und Reaktivitäten auftreten müssen. Wählt der Forscher
eine Begrifflichkeit, die dem zu Untersuchenden fremd ist (bzw. auch umgekehrt),
so sind den Erkenntnismöglichkeiten Grenzen gesetzt. Deshalb kommt es besonders darauf an, die Objekte der sozialen Realität selbst sprechen zu lassen, so wie
sie sind (oder wie sie sich sehen) und den Versuch zu unternehmen, sie zu
verstehen.

Dies mündet in die Position des Begriffsrealismus, der versucht, durch die
Begrifflichkeit die Realität ihrem Wesen nach abzubilden. „*Der alte Realismus
betrachtete die Begriffe als unmittelbare Spiegelung der Erscheinung. Er sah im
Begriff darum auch nicht eine konventionell begründete Verknüpfung eines Wortes
mit einer Bedeutung, sondern eine Eigenschaft des Gegenstandes selbst.* Teilweise
neigte man sogar zu der Auffassung, die Erscheinung als solche habe ihren Begriff
aus sich ausgetrieben" (*Hartmann* 1970, S. 71).

Dieser Begriffsrealismus – oder konkret: die *Realdefinition* – erfährt mit der
qualitativen Sozialforschung eine Renaissance. Die zwischenzeitliche Dominanz
der Nominaldefinition wurde zunehmend kritisiert und verlor an Gewicht: „Empirische Bedeutung erreicht man nicht durch eine Definition, die bloß zu Diskus-
sionszwecken dient; sie besteht vielmehr in einer Spezifizierung, die es einem
erlaubt, in die empirische Welt zu gehen und mit Gewißheit von jedem empirischen
Ding sagen zu können, dies sei ein Moment des Konzeptes und jenes nicht"
(*Blumer* 1979, S. 62). Wie gewinnt nun die qualitative Sozialforschung die „empirische Bedeutung" ihrer Konzepte?

Glaser und *Strauss* etwa haben sich gegen deduktive Theoriebildung gewandt,
um sich unbeeinflußt von theoretisch und vorab entwickelten Vorstellungen der
sozialen Wirklichkeit nähern, um das Wesen der jeweils interessierenden sozialen
Phänomene dadurch erkennen zu können, daß die Phänomene für sich sprechen.
Dies heißt, daß in qualitativen Studien der Forscher offen in das soziale Feld geht
und sich von diesem unvoreingenommen „informieren" läßt. Seine vorhandenen
theoretischen Vorstellungen oder Erwartungen dürfen nun Orientierungscharak-

136

ter haben, sollen nur sensibel für die zu untersuchenden Phänomene machen. „Unter einer solchen, nur lose strukturierenden Perspektive wird empirisches Material gesammelt, wobei diese Sammlung – vor allem in Projekten teilnehmender Beobachtung – eher einem Anfallenlassen denn einem gezielten Abrufen gleichkommt. Die theoretische Aufarbeitung so erfaßten Materials führt zu exakteren Begriffen und Hypothesen. Ein solcher Ansatz kann als ereignisinterpretierender bezeichnet werden und unterscheidet sich von der gezielten Messung a priori definierter Konzepte in der quantitativen Forschung" (*Bühler-Niederberger* 1985, S. 475 f.).

Zentraler Unterschied ist aber zunächst einmal, daß in qualitativer Sozialforschung nicht die Begriffe a priori und theoretisch definiert und dann auf ewig (bis zum Ende der empirischen Untersuchung) beibehalten werden. Vielmehr sind die Begriffe auf Daten gegründet, aus der Beobachtung der sozialen Realität gewonnen. „Begriffe und Theorien sind von den Daten abgeleitet und werden durch typische Beispiele innerhalb des Datenbestandes beschrieben; sind also von Daten ex posteriori und nicht von *Erkenntnissen* a priori abgeleitet. Im *Popper*schen Sinne ist dies die Vorstellung vom Kübelmodell der Erkenntnis im Gegensatz zum Scheinwerfermodell, dem der kritische Rationalismus und damit der Hauptstrom der empirischen Sozialforschung anhängt" (*Mohler* 1981, S. 720). Das Kübelmodell macht den induktiven Vorgang der Begriffsdefinition anschaulich. Auch der einmal „definierte" Begriff kann – wie die Theorie auch – im Fortgang der Untersuchung jederzeit revidiert werden. Dies aber impliziert, daß der Begriff permanent der sozialen Realität entnommen, ihr also angepaßt wird und nicht umgekehrt. Operationalisierungsfragen und -probleme treten somit überhaupt nicht auf. Dies bedeutet aber nicht, daß man bei der Begrifflichkeit stehen bliebe. Natürlich wollen auch qualitative Sozialforscher Theorien entwickeln und müssen sich daher tendenziell von den Begriffen des untersuchten Feldes lösen. Dies ist unstrittig.

Strittig ist jedoch, ob die datenbasierten Begriffe aus dem sozialen Feld Vorstufe einer weitergehenden Operationalisierung sind (so *Denzin*) oder die begriffliche (nicht theoretische) Endstufe (so *Blumer*) darstellen. Die erste Auffassung ist die qualitativ weniger weitgehende, die „zurückgenommene": „Diese Reduktion dieses alternativ zur empiristisch-normativen Theoriebildung formulierten Konzepts auf bloße Hilfsmittel – bzw. Lückenbüßerfunktion – behindert die eigenständige Entwicklung von methodologischen Ansätzen und macht sich auch bei der konkreten methodischen Ausformulierung der einzelnen empirischen Schritte bemerkbar" (*Witzel* 1982, S. 35). Methodologie hat aber nur Hilfsmittel für die Lösung von inhaltlichen Problemen zu sein. Sie werden einer Lösung nähergebracht durch Theorien, die erklären können. Daher muß über das Begriffliche des untersuchten Objektbereichs hinaus die Theorie vorangetrieben werden. Das bedeutet, daß die Alltagsbegriffe des zu untersuchenden sozialen Feldes, also die Begriffe erster Ordnung in wissenschaftlich theoretische Begriffe zweiter Ordnung transformiert werden. „So gebildete Begriffe erster Ordnung sind die Grundlage, auf der Erklärungen (Begriffe zweiter Ordnung) entwickelt werden. *Filstead* zitiert hier

Douglas, nach dem jede wissenschaftliche Form des Verstehens menschlicher Handlungen mit dem Verstehen alltäglichen Handelns beginnen müsse. Versäume man dies, falle man der ‚fallacy of abstraction' zum Opfer. Praktisch folgere daraus für das Vorgehen des qualitativen Ansatzes, daß Schlüsselereignisse in funktional bedeutsamen und beschreibenden Begriffen festgehalten und in einen weitereren sozialen Kontext gesetzt werden" (*Mohler* 1981, S. 720).

Mit dieser Strategie gelingt es natürlich eher, eine Übereinstimmung zwischen theoretischem Begriff und Realität herzustellen, weil ersterer aus letzerer entnommen ist und nicht wie im quantitativen Modell a priori konstruiert, zunächst gelöst von der Realität dann auf sie angewandt wird. Gleichwohl ist zu beachten, daß auch die second order concepts des Wissenschaftlers durch ihr meist höheres Abstraktionsniveau nicht identisch sein müssen mit den first order concepts der zu Untersuchenden. „Nach Schütz sind die Konstruktionen, die der Sozialwissenschafter über das von ihm zu studierende Handeln aufstellt, ‚Konstruktionen zweiter Stufe', die auf den Interpretationen der sozial Handelnden, welche sich auf seine und seiner Partner gemeinsame Welt beziehen, aufbauen. Diese Konstruktionen sind freilich Homunkuli, die der Sozialwissenschafter erzeugt, sie sind identisch mit den von Weber aufgestellten ‚Idealtypen', mit denen er die Wirklichkeit zu erfasssen sucht. Wichtig ist, daß die ‚idealtypischen' Regeln nur ‚ideal' die soziale Wirklichkeit festhalten" (*Girtler* 1984, S. 35). Allerdings dürften diese „Idealtypen" von Wirklichkeit mehr Realität und diese richtiger erfassen als das deduktive Vorgehen der quantitativen Sozialforschung.

Auf ein weiteres Kompatibilitätsproblem macht *Giddens* aufmerksam: „Die Soziologie hat es mit einer Welt zu tun, die schon innerhalb von Bedeutungsrahmen durch die gesellschaftlich Handelnden selbst konstituiert ist, und sie reinterpretiert diese innerhalb ihrer eigenen Theoriekonzepte, indem sie normale und Theoriesprache vermittelt. Diese doppelte Hermeneutik ist von beachtlicher Komplexität, da sich die Beziehung nicht bloß in einer Richtung bewegt (wie *Schütz* anzudeuten scheint); es gibt ein fortwährendes ‚Abrutschen' der in der Soziologie geschaffenen Begriffe in den Sprachschatz derer, deren Verhalten mit ihnen eigentlich analysiert werden sollte, was leicht dazu führt, daß diese Begriffe damit wesentliche Grundzüge dieses Verhaltens bestimmen; dadurch wird in der Tat der ursprüngliche Gebrauch solcher Begriffe innerhalb der Terminologie der Sozialwissenschaft potentiell gefährdet" (*Giddens* 1984, S. 199). Dieses, die bisherigen Überlegungen noch komplizierende Problem soll uns in diesem Rahmen aber weiter nicht beschäftigen.

Wir wollen abschließend die herausgearbeiteten Unterschiede in der Begriffsbildung zwischen quantitativer und qualitativer Sozialforschung auf das zentrale Kriterium rückführen und den Weg der Begriffsbildung in einer Abbildung nachzeichnen.

- Wählt man die Begriffe erster Ordnung, also die Interpretationen der Handelnden selbst als Maßstab, an den die wissenschaftlich empirische

Arbeit anzulegen ist, so hat die qualitative Sozialforschung erhebliche Vorteile, da ihr Ausgangspunkt – aus dem sich alles Wissenschaftliche entwickelt – die *Begriffe des Alltags* sind.
- Die Begriffe ersten Grades sind die notwendige Basis für die Bildung von Konstruktionen zweiter Stufe (theoretische Begriffe), da soziales Handeln durch die *Deutungsschemata der Akteure* vermittelt ist und nicht unabhängig davon erfaßt werden kann.

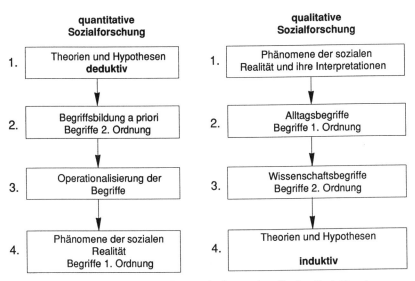

Abbildung 12: Die Begriffsbildung in quantitativer und qualitativer Sozialforschung

4.3. Operationalisierung

Die Forderung nach der *Operationalisierbarkeit* und *Operationalisierung* von Begriffen stellt ein wichtiges Kennzeichen der „positivistischen" Sozialwissenschaft dar. Damit ist gemeint, daß zu einem explizit definierten Begriff (z. B. Aggression, Gruppenkohäsion, Konformitätsdruck) präzise Handlungsanweisungen für Forschungsoperationen gegeben werden, mit deren Hilfe festgestellt werden soll, ob ein mit dem betreffenden Begriff bezeichnetes Phänomen vorliegt oder nicht (vgl. Prim/Tilmann 1973, S. 52). „Die traditionelle Soziologie glaubt... ihre ‚Wissenschaftlichkeit' dadurch gerettet zu haben, daß sie vor (!) Forschungsbeginn die relevanten theoretischen Begriffe ‚operationalisiert', um die aufgestellten Hypothesen ‚testen' zu können. Es werden also zunächst Hypothesen gebildet, die dann in den Operationalisierungen ihren Niederschlag finden. Und erst zum Schluß in diesem Dreierschritt folgt die Datenerhebung" (*Girtler* 1984, S. 30). Die Operationalisierung scheint dabei in einigen Fällen so evident, daß sie gar nicht als besonderes Stadium des Forschungsprozesses in Erscheinung tritt. Ein Beispiel dafür ist die „Gruppengröße" oder das „Lebensalter" einer Person. Man versteht meist sofort, was gemeint ist und wie sich das entsprechende Phänomen feststellen läßt, indem man etwa die Mitglieder einer Gruppe zählt oder sich den Personalausweis vorlegen läßt. Im Fall der Gruppengröße können daraus auch Mißverständnisse entstehen, wenn nicht genau festgelegt ist, ob man z. B. alle Mitglieder oder nur die anwesenden meint. Jedenfalls lassen sich die genannten Begriffe (scheinbar) relativ leicht empirisch feststellen.

Neben diesen Begriffen mit einem *direkten empirischen Bezug* gibt es aber solche mit *indirektem Bezug.* Hierzu gehören etwa „Sanktionsbereitschaft", „Einstellung" oder „Gruppenkohäsion", die sich nicht unmittelbar beobachten lassen. Deshalb müssen sie irgendwie „greifbar" gemacht werden, was mittels Indikatoren geschieht. Indikatoren sind direkt wahrnehmbare Phänomene, mit deren Hilfe man begründet auf das Vorliegen der nicht unmittelbar wahrnehmbaren Phänomene schließen zu dürfen glaubt (vgl. *Prim/Tilmann* 1973, S. 55).

Beispiel:
„Soziale Mißbilligung" gegenüber sich abweichend verhaltenen Gruppenmitgliedern soll ermittelt werden. Dafür lassen sich mehrere Indikatoren angeben, z. B.:
– die anderen Gruppenmitglieder sprechen nur noch das unbedingt Notwendige mit dem Abweichler;
– der Abweichler erhält Drohungen;
– man lädt den Abweichler nicht mehr ein;
– man äußert offen Kritik am Abweichler;
– dem Abweichler werden Privilegien entzogen;
– Gruppenmitglieder geben bei einer Befragung an, daß sie mit dem Verhalten des Abweichlers nicht einverstanden sind;
– in den Ergebnissen projektiver Tests der übrigen Gruppenmitglieder zeigen sich deutliche Hinweise für Feindseligkeit gegenüber dem Abweichler.

Dieses Beispiel macht deutlich, daß es immer nur *partielle Übereinstimmungen zwischen dem zu operationalisierenden Begriff und einem oder mehreren Indikatoren* gibt. Eine Reduzierung der Kommunikation muß nicht unbedingt Zeichen der Mißbilligung sein, sondern kann auch eine besondere Scheu ausdrücken. Andererseits kann es aber auch unmöglich sein, der Mißbilligung durch Reduzierung der Kommunikation Ausdruck zu verleihen, etwa wenn es sich um einen Vorgesetzten handelt, von dem man abhängig ist, oder wenn das Werte- und Normensystem der Gruppe diese Sanktionsmöglichkeit nicht zuläßt. Es ist also wichtig, daß man gewisse Vorkenntnisse über einen Sachverhalt besitzt, z. B. über wichtige Normen, um sich nutzlose, unbrauchbare Indikatoren auszuwählen.

Beispiel:
In Intelligenztests erreichten Eskimo-Kinder sehr niedrige Werte. Man fand aber bald heraus, daß hier keine Intelligenzunterschiede vorlagen, sondern daß es nach der Eskimo-Kultur gegen die Etikette verstößt, sein Wissen gegenüber Fremden zu offenbaren.

Intelligenz (in der generalisierten Konzeption des quantitativen Paradigmas) sollte demnach nicht anhand eines kulturspezifischen Tests gemessen werden (die Beantwortung von Testitems ist eine kulturspezifische Anforderung), sondern als Strategie, in einer gegebenen Umwelt gut zurechtzukommen. Sie ist im empirischen Leben in vielfacher Weise präsent, als „fachmännische Militärplanung eines Armeegenerals, erfindungsreiche Ausbeutung einer Marktsituation durch einen Unternehmer; wirksame Methoden des Überlebens bei einem Slum-Bewohner; die clevere Auseinandersetzung mit seiner Welt bei einem Bauern oder einem primitiven Eingeborenen; die schlauen Schachzüge verwahrloster schwachsinniger Mädchen in einem Erziehungsheim; und das Schmieden von Versen bei einem Poeten. Es sollte unmittelbar klar sein, wie lächerlich und unzulässig es ist anzunehmen, daß die Operationalisierung von Intelligenz durch einen bestimmten Intelligenztest ein befriedigendes Bild von Intelligenz ergäbe. Wenn man ein empirisch befriedigendes Bild von Intelligenz zeichnen will, das beanspruchen kann, empirische Validität zu haben, dann muß man Intelligenz so erfassen und studieren, wie sie sich im tatsächlichen Leben abspielt – statt sich auf eine spezialisierte und meistens willkürliche Auswahl eines einzigen Bereichs ihrer vermuteten Manifestationen zu verlassen" (*Blumer* 1979, S. 48).

Wegen der nur partiellen Übereinstimmungen und damit Gültigkeit empfiehlt sich nach Möglichkeit die Einbeziehung mehrerer Indikatoren. Deren Anzahl läßt sich oft nur aus arbeitsökonomischen Gründen begrenzen; 100 Indikatoren für „soziale Mißbilligung" sind kaum praktikabel. Bei Begriffen mit indirektem empirischen Bezug ist somit in zwei Schritten vorzugehen: Zunächst sind (unter Heranziehung theoretischer Überlegungen) gültige Indikatoren zu bestimmen. Sodann ist die Übersetzung der Indikatoren in Forschungsoperationen (z. B. Zählen, Beobachten von Häufigkeiten, psychologische Tests) vorzunehmen.

Wir wollen nun die exemplarisch angedeutete Operationalisierungsproblematik näher untersuchen. Zunächst erhebt sich die Frage, woher der Forscher seine Operationalisierungen bzw. Indikatoren nimmt. Häufig wird dabei vom unmittelbar einsichtig Erscheinenden, vom „gesunden Menschenverstand" ausgegangen, ohne die jeweiligen Konzeptionen einer kritischen Prüfung zu unterziehen. Die Folge sind dann nur bedingt gültige Operationalisierungen und damit entsprechend fragwürdige Konzepte.

Beispiel:
Würde man sich bei der Untersuchung von Partnerkonflikten nur auf laute, gehässige, bösartige oder herabsetzende Verhaltensweisen beschränken (die im Alltagsverständnis als aggressiv gelten), so blieben manche verborgenen Aggressionen und Konflikte unentdeckt (z. B. betonte Fürsorge, um so die Selbständigkeitsentwicklung des Partners zu behindern; Hinweise darauf, daß man nur für die Versorgung des Anderen soviel arbeitet, um sich ihm auf legitime Weise entziehen zu können u.s.w.).

Die Kategorien und Indikatoren, die ein Wissenschaftler zur Messung sozialer Phänomene verwendet, sind häufig dem Alltagswissen entnommen und enthalten „subjektive" Momente im Sinne der Phänomenologie, z. B. auch Traditionen in der Forschung.

Beispiel:

„Die Dimensionierung des Begriffs ‚Status' wird nicht im Rahmen des theoretischen Konzepts geleistet, sondern mit der Auswahl der Statusfaktoren praktisch gleichgesetzt. Status ist identisch mit den Ausprägungen, die eine Person in den vier Dimensionen Einkommen, Beschäftigung, Ausbildung und ethnische Zugehörigkeit erreicht. Weder werden Überlegungen darüber angestellt, welcher Typus von Definition dies ist und ob er dem untersuchten Gegenstand angemessen ist, noch werden Korrespondenzregeln angegeben, anhand derer man nachvollziehen könnte, in welcher Weise theoretischer Begriff und die Dimensionen seiner Operationalisierung zusammenhängen" (*Müller* 1979, S. 27).

Demzufolge lautet ein grundlegender Einwand gegen den Operationalismus in der empirischen Sozialforschung, daß die Operationalisierung – das „Bindeglied zwischen Theorie und Empirie" – vielfach nicht als „Form theoretischer Aktivität des Forschers begriffen wird, mit dem er den Gegenstand mitkonstituiert". Weiterhin wird kritisiert, „daß die theoretische und interaktionspragmatische Dimension der Operationalisierung hinter die meßtechnische Dimension zurücktreten" und daß „Probleme der Divergenz von methodologischem Postulat und faktischem Forschungshandeln nicht bezogen werden auf die Struktur des Gegenstandsbereichs von der Sozialforschung reflektiert, sondern in technische Probleme umformuliert werden" (*Müller* 1979, S. 50).

Blumer bemerkt in diesem Zusammenhang, daß bei einem zu operationalisierenden Konzept, das sich auf etwas in der empirischen Welt Vorfindbares beziehen soll, die Notwendigkeit besteht, repräsentative Formen der empirischen Präsenz abzudecken und zu studieren. „Wenn man (meistens willkürlich) irgendeine bestimmte Form empirischen Bezuges auswählt und dann annimmt, daß die operationalisierte Untersuchung dieser einen Form die ganze empirische Tragweite des Konzepts oder Entwurfs erfaßt, liegt darin natürlich eine logisch unberechtigte Vorwegnahme des Ergebnisses. Dieser Mangel – und es ist ein Mangel, der die operationale Vorgehensweise überall durchzieht – zeigt, daß der Operationalismus bei weitem nicht hinreicht, die empirische Validierung zu liefern, die notwendig ist für empirische Wissenschaft" (*Blumer* 1979, S. 48).

Daraus ergibt sich die Frage, was an die Stelle der Operationalisierungen zu setzen ist. Bevor diese aus Sicht der qualitativen Sozialforschung beantwortet wird, soll die Kritik an der quantitativ-traditionellen Vorgehensweise rekapitulierend formuliert werden:

„Ein erheblicher Kritikpunkt an der Operationalisierung betrifft die Beziehung zwischen Begriff und Theorie. Hier wird behauptet, daß die Operationalisierung die wechselseitige Befruchtung von Erfahrung und Theorie unterdrücke. Akzeptiere man nämlich, daß theoretische Begriffe in empirischer Forschung operationalisiert werden müßten, so würden die theoretischen Überlegungen im Grunde genommen durch Antizipation des empirisch Möglichen auf diese selbst beschränkt, weil die Operationalisierungen schon immer mitgedacht werden. Während anerkannt wird, daß es durch die Operationalisierung gelingt, die Begriffe den Phänomenen kompatibel zu machen, werde der umgekehrte Weg, nämlich der der Abstraktion von der Empirie zur Theorie praktisch verunmöglicht.

Ist der obige Kritikpunkt etwas überspitzt formuliert, so ist er in der Tendenz unbestreitbar. Ebenso unbestreitbar ist, daß es mit den Operationalisierungen nie vollständig gelingen wird, einen theoretischen Begriff mit dem empirischen Phänomen, das dieser bezeichnet, deckungsgleich zu machen. Wenn wir z. B. von einem nur indirekt empirisch feststellbaren Begriff ausgehen, so muß dieser indikatorisiert und operationalisiert werden und in der Operationalisierung das gemeinte Phänomen erfassen. Vollständige Deckungsgleichheit wäre theoretisch und idealiter zu fordern, damit theoretisch wie empirisch nur das bezeichnete Phänomen und dieses vollständig erfaßt wird" (*Lamnek* 1980, S. 16 f.). Dies wird in der Regel nicht möglich sein, denn mit diesem klassischen Vorgehen verbindet sich das Problem, daß der sozialen Wirklichkeit Hypothesen aufgedrängt werden, im Gegensatz zu den qualitativen Erhebungen ... bei welchen erst während des Forschungsprozesses Hypothesen gebildet werden" (*Girtler* 1984, S. 30 f.).

Hier befürchtet *Blumer*, daß solche Sozialforschung durch „den mythischen Glauben fehlgeleitet ist, daß es um der Wissenschaftlichkeit willen notwendig sei, eine Untersuchung so zu formen, daß sie einem vorgefertigten Programm empirischer Untersuchung entspricht, indem sie zum Beispiel die Arbeitsweise der modernen Naturwissenschaften übernimmt oder im voraus ein festes logisches oder mathematisches Modell entwirft" (*Blumer* 1973, S. 132 f.). Zudem wird in der Praxis dieser traditionellen Sozialforschung – nicht in der Theorie – übersehen, daß das, was empirisch erhoben wird, immer auf die ex ante formulierten Hypothesen rückbezogen werden muß. „Da man bei der Interpretation der gewonnen empirischen Resultate eigentlich den rückwärtigen Weg der Operationalisierung zu gehen hat, nämlich das empirisch gewonnene auf die Theorien und Hypothesen zu beziehen, treten aus mangelnder Kongruenz erhebliche Fehlerquellen bei der Interpretation auf" (*Lamnek* 1980, S. 18). Genau dieses Problem glaubt die qualitative Sozialforschung vermeiden zu können, wenn sie ihre Hypothesen und deren Operationalisierungen nicht a priori und losgelöst vom sozialen Fall, sondern erst nach dessen Kenntnisnahme formuliert, „denn die operationalisierte Konzeption oder Annahme ... bezieht sich auf etwas, von dem man annimmt, daß es in der empirischen Welt in verschiedenen Formen und verschiedenen Umgebungen vorhanden ist ... Es sollte direkt klar sein, wie lächerlich und unbegründet es ist zu glauben, daß die Operationalisierung ein zufriedenstellendes Bild zu liefern vermag" (*Blumer* 1973, S. 113).

„Das Bemühen um Wissenschaftlichkeit führt dazu, daß viele Soziologen oder auch Ethnologen von vornherein ‚wissen‘, was sie eigentlich erst erfahren wollen und sich gar nicht bemühen, sich ‚offen‘ der Wirklichkeit zu nähern, um erst im Kontakt mit dieser und den in dieser handelnden Menschen die betreffenden Theorien zu erstellen" (*Girtler* 1984, S. 31). Also begibt sich der qualitativ arbeitende Forscher in das soziale Feld, um dort die Informationen zu sammeln, die ihm die zu Untersuchenden von sich aus geben, die diese frei formulieren und interpretieren können, ohne daß ihnen a priori das theoretische Raster und die Relevanzsysteme des Forschers aufgestülpt werden.

Dies hat weitreichende Folgen für die der quantitativen Forschung vorgehalte-

143

nen Probleme: Das Grundsatzproblem mangelnder Kongruenz der theoretischen Kategorien zur untersuchten Alltagswelt und der in ihr praktizierten Deutungsmuster mündet in die Frage nach den methodologischen Gütekriterien nach Zuverlässigkeit und Gültigkeit. Die Gefährdungen dieser Gütekriterien sind in der qualitativen Sozialforschung nicht in dieser Weise existent, weil der Weg der Datengewinnung und Theoriekonstruktion ein völlig anderer ist.

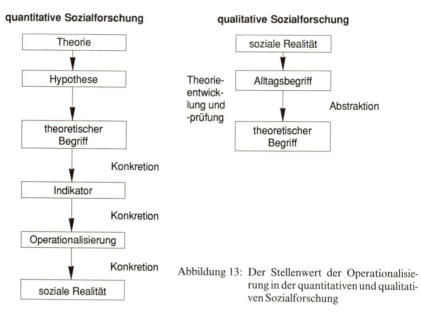

Abbildung 13: Der Stellenwert der Operationalisierung in der quantitativen und qualitativen Sozialforschung

Der schematischen Darstellung ist zu entnehmen, daß die Begriffe Indikatorisierung und Operationalisierung bei der qualitativen Position überhaupt nicht auftreten. Während die quantitative Methodologie die theoretisch-abstrakt gewonnenen Begriffe in der durch die Empirie angestrebten Überprüfung der Hypothese noch übersetzen muß, fällt dies in der qualitativen Vorgehensweise weg, weil dort die soziale Realität, die Phänomene, die dazugehörigen Begriffe, deren Vorstellungsinhalte und die Interpretationen (je nach eingesetzter Methode) selbst liefert. Anpassungsprobleme kann es bestenfalls darin geben, daß die Phänomene und deren Zusammenhänge und Abhängigkeiten nach deren Beobachtungen in eine theoretische Sprache übersetzt werden müssen, um über die Deskription hinausgehende Erklärungen liefern zu können. Dies bedeutet, daß die Interpretationen und Erklärungen des Forschers falsch sein mögen; die Beschreibung des sozialen Feldes ist aber die (richtige) Sicht der Betroffenen. Die quantitative Sozialforschung hingegen kann schon Fehler in der Deskription machen, wenn unbrauchbare Operationalisierungen gewählt werden. Demnach werden auch die Erklärungen falsch sein.

Es läßt sich somit festhalten,

- daß die Güteprüfungen für Indikatorisierung und Operationalisierung in der qualitativen Sozialforschung nicht relevant sind, weil Indikatorisierung und Operationalisierung quasi von den zu Untersuchenden selbst vorgenommen werden.
- Operationalisierung – mag sie auch noch so geglückt sein – ist in den Augen qualitativer Sozialforscher der falsche Weg, weil die Betroffenen nicht zureichend zu Wort kommen und
- die theoretischen Vorstellungen des Forschers die falsche Ausgangsbasis für empirische Untersuchungen sind.
- Fazit der qualitativen Sozialforschung: *Die beste Operationalisierung ist keine*, weil die Stoßrichtung falsch ist: nicht von der Theorie über Operationalisierung zur Empirie, sondern von der sozialen Realität zur Theorie.

Bevor in dem nächsten Abschnitt 4.4. die Gütekriterien quantitativer und qualitativer Sozialforschung im Vergleich vorgestellt werden, sollen die bisher behandelten methodologischen Differenzierungen zwischen den beiden Paradigmen hinsichtlich Theorien- und Hypothesenbildung bzw. -prüfung, der Begriffsbildung und der Operationalisierung an einem – zugegebenermaßen sehr simplifizierten – Beispiel demonstriert werden. Es geht also darum, diese methodologisch begründeten Unterschiede zu illustrieren. Das Beispiel bezieht sich auf die Analyse und Erklärung des Phänomens „Jugendkriminalität" durch eine Theorie bzw. eine Hypothese, die Hinweise auf mögliche Ursachen für die Jugendkriminalität liefert. Das Beispiel ist stark verkürzt, vereinfacht und idealisiert, aber gerade dadurch sollten die zentralen und grundlegenden Unterschiede deutlich werden. Damit die Differenzen zwischen qualitativem und quantitativem Paradigma ins Auge springen, sind die einzelnen Forschungsschritte bezüglich der einzelnen Forschungsphasen so gegenübergestellt, daß Leerstellen verdeutlichen, daß bestimmte Schritte in dem einem Paradigma in dem anderen eben nicht erfolgen. Zunächst wird das Beispiel verbal erläutert, um es dann systematisiert gegenüberzustellen. Zuerst der quantitative Fall:

Der Forscher interessiert sich für Jugendkriminalität. Er tut dies natürlich nicht auf einer tabula rasa, sondern er steht in der Regel in einem Forschungszusammenhang, in dem bereits wissenschaftliche Erkenntnisse zu dieser Thematik vorliegen, die ihn zu folgender Annahme bringen: Unvollständige Familien, also solche, bei denen die Eltern eines Jugendlichen – aus welchen Gründen auch immer – getrennt sind und er nur bei einem Elternteil aufwächst, erhöhen die Wahrscheinlichkeit dafür, daß delinquentes Verhalten auftritt. Diese Hypothese erweist sich aufgrund theoretischer Überlegungen, der Literaturerkenntnisse und auf der Basis der Diskussion mit Kollegen als plausibel, denn auch andere Auffälligkeiten bei Jugendlichen konnten durch das sog. „broken home" erklärt werden. Dies führt den Forscher zu folgender (sehr verkürzt formulierten) *Hypothese*: „Broken home führt zu Delinquenz bei Jugendlichen".

Diese Hypothese wird der Forscher nun in einer empirischen Untersuchung zu stützen (bzw. korrekter formuliert: die Nullhypothese zu falsifizieren) versuchen. Gemäß der Logik des quantitativen Paradigmas sind die drei zentralen *Begriffe* „broken home", „Delinquenz" und „Jugendliche" zu definieren und anschließend zu *operationalisieren,* wobei gegebenenfalls auch eine *Indikatorisierung* der Operationalisierung vorausgeht. Nachdem der Forscher die *Methode der Befragung* einsetzen möchte, wird Delinquenz über die Frage operationalisiert: „Hast du schon einmal eine Straftat begangen, z. B. gestohlen?" Die Variable „broken home" wird durch die Frage erfaßt: „Lebst du Zuhause mit beiden Eltern zusammen?" und der Status des Jugendlichen wird durch die Frage „Wie alt bist du?" operationalisiert. Hierbei wurde versucht, die Fragen so zu formulieren, daß sie einerseits möglichst eindeutig und einfach sind sowie andererseits für alle Befragten die gleiche Bedeutung aufweisen.

Nach Festlegung der *Population,* der *Stichprobengröße* und der *Stichprobenmethode,* die gemäß den Regeln des „statistical samplings", also als *repräsentative* Auswahl erfolgt, wird die *Feldarbeit* durchgeführt. Nach der *Erhebung* und der *Grundauswertung* versucht der Forscher nun, seine Hypothese statistisch zu prüfen. Dazu *korreliert* er die beiden operationalisierten Begriffe, also die beiden *Variablen,* die die Antworten der Befragten auf die entsprechenden Fragen beinhalten, und gelangt zu einer Tabelle, die zum Ausdruck bringt, daß 70% derjenigen, die aus einem „broken home" stammen, bereits mindestens einmal einen Diebstahl begangen haben, wohingegen der Anteil bei denen, die nicht aus einem „broken home" kommen und schon einmal gestohlen haben, bei nur 20% liegt.

Durch eine *statistische Prüfung* muß nun die *Nullhypothese,* wonach die beiden Variablen unabhängig voneinander sind, aufgrund der Datenlage zurückgewiesen werden und die vorab formulierte Forschungshypothese kann als vorläufig bestätigt gelten. Diese so bestätigte Hypothese wird der Forscher dann in den Kontext seiner theoretischen Überlegungen einbauen und als einen vorläufigen (Teil-)beweis für die Richtigkeit der im Kopf des Forschers entstandenen Theorie ansehen.

Der Sozialwissenschaftler war bei der Aufstellung seiner Hypothese natürlich nicht frei von jeder Bedingung und nicht nur auf seine Phantasie angewiesen, denn er steht schließlich in einem Forschungskontext und wird von der scientific community beobachtet, die nicht jede noch so unsinnige Hypothese als akzeptable und den Forschungsaufwand rechtfertigend einstuft. Dies führt dazu, daß auch im quantitativen Paradigma meist nur empirisch evidente und theoretisch relevante Hypothesen getestet werden. Trotzdem darf die Tatsache der *Prädetermination des Forschers* – seine Vorurteile, seine persönliche Lebenserfahrung und seine moralisch-politischen Interessen –, also dessen Einfluß bei der Hypothesengenerierung und damit letztlich bei der Gewinnung von Ergebnissen nicht unterschätzt werden.

Auch im Hinblick auf die Begriffsbildung fließen dezisionistische Elemente schon vor der Operationalisierung in die Überlegungen ein. Schließlich legt der Forscher die Begriffsbedeutungen eigenständig und unabhängig von der sozialen Realität fest, wenngleich das sog. Ähnlichkeitskriterium der prinzipiellen Beliebigkeit solcher (Nominal-)definitionen doch Grenzen setzt. Als wesentlich gilt jedoch

146

festzuhalten, daß die Begriffsbildung – wie sinnvoll, angemessen und realitätsgerecht sie im Einzelfall auch sein mag – vorab durch den Forscher erfolgt und dieser damit prädeterminierend wirkt.

Auch bei der sich daran anschließenden Indikatorisierung und Operationalisierung ergeben sich begründete Fragen, die durch die *Gütekriterien* (vgl. 4.4.) provoziert werden. So wäre durchaus zu hinterfragen, weshalb die Variable „Delinquenz" über das Delikt „Diebstahl" operationalisiert wird. Schließlich gehören auch andere Tatbestände zur Delinquenz (daß etwa ⅔ aller Delikte Diebstähle sind, kann eine solche Entscheidung partiell legitimieren, indiziert aber zugleich, daß bestimmte Phänomene damit automatisch ausgeschlossen werden).

Diese bisherigen Überlegungen machen deutlich, daß das aus den empirischen Daten abgeleitete Ergebnis, daß „broken home" Jugenddelinquenz begünstigt, sowohl forscher- als auch methodenabhängig ist. Dies wird im Vergleich zum qualitativen Paradigma in unserem Beispiel deutlich:

Der Prozeß der Theoriebildung (und nur auf diesen können wir uns beziehen, denn Theorieprüfung ist zunächst ausgeklammert) erfolgt im qualitativen Paradigma in mancherlei Hinsicht anders: Auch beim qualitativen Vorgehen steht der Forscher nicht als tabula rasa ohne jede Vorkenntnis am Anfang einer Studie. Auch er befindet sich in einem Forschungskontext und tauscht sich mit Kollegen in der Teilforschungslandschaft, der er angehört, aus. Er liest die relevanten Publikationen und hat eine Vorstellung von den wichtigen Merkmalen bei der Suche nach den Ursachen für Delinquenz. Jedoch geht er offener und mit weniger vorgefaßten Meinungen an das Feld heran, indem er bewußt darauf verzichtet, explizit Hypothesen zu formulieren und einen standardisierten Fragebogen zu entwerfen. Dadurch sollen der Prädetermination durch den Forscher Grenzen gesetzt werden. Selbst auf einen Leitfaden greift er im Interview nicht zurück, sondern er versucht die *Methode des narrativen Interviews* einzusetzen.

Der Forscher sucht sich Jugendliche aus, von denen er annimmt, daß sie bereits delinquentes Verhalten an den Tag gelegt haben. Um den direkten Vergleich zur quantitativen Vorgehensweise herstellen zu können, unterstellen wir in dem Beispiel, daß der qualitativ arbeitende Sozialwissenschaftler seine Jugendlichen aus der Stichprobe rekrutiert, die der quantitative Sozialforscher gezogen hat. Er unterhält sich unabhängig voneinander mit zwei Personen, die sowohl aus einem „broken home" kommen als auch bereits delinquent geworden sind (die also aus der Zelle I aus der Tabelle in unserem Beispiel stammen). Mit einer sehr allgemeinen, einleitenden Frage versucht er, Kontakt zu finden und darauf aufbauend die Jugendlichen zum Erzählen anzuregen. In den Gesprächen ist er bemüht, sich in den Alltag und die Lebensgeschichte der Befragten hineinzudenken, zu verstehen, wie es zu dem delinquenten Verhalten gekommen ist.

Bei der Auswertung der Interviews gelangt er durch den *Nachvollzug des subjektiv gemeinten Sinns* zu zwei unterschiedlichen Motiven für das „Klauen": Aus dem Interview mit dem Befragten A läßt sich herauslesen, daß A den Diebstahl begangen hat, weil er von seinen Klassenkameraden anerkannt werden, ihnen imponieren und seinen Mut zeigen wollte. Im narrativen Interview mit B läßt sich das Motiv erkennen, daß der Befragte einen Diebstahl begangen hat, weil ihm das Geld für das legitime Anschaffen des gestohlenen Gutes gefehlt hat, er andererseits aber glaubte, es haben zu müssen, um gemeinschaftlich mit Freunden sich Videos ansehen zu können. Die Tatsache, daß die Freunde zu ihm kommen, verschafft ihm Genugtuung und Anerkennung.

Wir stellen also fest, daß offenbar die von dem quantitativen Forscher ermittelten Zusammenhänge zwischen „broken home" und Delinquenz tatsächlich überhaupt keine Rolle für diese beiden Jugendlichen gespielt haben. Wollte man also im Sinne einer Ursache-Wirkungs-Relation interpretieren, so würden die beiden qualitativ befragten Jugendlichen die Hypothese des quantitativen Sozialforschers falsifizieren, obwohl dieser sie in seiner Tabelle als Verifikationen führt.

Bei der weitergehenden Analyse der qualitativen Interviews wird nun deutlich, wie die *Begriffsbildung* – eben aus der sozialen Realität heraus entstehend – in qualitativer Forschung abläuft. Aus den *Alltagsbegriffen* (Begriffe 1. Ordnung) entwickeln sich die *Wissenschaftsbegriffe* (Begriffe 2. Ordnung), nämlich bei der Person A: diese wollte mutig sein, d.h. sie zeigte Imponiergehabe. Person B wollte den Videorecorder besitzen, sie war diesbezüglich depriviert (= fehlender Besitz des Videorekorders und fehlendes Geld).

Auf einem höheren Niveau der *Abstraktion* gelangt der Forscher weiter zu der Annahme, daß beide Jugendliche als Motiv für ihr abweichendes Verhalten eigentlich den *Statuserwerb* sehen. Die gebildete theoretische (substantive) Aussage lautet daher: „Verunglückte" Formen des Statuserwerbs führen zu delinquentem Verhalten.

Ohne Wertungen im Sinne eines besser oder schlechter vornehmen zu wollen, können wir rein deskriptiv feststellen, daß offenbar quantitative und qualitative empirische Forschung zu unterschiedlichen Erkenntnissen gelangen kann.

Quantitative Sozialforschung	Qualitative Sozialforschung
0. Interesse: Beschäftigung mit Phänomenen der Jugendkriminalität und deren Beschreibung und Erklärung.	0. Interesse: Beschäftigung mit Phänomenen der Jugendkriminalität und deren Beschreibung und „Erklärung" als Verstehen des prozessualen Ablaufs.
1. Theorie: Der Forscher überlegt sich folgendes: Familiale Sozialisation ist für normkonformes Verhalten von erheblicher Bedeutung. Die Sozialisationskapazität ist bei unvollständigen Familien (= „broken home") reduziert, weshalb vermehrt abweichendes Verhalten auftritt. Eine bedeutsame Form abweichenden Verhaltens ist Jugendkriminalität. Hieraus wird die Hypothese „deduziert":	

2. Hypothese:
   „Broken home" führt zu Delinquenz
   bei Jugendlichen.
   Hierin sind drei theoretische Begriffe
   enthalten:

3. Theoretische Begriffe:
   „Broken home", „Delinquenz", „Jugendliche".
   Diese Begriffe müssen in ihren Inhalten durch Definitionen, festgelegt
   werden.

4. Definitionen:
   a) Broken home: Strukturelle Un-
      vollständigkeit der
      Familie, also das
      Fehlen eines El-
      ternteils über eine
      längere Sozialisa-
      tionsperiode.
   b) Delinquenz: Verhaltensweisen,
      die im Strafrecht
      oder dessen Ne-
      bengesetzen mit
      Strafe bedroht
      sind.
   c) Jugendlicher: Vollendung des
      14. Lebensjahres,
      aber das 18. Le-
      bensjahr noch
      nicht vollendet.
   Diese Definitionen müssen in konkrete Fragestellungen transformiert
   (und davor evtl. indikatorisiert) werden:

5. Operationalisierung:
   a) Broken home: „Lebst Du zu
      Hause mit beiden
      Eltern zusam-
      men?"
   b) Delinquenz: „Hast Du schon
      einmal eine Straf-
      tat begangen, z. B.
      gestohlen?"
   c) Jugendlicher: „Wie alt bist Du?"
   Aus der Summe aller Fragen wird ein
   Erhebungsinstrument konstruiert.

6. Erhebungsinstrument:
Fragebogen
Schon bei der Entwicklung des Frage-
bogens wird die Erhebungsmethode
antizipiert:

7. Methode:
Schriftliche Befragung
Die Methode muß in Abhängigkeit
von der Wahl der Untersuchungseinheiten, den Erkenntnisinteressen etc.
gewählt werden:

8. Populationswahl:
Dunkelfeld, also z. B. alle Jugendlichen der BRD.
Da Vollerhebung nicht realistisch,
wird eine Stichprobe gezogen:

1. Populationswahl:
Es werden gezielt Jugendliche gesucht,
die erwarten lassen, zum Thema Delinquenz und broken home aus eigenem
Erleben etwas berichten zu können.

9. Stichprobe:
Zufallsauswahl von z. B. 1500 Perso-
nen
= statistical sampling
= Repräsentativität
Nach Vorliegen der Adressen wird die
Feldarbeit durchgeführt:

2. „Stichprobe":
Willkürliche, gezielte Auswahl nach erkenntnistheoretischen Gesichtspunkten (theoretical sampling).
Aus didaktischen Gründen wählen wir
unter Bezug auf die Stichprobe der
quantitativen Vorgehensweise aus der
Tabelle unter 12. zwei Personen aus der
Zelle I aus. Diese werden befragt.

3. Methode:
Der Forscher wählt eine qualitative
Methode, z. B. das narrative Interview.

10. Datenerhebung:
Durch Forschungsinstitut
Nachdem die Daten erhoben und ma-
schinenlesbar gemacht wurden, erfolgt die Auswertung:

4. „Datenerhebung":
Sie erfolgt durch den Forscher selbst,
wobei wir beispielhaft die Personen A
und B aus der Zelle I der Tabelle herausgreifen:

Person A:
J: „Wie ist das..
hast Du schon
einmal ge-
klaut?"
A: „Ja"...
J: „Wie war das,
als Du damals
geklaut hast?"
A: „Ich war mit
Klassenkame-
raden unter-

Person B:
J: „Wie ist das..
hast Du schon
einmal ge-
klaut?"
B: „Ja"...
J: „Wie kam das,
daß Du damals
geklaut hast?"
B: Ich hatte kein
Geld, wollte
aber den Video-

wegs und wollte diesen zeigen, daß ich mutig genug bin." . . .

recorder unbedingt haben, um mit meinen Freunden Videos anschauen zu können." . . .

11. Datenanalyse:
statistisch – reduktiv
Die Vielzahl an (unübersichtlichen) Daten wird so reduziert, daß Informationsgewinn entsteht:

5. Datenanalyse:
Diese Aussagen werden nun interpretiert:
5.1 Begriffe des Alltags:
    = Begriffe 1. Ordnung

| A wollte *mutig* sein | B wollte Videorecorder *besitzen* |

5.2 Begriffe 2. Ordnung
    = Wissenschaftsbegriffe

| Imponier- gehabe | Geldmangel = Deprivation |

5.3 Theorie (substantive):

| Motiv für Delinquenz: *Statuserwerb* | Motiv für Delinquenz: *Statuserwerb* |

12. Ergebnis:
Tabelle X: „broken home" und Delinquenz

	broken home	kein broken home	$\sum$
delinquent	I 70%	II 20%	
nicht delinquent	III 30%	IV 80%	
$\sum$	100%	100%	

6. Ergebnis:
Anderer Befund als „Ursache" für Delinquenz bei quantitativer Analyse unter 12. und 13.

13. Die Hypothese wird statistisch signifikant „bestätigt". (Man beachte, daß aufgrund der Datenstruktur eine kausale Aussage nicht möglich ist! Auch auf die Logik des statistischen Testens einer Nullhypothese wird hier nicht eingegangen.)

Fazit:
– Theorie entsteht im Kopf des Forschers.
– Theorie existiert vor der Realität.
– Prädetermination der Erkenntnisse durch Forscher und Theorie.

Fazit:
– Theorie entsteht aus der Realität heraus.
– Realität existiert vor der Theorie.
– Die Relevanzsysteme der Betroffenen kommen zu Wort.

4.4. Die Gütekriterien

Wissenschaftshistorisch gesehen wurzelt die Konkretisierung der Idee der Gütekriterien in der Ausreifung der sog. „klassischen Meß- und Testtheorie" innerhalb der Psychologie. Da jedoch ein Test ein unvollständiges Experiment und ein Experiment wiederum eine Sonderform der Beobachtung ist, sind die klassischen Testgütekriterien prinzipiell auf alle Beobachtungsmethoden im weiteren Sinne anwendbar.

Um die Qualität des Weges zur wissenschaftlichen Erkenntnisgewinnung durch bestimmte Methoden feststellen zu können, sind generelle Kriterien nötig, die die verschiedenen Aspekte aller Methoden (vor einem bestimmten wissenschaftstheoretischen Hintergrund) erfassen und untereinander vergleichbar machen. Diese Kriterien dienen als Zielvorgaben und Prüfsteine einer beliebigen angewandten Forschungsmethode, an denen der Grad der Wissenschaftlichkeit dieser Methode gemessen werden kann. „Mit Hilfe der Kriterien Reproduzierbarkeit, Standardisierbarkeit und Meßbarkeit sollen ‚reliable und valide Daten... erfaßt werden können'" (*Leithäuser/Volmerg* 1981, S. 126).

Die wissenschaftstheoretischen und methodologischen Grundsätze, die tendenziell normativen Charakter tragen, legen fest, welche Wege wie beschritten werden sollen, um zu wissenschaftlichen Aussagen zu gelangen. Die Qualität der empirischen Befunde wird nicht zuletzt daran bestimmt, ob die methodologischen Forderungen eingehalten wurden: Die Güte von wissenschaftlich-empirischen Studien hängt also zu allererst von den entwickelten methodologischen Kriterien ab.

Nun sind aber, wie wir gesehen haben, die basalen theoretischen Grundlagen qualitativer und quantitativer Sozialforschung von ihrem Ansatz her derart verschieden, daß sich nur bedingt Schnittstellen für einen Dialog auf der Grundlage gleichen Vorverständnisses finden lassen. Das Problem der Güteabschätzung wird zusätzlich dadurch kompliziert, daß bei unterschiedlichen wissenschaftstheoretischen und methodologischen Bezugspunkten verwirrenderweise identische Worte für ähnlich oder gleich scheinende Problemstellungen verwendet werden, die jedoch substantiell, also von den Vorstellungsinhalten her, anders besetzt sind. Während die Gütekriterien begrifflich-inhaltlich, zumindest im quantitativen Verständnis, *relativ* konstant verwendet werden, variieren die Vorstellungen von Gütekriterien in ihrer inhaltlichen Bedeutung in der qualitativen Sozialforschung schon auf der Erhebungsebene, da sie teilweise erst während der Forschungstätigkeit in Abhängigkeit von Gegenstand und Methode konkret entwickelt werden. Dies hat zur Folge: „Die traditionellen Kriterien wie Repräsentativität, Validität und Reliabilität sind für Forschungen, die stärker auf die Feinanalyse von Prozessen ausgerichtet sind als auf die notwendig gröbere Bestimmung von Gesamtverteilungen, nicht oder nur modifiziert verwendbar" (*Küchler* u. a. 1981, S.V).

Wenn man davon ausgeht, daß die Prüfkriterien in der sozialwissenschaftlichen Forschungspraxis vor allem an die wissenschaftstheoretische und methodologische Konzeption gebunden sind und Gütekriterien Kontrollinstrumente zur Überprüfung bestimmter, vom Forscher und von der verwendeten Methode geforderter, Qualitäten darstellen und sie daher auch als indirekte Entscheidungshilfe für die Beurteilung bestimmter theoretischer Annahmen herangezogen werden, ist es zunächst einmal sinnvoll, nach dem Entwicklungsstand soziologischer Methodologien zu fragen.

Im Sinne eines allgemeingültigen, zusammenhängenden Aussagensystems liegt bis heute in der Soziologie noch kein wissenschaftstheoretisches Konzept vor, das generell Anerkennung finden könnte. Jedes bisher entwickelte Modell von Forschung offenbart bei kritischer Würdigung Mängel, die eine in sich schlüssige, kontinuierliche wissenschaftstheoretische Argumentation erschweren. Ob diese Mängel in der jeweiligen Konzeption selbst begründet sind, oder ob sie in einer fortführenden wissenschaftstheoretischen Diskussion und Entwicklung behebbar sind, braucht hier nicht entschieden zu werden.

Unter der Bedingung jedenfalls, daß Gütekriterien begrifflich, inhaltlich und methodologisch keine von Wissenschaftstheorie und Methodologie unabhängige Kontrollgrößen sein können, bemißt sich die Qualität wissenschaftlich-empirischer Analyse im Kontext von Wissenschaftstheorie, Methode und Gegenstand. Gütekontrollen liefern mit der Prüfung der Forschungsmethoden *Anhaltspunkte für den Wahrheitsgehalt und die Haltbarkeit von Aussagen.* Da aber der Theorie wie auch dem Kontrollinstrumentarium kein absoluter und unabhängiger Wahrheits- oder Richtigkeitsanspruch zukommt, bedingen sie sich gegenseitig in ihrer Modellhaftigkeit, Fragwürdigkeit und Vorläufigkeit. „Wenn man soziale Realität als einen dauernd vor sich gehenden Konstruktionsprozeß ansieht, an dem alle Gesellschaftsmitglieder in größerem oder kleinerem Maße mitwirken, dann kann man nicht damit rechnen, daß es überhaupt eine Forschungsmethode gibt, die es gestattet, völlig eindeutige, längerfristig gültige, unwiderlegbare, zweifelsfrei wahre Aussagen über Elemente und Relationen der sozialen Realität zu machen" (*Köckeis-Stangl* 1980, S. 363).

Neben diesem Argument von qualitativer Seite relativiert auch eine Überlegung aus dem quantitativen Lager die Forderung nach Prüfkontrollen für empirische Forschungen: „Wissenschaftlichkeit (vollzieht sich für mich) primär im Detail des Forschungshandelns und ist nur unzureichend von außen überprüfbar. Es drückt sich in der vorhandenen oder nicht vorhandenen Bereitschaft aus, jede gewonnene Einsicht permanent wieder in Zweifel zu ziehen, also stets in gleichem Maße nach Gegenbelegen wie nach Belegen zur weiteren Stützung/Elaboration der vorläufig gewonnenen Einsichten zu suchen. Dies ist ganz sicher . . . ein sehr hoher normativ ethischer Anspruch, der kaum kontrollierbar ist" (*Küchler* 1983, S. 24). Aus den beiden letzten Zitaten könnte man das Fazit ziehen, daß methodologische Prüf- und Gütekriterien eigentlich wenig Relevanz für das konkrete Forschungshandeln haben. Sollte man unter dieser Vorausetzung überhaupt abstrakt-normative Methodenregeln formulieren? Oder sollte man sie nicht gleich aufgeben? „Über Methoden sollte man eigentlich nichts Theoretisches schreiben. Ihre Praktikabilität und theoretische Legitimation ergeben sich vielmehr daraus, daß man sie in ihrem praktischen Verwendungszusammenhang, in der praktischen Forschungsarbeit explizit beschreibt und am Material begründet" (*Soeffner* 1985, S. 109). Hier kommen neue Kriterien der Praxis wie „Verwendungszusammenhang" und „Forschungsarbeit" sowie deren Begründung am Material ins Spiel; die traditionellen Gütekriterien müßten demnach erweitert werden. Methodologische Gütekriterien sind also kein einheitliches und allseits geteiltes Konzept; die Maßstäbe zur Beurteilung empirischer Forschungen sind heterogen:

„Dies heißt keineswegs, der Forscher sei nicht in der Lage, wissenschaftlich vorzugehen, während er Daten sammelt. Im Gegenteil: es wird lediglich klargestellt, wie entscheidend es für die Gültigkeit – und folglich auch für die Zuverlässigkeit – ist, daß man versucht, die empirische soziale Welt so darzustellen, wie sie für die Untersuchten tatsächlich existiert, und nicht so, wie der Forscher es sich vorstellt" (*Filstead* 1979a, S. 33). Aus den bisherigen Überlegungen kann also festgehalten werden, daß auch qualitative Sozialforschung wissenschaftliche Gütekriterien akzeptiert, daß diese sich aber teilweise von denen der quantitativen Verfahren unterscheiden.

„Für die konventionellen sozialwissenschaftlichen Methoden sind Gütekriterien wie Gültigkeit und Zuverlässigkeit eingeführt, andere sind Generalisierbarkeit und Repräsentativität. Damit stellt sich die Frage, ob und inwieweit sich diese Kriterien auch auf qualitative Verfahren anwenden lassen. Eine Beschäftigung mit diesem Problem ist bislang kaum erfolgt (vgl. *Ostner* 1982, S. 71). Grundsätzlich gilt, daß die Einschätzung der Eignung bestimmter qualitativer Vorgehensweisen wesentlich vom Forschungsgegenstand und vom Untersuchungsziel abhängt und die Fragen nach Gültigkeit, Zuverlässigkeit und Generalisierbarkeit in erster Linie unter diesem Blickwinkel zu betrachten sind" (*Kiefl/ Lamnek* 1984, S. 476). Ein abstrakter Vergleich zwischen quantitativer und qualitativer Güte im Sinne von besser-schlechter, genauer-ungenauer usw. erscheint unter diesen Umständen wenig zweckmäßig, weil relativ unfruchtbar. Andererseits darf dies nicht dazu führen, im Sinne einer Kritikimmunisierung stets zu sagen: „Es kommt darauf an".

Wählt man als allgemeinstes und übergeordnetes Gütekriterium die *Angemessenheit,* was auch über die wissenschaftstheoretischen Positionen hinweg anerkannt werden dürfte, so findet man einen brauchbaren Einstieg in die Frage der Güteprüfung und -feststellung (vgl. *Kreckel* 1975). *Kreckel* geht von der These aus, daß jede wissenschaftliche Erkenntnis begriffliche Erkenntnis ist. *Nachdem Begriffe notwendig abstrahierend und selektierend wirken, folgt daraus, daß ein direktes Abbilden der Realität unmöglich ist.* Wenn Selektion bei der Darstellung von Realität unvermeidlich ist, ist zu fragen, *welche Aspekte für das Abbilden von Realitäten wichtig* sind und wie diese Aspekte angemessen dargestellt werden. Da es das erklärte Ziel jeder Forschungstätigkeit ist, Unbekanntes aufzudecken, erkennbar zu machen, müssen Begriffe, theoretische Ansätze und Methoden so konzipiert sein, daß es mit ihrer Hilfe auch tatsächlich möglich ist, „Unbekanntes" zu erfassen. In die Entscheidung über das anzuwendende begriffliche, theoretische und methodologische Instrumentarium gehen aber Annahmen über das Wesen der zu erforschenden Realität an sich sowie ein a-priorisches Vorverständnis vom Forschungsgegenstand selber ein.

D. h. allgemeines Erkenntnisziel, Vorverständnis vom Forschungsgegenstand sowie die Entscheidung über das anzuwendende Forschungsinstrumentarium sind in einem Zusammenhang zu sehen, es besteht eine gegenseitige Abhängigkeit.

Wissenschaftliche Begriffe, Theorien und Methoden sind dann als *angemessen zu bezeichnen, wenn sie dem Erkenntnisziel des Forschers und den empirischen Gegebenheiten gerecht werden.* Unter der Güte von sozialwissenschaftlichen Theorien, Methoden und Begriffen soll also der Grad ihrer Angemessenheit an die empirische Realität und an das Erkenntnisziel des Forschers verstanden werden!

In der konventionellen (quantitativ ausgerichteten) Sozialforschung ist es für die Beurteilung von Methoden und Techniken entscheidend, inwieweit sie den Gütekriterien Gültigkeit (Validität), Zuverlässigkeit (Reliabilität), Generalisierbarkeit und Repräsentativität genügen. In der qualitativen Sozialforschung hat man sich dagegen bislang nicht in dieser Intensität mit derartigen Fragen befaßt. Vielfach wird auf quantitativer Seite befürchtet, daß bei qualitativen Verfahren, wie der unstrukturierten teilnehmenden Beobachtung oder dem narrativen Interview, Validitäts- und Reliabilitätskontrollen unmöglich seien (vgl. *Mayntz* u. a. 1969, S. 92 f.; *Friedrichs/ Lüdtke* 1971, S. 153 ff.), was letztlich auf den Vorwurf der Unwissenschaftlichkeit hinauslaufen kann (vgl. *Girtler* 1984, S. 30). Dem steht der Anspruch der qualitativen Sozialforschung gegenüber, aufgrund der ausdrücklichen Orientierung an der empirischen sozialen Welt, wie sie sich für die Untersuchten darstellt, zu gültigeren und damit auch zuverlässigeren Ergebnissen zu gelangen.

Im Grundsatz ist davon auszugehen, daß auch qualitative Verfahren zuverlässige und gültige Ergebnisse liefern, wobei aber die jeweiligen Maßstäbe etwas anders gefaßt werden müssen. Im folgenden soll deshalb versucht werden, die Gütekriterien der qualitativen Methodologie zu skizzieren und von denen der quantitativen Methodologie abzugrenzen. Dabei wird das enge Wechselverhältnis zwischen theoretischem Vorverständnis und den Daten bei der Verwendung qualitativer Verfahren deutlich (vgl. *Hopf* 1979, S. 26): Offensichtlich ist aber, daß sich hierbei besondere Probleme für Datenanalyse, Interpretation und Darstellung ergeben, wobei qualitative Forscher davor zurückzuschrecken scheinen, die nur schwer generalisierbare Methodologie der Auswertung eingehend und übergreifend zu erläutern (vgl. *Ostner* 1982, S. 71). Ähnlich auch *Lüders* und *Reichertz* (1986), die als Anhänger der qualitativen Sozialforschung in ihrer Analyse des Zustandes von Theorie und Praxis qualitativer Sozialforschung ein deutliches Defizit in der Methodologie konstatieren. Gerade das allgemeinste Gütekriterium der Angemessenheit, also der Übereinstimmung von Erkenntnisziel, angewandter Methode in Datenerhebung und Datenanalyse und dem Gegenstand der Untersuchung, wird in der methodologischen Generalisierung vernachlässigt.

Während die rigide Form qualitativer Sozialforschung am interpretativen Paradigma derart festhält, daß grundsätzlich nur gegenstandsbezogen und damit nicht generalistisch argumentiert werden darf, ist vielfach der Wunsch nach allgemeineren methodologischen Regeln bemerkbar. „However exciting may be their experiences while gathering data, there comes the time when the data must be analysed. Often researchers are perplexed by this necessary task" (*Strauss/Corbin* 1990,

S. XII). Das Problem vieler Sozialwissenschaftler ist die Suche nach Regeln für eine intersubjektiv nachvollziehbare Datenanalyse, Hypothesen- und Theoriebildung sowie deren Überprüfung und Darstellung. Das evtl. „going-native", das sich dem prinzipiellen Gütekriterium der intersubjektiven Nachprüfbarkeit entzieht, verzichtet also auf die wesentlichen Voraussetzungen allgemein-wissenschaftlicher Arbeit.

„So kann es sicherlich nicht genügen, anzunehmen, der Forscher werde nach einer gewissen Zeit des Zusammenlebens mit der untersuchten Gruppe ‚gültige Interpretationen' erbringen, die mit denen der Handelnden übereinstimmen – es müssen auch Regeln entwickelt werden, nach denen eine Überprüfung dieser Interpretationen durch andere Forscher ermöglicht wird, und es müssen des weiteren Regeln für den Wechsel zwischen ‚Innenperspektive' und äußerer Analyse angegeben werden" (*Arbeitsgruppe Bielefelder Soziologen* 1976, S. 43). Weil aber die qualitative Sozialforschung sich auch in Absetzung von der quantitativen entwickelt hat, muß sie sich einerseits von den traditionellen Gütekriterien lösen, sich andererseits aber auf sie beziehen (wenn auch vielleicht nur von der Wortwahl her), um die eigene „Wissenschaftlichkeit" unter Beweis zu stellen. Dies führt zu der schon angedeuteten Begriffsverwirrung, die also letztlich inhaltlich motiviert ist.

Die klassischen Gütekriterien Validität und Reliabilität, wie sie im Kontext der quantitativen Sozialforschung entwickelt und elaboriert wurden, hält *Mayring* selbst für das quantitative Paradigma für „wenig tragfähig" (1990, S. 100). Er empfiehlt deshalb sechs andere Gütekriterien für die qualitative Sozialforschung, nämlich: „Verfahrensdokumentation", „argumentative Interpretationsabsicherung", „Regelgeleitetheit", „Nähe zum Gegenstand", „kommunikative Validierung" und „Triangulation" (vgl. *Mayring* 1990, S. 104ff.).

1. Während in der quantitativ-empirischen Forschung die Wiedergabe des verwendeten standardisierten Erhebungsinstrumentes für die methodische Beurteilung zureichend ist, bedarf es bei qualitativem Vorgehen einer weitergehenden *Verfahrensdokumentation,* d. h. einer sehr detaillierten und weitgehenden Darstellung des Vorgehens, damit der Forschungsprozeß überhaupt intersubjektiv nachprüfbar wird.

2. Da bei qualitativer Sozialforschung die Analyse explikativ und nicht reduktiv erfolgt, müssen die z. T. sehr umfangreichen Interpretationen so dokumentiert werden, daß auch hier ein intersubjektiver Nachvollzug gewährleistet ist. Diese *argumentative Interpretationsabsicherung* ist als Gütekriterium schon deshalb wichtig, weil qualitativer Sozialforschung aus quantitativer Perspektive häufig Willkür oder Beliebigkeit unterstellt wird.

3. Die *Regelgeleitetheit* als Gütekriterium ist für *Mayring* besonders wichtig: „Auch qualitative Forschung muß sich an bestimmte Verfahrensregeln halten, systematisch ihr Material bearbeiten" (*Mayring* 1990, S. 104). Die von ihm geforderte Systematisierung wird als allgemein wissenschaftliches Kriterium sicher allseits akzeptiert werden. Die von ihm in seinem Lehrbuch praktizierte Systematisierung ist möglicherweise dem ein oder anderen qualitativ arbeiten-

den Sozialforscher aber schon zu weitgehend, weil sie Offenheit und Flexibilität tendenziell reduziert. Gleichwohl kann man sich der Forderung nach einem schrittweisen, sequenziellen Vorgehen anschließen, während die vorherige Festlegung von Analyseschritten und die Strukturierung des Materials in sinnvolle Einheiten nicht unbedingt geteilt werden muß.

4. Die *Nähe zum Gegenstand* ist in qualitativer Forschung von besonderer Bedeutung und ein methodologisches Grundprinzip. Qualitative Forschung sollte deswegen auch daraufhin überprüft werden, ob sie sich auf die natürliche Lebenswelt der Betroffenen gerichtet und deren Interessen und Relevanzsysteme einbezogen hat. Der Verlust der Nähe zum Gegenstand würde qualitative Sozialforschung als solche diskreditieren.

5. Das Gütekriterium der *kommunikativen Validierung* (vgl. *Köckeis-Stangl* 1980, *Klüver* 1979 oder *Heinze/Thiemann* 1982) als Rückkoppelung der Interpretationen an die Befragten kann als Wahrheits- und Gütekriterium sicher kritisch betrachtet werden, doch wenn der qualitative Forscher seine Population mit seinen Deutungen konfrontiert, kann er, „vor allem was die Absicherung der Rekonstruktion subjektiver Bedeutungen angeht – aus diesem Dialog wichtige Argumente zur Relevanz der Ergebnisse gewinnen" (*Mayring* 1990, S. 106).

6. Die *Triangulation* ist als Gütekriterium sehr weit gefaßt (vgl. hierzu 5.) und meint nach *Denzin* (1978) verschiedene Methoden, Theorieansätze, Interpreten, Datenquellen etc., die dazu herangezogen werden, Phänomene umfassender, abgesicherter und gründlicher zu erfassen. Daß dies nicht immer konkordant als Übereinstimmung der verschiedenen Befunde und Interpretationen geschieht, macht die Schwierigkeit dieses Qualitätsmaßstabes aus.

Bei den sechs von *Mayring* vorgeschlagenen Gütekriterien bleibt die Frage offen, ob es sich dabei um Zielvorgaben und Prüfsteine für die qualitative Sozialforschung handelt, oder ob er nicht nur eine grundlegende Ausgangsposition für jeden empirischen Forschungsprozeß beschreibt und die Anwendung dieser Gütekriterien nur in den sich gegenüberstehenden Paradigmen in differenzierender Weise erfolgt.

Deshalb schlägt *Küchler* vor, die traditionellen Gütekriterien Reliabilität und Repräsentativität durch *Prognostizierbarkeit* und *Steuerbarkeit* sozialer Vorgänge zu ersetzen (vgl. *Küchler* 1983, S. 17). Abgesehen davon, daß dies eine Verlagerung von Wissenschaft auf gesellschaftliche Praxis impliziert, wird übersehen, daß dies wieder zu einer generalistischen Methodologie führen würde, was nicht allgemein auf Zustimmung stößt. Unter Bezugnahme auf *Lüders/Reichertz* (1986) stellt *Honig* hierzu fest: „Aber auf der Suche nach Ansprüchen, denen eine solche Explikation folgen muß, bezieht sich ihre Kritik an den drei Typen qualitativer Forschung auf die Kriterien der Verallgemeinerbarkeit, Gültigkeit und Konsistenz von Aussagen, als handele es sich dabei um rein inner-methodische Probleme, als gebe es auch in der qualitativen Sozialforschung subjektunabhängige Maßstäbe der Gegenstandsangemessenheit. Ihre Argumentation legt den

Schluß nahe, daß sie einen eher reduktionistischen Umgang mit den Möglichkeiten qualitativer Forschung in Kauf nehmen wollen, um Verläßlichkeit, Prägnanz und Relevanz von Aussagen zu steigern" (*Honig* 1986, S. 5). Mit diesem grundsätzlichen Einwand wird natürlich der Versuch, die Gütekriterien qualitativer Sozialforschung kompakt und generalistisch darzustellen, fragwürdig; trotzdem soll er gewagt werden.

4.4.1. Gültigkeit

Auch die qualitative Sozialforschung artikuliert das Bedürfnis und das Streben nach Gültigkeit ihrer Befunde: „Was wir brauchen, ist empirische Validierung der Prämissen, Probleme, Daten, ihrer Verbindungslinien, der Konzepte und Interpretationen, die im Akt wissenschaftlicher Forschung enthalten sind. Der Weg zu dieser empirischen Validierung besteht nicht in der Manipulation der Forschungsmethoden; er liegt in der sorgfältigen Untersuchung der empirischen sozialen Welt" (*Blumer* 1979, S. 49). Das besondere Verständnis von „sorgfältiger Untersuchung der empirischen sozialen Welt", was ja zunächst eine Leerformel ist, soll nun unter Bezug auf die Validitätsproblematik inhaltlich gefüllt werden.

„Für empirische Untersuchungen, die sich an einem interpretativen Paradigma der Sozialwissenschaft orientieren, stellt sich die Gültigkeitsfrage in zweifacher Hinsicht neu: einmal bei der Konstruktion geeigneter Erhebungssituationen und -methoden und ihrer Kontrolle, zum anderen bei der interpretativen Auswertung der gewonnenen Daten" (*Volmerg* 1983, S. 124). Zwar ist das Neue dieser Dichotomisierung nicht zu erkennen, denn dies ist auch in der quantitativen Sozialforschung der Fall, doch macht diese Auffassung offenkundig, daß man Unterschiede zur quantitativen Forschung setzen möchte. Tatsächlich ist auch in der traditionellen Sozialforschung die Prüfung der Gültigkeit auf die Erhebung und die Auswertung zu beziehen, doch gilt die Prüfung zu allererst der Datengewinnung und weniger der Interpretation. Schließlich sind bei der Interpretation quantitativer und gültig erhobener Daten kaum gravierende Auswertungs- und Interpretationsprobleme zu erwarten; die Gültigkeitsgefährdung steckt in der Erhebung. Diese Prioritätensetzung erfährt ihre Umkehrung in der qualitativen Sozialforschung. Ist die Datengewinnung durch die Subjekt- und Betroffenheitsorientierung, durch reale Alltagssituation, durch Selbstdeutung etc. weniger gefährdet, so gelangen Auswertung und Interpretation voll und kritisch in den Blickpunkt. Hier werden größere Verzerrungsgefahren gesehen.

Dies führt *Leithäuser* und *Volmerg* (1981, S. 128 f.) zum Entwurf eines Schemas, das „gültige" Interpretationen sichern soll:

Gleichzeitig weisen sie aber daraufhin: „Dieses Schema kann die Forderungen einer an den Naturwissenschaften orientierten Beobachtungs- und Tatsachenwissenschaft nicht erfüllen. Die Naturwissenschaften können die Kennzeichnungen der Erkenntnis: Realitätsgehalt als typische Alltagssituation und Kontextabhängigkeit dort, wo sie Situationsdependenz verlangen, nicht akzeptieren. Realitätshaltig

Wissenschaftstheoretische Kriterien der sozialwissenschaftlichen Erkenntnis	Zugeordnete methodische Kriterien für die Interpretation
typische Situationen (Alltagssituationen) Realitätshaltigkeit	„externe Validität"
Kontextabhängigkeit (praktische Teilhabe des Forschers an der Alltagssituation)	„interne Validität" (z.b. thematisch zentrierte Interaktion)
Wissenschaftstheoretisches Kriterium der Ermöglichung sozialwissenschaftlicher Erkenntnis	Methodische Korrespondenzkriterien für die Interpretation
Wissenschaftstheoretische Kriterien der sozialwissenschaftlichen Erkenntnis	Zugeordnete methodische Kriterien für die Interpretation
Intersubjektivität (Nötigung zur Regelexplikation)	Nachvollziehbarkeit Feststellung der Strukturübereinstimmung (Typische Alltagssituationen) Konsensbildung über die Stimmigkeit der Interpretation

Abbildung 14: Erkenntnisanspruch: sozialwissenschaftliche Erfassung der Realität im Rahmen des interpretativen Paradigmas

sind im Bezugsfeld des ‚interpretativen Paradigmas' Situationen in einem besonderen Maße dann, wenn in ihnen wesentliche Momente (Strukturen) der gesellschaftlichen Realität (Objektivität) zur Geltung gelangen, eine besondere Dichte der gesellschaftlichen Vermittlungen der Situation sich auffinden und explizieren läßt" (*Leithäuser/Volmerg* 1981, S. 128 f.).

Die Perspektiven- und Prioritätenverschiebung in der qualitativen Sozialforschung äußert sich auch auf einer zweiten Ebene der Gültigkeitsfeststellung. In der traditionellen Sozialforschung unterscheidet man zwischen externer und interner Gültigkeit und bezieht sich bei letzterer auf den Zusammenhang von Theorie bzw. Begriff und Operationalisierung und bei ersterer auf den zwischen Operationalisierung und tatsächlicher Realitätserfassung. Diese begriffliche Differenzierung wird auch in der qualitativen Sozialforschung praktiziert, doch mit anderem Bedeutungsgehalt, wie nachfolgender Aussage erkennbar wird: „Gültigkeit wird dabei in externe und interne Gültigkeit unterschieden. Unter externer Gültigkeit soll die Realitätshaltigkeit der Daten verstanden werden, die unter Anwendung bestimmter Erhebungsmethoden in einer bestimmten Erhebungssituation gewonnen werden. Die interne Gültigkeit bezieht sich auf die intersubjektive Überprüfbarkeit und damit die Zuverlässigkeit der Erhebung" (*Volmerg* 1983, S. 124).

In der quantitativen Sozialforschung versteht man unter Gültigkeit den Grad der Genauigkeit, mit dem eine bestimmte Methode dasjenige Merkmal erfaßt, das sie zu erfassen beansprucht, wobei weitergehend zwischen interner und externer Validität differenziert wird. Interne Validität bedeutet, daß Unterschiede in der abhängigen Variablen zwischen verschiedenen Versuchsbedingungen eindeutig auf die Unterschiede in der unabhängigen Variablen zurückgeführt werden können (vgl. *Amelang/Bartussek* 1981, S. 113), wenn also z. B. die jeweilige Zusammensetzung der Stichprobe keinen Einfluß hat (was bei einer echten Zufallsstichprobe unterstellt werden kann). Externe Validität liegt dann vor, wenn von den untersuchten Versuchspersonen auf die intendierte Population, von in der Untersuchung realisierten Bedingungen und Stufen der unabhängigen Variablen auf die interessierenden Bedingungen und Konstrukte und von dem verwendeten Maß für die abhängige Variable auf das entsprechende, damit zu erfassende Konstrukt geschlossen werden kann (vgl. *Amelang/Bartussek* 1981, S. 113).

Daneben gibt es in der quantitativen Sozialforschung eine weitere Differenzierung, die leider begrifflich gleich ist, aber etwas anderes meint: „Vergleicht man, inwieweit *theoretische Begriffe gültig operationalisiert* (d. h. in empirische Begriffe, beobachtbare Indikatoren übergeführt) worden sind, so spricht man von der *internen oder logischen Gültigkeit.* Die Gültigkeit kann aber auch gefährdet sein durch nicht gelungene Transformation in der eigentlichen Meßoperation, d. h. durch *mangelnde Kongruenz zwischen Operationalisierungsebene und Phänomenen.* In diesem Fall handelt es sich um die Probleme der *externen oder empirischen Gültigkeit"* (*Lamnek* 1980, S. 108). In jenen Fällen, in denen die Gültigkeit nicht gewährleistet ist, „sind die gewonnenen Meßwerte nicht bzw. nur falsch interpretierbar, deren Erkenntniswert also gleich Null. Daher hat man der Gültigkeitsüberprüfung theoretisch und praktisch viele Überlegungen gewidmet, die in unterschiedliche Verfahren der Gültigkeitsprüfung einmündeten" (*Lamnek* 1980, S. 109). Solche Methoden der Gültigkeitsprüfung in quantitativer Sozialforschung sind:

1. *Face-Validity*

   Jedermann ist in der Lage, aufgrund von Alltagserfahrungen, eigener Betroffenheit, Plausibilitätserwägungen etc. zu beurteilen, ob ein jeweils anzuwendendes Verfahren das mißt, was es messen soll. Diese durch Augenschein feststellbare und offenkundige Validität ist kein sehr exaktes und durchaus subjektives Verfahren der Gültigkeitsermittlung.

2. *Expert-Validity*

   Man legt ein Erhebungsinstrument „Experten vor, und diese überprüfen die Gültigkeit des Meßverfahrens aufgrund ihrer Informationen, ihrer wissenschaftlichen Erkenntnisse, ihrer Erfahrungen, aber natürlich auch aufgrund von Plausibilität und bestimmen dann mehr oder weniger dezisionistisch den Grad der Gültigkeit. Da bei diesem Verfahren subjektive Einflüsse nicht auszuschließen sind (z. B. durch eine nicht ausreichend große Zahl von befragten Experten), und im Regelfalle auch nicht kontrolliert werden können, muß diese Gültigkeitsprüfung als relativ unzuverlässig gelten" (*Lamnek* 1980, S. 109).

3. *Criterion-Validity*

Es wird ein Außenkriterium herangezogen, von dem bekannt ist, daß es mit dem zu messenden Merkmal in einer engen Beziehung steht. (Existiert z. B. zwischen Religiosität und Einstellungen zur Sexualität eine hohe Korrelation, so ist eine Skala zur Messung sexueller Freizügigkeit dann gültig, wenn bei stark religiösen Personen auch eine geringe sexuelle Freizügigkeit ermittelt wird, bzw. Personen mit sexuell freizügigen Einstellungen eine geringe Religiosität aufweisen.)

4. *Predictive-Validity*

Auf der Basis der ermittelten Meßwerte wird ein bestimmtes Verhalten prognostiziert. Bei der Überprüfung dieses Verhaltens ist allerdings zu berücksichtigen, daß Einstellungen nicht immer verhaltensrelevant werden müssen (z. B. sozialer Druck, antisemitische Einstellungen nicht manifest werden zu lassen). Schwierigkeiten entstehen bei dieser Methode durch die Phänomene der self-fulfilling bzw. self-destroying prophecies.

5. *Known-groups-Validity*

Ein Meßverfahren „wird auf eine Gruppe angewandt, von der man zu wissen glaubt, in welcher Verteilung die Merkmalsausprägungen des zu messenden Merkmals vorliegen. Stellt man eine Übereinstimmung der Meßergebnisse mit den als bekannt vorausgesetzten Informationen fest, so geht man davon aus, daß das Meßverfahren gültig ist. Auch hier muß jedoch kritisch eingewandt werden, daß die Informationen über die Merkmalsverteilung auf irgendeine empirische Art gewonnen werden mußten, die aber selbst mit Gültigkeitsproblemen behaftet sein kann" (*Lamnek* 1980, S. 109). Als Spezialfall der Known-groups-Validity kann die Extremgruppenprüfung betrachtet werden: Ein Instrument wird an zwei Stichproben von Personen erprobt, von denen man annehmen kann, daß sie bezüglich der zu messenden Einstellung extrem niedrige oder extrem hohe Werte aufweisen.

6. *Construct-Validity*

Testergebnisse werden durch Formulierung neuer oder Heranziehung vorhandener Hypothesen einer Theorie erklärt; die Hypothese wird mit Hilfe einer weiteren Untersuchung überprüft. Bei der Konstruktvalidität handelt es sich methodologisch um die Prüfung der Angemessenheit der operationalen Definition eines Begriffs.

So exakt diese Methoden der Gültigkeitsprüfung in der quantitativen Sozialforschung erscheinen mögen, so problematisch sind sie in ihrer konkreten Anwendung wegen ihrer teilweise zirkelhaften Konstruktion, anderen methodologischen Schwierigkeiten oder auch den realen Datenverhältnissen. (Einer Kritik aus qualitativer Sicht werden diese Gültigkeitsprüfungen bei *Müller* (1979, S. 38 ff.) unterzogen.)

Validität im Sinne der quantitativen Sozialforschung verlangt, persönliche Beziehungen zwischen Forscher und Erforschten möglichst neutral zu halten und sich bei der Ausgestaltung an dem Erfordernis der Eindeutigkeit bei der Trennung von Einwirkungen als unabhängigen und den zu untersuchenden Effekten als abhängigen Variablen zu orientieren. „Dementsprechend wird im normativen Paradigma die Gültigkeit von Erhebungsmethoden in erster Linie als ein Problem ihrer Zuverlässigkeit (interne Validität) angesehen. Sie ist dann gewährleistet, wenn die Methoden und die Gesamtsituation so standardisiert sind, daß eine Reproduktion der Untersuchung unabhängig von der Person des Forschers oder den Zufälligkeiten der Rahmenbedingungen möglich ist und zu gleichen Ergebnissen führen würde. Ob die gewählten Indikatoren tatsächlich das in der Realität anzeigen, was sie sollen, und die Instrumente das messen, was zu messen beabsichtigt ist, mithin die Frage der Realitätshaltigkeit (externer Validität) der Erhebung, wird dagegen als ein theoretisches Problem angesehen, das vor der Untersuchung – bei der Konstruktion von Begriffen, operationellen Definitionen und Hypothesen – gelöst werden muß. Ist ihre Realitätshaltigkeit einmal festgestellt, kommt es nur noch auf die zuverlässige Anwendung der Erhebungsinstrumente an, um zu gültigen Daten zu gelangen" (*Volmerg* 1983, S. 125).

Andererseits gelangt die qualitative Sozialforschung möglicherweise zu gültigen Daten, doch wird – etwa mit Blick auf die Methode der teilnehmenden Beobachtung - das Fehlen von überzeugenden methodologischen Grundsätzen bedauert: „Die Schlußfolgerungen des Beobachters haben oft eine Art prima-facie-Validität, einen ‚Klang von Wahrheit‘, aber der Leser eines Forschungsberichtes hat keine Möglichkeit zu wissen, ob dies auf einer soliden Faktenbasis beruht. Der Leser hat die Daten, die ihn überzeugen könnten, nicht zur Verfügung und muß sich auf seinen Glauben an die Ehrlichkeit und Intelligenz des Forschers verlassen. Dies ist eine unglückliche Situation" (*Becker/Geer* 1979a, S. 161 f.), weil die Gültigkeit so nicht nachvollzieh- und überprüfbar ist.

Aber schon im Vorfeld von empirischer Untersuchung und Disseminationsphase ist die Gültigkeit massivst gefährdet, wenn a-priori-Hypothesen das weitere Vorgehen leiten und strukturieren: „Die direkte Untersuchung der empirischen sozialen Welt verkörpert eine umfassende analytische, beschreibende und tiefgreifende Analyse der Daten. Die vorfabrizierten Modelle menschlichen Verhaltens, die das Uniformschnittmuster für Datensammlung anwenden und die so überzeugend und bei den Soziologen tief verwurzelt sind, verhindern eine solche tiefgreifende Analyse" (*Filstead* 1979, S. 35). Dies liegt daran, daß „soziale Interaktion im normativen Paradigma als relativ unabhängig von dem situativen Kontext definiert wird, in dem die Handlung steht. Deshalb wird auch dem besonderen Kontext, der durch Forschungshandeln entsteht, keine grundsätzliche Bedeutung zugemessen. Soziales Handeln richtet sich in diesem Verständnis nach verinnerlichten Normen und antizipierten Erwartungen; angenommen wird, daß Symbole, die solche Erwartungen signalisieren, in unterschiedlichen Situationen jeweils gleich interpretiert werden" (*Volmerg* 1983, S. 125).

Rekapitulierend kann man zunächst festhalten, daß das Gültigkeitskriterium in der qualitativen Sozialforschung (analog auch in der quantitativen) einen bevorzugten Status gegenüber den anderen Gütekriterien genießt. Das heißt, eine möglichst hohe Validität ist allemal wichtiger als die Zuverlässigkeit der Forschungsmethode allein, die Repräsentativität und Objektivität der Ergebnisse

162

und die Verallgemeinerbarkeit der Untersuchungsresultate. (Allerdings bedeutet dies nicht, daß im Rahmen qualitativer Forschung keinerlei Ansprüche auf Repräsentativität und Generalisierbarkeit erhoben werden – nur eben in einer modifizierten Form.) „Die Methodenkonstruktion hat stets einen Inhalts- und einen Beziehungsaspekt. Auf der Beziehungsebene geht es um die Herstellung und Sicherung realitätshaltiger Interaktionsbedingungen, auf der Inhaltsebene um die Präsentation der Forschungsfrage (Thema). Beides basiert auf Vorannahmen über die zu untersuchende Realität; sie haben im interpretativen Paradigma umso größere Bedeutung, als sich die Erhebungssituationen und -methoden dem Forschungsgegenstand flexibel anpassen sollen. Insofern hängt Gültigkeit im interpretativen Paradigma grundsätzlich und ebenso wie unter Voraussetzung des normativen Paradigmas von der Triftigkeit dieser Vorannahmen ab. Sie auszuweisen ist ein erstes Gebot der intersubjektiven Überprüfbarkeit, ein zweites, welche methodischen Schlußfolgerungen daraus gezogen wurden; und, wie diese Vorannahmen das Forscherverhalten in der unmittelbaren Interaktion mit den Erforschten leiten, ist schließlich ein drittes Gebot. Bis dahin unterscheiden sich die Anforderungen, die an qualitative Forschungen im interpretativen Paradigma gestellt werden müssen in nichts von denen, die auch im normativen Paradigma erhoben werden, um Forschungsergebnisse intersubjektiver Überprüfung zugänglich zu machen. Die Gültigkeitsfrage radikalisiert sich jedoch mit dem Theorem der prinzipiellen Offenheit und Revidierbarkeit von Situationsdefinitionen" (*Volmerg* 1983, S. 128 f.).

Mit dem Anspruch auf eine „theoriekonstruktive Leistung" der Sozialforschung und der weitestgehenden Anpassung der Methode an den zu untersuchenden Gegenstand sind zwei wichtige Prinzipien qualitativer Methodologie angeführt worden. Besonders aus dem „Anpassungsprinzip" folgt dann ein weiteres Spezifikum qualitativer Sozialforschung, nämlich der Anspruch auf eine höhere Validität der Ergebnisse, die eben aus der möglichst intensiven Beschäftigung mit dem Forschungsgegenstand und dem nichtrestringierten Zugang zu den alltagsweltlichen „Informanten" resultieren soll. Weil in der phänomenologisch basierten qualitativen Sozialforschung „offenkundig ein und derselbe Mechanismus (lebensweltliche Intersubjektivität) sowohl die Wesens-Erkenntnis von ‚Phänomenen' generiert wie auch die Geltung der Analyse sichert und damit die Einheit der Entstehung und Begründung der Ergebnisse phänomenologischer Analyse eine methodologische Notwendigkeit ist" (*Esser* 1977, S. 92), ist der Anspruch auf höhere Gültigkeit begründbar.

Wenn *Lüders* und *Reichertz* (1986) insbesondere bei der Milieudeskription die Beantwortung der Frage nach der Gültigkeit solcher Deskriptionen in der Forschungspraxis dem „Forschergenie" überantwortet sehen und eine Ausdifferenzierung und Generalisierung von „Regeln" für die Datenerhebung und insbesondere für die Auswertung fordern, so entspricht dies auch dem Bedürfnis, die qualitative Sozialforschung „sicherer" zu machen. Man darf eben nicht auf Treu und Glauben den Fähigkeiten und der Redlichkeit des Forschers ausgeliefert sein. Dies trägt *Lüders* und *Reichertz* den Vorwurf ein, sie sollten lieber „erörtern, für wen die

163

beschriebene Wirklichkeit wirklich/relevant ist, mit anderen Worten: ...die Frage der Geltung subjektabhängig und anwendungsbezogen zu stellen" (*Honig* 1986, S. 4).

In der weiteren Auseinandersetzung mit *Lüders* und *Reichertz* führt dies *Honig* zu dem wichtigen Hinweis, daß Interpretationen von Texten (Interviewprotokollen) grundsätzlich den situativen Kontext der Textproduktion mit zu berücksichtigen haben, denn „Forscher und Informanten haben eine gemeinsame soziale Realität konstruiert. In der Immanenz dieser Situation bricht sich die Objektivität der sozialen Realität, die dort thematisch wird. Eine Theorie dieser Situation ist Voraussetzung gültiger Interpretationen von Protokolltexten. *Lüders* und *Reichertz* jedoch sprechen über die Gültigkeit der Datenanalyse, als sei diese textimmanent zu bestimmen. Sie wiederholen damit die bereits fragwürdige Trennung von Genese und Geltung bzw. von Entdeckung und Begründung, indem sie die soziale Wirklichkeit von Textzeugnissen entsubjektivieren: Eine Wirklichkeit, die nicht zuletzt von den beteiligten Forschern mit-hergestellt worden ist" (*Honig* 1986, S. 6).

„In diesem Verständnis kann der besondere soziale Kontext, der durch Forschungshandeln entsteht, nicht länger als eine Randbedingung aufgefaßt werden, die die zuverlässige Anwendung der Methoden stört. Er wird umgekehrt zu einem Prüfstein für die Gültigkeit der Erhebung. Wie haben die Erforschten die Situation, in der die Erhebung stattfand, wahrgenommen und für sich definiert? – entscheidet über die Realitätshaltigkeit der Ergebnisse. Konnte die Situation als eine identifiziert werden, in der man sich zu dem Forschungsgegenstand so verhält, wie unter natürlichen Bedingungen? In der Konsequenz dieser Fragen liegt, daß sich die Konstruktion der Erhebungsmethoden nach dem Vorkommen des Gegenstandes in der Realität richten muß. Das heißt aber auch, daß für eine interpretative Sozialforschung keine gegenstandsunabhängige allgemeine Methodenlehre formuliert werden kann" (*Volmerg* 1983, S. 126).

Gleichwohl zeigen sich in jüngerer Zeit doch Versuche, allgemeinere und methodologisch-systematische und implizit normierende Aussagen zu treffen (z. B. *Gerhardt* 1985, *Flick* 1987, *Legewie* 1987). Im Hinblick auf biographische Daten unterscheidet *Legewie* einmal die Frage der Gültigkeit der *im Interview gemachten Äußerungen,* dann die der *Interpretationen der Aussagen* und letztlich die daraus *gezogenen Schlußfolgerungen,* z. B. als Generalisierungen auf allgemeinere Situationen, Gegenstände etc. Bei der Diskussion der Validität als Gütekriterium qualitativer Sozialforschung bezieht man sich zumeist auf die zweite Stufe, nämlich die der Interpretation von Texten. Dabei stellt man einerseits fest, daß die Methoden der Interpretation in jüngerer Zeit weitgehend einer tendenziellen Kodifizierung zugeführt werden (z. B. durch Sequenzierung, durch den konstanten Vergleich, die analytische Induktion und die Kontrastierung von Idealtypen), um hier methodologisch abgesicherte Verfahren verfügbar zu machen. Andererseits bezieht sich die Gültigkeit auf die kritische Prüfung dieser Verfahren in deren Anwendung, indem methodologisch hergeleitete Methoden benannt werden, die dieser Zielsetzung dienen können (z. B. die kommunikative Validierung, die Handlungsvalidierung, die Triangulation etc.) (vgl. *Flick* 1987). Diesen Methoden gelten die weiteren Überlegungen dieses Abschnitts.

Auf der Basis dieser grundsätzlichen Erörterungen des Verständnisses von Gültigkeit in quantitativer und qualitativer Sozialforschung sollen nun qualitative Validierungskriterien behandelt werden: Im Rahmen einer Arbeit über die Methoden der Sozialisationsforschung schlägt *Köckeis-Stangl* (1980) anstelle des von ihr in der quantitativen Sozialforschung als technizistisch empfundenen Validierungsrituals andere Gültigkeitsprüfungen für die qualitativen Methoden vor: die *kommunikative,* die *kumulative* und die *Validierung an der Praxis.* Andere Formen der Validierung sind argumentative und ökologische.

1. *Ökologische Validierung*

Wenn qualitativ orientierte Sozialforscher von Gültigkeit sprechen, meinen sie damit vor allem „ökologische Validität", d. h. *Gültigkeit im natürlichen Lebensraum der Untersuchten* bzw. der Gruppe. Dahinter steht die Überzeugung, daß gültige Informationen über interessierende Forschungsgegenstände und Untersuchungspersonen nur in deren „natürlichem Lebensraum" gewonnen werden können, der möglichst wenig durch künstliche Versuchsanordnungen, wie Laborexperimente oder standardisierte Tests, eingeengt und entfremdet werden sollte. Der Datenerhebungsprozeß ist daher möglichst gut an die Eigenheiten des Lebensraums anzupassen. Dieser Forderung entsprechen dann weitgehend die in der qualitativen Sozialforschung angewandten Methoden der teilnehmenden Beobachtung, des qualitativen Interviews und des Gruppendiskussionsverfahrens. Ökologische Validierung meint aber über die Datengewinnung hinaus auch in der Interpretation und Analyse der Daten die Lebensraum- und Umweltbedingungen der zu untersuchenden Subjekte und Gruppierungen weitestgehend zu berücksichtigen, also nicht analytisch isolierend vorzugehen (vgl. zum Begriff der „ökologischen Validität" z. B. *Mühlfeld* 1981, S. 346 f.).

Die Forderung nach ökologischer Validität ist der quantitativen Sozialforschung nicht neu und hängt mit der Definition der externen Validität in der Psychologie zusammen. Die Art und Weise, wie diesem Problem Rechnung zu tragen versucht wird, läßt sich so fassen: Der ohnehin nicht quantifizierbare Aspekt der ökologischen Validität wird in die Diskussion um die Bemühungen zu hoher Objektivität integriert (quasi zu den Störfaktoren gerechnet) und bestimmt so von Anfang an den möglichen Gültigkeitsbereich mit. Im übrigen ist man in der quantitativen Sozialforschung der Auffassung, daß mit zunehmender Validität einer Methode der mit ihr erfaßte Ausschnitt aus dem Merkmalsspektrum schrumpft, d. h., daß mit zunehmendem Komplexitätsgrad des zu erforschenden Gegenstandes die Validität sinkt, weil die Zuverlässigkeit abnehmen muß, wenn nur *eine* „Meßlatte" an zusammengebündelte, inkonsistente Teilgegenstände angelegt wird. Demnach wäre *ökologische Validität* nur *durch Methodenvielfalt* zu erreichen (vgl. Kap. 5). Die Gültigkeitsfrage beschränkt sich jedoch nicht auf Erhebungssituation und Erhebungsmethoden, sondern hat gerade auch die interpretative Analyse der gewonnen Daten einzubeziehen (vgl. *Volmerg* 1983, S. 124).

2. Kommunikative Validierung

Kommunikative Validierung meint den Versuch, sich seiner Interpretationsergebnisse zu vergewissern durch *erneutes Befragen der Interviewten*. *Köckeis-Stangl* bezeichnet dies als „nachgehende Gespräche". Mit diesem Vorgehen soll es möglich sein, die Stimmigkeit und Gültigkeit der Analyse zu überprüfen. Die Validierung durch den Wiedereintritt in den Kommunikationsprozeß mit den Untersuchten wird aber nicht so streng ausgelegt, als wäre der erfolgreiche Abschluß dieses Validierungsversuchs an die Zustimmung der Betroffenen zu den über sie gebildeten Interpretationshypothesen gebunden. Vielmehr scheint es darauf anzukommen, die eigenen Forschungsergebnisse an die analysierten Untersuchungsteilnehmer „rückzumitteln" (vgl. *Köckeis-Stangl* 1980, S. 362) und im Verlaufe dieses Rückmittelungsprozesses die Überzeugung zu gewinnen, daß die ursprüngliche Analyse und Interpretation zutreffend waren. An welchen Kriterien diese Stimmigkeit der Interpretationsergebnisse festgemacht und durch den Wiedereintritt in den Untersuchungsprozeß geprüft wird, bleibt allerdings ungeklärt. Die kommunikative Validierung läßt sich einerseits durch die Einbeziehung weiterer Personen und Situationen aus dem Forschungsfeld und andererseits durch Heranziehung weiterer Mitglieder der scientific community erweitern.

Zur Vermeidung der Gefahr einer selektiven Wahrnehmung und damit einer Selbstbestätigung bietet sich die Auswechslung von Untersucher und/oder Untersuchten an (vgl. *Köckeis-Stangl* 1980, S. 362 f.). Durch die gezielte Suche nach „negativen Fällen" (d. h. Fällen, die den bislang gewonnen Erkenntnissen widersprechen) läßt sich die Verbindlichkeit erhöhen. Wie im Zusammenhang mit der Phänomenologie gezeigt wurde, können gemeinsame Einsichten mit offenkundigem „Wahrheitscharakter" im Dialog erreicht werden. „Der Dialog ist somit ein Mittel, die Variationsmöglichkeiten der Wesenserfassung zu erweitern" (*Danner* 1979, S. 145). Diese Wesenserfassung ist besser absicherbar durch kommunikative Validierung, also durch Dialog. „Im Hinblick auf die phänomenologische Methode können wir sagen, daß eine phänomenologische Aussage um so mehr Gültigkeit hat, je besser es gelingt, das Wesentliche eines Phänomens darzustellen" (*Danner* 1979, S. 145).

3. Argumentative Validierung

„Argumentative Validierung" ist darin zu sehen, daß der Interpret seine Vorannahmen offenlegt und seine Interpretationen durch Verankerung im gemeinsam geteilten (Vor)Wissen von Textinterpret und Leser der Interpretation ‚validiert'" (*Terhart* 1981, S. 789). Die „Argumentation" bildet das Vehikel des Validierungsprozesses. Indem sie regelgeleitet und nachvollziehbar ist, garantiert sie eine gewisse Intersubjektivität des Interpretationsergebnisses. Das Konzept der argumentativen Validierung ist vor allem hermeneutisch und texttheoretisch fundiert und damit auf den Auswertungsprozeß konzentriert. Eine solche Form der Gültigkeitsermittlung kann in der objektiven Hermeneutik festgestellt werden, wenn dort im Diskurs die möglichen Interpretationen von Texten behandelt werden.

4. Kumulative Validierung

Die kumulative Validierung ist ein sukzessiver Prozeß, in dem eine Verbindung von mehreren, als richtig anerkannten *Ergebnisse anderer Untersuchungen* hergestellt wird (vgl. *Köckeis-Stangl* 1980, S. 362). Man muß bei dieser Validierungsart den Eindruck gewinnen, daß für die alte (quantitative) Bezeichnung expert-validity ein neuer Begriff geschöpft wurde, der – wenn schon nicht identisch – doch in seinen Vorstellungsinhalten sehr ähnlich ist. Ob eine solche kumulative Validierung – ebenso wie bei der quantitativen expert-validity – über Plausibilität hinausgeht, ist fraglich. Jedenfalls führt der Versuch, Plausibilität zu dokumentieren, manchen qualitativen Sozialforscher dazu, selbst tendenziell quantitativ zu arbeiten: „Durch die Darstellung unserer Prüfungen in der Form von Zählungen und Tabellen wie den beschriebenen ermöglichen wir es dem Leser, selbst zu beurteilen, ob der Grad an Plausibilität, den wir der Schlußfolgerung zuschreiben, gerechtfertigt ist. Auf diese Weise beruht die Annehmbarkeit der Schlußfolgerung auf unpersönlicheren und objektiveren Gründen, als das normalerweise bei der Analyse qualitativer Beobachtungsdaten der Fall ist" (*Becker/Geer* 1979a, S. 183). Offenbar wird in dieser Auffassung der qualitativen Methode im Hinblick auf die Absicherung der Interpretationen ein gegenüber den quantitativen Daten inferiorer Status unterstellt, was sicher nicht von allen qualitativ arbeitenden Forschern geteilt wird.

Manchmal erinnert die kumulative Validierung auch ein wenig an das commonsense-Konzept, obwohl es dieses im Rahmen der Gültigkeitsfeststellung und in dieser Form nach dem interpretativen Paradigma nicht gibt. Ähnlich wie bei der kommunikativen Validierung kommt die Beurteilung der Gültigkeit wohl durch Konsens zustande, obwohl der Weg dahin nicht regelhaft beschrieben ist.

5. Validierung an der Praxis

Eine weitere Möglichkeit stellt die Validierung an der Praxis, der sozialen Realität, dar, die mit dem Problem belastet ist, einen prozeßhaften Charakter zu besitzen, weshalb keine Übereinstimmung herbeigeführt werden kann (vgl. *Köckeis-Stangl* 1980, S. 362). Die Transformation wissenschaftlicher Erkenntnisse in gesellschaftliche Praxis unterliegt als Gütekriterium aber ähnlichen Schwierigkeiten wie die predictive-validity in der quantitativen Sozialforschung. *Validität bedeutet im Idealfall die Konstanz der ermittelten Strukturinterpretationen bei vollzogener maximaler Variation der Perspektiven*, wobei die erfolgte Variation den jeweiligen Gültigkeitsbereich determiniert. Auch ohne direkten Hypothesentest (wie bei den quantitativen Verfahren) bleibt die Forderung nach der Replizierbarkeit der Ergebnisse. Im allgemeinen wird die *Validität qualitativer Verfahren* (im Vergleich zu den quantitativen Verfahren) als *überlegen* angesehen (vgl. z. B. *Mühlfeld* 1981). Dies beruht auf der größeren Flexibilität, die ein Nachfragen und eine Präzisierung (bei widersprüchlichen oder unerwarteten Ergebnissen) ermöglicht und damit einen Schutz vor Mißverständnissen im Kommunikationsprozeß zwischen Forscher und Erforschten bietet. Seltene, extreme, aber gleichwohl bedeutsame Fälle bekommen so das ihnen zustehende Gewicht. Dabei zeigt sich immer wieder, daß die soziale Wirklichkeit häufig zu komplex ist, als daß sie sich auf einen standardisierten und vorab formulierten Fragenkatalog reduzieren ließe.

Beispiel:
Auf die offen (ohne Antwortvorgaben) gestellte Frage nach der idealen Kinderzahl erhielten die Interviewer u. a. folgende Reaktion: „Ideale Kinderzahl? Kommt ganz darauf an, in welchen Verhältnissen die Leute leben. Wenn z. B. genügend Geld, ein Haus und viel Platz vorhanden sind, warum nicht vier oder fünf Kinder? Wenn alles ganz genau nach meinen Wünschen ginge, würde ich eine große Familie lustig finden. Aber die meisten Leute leben in Wohnungen, wo man in punkto Kinderzahl eingeschränkt ist. Große Wohnungen kosten soviel, daß man sie nicht mehr bezahlen kann. In der gegenwärtigen Situation möchte ich zwei Kinder" (*Höpflinger* 1984, S. 81).

Es stellt sich die Frage, wie diese vergleichsweise differenzierte Reaktion auf einen einzigen numerischen Wert reduziert werden soll. Hält diese Frau nun vier, fünf oder zwei Kinder für ideal? Durch die offen gestellte Frage dürfte aber der Forscher mindestens dafür sensibilisiert worden sein, künftig zwischen der idealen Kinderzahl unter realen Bedingungen und einer idealen Kinderzahl unter Wunschvorstellungen zu differenzieren – und damit eine höhere Gültigkeit zu erzielen. Verlangt ist immer eine Validierung, die nur durch die sorgfältige Untersuchung der empirischen sozialen Welt erreicht werden kann: „Ich wiederhole noch einmal: was wir brauchen, ist empirische Validierung der Prämissen, Probleme, Daten, ihrer Verbindungslinien, der Konzepte und Interpretationen, die im Akt wissenschaftlicher Forschung enthalten sind. Der Weg zu dieser empirischen Validierung besteht nicht in der Manipulation der Forschungsmethoden; er liegt in der sorgfältigen Untersuchung der empirischen sozialen Welt" (*Blumer* 1979, S. 49).

Wie aus den bisherigen Erläuterungen hervorgeht, existieren eine Reihe von Verfahren, um die Güte zu sichern, wobei in der qualitativen und quantitativen Sozialforschung zum Teil gleiche Begriffe mit unterschiedlichen Vorstellungsinhalten, zum Teil verschiedene Begriffe mit gleichen Vorstellungsinhalten gebraucht werden. Man kann feststellen, daß die an quantitativer Forschung orientierten Verfahren der Gültigkeitsprüfung einen eher *meßtechnischen* Charakter (z. B. Extremgruppenvalidierung, Vorhersagegültigkeit) aufweisen, während die am qualitativen Paradigma ausgerichteten eher als *interpretativ-kommunikativ* (z. B. kommunikative Validierung) zu begreifen sind. Andererseits gilt: Die eher quantitativ orientierten Verfahren der Gültigkeitsprüfung fangen auch Aspekte der unter die qualitative Sozialforschung subsumierten Verfahren ein, weshalb die scheinbar großen inhaltlichen Differenzen, wie die unterschiedlichen Bezeichnungen der Verfahren den Anschein erwecken, nicht gegeben sind. Dies wird an der kommunikativen Validierung deutlich, die bei Einbeziehung der Mitglieder der scientific community als Kontrollorgan nichts anderes ist, als eine Form der expert-validity. Auch die kumulative Validierung, die durch Hinzuziehung eines als allgemein richtig anerkannten Hypothesensystems vollzogen wird, ist mit der Konstruktvalidierung vergleichbar, da diese auch das Prüfen anhand anderer Hypothesen vorsieht.

„Die prinzipielle Unabgeschlossenheit sozialen Handelns als interpretativer Prozeß bringt es mit sich, daß Situationsdefinitionen, die die Forscher zu Beginn einer Untersuchung vorschlagen und die sie durch die Anlage der Erhebung intendieren, nicht einfach von den Erforschten akzeptiert und für die Dauer des Forschungskontakts übernommen werden. Die wahrgenommenen Absichten und Bedeutungen im Handeln des anderen sind immer nur vorläufig, sie unterliegen der ständigen Revision im Lichte nachfolgender Ereignisse im Ablauf der Interaktion. . . . Für die Konstruktion der Methoden erfordert dies die Einheitlichkeit des Forschungshandelns für die Dauer des gesamten Forschungskontakts. Das einmal vorgeschlagene Verständnis der Situation muß durch die Interaktionspraxis zwischen Forschern und Erforschten fortlaufend bestätigt und erneuert werden . . . Denn, welcher Handlungskontext tatsächlich gilt, wird mit Hilfe seiner Elemente ausgemacht, ebenso wie umgekehrt die Definition des Kontextes benutzt wird, um den Sinn der einzelnen Ereignisse zu identifizieren und sich darin zu verhalten. Gültigkeit wird im interpretativen Paradigma damit in entscheidenem Maße zu einer praktischen Frage: Ob es gelingt, trotz der Tatsache, daß Forschung stattfindet, hinreichend realitätshaltige Interaktionsbedingungen zu schaffen und aufrechtzuerhalten" (*Volmerg* 1983, S. 127). Die mehrfach geschilderte Flexibilität in der Erhebungssituation, also in den Interaktionsbedingungen, erscheint dem qualitativen Sozialforscher als Garant für Gültigkeit. Die Vorabstandardisierung der quantitativen Sozialforschung ist hierfür eher hinderlich: „Gültigkeit wird zum ernsthaften Problem wissenschaftlicher Forschung, sobald a-priori-Annahmen und künstliche Erklärungsmodelle der sozialen Wirklichkeit übergestülpt werden. Wenn die Vorgehensweisen qualitativer Methodologie angewendet werden, wird das Problem der Gültigkeit erheblich vermindert" (*Filstead* 1979, S. 35).

Das Gültigkeitskonzept qualitativer Sozialforschung erfährt in der objektiven Hermeneutik einen besonderen Stellenwert. Sie soll abschließend als Anwendungsfall behandelt werden: In der objektiven Hermeneutik wird die Praxis des Deutungsprozesses der latenten Sinnstrukturen nicht dem einzelnen Interpreten überlassen, sondern in der Gruppe kontrolliert (also: Intersubjektivität). Dabei sollen die Gruppenmitglieder keine falschen Kompromisse eingehen, sondern ihre Interpretationen möglichst lange argumentativ gegen Einwände aufrechterhalten. Durch diese Form der Multiperspektivität wollen die objektiven Hermeneuten eine möglichst große Anzahl von Lesarten eines Textes entwickeln. Die Interpreten verlassen sich dabei auf das „intuitive Urteil der Angemessenheit", das sie als kompetente Mitglieder der Gesellschaft aufweisen können.

Der Rückgriff auf diese Kompetenz ist nicht unproblematisch, da diese kulturell überformt und nicht universell gültig ist. Doch führt diese Einsicht in die partielle Unzulänglichkeit der Kompetenz *Oevermann* nicht dazu, Kriterien für die Validität zu suchen, sondern erneut die Kraft seines Verfahrens hervorzuheben. „Fragen wir uns jedoch, wie wir als Sozialwissenschaftler Irrtümer über die Geltung solcher Regeln vermeiden können, so werden wir darauf gestoßen, daß dazu kein besseres empirisches Korrektiv zur Verfügung steht als wiederum das notwendig heuristisch mit als geltend unterstellten Regeln und Normen arbeitende hermeneutisch-fallanalytische Vorgehen selbst" (*Oevermann* 1979a, S. 389). Das Verfahren der extensiven Auslegung kann dadurch nie abgeschlossen werden und bleibt somit notwendig approximativ. (Man beachte die Ähnlichkeit zum kritischen Rationalismus!)

Die Frage nach den Kriterien für die Angemessenheit der Interpretationen stellt sich in zunehmenden Maße, weil die Forscher sich nicht nur auf ihre Kompetenz verlassen, sondern auf Hintergrundannahmen zurückgreifen. Soll der Rückgriff auf Hintergrundannahmen kontrollierbar werden, so ist außer der Entwicklung von Kriterien, was schwierig sein dürfte, eine weitere Möglichkeit der Validitätsprüfung denkbar. Diese Möglichkeit wird von *Terhart* (1981) ausgeführt. Er plädiert dafür, den Dialog mit den Forschungssubjekten wieder aufzunehmen. Im Unterschied zur kommunikativen Validierung soll die Kommunikation mit den Subjekten erst als zweiter Schritt, im Anschluß an die extensive Analyse durch die Forschungsgruppe, aufgenommen werden. Diese *argumentative Geltungsbegründung* ist ein konstruktiver Vorschlag, der diskussionswürdig erscheint. Es bleibt anzumerken, daß durch dieses Verfahren der Validierung das Problem der Praktikabilität der objektiven Hermeneutik nicht geringer wird.

Wie noch ausgeführt werden wird, ist Gültigkeit ohne Zuverlässigkeit nicht möglich und „Zuverlässigkeit ohne Gültigkeit ist weder im Sinne einer quantitativen noch einer qualitativen Methodologie sinnvoll. Auch die Einbeziehung noch so vieler und auch widersprüchlicher Elemente, und damit die Erzielung eines möglichst authentischen Bildes der sozialen Realität, schützt nicht davor, bezogen auf die Fragestellung, Irrelevantes zu ergeben" (*Kiefl/Lamnek* 1984, S. 476). Dieses Risiko gilt für quantitative und qualitative Sozialforschung gleichermaßen, wobei aber bei letzterer die Wahrscheinlichkeit einer Gültigkeitsgefährdung geringer zu veranschlagen ist. Diese Beurteilung soll im Vergleich von qualitativer und quantitativer Sozialforschung schematisch dargestellt und grundsätzlich begründet werden:

„Bezeichnet man Begriff, Indikator, Operationalisierung und Realität jeweils mit einem Kreis, so müßten in der konkreten empirischen Forschung diese vier Kreise ,verschwimmen'; sie müßten vollständig deckungsgleich sein. Tatsächlich jedoch, und darauf deutet die ... Abbildung hin, wird es nur gelingen, letztendlich einen Teil der Realität (des gemeinten Phänomens) zu erfassen" (*Lamnek* 1980, S. 17). Gültigkeit heißt, Deckungsgleichheit zwischen Begriff und Realität zu erzielen. Die quantitative Sozialforschung hat das Problem, daß die Kongruenz vielfach gefährdet ist: Weil sie mit den theoretischen Vorstellungen des Forschers, mit a-priori-Hypothesen, beginnt und dieses Raster an die soziale Realität nach Übersetzung in ein Forschungsverfahren anlegt, ist die Gültigkeit nicht nur forschungsprozeßimmanent schwer zu realisieren, sondern schon vor der eigentlich empirischen Arbeit stoßen sich zwei Welten: die des Forschers und die des Untersuchten. Zudem muß die Operationalisierung bei der Interpretation rückübersetzt werden, woraus weitere Risiken für die Deckungsgleichheit resultieren.

Anders im interpretativen Paradigma: Hier ist schon aus dem Modell zu entnehmen (die Begrifflichkeit entspricht nicht der qualitativen Sozialforschung; sie wurde aber gewählt, um eine optimale Vergleichbarkeit herzustellen), daß die Gefährdun-

170

gen der Gültigkeit schon zahlenmäßig geringer sind. Das einfachere Schema und die umgekehrte Richtung der Analyse dürften eine größere Gewähr dafür bieten (wenn im Interpretationsprozeß keine Fehler begangen werden), daß die Erkenntnisse aus qualitativer Sozialforschung realitätsgerechter und damit gültiger sind: Wissen aus erster Hand.

Abschließend und verallgemeinernd soll festgehalten werden:
- Das Konzept von Gültigkeit aus der quantitativen Sozialforschung erfährt im qualitativen Paradigma an sich Akzeptanz und zugleich eine andere Qualität. Der Charakter verändert sich vom *Meßtechnischen* zum *Interpretativ-Kommunikativen*.
- Die Methoden der Validitätsfeststellung sind in der qualitativen Sozialforschung
  - die *ökologische* Validierung
  - die *argumentative* Validierung
  - die *kommunikative* Validierung
  - die *kumulative* Validierung und
  - die Validierung *an der Praxis*.
- Differenziert man die Validität nach Datenerhebung und -analyse sowie -interpretation und vergleicht – bei allen richtigen und wichtigen Vorbehalten – abstrakt und generalistisch quantitative und qualitative Sozialforschung miteinander, so kann man feststellen:
  - In der Datenerhebung sind die qualitativen Methoden in der Regel valider, weil
    - die Daten *näher am sozialen Feld* entstehen,
    - die Informationen *nicht* durch *Forscherraster prädeterminiert* sind,
    - die Daten *realitätsgerechter und angemessener* sind,
    - die *Relevanzsysteme der Untersuchten* berücksichtigt werden,
    - die Methoden *offener und flexibler* sind,
    - eine *kommunikative Verständigungsbasis* existiert,
    - eine *sukzessive Erweiterung der Untersuchungsbasis* auch auf extreme Fälle möglich ist.
  - In Auswertung und Interpretation sind die qualitativen Verfahren nicht ähnlich gut abgesichert wie die quantitativen Techniken, deren höhere Zuverlässigkeit hier voll zu Buche schlägt.
  - Die in der qualitativen Methodologie entwickelten Möglichkeiten der Validitätsfeststellung sind aber nicht besser und nicht schlechter als die des quantitativen Paradigmas.
- Letztlich kann der Validitätsbegriff auch grundsätzlich kritisiert und ersetzt werden: „*Fidelität statt Validität*: die Güte der Daten wird in Bezug auf das zu lösende Problem beurteilt, statt in Bezug auf ein handlungsleitend und alltagssprachlich ungeklärtes Modell innerer, logischer Konsistenz" (*Bogumil/Immerfall* 1985, S. 71).

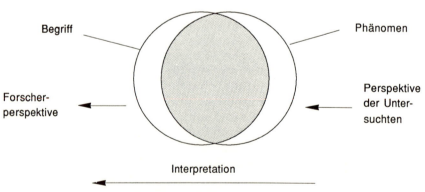

Abbildung 15: Gültigkeitsprobleme der Operationalisierung

4.4.2. Zuverlässigkeit

Wenn in quantitativem Verständnis unter *Reliabilität* die Stabilität und Genauigkeit der Messung, die Konstanz der Meßbedingungen und die systematische Zuordnung von Werten subsumiert werden soll, kann dieser Reliabilitätsbegriff nicht, bzw. nicht voll in Einklang mit demjenigen eines Forschers stehen, der seine Untersuchungsmethode als qualitative, sequenzielle Analyse konzipiert, bei der wichtige Analysebestandteile noch entwickelt werden, während die Datenerhebung schon erfolgt und erstere sogar von letzterer abhängig macht, – der also die Interdependenz zwischen Analysemethode und Datenerhebung bewußt in sein Forschungskonzept miteinbezieht (vgl. *Filstead* 1970, S. 189 ff.). Daß ein so zentraler Begriff wie Reliabilität in qualitativem Verständnis ganz andere Dimensionen beinhaltet und die Überprüfung von Reliabilität (und damit auch die Aussage, die die Überprüfung ermöglichen soll) von spezifischen Bedingungen der Forschungsmethode abhängig ist, dürfte auf der Hand liegen.

Zuverlässigkeit (Reliabilität) bedeutet für den quantitativ orientierten Sozialforscher den Grad der Genauigkeit mit dem eine bestimmte Methode bzw. ein bestimmtes Instrument einen Sachverhalt erfaßt, unabhängig davon, ob sie ihn zu erfassen beansprucht (eine ungültige Methode kann also durchaus zuverlässige Ergebnisse liefern). Es wird davon ausgegangen, daß sich jeder empirische Meßwert aus dem wahren Wert und dem Wert eines Meßfehlers zusammensetzt. Um die Fehlervarianz niedrig zu halten, gilt es, sowohl eine möglichst große Objektivität (vgl. 4.4.3.) zu erzielen als auch viele konsistente (gleichsinnige) Beobachtungen bzw. Messungen zum Gegenstandsbereich zu sammeln. In einem auf Interpretationen übertragenen Sinne könnte man aber sagen, Reliabilität ist der Begriff für den Grad der (internen) Konsistenz der Interpretationen im Prozeß der eidetischen Reduktion.

Dieser Vorstellung von Reliabilität ist deutlich die naturwissenschaftliche Orientierung unterlegt, die von dem qualitativen Sozialforscher nicht geteilt werden kann: „Im Gegensatz zum Naturwissenschafter kann der Sozialforscher sein ‚Objekt‘ *von innen verstehen*; wird dieser Zugang zur sozialen Wirklichkeit nicht berücksichtigt, bleibt ein schlechthin konstitutives Moment dieser Wirklichkeit außer Betracht, und die wissenschaftliche Analyse ergibt notwendigerweise ein verzerrtes Bild. Explorative Sozialforschung (in FILSTEADs Terminologie: ‚qualitative Methodologie‘) versucht, diese Verzerrungsquelle zu beseitigen, indem sie dem Forscher durch die direkte Kenntnis des untersuchten Bereichs ein ‚intersubjektives und transobjektives Verständnis seiner Daten‘ ermöglicht" (*Gerdes* 1979, S. 9 f.). Intersubjektivität wird also gewünscht, jedoch in einem vom quantitativen Verständnis abweichenden Sinne, denn „gerade diejenigen Operationen, die Zuverlässigkeit gewährleisten sollen, wie die Standardisierung des Kontexts und die Isolierung der zu untersuchenden Variablen, bringen eine Künstlichkeit der Interaktionsbedingungen hervor, die die Erforschten in einer Weise irritieren kann, daß ihr Verhalten in der Forschungssituation mit dem unter Alltagsbedingungen nicht mehr übereinstimmt. Dieser Einfluß der Erhebungssituation bleibt – gerade weil er durch die Bemühungen um Kontrolle hervorgerufen wird –, notwendigerweise unkontrollierbar. Deshalb können die Resultate der Forschung nicht uneingeschränkt auf die Realität verallgemeinert werden. Sie gelten nur für solche Situationen, in denen ähnliche Restriktionen wirken wie während der Untersuchung" (*Volmerg* 1983, S. 126).

Um die Zuverlässigkeit einer Methode beurteilen zu können, sind in der quantitativen Sozialforschung verschiedene Verfahren vorgeschlagen worden, die kurz referiert werden sollen:

1. „*Das Test-Retest-Verfahren*
   Kann man davon ausgehen, daß ein Test innerhalb eines bestimmten Zeitraumes wiederholt werden kann, ohne daß sich das zu messende Merkmal verändert hat und ohne daß Einflüsse des Meßinstrumentes auf das zu messende Merkmal möglich sind, so bietet der Vergleich beider Testergebnisse ein Maß für die Zuverlässigkeit des Tests. Die Berechnung eines Korrelationskoeffizienten zwischen erstem und zweitem Test wäre eine Maßzahl zur Bestimmung der Reliabilität. In diesem Falle wird der Korrelationskoeffizient als Stabilitätskoeffizient bezeichnet, weil er die Stabilität des Meßinstrumentes über einen bestimmten zeitlichen Abstand hinweg angibt . . .
2. *Die Split-half-Methode (Testhalbierung)*
   Hierbei wird ein Test in statistisch zufällig gewonnene Hälften geteilt und einer Stichprobe von Probanden vorgelegt. Durch die statistische Zufälligkeit soll erreicht werden, daß in beiden Testhälften Aufgaben zu den gleichen Dimensionen und mit gleichem Schwierigkeitsgrad enthalten sind. . . . Diese beiden Testhälften werden den Probanden vorgelegt, so daß für jeden Probanden zwei Testergebnisse vorliegen. Die Korrelation beider Testergebnisse liefert den Koeffizienten der internen Konsistenz und gibt den Grad der Zuverlässigkeit an. Ein hoher Korrelationskoeffizient entspricht also einem hohen Maß an Reliabilität der beiden Tests.
3. *Die Methode der äquivalenten Formen (Paralleltest)*
   Entwickelt man zu einem Objektbereich nicht – wie normalerweise üblich – nur ein Testverfahren, sondern versucht man die zu messenden Variablen durch zwei unabhängig voneinander konstruierte Erhebungsinstrumente zu operationalisieren, so bieten beide Testverfahren in gegenseitiger Kontrolle die Möglichkeit, die Testergebnisse miteinander zu vergleichen und von daher auf Zuverlässigkeit der Meßresultate zu schließen. Der Korrelationskoeffizient zwischen den Meßwerten der beiden Testformen gibt das Ausmaß der Meßwertübereinstimmung an, mißt also die Zuverlässigkeit der beiden Tests und wird als Äquivalenzkoeffizient bezeichnet.
4. *Die Konsistenzmethode*
   Sie ist die extremtypische Weiterführung der Split-half-Methode. Dabei wird der Test in ebenso viele Elemente unterteilt wie Items vorhanden sind. Durch Korrelation dieser untereinander wird ein Reliabilitätskoeffizient berechnet" (*Lamnek* 1980, S. 106 f.).

Da Reliabilität ein genuin meßtheoretischer Begriff ist, taucht er in den Methodendiskussionen des qualitativen Paradigmas in dieser Form nur negativ ausgrenzend auf. Schon die sprachliche Fassung der Testverfahren zur Reliabilität legt die Vermutung nahe, daß ein qualitativer Sozialforscher wegen seiner theoretischen Vorstellungen und den dem Testverfahren vorausgehenden Standardisierungen der Instrumente diese ablehnen wird. Gleichwohl setzen sich qualitative Sozialforscher kritisch mit der Reliabilität auseinander: Schritte zur Gewährleistung der Zuverlässigkeit – wie etwa die Isolierung zu untersuchender Variablen – bewirken eine Künstlichkeit der Interaktionsbedingungen und lassen die Untersuchungssituation als fremd und abgehoben von den Alltagsbedingungen der Untersuchten erscheinen. Gerade das Bemühen um Kontrolle macht den Einfluß der Erhebungssituation unkontrollierbar (vgl. *Volmerg* 1983, S. 126). (Eine Kritik der Zuverlässigkeitsprüfungen aus qualitativer Sicht findet sich bei *Müller* [1979, S. 41 ff.].)

Die mit der Zuverlässigkeit einhergehende Unabhängigkeit des methodischen Instruments von den Spezifika seines Anwenders kann schon deshalb in der qualitativen Sozialforschung kein erstrebenswertes Ziel sein, weil diese immer wieder betont, die subjektiven Anteile im „kommunikativen" Forschungsprozeß nicht eliminieren, sondern fruchtbar integrieren zu wollen. *An die Stelle der Replizierbarkeit von Untersuchungsbedingung und Forschungsergebnis tritt daher im interpretativen Paradigma die Betonung der „situativen Kontextgebundenheit" von Datenerhebungs- und Auswertungsresultaten.* Voraussetzung hierfür ist, daß die wissenschaftliche Gemeinschaft und die untersuchten Personen über ein System von in gleicher Weise interpretierten Symbolen verfügen: nur so haben die Beschreibungen eine gleichbleibende Bedeutung, d.h. sie sind unabhängig vom Kontext ihrer Produktion. Diese Abbildfunktion strebt das Paradigma der quantitativen Sozialforschung an: „Eine ‚abbildende Beschreibung' liegt dann vor, wenn diese Voraussetzung sowie die Intersubjektivität (mit den Kriterien Reproduzierbarkeit, Standardisierung und Meßbarkeit) erfüllt sind. Wenn jedoch soziale Interaktion als interpretativer Prozeß bestimmt ist, besteht eine Abhängigkeit der Beschreibungen vom Alltagsverständnis der Untersuchten, einem spezifischen Kontext, der im Rahmen des wissenschaftlichen Kontextes unter den Forschern vermittelt werden muß" (*Witzel* 1982, S. 16). Dieses subjektive und situationsspezifische Moment qualitativer Sozialforschung tritt auch dann zutage, wenn der intelligenten Handhabung der Methode durch die einzelnen Sozialforscher mehr vertraut wird, als einer ausgefeilten und instrumentalisierten Forschungstechnik.

Die Zurückweisung eines technizistischen Reliabilitätskriteriums bedeutet aber nicht, daß die qualitative Sozialforschung an der Zuverlässigkeit ihrer Einzelmethoden gänzlich uninteressiert wäre. Vielmehr drängt sich der Eindruck auf, als wäre es im Rahmen der qualitativen Methodendiskussion noch nicht gelungen, das Gütekriterium der Zuverlässigkeit für die eigenen Zwecke hinreichend zu spezifizieren (vgl. *Filstead* 1979a, S. 36). Die methodologische Entwicklung ist bei der Reliabilität weit weniger gediehen als im Falle des Validitätskriteriums, wo diskutable Alternativen zu den herkömmlichen Standards angeboten werden. „Wenn Gültigkeit vom Realitätsgehalt der Interaktionspraxis in der Forschungssituation selbst abhängt, dann ist eben diese Praxis zu kontrollieren und darzustellen, um die Zuverlässigkeit der Erhebung auszuweisen. Wie zuverlässig der Realitätsgehalt der Erhebungssituation ist, entscheidet dann über die interne Gültigkeit der Methoden" (*Volmerg* 1983, S. 129). Das Problem der Zuverlässigkeit betrifft also auch den qualitativ vorgehenden Sozialforscher, der sich vor der Aufgabe sieht, sein reichhaltiges, aber zunächst relativ unsystematisches Datenmaterial so zu präsentieren, daß seine Schlußfolgerungen bei anderen Wissenschaftlern die gleiche Gewißheit auslösen wie bei ihm selbst. *Becker/Geer* (1979a, S. 161 f.) plädieren dafür, die Daten so anzuordnen und vorzulegen, daß der Leser die Schlußfolgerungen des Forschers nachvollziehen kann, aber ein Plädoyer ist ein Appell und weder Regel noch Prüfkriterium. Doch scheint die in der quantitativen Sozialforschung hoch angesetzte Reliabilität von Erhebungsmethoden und Auswertungsverfahren im Rahmen qualitativer Forschung weder als geeignetes noch anzustrebendes Gütekriterium, da eine Konzentration auf die Zuverlässigkeit in Konflikt zur Forderung nach Gültigkeit geraten müßte: „Es scheint..., daß die Übernahme des naturwissenschaftlichen Modells in die Sozialwissenschaften zu einer übertriebenen Konzentration auf methodologische Probleme geführt hat, die sich um Fragen der Zuverlässigkeit drehen, und gleichzeitig zu einer wachsenden Vernachlässigung des Problems der Gültigkeit. . . . Wir konzentrieren uns auf Konsistenz ohne uns groß darum zu kümmern, was das ist, worin wir konsistent sind oder ob wir eigentlich konsistent auf dem richtigen oder falschen Wege sind. Als Folge davon haben wir vielleicht eine Menge darüber gelernt, wie man einen falschen Kurs mit einem Maximum an Präzision steuern kann. . . . Ich habe nicht vor zu bestreiten, daß Zuverlässigkeit als solche wichtig ist; es ist die Besessenheit mit Zuverlässigkeit, auf die ich abziele" (*Deutscher* 1966, S. 241, zitiert nach *Filstead* 1979 a, S. 32).

Qualitative Zuverlässigkeit läßt sich erhöhen durch Handlungs- bzw. Denkanweisungen zur „maximalen strukturellen Variation der Perspektiven" (*Kleining* 1982, S. 234) sowie durch Such- und Findehilfen bei der Reduzierung des Ausgangsmaterials auf gemeinsame Strukturen. „Es gibt zwei Relationen, durch die Identität hergestellt werden kann: 1. durch Übereinstimmung, direkt oder symbolisch; 2. durch vollständige Nicht-Übereinstimmung, Gegensatz, Widerspruch, Negation" (*Kleining* 1982, S. 239). Derartige Denkhilfen kommen der Interpretationszuverlässigkeit des ansonsten meist intuitiv ablaufenden Vorgangs der eidetischen Reduktion zugute. Einschränkend ist hier zu bemerken, daß Interpretationszuverlässigkeit als Kriterium qualitativ-methodischer Instrumente bislang nur eine eher sporadisch erfüllte Forderung darstellt (vgl. *Ostner* 1982). Andererseits könnte auf wissenschaftstheoretischer Ebene diskutiert werden, ob das Gütekriterium der Interpretationsreliabilität überhaupt möglich sei, denn ein phänomenologischer, holistischer Totalitätsbegriff (vgl. *Kleining* 1982, S. 245 f.) scheint mit dem Reliabilitätsbegriff nur schwer vereinbar.

Versuche mit einem in dieser Hinsicht etwas reduzierten Anspruch sind bei qualitativen Forschern nachweisbar: Um die Daten auf ihre Zuverlässigkeit hin zu prüfen, schlägt etwa *McCall* die Konstruktion eines Datenqualitätsindex (!) vor, der sowohl für die teilnehmende Beobachtung als auch für das offene Interview geeignet wäre. Der Index wird folgendermaßen konstruiert: das Verfahren soll die Form einer *Checkliste möglicher Störeinflüsse* haben. Faktoren, die sich als Störeinflüsse erweisen können, sind: reaktive Effekte, Ethnozentrismus, Überidentifikation, Kenntnisstand, berichterstatterische Fähigkeiten, versteckte Motive, Spontaneitätsbarrieren und emotionale Faktoren. Für jedes erhobene Merkmal muß man sich überlegen, ob es unter Einfluß irgendeines verzerrenden Effektes erhoben wurde. Als Darstellungsform wählt man am besten eine Tabelle, die für jede Kategorie möglicher Beeinflussungen angibt, welcher Anteil von Merkmalen als nicht verzerrt eingeschätzt wird. Dieses Verfahren, so plausibel und nützlich es erscheinen mag, ist mit nicht unerheblichen Mängeln behaftet. So ist die Richtigkeit eines jeden Datenqualitätswertes kaum zu ermitteln und außerdem sind die absoluten Werte nur äußerst schwierig einzuschätzen. Erschwerend kommt hinzu, daß die Klassifizierung durch den Forscher eine äußerst subjektive Angelegenheit ist, die einen Vergleich scheitern lassen kann (vgl. *McCall* 1979, S. 150 ff.). Diesem Vorschlag ist aber das Bedürfnis nach Zuverlässigkeit in qualitativer Sozialforschung deutlich anzumerken.

Beurteilt man abstrakt und allgemein die Zuverlässigkeit quantitativer und qualitativer Methoden im Vergleich, so kann man festhalten: „Hinsichtlich der Zuverlässigkeit scheinen qualitative Verfahren zunächst unterlegen – jedoch nur dann, wenn man bei den quantitativen Verfahren vernachlässigt, daß die stärkere situative Kontextgebundenheit die Wiederholbarkeit unter gleichen Bedingungen stark einschränkt. Zuverlässigkeit als Ausschaltung störender subjektiver Einflüsse des Forschers ergibt sich jedoch andererseits durch die größere Offenheit qualitativer Verfahren für neue, abweichende, überraschende und damit ‚falsifizierende‘, Aspekte . . . Zudem bietet die geforderte reflektierte Einbeziehung des Forschers, der Erwartungen, Hintergrundhypothesen, Vorurteile usw. eine gewisse Sicherung gegen verzerrende Einflüsse" (*Kiefl/Lamnek* 1984, S. 476). Tatsächlich sehen aber auch qualitative Forscher ein Defizit in der Zuverlässigkeitsprüfung ihrer Befunde, denn „die gegenwärtigen intellektuellen, technischen und methodologischen Anstrengungen in der Soziologie haben sich nicht auf das Problem gerichtet, wie man die Zuverlässigkeit der Verfahren qualitativer Methodologie sicherstellen kann. Wir müssen dringend unsere Arbeit darauf konzentrieren, die verschiedenen Verfahren qualitativer Methodologie zuverlässig zu machen" (*Filstead* 1979 a, S. 36).

Insgesamt ist festzuhalten,
- daß Zuverlässigkeit auch in der qualitativen Sozialforschung angestrebt wird,
- daß aber die Methoden der Zuverlässigkeitsprüfung der quantitativen Sozialforschung aus grundsätzlichen methodologischen Gründen zurückgewiesen werden,
- daß aber eigene Methoden der Zuverlässigkeitsprüfung nicht entwickelt wurden.
- Denn wegen der besonderen Berücksichtigung des Objektbereichs, der Situationen und der Situationsdeutungen in Erhebung und Auswertung verbietet sich geradezu die oberflächliche und nur scheinbare Vergleichbarkeit von

Instrumenten, wie sie durch die abgelehnte Standardisierung in der quantitativen Sozialforschung hergestellt wird.

Differenziert man die Reliabilität nach Datenerhebung und -analyse bzw. -interpretation und vergleicht – bei allen richtigen und wichtigen Vorbehalten – abstrakt und generalistisch quantitative und qualitative Sozialforschung miteinander, so kann man feststellen:

- Im Rahmen der Datenerhebung erscheinen die Methoden der quantitativen Sozialforschung wegen der Standardisierung reliabler, weil bei den qualitativen Methoden die Kontextbedingungen nur schwer kontrollierbar und kaum wiederholbar sind.
- Bei Datenanalyse und Dateninterpretation haben ebenfalls die quantitativen Verfahren ein „Prä", weil die Übereinstimmungen in den analysebasierten Urteilen größer erscheinen. Der bei einigen qualitativen Auswertungen angestrebte Konsens ist möglicherweise prozeßproduziert.
- Man beachte aber, daß diese Vorteile der quantitativen Methoden bezüglich der Reliabilität durch die Nachteile bei der Validität partiell, vollständig oder überkompensiert werden können.
- Diese Kompensationschance gilt aber nur, wenn man von dem in der quantitativen Methodologie entwickelten Beziehungsverhältnis abweicht, wonach Zuverlässigkeit eine notwendige, aber keine hinreichende Bedingung für Gültigkeit ist.

Betrachtet man die methodologische Forderung nach Zuverlässigkeit in der qualitativen Sozialforschung kritisch, so könnte man mit *Bogumil/Immerfall* (1985, S. 71) alternative Gütekriterien entwickeln:

- *„Stimmigkeit statt Reliabilität*: die Vereinbarkeit von Zielen und Methoden der Forschungsarbeit statt Aufstülpung methodologischer Modelle;
- *Offenheit statt Variablenkontrolle*: Angemessenheit gegenüber der Komplexität der sozialen Forschungssituation statt Verbieten möglicher alternativer Handlungsverläufe;
- *Diskurs statt Intersubjektivität*: Forscher und Feldsubjekte interpretieren ihre Daten gemeinsam und hinterfragen Geltung, Hintergrund und Konsequenzen ihrer Ergebnisse, statt Vertrauen in die Fiktion der scientific community zu haben."

4.4.3. Objektivität

„Objektivität ist die Basiskategorie jeglicher wissenschaftlicher Forschung. *Von ihr wird dann gesprochen, wenn eine inter-individuelle Zuverlässigkeit bzw. Nachprüfbarkeit derart gegeben ist, daß unter ceteris-paribus-Bedingungen verschiedene Forscher zu demselben empirisch gewonnenen Resultat gelangen.* Der Begriff der Objektivität wird mehr und mehr durch den der interindividuellen Zuverlässigkeit ersetzt, weil Objektivität etwas vorzugeben scheint, was insbesondere in den Sozialwissenschaften nicht zu leisten ist. Objektivität wird allzu leicht assoziiert mit

Wahrheit, reiner Erkenntnis etc., was angestrebt, jedoch realiter in konkreter empirischer Forschung kaum erreicht werden kann" (*Lamnek* 1980, S. 104 f.). „‚Objektive Erkenntnis‘ der gesellschaftlichen Realität, gemessen an dem Objektivitätspostulat der Naturwissenschaften, d. h. Ergebnisse, die unabhängig von der Person des Forschers und der spezifischen Situation sind, in der sie gewonnen wurden, dürften schwerlich herstellbar sein" (*Leithäuser/Volmerg* 1981, S. 127). Die Aufgabe des Objektivitätsbegriffs scheint geboten: „Zu gern wird er von methodologischen Richtungen in Anspruch genommen, die auf die Wirksamkeit seiner stets mit anklingenden Nebenbedeutung von Neutralität, Richtigkeit und Wahrheit vertrauen, ganz zu schweigen von den Methodologen wie z. B. dem zitierten Inhaltsanalytiker *Berelson*, die offen meinen, durch die von ihnen vertretene Methode Objektivität in diesem Sinne gewährleisten zu können. Seinen wohlverdienten Platz hat der Ausdruck ‚Objektivität‘ als Begriff der theoretischen Soziologie, wenn es um die Existenz und subjektive Erfahrbarkeit gesellschaftlicher – objektiver – Verhältnisse geht" (*Konegen/Sondergeld* 1985, S. 157).

Aber insbesondere in der Testtheorie der Psychologie werden nach wie vor drei Ebenen der Objektivität unterschieden, die auch für die qualitative Sozialforschung anwendbar erscheinen:

1. Die *Durchführungsobjektivität* meint die Unabhängigkeit der Untersuchungsergebnisse von bewußten oder unbewußten Verhaltensweisen des Durchführenden im Verlaufe der Untersuchung. Als Regel kann man aufstellen, daß eine möglichst *hohe Standardisierung* des Erhebungsinstrumentes und der Erhebungssituation dazu führt, daß *Durchführungsobjektivität* gewährleistet ist.

2. Die *Auswertungsobjektivität* betrifft jenen Untersuchungsschritt, der sich im Anschluß an die Durchführung der Untersuchung (Datenerhebung) anschließt. Für *standardisierte Erhebungsinstrumente* ist normalerweise eine *hohe Auswertungsobjektivität* gegeben, weil die Erhebungsinstrumente „genormt" sind und z. B. für Tests Auswertungsschablonen, Musterlösungen etc. mitgeliefert werden und weil für Fragebogen mit hoher Standardisierung falsche Auswertungen durch hohe statistische Kontrolle praktisch ausgeschlossen sind. Auswertungsobjektivität ist immer dann gegeben, wenn verschiedene Auswerter bei gleichen Tests und gleichen Probanden zu den gleichen Auswertungsergebnissen gelangen.

3. „Die *Interpretationsobjektivität* geht davon aus, daß bei gleichen Untersuchungsresultaten verschiedene Diagnostiker, Forscher oder Untersuchungsleiter zu denselben interpretatorischen Schlußfolgerungen gelangen. Bei Leistungstests z. B. sind die Interpretationen der Untersuchungsergebnisse genormt, so daß ein Variationsspielraum der Interpretation nicht auftreten kann. Anders jedoch bei den projektiven Testverfahren, bei denen durchaus divergierende Deutungen anzutreffen sind, die die Interpretationsobjektivität als gefährdet erscheinen lassen" (*Lamnek* 1980, S. 105).

Der Forderung nach hoher Objektivität zu entsprechen, heißt in der quantitativen Sozialforschung, eine möglichst invariante Standardsituation zu schaffen, in der alle Einflußmöglichkeiten auf den zu untersuchenden Gegenstand kontrolliert sind, so daß die beobachtete Merkmalsvarianz möglichst frei von unkontrollierten Einflüssen des Untersuchers, der Untersuchungssituationen und untersuchungsspezifischen Reaktionen der Untersuchten ist. Das Ausschalten alles Subjektiven soll zur wissenschaftlichen Objektivität führen, was aber gerade für die Interpretationsobjektivität häufig bestritten wird: „Man hat zwar die Subjektivität in den genannten Aspekten auszuschalten versucht, aber damit keineswegs ‚Objektivität‘ im Sinne der Eindeutigkeit des Empiriebezuges der zu prüfenden Hypothesen erreicht. Die *Interpretation* der jeweiligen Untersuchungsresultate ist vielmehr offensichtlich weitgehend beliebig. Man verfügt zwar über bedingungsanalytisch gewonnene und statistisch geprüfte Befunde, aber man weiß nicht recht, was sie bedeuten sollen" (*Holzkamp* 1985, S. 24 f.). Hierfür wird vornehmlich der Versuch verantwortlich gemacht, die Subjektivität methodologisch durch Standardisierung zu eliminieren.

Die Standardisierung spielt also positiv und negativ eine entscheidende Rolle für die Beurteilung der Objektivität. Der qualitative Sozialforscher wird zwar dem Ziel der Objektivität im Sinne intersubjektiver Nachprüfbarkeit zustimmen können, aber er wird die Unterstellung, daß dies eher durch Standardisierung zu erreichen ist, ablehnen.

Objektivität wird auch von der qualitativen Forschung als Gegensatz zu Subjektivität angesehen, jedoch in einem umfassenderen Sinne: Objektivität einer Forschungsbemühung ist nicht nur für ihre Durchführung zu fordern, sondern Objektivität ist das Zielkriterium wissenschaftlicher Arbeit schlechthin. Gerade diese Forderung will qualitative Forschung dadurch einlösen, daß sie die spezifische Situation (auch der Erhebung) berücksichtigt wissen möchte, die der quantitative Forscher durch Standardisierung konstant zu halten und damit auszuschalten versucht. „Dementsprechend wird im normativen Paradigma die Gültigkeit von Erhebungsmethoden in erster Linie als ein Problem ihrer Zuverlässigkeit (interne Validität) angesehen. Sie ist dann gewährleistet, wenn die Methoden und die Gesamtsituation so standardisiert sind, daß eine Reproduktion der Untersuchung unabhängig von der Person des Forschers oder den Zufälligkeiten der Rahmenbedingungen möglich ist und zu gleichen Ergebnissen führen würde" (*Volmerg* 1983, S. 125).

Aus diesem Objektivitätsbegriff traditioneller Sozialforschung heraus wird verständlich, daß qualitativ arbeitende Sozialforscher bei ihren Bemühungen um Objektivität einen Weg einschlagen, der der quantitativen Forderung nach einer möglichst invarianten Standardsituation diametral entgegensteht.

Die Beurteilung der Objektivität stellt sich für den Sozialwissenschaftler besonders dann, wenn er erwägt, die Ergebnisse eines Kollegen in seiner eigenen Arbeit zu verwenden, und er muß sich selbst die Frage stellen, ob er umgekehrt erwarten kann, daß seine eigenen Untersuchungen von Kollegen in entsprechender Weise ernst genommen werden können. Zusätzlich ist zu berücksichtigen, daß keine Arbeit absoluten Wahrheitsanspruch geltend machen kann, so daß jeder empirische Befund nur vorläufig akzeptierbar erscheint; Fehler führen früher oder später zu Unstimmigkeiten, die aber erkannt und beseitigt werden können. „Der springende Punkt ist der, daß objektive Erkenntnis nicht aus Aussagen mit verbrieftem Wahrheitsanspruch besteht, sondern aus dem, was eine gegebene wissenschaftliche oder gelehrte Gemeinde ihren Mitgliedern als ernstzunehmende Ausgangspunkte für ihre eigene Arbeit zumutet" (*Wilson* 1982, S. 502). Zur Beurteilung der Objektivität werden nach *Wilson* die beiden folgenden Hauptkriterien herangezogen:

a) *internal coherence* (innere Stimmigkeit)

Sind die Daten und die Methoden ihrer Gewinnung konsistent mit der Interpretation der Daten? Bei der Beurteilung der inneren Stimmigkeit geht es hauptsächlich um technische Fragen wie: Ist die Stichprobe korrekt, sind die logischen Schlüsse richtig, hat der Beobachter das Geschehen richtig beobachtet usw.

b) *external coherence* (äußere Stimmigkeit)

Stimmt das Ergebnis mit dem Wissen, das über den Untersuchungsgegenstand bereits vorliegt, überein? Eine Arbeit muß Daten, die nicht vom Forscher selbst – ja nicht einmal in dessen geistiger Tradition – erhoben wurden, erklären können, ohne allzu viele ad-hoc-Erklärungen für Unstimmigkeiten zu bieten, was aber nicht heißt, daß die Interpretation dieser Daten mit der Interpretation anderer Forscher übereinstimmen muß.

Trotz der großen Bedeutung für die Beurteilung der Objektivität fand die äußere Stimmigkeit bislang kaum Eingang in die Methodendiskussionen. „Stattdessen beschränken sich die herkömmlichen Diskussionen weitgehend auf Fragen der inneren Stimmigkeit, weil sie fälschlich davon ausgehen, daß die richtige Methode allein schon brauchbare Ergebnisse gewährleiste" (*Wilson* 1982, S. 503). Notwendige Voraussetzung für die Objektivität (nach dieser Vorstellung) ist aber die Erfüllung der beiden Kriterien der inneren und äußeren Stimmigkeit. Letztlich hält der Forscher genau das für objektiv, was er selbst als adäquate Basis für die eigene Forschung möglicherweise heranziehen würde. Das „Problem der Objektivität in der Sozialforschung ist kein abstrakt erkenntnistheoretisches, dem man mit philosophischer Spekulation oder mit mechanischer Einhaltung bestimmter Verfahren gerecht werden könnte" (*Wilson* 1982, S. 501 f.).

Bereits im Zusammenhang mit Phänomenologie und Hermeneutik wurde der Begriff der Objektivität gebraucht und auf die in ihm enthaltenen Bedeutungen im Sinne von „Wahrheit" und „Neutralität" verwiesen. Hierzu sind aber Einschränkungen vorzunehmen. Folgt man *Dilthey*, so ist der Prozeß des Verstehens unendlich, niemals abgeschlossen; endgültiges Verstehen ist ausgeschlossen. „Dadurch wird auch das Ziel der Hermeneutik, Objektivität und Allgemeingültigkeit, zu einem Ideal, zu einem zwar erhobenen, aber letztlich nicht einlösbaren Anspruch. Man könnte auch sagen, Objektivität wird zur operativen Fiktion des Hermeneutikers. Drückt man den Begriff der operativen Fiktion ,auf Deutsch' aus, so erhält er einen kritischen, für manche (nicht nur) hermeneutische Praxis vielleicht nicht ganz unzutreffenden Beiklang: Objektivität wird zur handlungsleitenden Einbildung" (*Konegen/Sondergeld* 1985, S. 103). Ist diese Aussage auch polemisch formuliert, so enthält sie doch ein Stück Wahrheit. Dies allerdings nur, wenn man die Prämissen teilt. Gibt man den Anspruch auf Endgültigkeit auf und bescheidet sich mit der Vorläufigkeit von Verstehen (wie Erkenntnis immer nur vorläufig sein kann), so erhält die Objektivitätsforderung wieder Relevanz und Sinn. Allerdings wird die Objektivität des Verstehens kritisch beurteilt: „Die Verbindlichkeit des hermeneutischen Verstehens liegt zwischen den Extremen einer (absoluten) Allgemeingültigkeit und einer bloßen Subjektivität" (*Danner* 1979, S. 49).

Objektivität wurde in der Hermeneutik im Sinne von Allgemeingültigkeit und Intersubjektivität verstanden, womit natürlich „die Frage der Kontrollier- und Überprüfbarkeit der im Zuge hermeneutischer Analyse gewonnenen Annahmen über Sinn und Bedeutung von Äußerungen, Handlungen etc. innerhalb und für einen bestimmten Kontext" (*Volmerg* 1983, S. 147) relevant wird. *Volmerg* merkt hierzu aber an, daß die Kontrollier- und Überprüfbarkeit über die Objektivität hinausgeht. Sie begründet dies damit, daß Objektivität des Verstehens in hermeneutischer Analyse nur dann zu erzielen ist,

1. „wenn sich der Interpret ... der Voraussetzungen versichert, die ihn mit dem Interpretandum allemal vorgängig verbinden" und
2. er sich „jener Bedingungen reflexiv versichert, die die Divergenz von Sinn- und Bedeutungszuweisungen konstituieren.

Ersteres ist nötig, wenn überhaupt die Aussicht auf eine erfolgreiche Sinn- und Bedeutungsrekonstruktion gegeben sein soll, letzteres erforderlich, wenn die Rekonstruktion der Gefahr einer lediglich schlüssigen Projektion kontingenter Sinn- und Bedeutungszusammenhänge entgehen können soll" (*Volmerg* 1983, S. 148). Die Objektivität hermeneutischen Verstehens meint, „daß die Vorgänge oder Dinge, über die Allgemeingültiges ausgesagt ist, *wiederholbar* sind und zwar völlig *identisch*; sie sind *von jedem jederzeit überprüfbar*" (*Danner* 1979, S. 49). Da dies in den Sozialwissenschaften so nicht zu halten ist, die Forderung also nicht realisierbar erscheint, wurde Allgemeingültigkeit zugunsten der Objektivität aufgegeben, die „im Sinn der Angemessenheit einer Erkenntnis an ihren Gegenstand" verstanden wird. Die Feststellung der Angemessenheit als Objektivität ergibt sich aus dem Objekt und vom Objekt her, womit die Zirkelhaftigkeit offenkundig wird. Unterstellen wir aber, objektives Verstehen wäre möglich, so bleibt ungeklärt, wie sich der Vorgang und das Ergebnis des objektiven Verstehens intersubjektiv prüfen lassen.

Volmerg gibt hierzu folgende Antwort: „Objektivität des Verstehens ist danach dann gegeben, wenn der Interpret die Gründe erkennt, die unter den gegebenen Bedingungen des Autors bzw. Sprechers die infrage stehende Äußerung/Handlung als rational konsensfähig erscheinen lassen. Verstehen fordert damit für den Interpreten, daß er die infrage stehende Äußerung/Handlung in der Einstellung eines Diskursteilnehmers rekonstruiert, der stellvertretend für den Autor bzw. in Übernahme seiner Rolle die Argumente explizit macht, die dieser gegenüber dem Interpreten geltend gemacht haben würde, wenn er mit dem Interpret einen Diskurs darüber hätte führen können. Methodisch bedeutet dies, daß der Interpret, um die Differenz zum Autor der infragestehenden Handlungen erkennen und darüber in einen Prozeß der Verständigung eintreten zu können, seine Richtigkeits-, Wahrheits-Vorstellungen, sein lebensweltliches Vorverständnis, an die infrage stehende Handlung zunächst heranträgt und im Horizont der ihm verfügbaren Kategorien möglicher Gründe die Differenzen zum Autor soweit aufsucht, bis die infrage stehende Handlung aus ihren Gründen sowohl erklärlich als auch damit einer diskursiven Prüfung seitens der Interpreten zugänglich erscheint" (*Volmerg* 1983, S. 153).

Als eine besonders treffende Kennzeichnung des Objektivitätsbegriffs qualitativer Sozialforschung kann man diejenige von *Kleining* heranziehen (1982, S. 245 f.). Danach ist der qualitative Objektivitätsbegriff ein „*emergentistischer*". „Objektivität entsteht aus der Subjektivität durch den Prozeß der Analyse" (*Kleining* 1982, S. 246). Die zunächst vom Sozialforscher eingebrachte „subjektive Betrachtungsweise" (des Falls oder der ihm zugrundeliegenden Struktur) transformiert sich im fortschreitenden Analyseprozeß sukzessive zu einer intersubjektiv nachvollziehbaren. Gewährleistet werden soll dies nicht zuletzt durch das in der qualitativen Methodologie verbreitete Prinzip, grundsätzlich die Interpretation in der Gruppe vorzunehmen. Dadurch kommt es eher zu einer „maximalen strukturellen Variation der Perspektiven". Durch den Zwang, so könnte man sagen, seine Sichtweise oder Lesart des Falls in der Gruppe argumentativ zu begründen, scheiden immer mehr unplausible Interpretationshypothesen aus und es kommt zu einer Verdichtung der Interpretation, die Intersubjektivität verbürgt.

Hier wird deutlich, daß der von *Kleining* ausgeführte qualitative Objektivitätsbegriff im Grunde die Bedeutung von „Intersubjektivität" besitzt. Objektivität wird nicht als „außer-subjektiv" begriffen, sondern sie ist in der subjektiven Betrachtungsweise als Teilkenntnis des Objekts immer schon angelegt und enthalten. Dafür bemüht er den Begriff der „Dialektik" (*Kleining* 1982, S. 246), denn der Objektivierungsprozeß „hebt" die Subjektivität im *Hegelschen* Sinne „auf". Diese Aufhebung der subjektiven Betrachtungsweisen verschiedener Interpreten in einer intersubjektiv nachvollziehbaren Lesart erfolgt – wie erwähnt – im Prozeß der Datenauswertung und Analyse. Nach welchen nichtsozialen – kognitiven oder epistemologischen – Kriterien sich allerdings diese Intersubjektivität herstellt, d. h. aufgrund welcher Anhaltspunkte etwas als intersubjektiv nachvollziehbar bezeichnet wird, bleibt offen.

Der emergentistische Objektivitätsbegriff ist in der qualitativen Sozialforschung gerade deshalb von entscheidender Bedeutung, weil durch ihn gewährleistet ist, die soziale Realität nicht als solche (wie das im quantitativen Paradigma unterstellt wird), sondern stets als interpretierte zu sehen. *Die* soziale Realität gibt es nicht; es gibt nur unsere Wahrnehmungen und Interpretationen der sozialen Realität. „Wenn also in diesem Sinne selbst in der Wissenschaft Tatsachen keine Tatsachen, Fakten keine Fakten sind, sondern selektive und perspektivische, d. h. subjektiv gefärbte Konstruktionen, was kann dann ‚Objektivität' noch bedeuten? Die Suche nach Wahrheit, das Verlangen nach Gewißheit ist ja der Antrieb, nach Garanten der Objektivität zu suchen, nach Kriterien, die gewährleisten, daß etwas wirklich da ist und wirklich so ist, wie wir es festgestellt haben" (*Konegen/Sondergeld* 1985, S. 150).

In mancher Position qualitativer Sozialforschung strebt man nach objektiven, d.h. prinzipiell (von anderen) überprüfbaren Aussagen. Hierzu ist die Ermittlung von Häufigkeiten, also Zählen und Messen im weitesten Sinne, erforderlich, indem man versucht, festzustellen, ob die gezogenen Schlußfolgerungen im Lichte vorstellbarer Alternativen plausibel sind. „Wenn wir z. B. sehen, daß es in unseren Feldnotizen einige hundert Fälle gibt, in denen die Perspektive Ausdruck findet, wird die Hypothese, die Perspektive wurde nicht häufig verwendet, äußerst unplausibel und die Hypothese, sie werde häufig verwendet, viel plausibler. Ganz ähnlich: wenn ein beträchtlicher Teil der Fälle aus Äußerungen besteht, die von den Studenten zueinander gemacht wurden, ist die Behauptung, die Perspektive gelte privat, werde aber nicht mit anderen geteilt, höchst unplausibel, während die entgegengesetzte Hypothese viel plausibler ist" (*Becker/Geer* 1979a, S. 183). Auf diese Weise können Dritte leichter beurteilen, ob der einer Hypothese von den Autoren zugeschriebene Grad an Plausibilität gerechtfertigt ist. Die Annehmbarkeit von Schlußfolgerungen kann so verdeutlicht, nachvollzogen und damit objektiviert werden. Im Unterschied zur quantitativen Vorgehensweise wird jedoch die Subjektivität des Forschers voll einbezogen.

Wenn wir abschließend zu den Gütekriterien der quantitativen Sozialforschung zurückkehren, um diese in ihrer impliziten Systematik darzustellen, so kommen wir zu folgendem Bild:

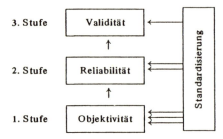

Abbildung 16: Der Zusammenhang der Gütekriterien (aus *Lamnek* 1980, S. 110)

„Objektivität und Zuverlässigkeit sind notwendige, aber nicht hinreichende Bedingungen für die Gültigkeit eines Meßinstruments. Sollen Meßergebnisse valide sein, so müssen sie notwendig objektiv und zuverlässig gewonnen worden sein. Allerdings genügen Objektivität und Reliabilität alleine nicht, um Gültigkeit zu gewährleisten. Validität zeichnet sich zusätzlich dadurch aus, daß tatsächlich das gemessen wird, was gemessen werden soll" (*Lamnek* 1980, S. 111). Dies wird auch von den qualitativen Sozialforschern nicht geleugnet, obwohl ihnen dieser Begriffsapparat der Gütekriterien in den Vorstellungsinhalten des quantitativen Paradigmas suspekt ist. *Plausibilität* und *Glaubwürdigkeit* sind für sie mindestens ebenso wichtige Kriterien wie *Anwendbarkeit* oder *Fruchtbarkeit*.

Es wurde schon an verschiedenen Stellen darauf hingewiesen, daß es qualitativen Sozialforschern nicht um eine statistische Überprüfung und Sicherung ihrer Ergebnisse geht. Ihr zentrales Anliegen ist die Frage, wie man zu neuen („besseren") Theorien kommen kann. Statt statistischer Abgesichertheit werden bei ihnen Begriffe wie Plausibilität und Glaubwürdigkeit der Theorie zentral, die auf andere Weise erreicht werden: Die Überprüfung der vorläufigen Ergebnisse, Hypothesen etc. findet schon *während* des Forschungsprozesses statt und braucht deswegen nicht mehr nachträglich als eigener Vorgang wiederholt werden. Die Bildung von Vergleichsgruppen, die ständig komparative Analyse, spielt eine ganz entscheidende Rolle. Die Daten selbst sollen nicht so exakt sein wie in der quantitativen Sozialforschung; nicht die absolute Vergleichbarkeit ist wichtig, sondern die fallgerechte Beschreibung. Die Kategorien, Dimensionen und Hypothesen sind automatisch einer ständigen Überprüfung an der sozialen Wirklichkeit, an dem empirischen Datenmaterial unterworfen. Die permanente vergleichende Analyse und die durchdachte Integration der Ergebnisse garantiert die Angemessenheit und Glaubwürdigkeit der Theorie.

Zur Feststellung der Glaubwürdigkeit einer grounded theory lassen sich nicht die starren Regeln quantitativer Sozialforschung zu Problemen wie Stichprobenbildung, Verkodung, Zuverlässigkeit, Gültigkeit, Indikatorenbildung, Häufigkeitsverteilungen, Formulierung von Konzepten, Konstruktion von Hypothesen und empirischer Darstellung heranziehen. Als Kriterien zur Beurteilung der Glaubwürdigkeit werden vielmehr solche vorgeschlagen, die sich auf das spezielle methodische und strategische Vorgehen bei der Bildung von grounded theories beziehen. Begriffe, die in diesem Zusammenhang auftauchen sind, „Maximierung der Glaubwürdigkeit durch Vergleichsgruppen", das Vertrauen des Forschers in die von ihm geleistete Arbeit (in die Glaubwürdigkeit seines eigenen Wissens) und das Problem der Vermittlung von Glaubwürdigkeit an andere.

Ein Forscher, der sich lange und intensiv mit der Entwicklung einer Theorie beschäftigt hat, der sich an jeden einzelnen Schritt erinnern kann, den er vollzogen hat, und der systematisch über seine eigenen Daten Bescheid weiß, kann am Ende mit Festigkeit und Vertrauen auf das von ihm geschaffene Werk sehen. Nur selten wird seine Überzeugung von der Richtigkeit seiner Theorie noch zu erschüttern sein. „Diese Überzeugung bedeutet freilich nicht, daß seine Analyse die einzig plausible wäre, die durch diese Daten begründet werden könnte, sondern nur, daß der Forscher selbst großes Vertrauen in ihre Glaubwürdigkeit setzt. Er vertraut nicht in eine ungeregelte Serie von Auswertungsschritten, sondern er hat sie in einen systematischen Zusammenhang gebracht und zu einer integrierten Theorie weiterentwickelt. Er hat letztlich eine gegenstandsbezogene Theorie über einen begrenzten Datenbereich entdeckt – durch die Anwendung sowohl induktiver als auch deduktiver Verfahren –, die er nunmehr bereit ist zu veröffentlichen" (*Glaser/ Strauss* 1979 a, S. 100).

Die Veröffentlichung der Forschungsergebnisse spielt bei *Glaser* und *Strauss* eine wichtige Rolle. Es stellt sich nämlich das Problem, wie der Forscher seinen Kollegen und Lesern die *Glaubwürdigkeit* der von ihm entdeckten Theorie vermitteln kann, damit diese sich ein gesichertes Urteil über seine Arbeit bilden können. Deswegen ist wichtig, daß der Forscher seine theoretischen und beschreibenden

Aussagen so klar formuliert, daß die Leser die Glaubwürdigkeit des theoretischen Bezugsrahmens einer Publikation richtig einschätzen und beurteilen können.

Die *Relevanz* und Gültigkeit der grounded theories wird sich nach *Glaser* und *Strauss* gerade auch durch die außergewöhnliche *Fruchtbarkeit* und gute *Anwendbarkeit* dieser Theorien (im Gegensatz zu den herkömmlichen Theorien) erweisen. Denn im Unterschied zu den Theorien des logisch-deduktiven Typs werden die in der Empirie verankerten (grounded) Theorien wegen der Art ihrer Entstehung notwendigerweise der empirischen Wirklichkeit gerecht, passen zu ihr, können auf sie angewendet werden und sind außerdem wegen ihrer Praxisnähe für Laien wie für Sozialwissenschaftler gut verständlich und damit plausibel. Am wichtigsten ist jedoch, daß diese Theorien in der Lage sind, brauchbare und zutreffende Vorhersagen, Erklärungen, Interpretationen und Anwendungsmöglichkeiten zu liefern. Deshalb messen *Glaser* und *Strauss* ihrer Methode eine so große Bedeutung bei, und hoffen, daß ihr Verfahren zunehmend verbreitete Anwendung finden wird.

Zum Gütekriterium der Objektivität halten wir resümierend fest:

- Zunächst gilt, daß auch qualitative Verfahren die Gütekriterien Zuverlässigkeit, Gültigkeit und Objektivität erfüllen können und darüber hinaus noch den Vorzug bieten, ein enges Wechselverhältnis zwischen theoretischem Vorverständnis und den Daten herzustellen. Daß sich aus diesem Vorteil aber auch Schwierigkeiten für Datenanalyse und Interpretation ergeben können, ist offenkundig.
- „Bei qualitativen Sozialforschern scheint eine gewisse Scheu zu bestehen, die nur schwer generalisierbare Methodologie der Auswertung und Darstellung qualitativ vorgehender Forschung eingehend und übergreifend darzustellen" (*Kiefl/Lamnek* 1984, S. 477).
- Der Objektivitätsbegriff qualitativer Sozialforschung ist im wesentlichen *emergentistisch*: Objektivität entsteht aus der Subjektivität der Interaktionspartner durch die Analyse.
- Die qualitative Sozialforschung hat einen *intersubjektiven* Objektivitätsbegriff insoweit, als man sich von der Subjektivität durch Generalisierung lösen möchte.
- Der Objektivitätsbegriff der qualitativen Sozialforschung ist auch *dialektisch*, weil einerseits die Subjektivität be- und gewahrt wird, andererseits diese aber durch die Lösung vom Subjekt aufgehoben wird.
- Objektivität wird aber vor allem dadurch erzielt, daß die *Relevanz* vom untersuchten Subjekt bestimmt wird.
- *Transparenz* ist wichtiger als Objektivität: „die Offenlegung des Forschungsprozesses statt der unerreichbaren Idealvorstellung nachzujagen, die Interaktion zwischen Forscher und Beforschten meßtechnisch zu neutralisieren" (*Bogumil/Immerfall* 1985, S. 71).

4.4.4. Repräsentativität und Generalisierbarkeit

Die im quantitativen Paradigma durch *statistical sampling* gewährleistete *Repräsentativität* ist Mittel zum Zweck: Von den Daten aus der Stichprobe soll auf die Grundgesamtheit geschlossen werden, mithin das Ergebnis einer *Generalisierung* zugeführt werden. Generalisierung in diesem Sinne ist also der begründete Schluß von Stichproben auf Grundgesamtheiten oder von Einzelelementen auf komplexere Einheiten.

Die Richtigkeit solcher Verallgemeinerungen hängen nicht allein von einer geglückten Stichprobe, die wahrscheinlichkeitstheoretischen Kriterien genügt, ab. Vielmehr müssen auch die anderen Gütekriterien quantitativer Forschung erfüllt sein, um die Verallgemeinerung auch als eine zutreffende, wahre vornehmen zu können: Einmal soll Objektivität, also Unabhängigkeit vom Forscher, vom erkennenden Subjekt, zum anderen Validität insoweit realisiert worden sein, als die Erkenntnisse auch unabhängig vom je individuellen Fall gelten sollen. Und drittens können die ersten beiden Bedingungen nur eingelöst werden, wenn intersubjektive Nachprüfbarkeit existiert, d.h. daß der Forschungsprozeß prinzipiell für alle zugänglich gemacht und nachvollzogen werden kann.

Die Verallgemeinerung von Forschungsergebnissen – übrigens sowohl in qualitativer wie in quantitativer Forschung – erfolgt paradoxerweise im Anschluß an eine sehr weitgehende Selektion und Reduktion durch das Vorgehen im Forschungsprozeß selbst (vgl. *Kudera* 1989). Selektivität und Reduktion sind – exemplarisch herausgegriffen – nämlich in folgenden Phasen des Forschungsablaufs zu konstatieren:

- „Ökonomische, soziale, kulturelle, institutionelle, aber auch technische und historische Bedingungen entscheiden mit über Ressourcen, insbesondere aber auch über die Thematisierungsfähigkeit und die Art der Thematisierung von Gegenständen der Forschung: also über deren Konzeptualisierung.
- Auf der zweiten Stufe der Generalisierung von Daten oder Texten, bedeutet die Festlegung des Gegenstandes, der Methode, des Zeitpunktes, der Population, der Region usw., aber auch die Untersuchungssituation selber, fortlaufende Reduktion.
- Auf der dritten Stufe der Aufbereitung des Materials wird Selektivität wirksam in der Frage Totaltranskription, Teiltranskription, ergiebige Fälle, unergiebige Fälle, extensive oder intensive Analyse usw.
- Auf der vierten Stufe der Analyse und Interpretation tritt eine Reduktion ein durch Interessen, Kompetenzen und Perspektiven der am Forschungsprozeß Beteiligten.
- Auf der fünften Stufe, der der Darstellung von Ergebnissen, sind es Fragen der Form, der Lesbarkeit, des Umfangs usw., die wiederum selektiv wirksam werden.
- Auf der sechsten Stufe schließlich, der der Rezeption, unterscheidet nicht nur die Kommunizierbarkeit, sondern auch der Markt über den erreichbaren Adressatenkreis" (*Kudera* 1989, S. 13 ff.).

Sind bei solch restriktiven Bedingungen überhaupt Generalisierungen möglich, und weshalb strebt man eigentlich nach Verallgemeinerungen? „Gerade weil der Forschungsprozeß so selektiv ist, besteht ein Bedürfnis, dessen Resultaten den Charakter des bloß Zufälligen oder Irrelevanten zu nehmen" (*Kudera* 1989, S. 14). Implizite und/oder unbewußte Entscheidungen hinsichtlich der Generalisierung werden also zum Zwecke der Legitimation der eigenen Forschung vorgenommen. Wie gesehen, werden „Entscheidungen über die Art der Verallgemeinerung nicht erst bei der Auswertung getroffen, sondern sie durchziehen den gesamten Forschungsprozeß" (*Faltermaier* 1989, S. 19). Während die Selektion bei quantitativer Sozialforschung durch Erhebungsinstrument, Stichprobe etc. explizit und die Generalisierung von daher weitestgehend kontrollierbar gemacht wird, sind Übergeneralisierungen, weil leicht ermittelbar, relativ selten. Da bei qualitativem Vorgehen die Vergleichbarkeit in der Erhebungssituation nur äußerst begrenzt möglich ist, konzedieren qualitative Sozialforscher: „Übergeneralisierungen finden sich aber nach meinem Eindruck in qualitativen Studien gar nicht selten" (*Faltermaier* 1989, S. 19). Und ähnlich kritisch wird der Verdacht geäußert, „daß die entscheidende Frage im Bereich qualitativer Forschung gar nicht so sehr die nach wahr oder falsch oder aber nach allgemein oder zufällig ist, sondern sehr konkret und pragmatisch die, wie man Vollmundigkeit und Prätention auf der einen Seite, Dilettantismus und Dünnbrettbohrerei auf der anderen Seite vermeiden kann – aber diese Frage gilt natürlich nicht für qualitative Forschung allein" (*Kudera* 1989, S. 15). Qualitative Forschung steht aber allzuoft unter dem Verdacht, wegen der Methodologie in besonderer Weise davon betroffen zu sein.

Qualitative Sozialforschung bemüht sich um Verstehen und benutzt damit zunächst einmal Alltägliches, denn das Verstehen ist für den Menschen etwas Selbstverständliches und Handlungsnotwendiges. Verstehen ist möglich, weil Handelnde und Verstehende über die gemeinsame Sprache hinaus das *Repertoire von Motiven, Bedürfnissen und Intentionen von Handlungen prinzipiell und gemeinsam verfügbar* haben. Kommen Handlung und Verstehen zu einer „Deckungsgleichheit", dann könnte man von richtiger, von „objektiver" Erkenntnis sprechen. „,Objektive', an anderer Stelle ‚allgemeingültige' Erkennnis ist also das Ziel des Verstehens. Was der allgemeingültigen Erkenntnis entgegensteht, ist die Singularität des zu Verstehenden, was der Objektivität der Erkenntnis entgegensteht, ist die Subjektivität des Verstehenden" (*Konegen/Sondergeld* 1985, S. 100). Somit stehen Objektivität und Allgemeingültigkeit in einer gewissen Wechselbeziehung und *Allgemeingültigkeit* verweist auf das, was in der quantitativen Sozialforschung mit *Repräsentativität* und *Generalisierbarkeit* bezeichnet wird.

In der Regel muß man sich in der Sozialforschung mit der Untersuchung einer begrenzten Population begnügen, doch beanspruchen die dabei gewonnenen Aussagen zumeist eine darüber hinausgehende Geltung. „Qualitative Analysen sind durch die Bank Fallanalysen, und dem eigenen Verständnis nach müssen sie es sein. Doch zwischen Fallaussagen und allgemeinem Satz klafft ein beträchtlicher Hiatus, der übersprungen sein will. . . . Wenn die Sozialforschung lediglich soziale Erscheinungen archivieren will, dann ist das Problem der Generalisierbarkeit ein Scheinproblem, will sie jedoch mehr, dann kann sie dies erst, wenn der oben beschriebene Hiatus geschlossen ist" (*Lüders/Reichertz* 1986, S. 97).

Innerhalb der quantitativ orientierten Forschung ist es wichtig, daß die Stichprobe die Struktur der Grundgesamtheit hinsichtlich bestimmter, als wesentlich angesehener Merkmale möglichst getreu widerspiegelt; nur dann kann die Stichprobe als repräsentativ gelten. Qualitative Sozialforschung kritisiert aber die hinter der Anwendung repräsentativer Stichprobenverfahren stehende Vorstellung von Gesellschaft als Aggregat ungleichartiger Individuen (vgl. *Müller* 1979, S. 13). Repräsentativität in dem skizzierten Sinn erscheint in der qualitativen Sozialforschung bzw. in den ihr zugehörigen theoretischen Ansätzen nicht so bedeutsam, richtet sich doch bei ihnen das Interesse weniger auf die zahlenmäßige Verteilung bestimmter Merkmale als auf die Erkenntnis *wesentlicher und typischer Zusammenhänge*, die sich an einigen wenigen Fällen aufzeigen lassen, unabhängig davon, wie häufig diese Merkmalskombination vorkommt. Zwar versucht man auch in einigen qualitativen Studien, innerhalb des untersuchten Falles (z. B. eines Krankenhauses) Kriterien der Repräsentativität zu bestimmen und mit Auswahl-, Erhebungs- und Auswertungsverfahren zu arbeiten (vgl. z. B. *Becker/Geer* 1979, *Zelditch* 1979), doch bleibt die dabei erreichte Repräsentativität auf den jeweils untersuchten Fall insoweit beschränkt, als dieser natürlich nicht absolut atypisch für die interessierende Fragestellung ausgewählt wird. „Verallgemeinernde Aussagen, die über die untersuchten Bereiche hinausgehen, sind theoretisch zu begründen ... mit Argumenten der Statistik können sie nicht begründet werden" (*Hopf* 1979, S. 15). „Im strengen Sinne stellt sich das Repräsentativitätsproblem lediglich bei den Existenzaussagen deskriptiver Studien. Die deskriptiven Voraussetzungen unserer Studie haben wir durch die Auswahl ... nicht mit den üblichen statistischen Auswahlverfahren, aber doch durch plausible theoretische Überlegungen in ihrer Repräsentativität sicherstellen wollen. Effekte, die von speziellen Ortsbedingungen der einen und/oder der anderen dieser beiden Städte ausgehen, können vernachlässigt werden, denn ein Hypothesenzusammenhang, der aus einem grundlagentheoretisch entwickelten Modell systematisch abgeleitet ist, besteht gewöhnlich aus Allsätzen, die für jeden sozialen Kontext relevant sind, in welchem diese Variablen auftauchen und somit in verzerrten wie in statistisch repräsentativen Auswahlen in gleichem Maße gelten" (*Arbeitsgruppe Bielefelder Soziologen* 1976, S. 303).

Qualitative Forschung unterscheidet sich von quantitativer nicht hinsichtlich der Absicht, wissenschaftliche Erkenntnis systematisch zu gewinnen und eine intersubjektive Kontrollierbarkeit des Vorgehens zu gewährleisten. Eine methodologisch angelegte Differenz besteht aber darin, daß qualitative Sozialforschung davon ausgeht, daß wissenschaftliche Erkenntnis und Alltagserkenntnis denselben Prinzipien gehorchen. Qualitative Sozialforschung ist also wie die quantitative methodisch kontrollierbar und überprüfbar. „Im Rahmen standardisierter Forschung läuft diese Kontrolle über die Prüfung der konkreten Anwendung einschlägiger Regeln und über die prinzipielle Reproduzierbarkeit auf der Grundlage von normierten Routinen. Derartige Verfahrensvorschriften und Routinen gibt es im Bereich qualitativer Forschung nicht – jedenfalls nicht im Sinne einer instrumentalistischen Methodologie –, sondern allenfalls in Gestalt von quasi pädagogischen Anweisungen: sei neugierig, sei sensibel, sei offen etc." (*Kudera* 1989, S. 14).

Daraus wird die Forderung abgeleitet, die Methodologie qualitativer Forschung auf den qualitativen Forschungsprozeß selbst zu beziehen. Die Prüfung besteht also „in der Rekonstruktion dessen, welche Standards, welche Regeln, welche selektiven Mechanismen im Forschungsprozeß wirksam geworden sind. Deshalb möchte ich dafür plädieren, unser eigenes Forschungsverfahren, das der Rekonstruktion, auf uns selber anzuwenden" (*Kudera* 1989, S. 15). Daraus darf aber nicht abgeleitet werden, daß deshalb auf generalisierbare oder generalisierende Aussagen zu verzichten wäre. Verallgemeinerung und Verallgemeinerbarkeit sind dann leichter möglich, wenn „ein theoretisch begründetes sampling . . . ein systematisch angelegter Vergleich oder aber . . . die Plausibilisierung der eigenen begrenzten Befunde im Kontext des insgesamt verfügbaren theoretischen und empirischen Wissensbestandes" (*Kudera* 1989, S. 15) zugrunde liegen. Dies impliziert aber zugleich einen tendenziell anderen Generalisierungsbegriff, als er im quantitativen Paradigma gepflegt wird.

Die Forderungen nach Repräsentativität und Verallgemeinerbarkeit der Forschungsergebnisse sind also im Rahmen qualitativer Methodologie nicht mit dem herkömmlichen Verständnis dieser Kriterien in der traditionellen Sozialforschung identisch. So liegt zum Beispiel der Anspruch auf Repräsentativität im statistischen Sinne außerhalb des qualitativen Selbstverständnisses. „Die Unterstellung einer allgemeinen Geltung wissenschaftlichen Wissens ist an die Unterstellung einer einheitlichen Wirklichkeit gebunden; läßt diese sich nicht mehr halten, muß auch jene aufgegeben werden. . . . Damit werden auch die Grenzen massenstatistischer Repräsentativität bzw. Verallgemeinerbarkeit von Aussagen sichtbar. Kontextuelle Geltungsmaßstäbe werden notwendig" (*Honig* 1986, S. 2a).

Dies bedeutet, daß trotz repräsentativer Auswahl von Personen, die mit Hilfe standardisierter Methoden untersucht werden, die daraus resultierenden Ergebnisse nicht generalisiert werden dürfen, auch wenn sie zudem zuverlässig wären: „Gerade diejenigen Operationen, die Zuverlässigkeit gewährleisten sollen, wie die Standardisierung des Kontexts und die Isolierung der zu untersuchenden Variablen bringen eine Künstlichkeit der Interaktionsbedingungen hervor, die die Erforschten in einer Weise irritieren kann, daß ihr Verhalten in der Forschungssituation mit dem unter Alltagsbedingungen nicht mehr übereinstimmt. Dieser Einfluß der Erhebungssituation bleibt – gerade weil er durch die Bemühungen um Kontrolle hervorgerufen wird –, notwendigerweise unkontrollierbar. Deshalb können die Resultate der Forschung nicht uneingeschränkt auf die Realität verallgemeinert werden" (*Volmerg* 1983, S. 126).

An die Stelle vorab festgelegter Stichproben tritt in der qualitativen Forschung die *fortlaufende Erweiterung des Samples gemäß den für die Theoriebildung wichtigen Aspekten*. *Glaser* und *Strauss* (1967) plädieren dementsprechend dafür, möglichst viele und vielfältige Vergleichsgruppen heranzuziehen, die auf der Basis früher generierter theoretischer Vorstellungen ausgewählt und unter bestimmten, für die Weiterentwicklung der „emergierenden" Theorie zentralen Gesichtspunkte analysiert werden sollen.

Bei dieser Methode werden Kategorien bzw. Vergleichskriterien aufgrund der verschiedenen individuellen Aussagen entwickelt, die der *„Fallkontrastierung"* (*Flick* 1990, S. 188) dienen. Dieser methodische Ansatz führt zu Strategien, „die zunächst den Fall als Fall behandeln, in Auswertung wie Darstellung; die jedoch nicht beim Einzelfall stehenbleiben, sondern im zweiten Schritt fallvergleichende Auswertungen anschließen und diese schließlich so darstellen, daß der Sprung vom Fallvergleich und vom Fall zu verallgemeinernden Aussagen nachvollziehbar bleibt" (*Flick* 1990, S. 186).

Eine Möglichkeit dieser Form der Verallgemeinerung, die auf *Repräsentanz* abzielt, ist die Konstruktion von *Idealtypen:* Das empirische Material wird auf Ähnlichkeiten und *Gegensätze* geprüft. Dabei entsteht eine Begrifflichkeit, die im Zuge der weiteren Materialuntersuchung und Analyse revidiert und konkretisiert wird und letztlich einen idealtypischen Aufriß des Gesamtprozesses oder Gesamtphänomens ermöglicht. „Der Idealtypus ist gewissermaßen eine auf den Vergleichen im empirischen Material basierende ‚reine' Theorie, die probeweise im Denken nicht wesentliche Elemente weglassen kann und damit einen systematischen, ganzheitlichen Charakter erhält" (*Faltermaier* 1990, S. 209). Durch die Konfrontation von Idealtypus und Empirie kann der Idealtypus verifiziert oder falsifiziert werden, so daß daraus singuläre Phänomene und Ausnahmen deutlich werden (vgl. *Gerhardt* 1986, 1990). Die Schwierigkeit bei den Methoden, die von individuellen Aussagen und Fällen ausgehen, besteht darin, daß methodisch nicht eindeutig geklärt ist, wie so gebildete Theorien tatsächlich einen Vergleich zwischen Individuen, auf die sie angewendet werden, zulassen.

Jüttemann (1990) schlägt demgegenüber die Forschungsstrategie der *„komparativen Kasuistik"* vor: Verschiedene „Individualtheorien" sollen auf der Grundlage von vorbereiteten Kategorienlisten verglichen werden, um daraus eine allgemeinere Theorie entwickeln zu können. So formulierte Generalisierungen können selbstverständlich nur die vorausgesetzten Kategorien berücksichtigen.

Eine andere Strategie zur Überprüfung und Begründung der Repräsentanz erhobener Daten ist die *„Triangulation"* (vgl. *Flick* 1990), d. h. die bewußte Verwendung unterschiedlicher Methoden bei der Untersuchung des gleichen sozialen Sachverhaltes.

Die statistisch abzusichernde Repräsentativität wird vom Begriff des *„Typischen"* abgelöst. Die mit Hilfe qualitativer Erhebungs- und Interpretationsverfahren rekonstruierten Deutungs- und Handlungsmuster sollen „typisch" sein für jene sozialen Gruppierungen, denen die Untersuchten angehören. (So untersuchten *Becker* u. a. (1961) zum Beispiel typische Situationsdefinitionen und Handlungsorientierungen von Medizinstudenten.) Folgerichtig spricht *Hopf* auch von *„Kollektivphänomenen"* als den genuinen Forschungsgegenständen qualitativer Sozialforschung (das Kollektivitäts-Konzept wird näher bestimmt in *Hopf* 1982, S. 312 ff.). Kollektiv geteilte Sichtweisen, Deutungs- und Handlungstypen stehen dementsprechend im Mittelpunkt des wissenschaftlichen Interesses vieler qualitativ orientierter Projekte. Was die für das Kollektiv als typisch bezeichneten Phänomene, deren Rekonstruktion das Ergebnis des qualitativen Interpretationsprozesses ist, allerdings von jenen statistisch repräsentativen Resultaten der quantitativen Sozialforschung substantiell unterscheiden soll, bleibt unklar. Denn in beiden Fällen wird für das Forschungsergebnis der Anspruch erhoben, repräsentativ für eine wie auch immer definierte Grundgesamtheit oder eben typisch für eine bestimmte soziale Gruppierung zu sein. Das Typische der qualitativen Sozialforschung repräsentiert das kollektiv Geteilte.

Bei Berücksichtigung der Bedingungen qualitativer Sozialforschung (Vertrautheit des Forschers mit der untersuchten Lebenswelt, geringe Zahl an Fällen, Bezugnahme auf den Lebenskontext der Untersuchten usw.) empfiehlt *Faltermaier* (1990, S. 213), ein bescheidenes Niveau der Generalisierung anzustreben, das er „provisorisch als lebensweltlich spezifisch" charakterisiert.

Ähnlich verhält es sich auch hinsichtlich der Forderung nach *Verallgemeinerbarkeit* der Forschungsresultate. Es wird „eine Vorstellung von Gesellschaft, die hinter der Anwendung von repräsentativen Stichprobenverfahren steht, ohne reflektiert zu werden" (*Müller* 1979, S. 13), kritisiert. So wird einerseits der Generalisierungsanspruch herkömmlicher Sozialforschung von qualitativer Seite zurückgewiesen, an seine Stelle aber etwas fast Identisches gesetzt. Nach *Wahl* besitzt der typische Generalisierungsanspruch qualitativer Sozialforschung die Form der „exemplarischen *Verallgemeinerung*" (*Wahl* 1982, S. 206). Das Exemplar wird dabei als typischer Stellvertreter einer „Klasse" oder „Gattung", als Teil einer Einheit (pars pro toto) betrachtet. Dies eröffnet die Chance der „Entwicklung eines methodologischen Standpunktes, der auch über Fallbeispiele hinaus sich als generalisierbar erwiesen hat" (*Müller* 1979, S. 13). Doch auch hier ist ein prinzipieller Unterschied zum herkömmlichen Verständnis von „Verallgemeinerbarkeit" – das in der Kritik oft als „nomologisch-analytisches" bezeichnet wird – nicht leicht zu entdecken. Darüber hinaus hat der Anspruch auf „Allgemeingültigkeit" auch in der geisteswissenschaftlichen Methode der Hermeneutik, auf die sich qualitative Sozialforschung beruft, eine gute und lange Tradition (vgl. *Zedler* 1983, S. 144 ff.). Abgrenzungsversuche dürften hier also fehl am Platze sein.

> Repräsentativität und Generalisierbarkeit lassen sich kursorisch zusammengefaßt wie folgt darstellen:
> - „Im Bereich qualitativer Forschungsstrategien geschieht die Sicherung von *Allgemeinheit durch rekonstruktive Verfahren.* Medium ist dabei Kommunikation auf der Grundlage abstrahierender Typenbildung" (*Kudera* 1989, S. 12; Hervorhebung durch S.L.).
> - Statt der statistischen Repräsentativität geht es qualitativer Sozialforschung um das *Typische*; dies schließt Formen der *Typenbildung* (Idealtypen, Extremtypen, Prototypen, wichtige Typen) ein.
> - Dies impliziert eine Entscheidung *gegen den Zufall* und für eine *theoretisch-systematische Auswahl.*
> - „Ziel der Typenbildung ist – im Unterschied zum Repräsentativitätskonzept –, nicht die Übertragung von Begrenztem auf Allgemeines, sondern das *Auffinden von Allgemeinem im Besonderen:* Im jeweils besonderen Fall soll dessen

allgemeines Erscheinen zur Darstellung gebracht werden. Die entsprechende Denkbewegung bei der Typisierung ist die der *Scheidung von Wesentlichem und Unwesentlichem* – und daß hierbei Relevanzsetzungen eine konstitutive Rolle spielen, ist evident" (*Kudera* 1989, S. 12; Hervorhebung durch S.L.).

- Typenbildung heißt nicht, komplexe Sachverhalte auf einzelne Variablen oder Variablenkonstellationen zu reduzieren; vielmehr wird eine eher *ganzheitliche*, weil *realitätsgerechtere* Sicht gepflegt.
- Generalisierung soll durch *typische Fälle* und nicht durch viele zufällige Fälle ermöglicht werden; Typenbildung im Sinne von *Repräsentanz* (nicht Repräsentativität im statistischen Sinne).
- Im Fall der Generalisierung in quantitativer Forschung „wird verallgemeinert durch einen bedingten Rückschluß vom Teil aufs Ganze", im Fall qualitativer Forschung „durch *Abstraktion aufs Wesentliche*" (*Kudera* 1989, S. 12; Hervorhebung durch S.L.).
- Generalisierung eröffnet sich vor allem durch die *intensiv-subjektive Abklärung der Gültigkeit*.
- Generalisierungen können vor allem im Sinne von *Existenzaussagen* („Es gibt . . .") vorgenommen werden.
- Trotz der Berücksichtigung der Situations- und Kontextgebundenheit der Ergebnisse qualitativer Forschung erscheinen Generalisierungen bei einem *metatheoretisch-kommunikationstheoretischen Standpunkt* möglich.

4.5. Populationswahl

In einem sehr engen Zusammenhang zu Repräsentativität und Generalisierbarkeit steht die Frage, welche Untersuchungsgruppen ausgewählt werden (müssen). Repräsentativität und/oder Generalisierbarkeit markieren die erkenntnistheoretischen Zielsetzungen, die Wahl der Population ist die Methode, der Weg, diese Ziele zu realisieren. Die Entscheidung für oder gegen bestimmte Populationen und deren Auswahl ist natürlich auch durch andere, substantielle Kriterien determiniert: örtliche, zeitliche und sachliche Abgrenzung von Grundgesamtheit und Stichprobe bzw. (non-random) Auswahl ergeben sich daraus.

Art, Größe und Wahl einer Grundgesamtheit bzw. Stichprobe nehmen in der quantitativen Methodologie einen breiten Raum ein. Innerhalb der sie interessierenden Fragestellungen nach der Verteilung von Anteils- und Mittelwerten in einer Population, d.h. der Repräsentativität von Stichproben, ist die Aufmerksamkeit, die man diesen Fragen zuwendet, begründet, doch stehen innerhalb der qualitativen Methodologie andere Ziele im Vordergrund. „Der explorativen Vorgehensweise mit flexiblen theoretischen Konzepten entspricht die ‚theoretische Stichprobe‘ von *Glaser* und *Strauss* (1967, 1970)" (*Witzel* 1982, S. 35). Darunter versteht man den zur Theoriebildung durchgeführten Prozeß der Datensammlung „whereby the analyst jointly collects, codes, and analyzes his data and decides what data to collect next and where to find them, in order to develop his theory as its emerges" (*Glaser/Strauss* 1979, S. 105). Charakteristika für das von *Glaser* und *Strauss* im Rahmen der grounded theory entwickelte *theoretical sampling* sind: Umfang und Merkmale des Forschungsobjektes sind zunächst unbekannt. Weiter ist die Stichprobengröße – soweit man hier von Stichproben reden kann – nicht vorab definiert. Die Stichprobenelemente (besser: Auswahleinheiten) werden mehrmals nach jeweils neu festzulegenden Kriterien gezogen (vgl. *Wiedemann* 1991). *Es interessiert weniger, wie ein Problem statistisch verteilt ist, sondern welche Probleme es tatsächlich gibt und wie sie beschaffen sind.* Während im Rahmen einer quantitativ angelegten Studie wenige abweichende Fälle gleichsam untergehen, weil sie quantitativ unbedeutend erscheinen, können gerade sie innerhalb einer qualitativen Studie die Theorieentwicklung weiter vorantreiben.

Beispiel:
Eine breit angelegte Evaluationsstudie von Forschungen zum generativen Verhalten erbrachte hinsichtlich des Erklärungsbeitrags quantitativer Untersuchungen und Umfragen ein ernüchterndes Bild. U.a. hat sich gezeigt, daß relativ leicht zu erhebende sozio-ökonomische und sozio-demographische Variablen nur einen geringen Erklärungs- und Vorherssagewert für das realisierte generative Verhalten besitzen. „Diese Tatsache könnte dazu ermutigen, von dieser Art kategorialer und standardisierter Großforschung Abschied zu nehmen. Vielversprechend wäre, sich stattdessen auf spezifische Gruppen zu verlegen, die entweder durch ein generatives Verhalten oder eine Partnerschaftsform auffallen und mehr Licht auf das Thema zu werfen scheinen, als die massenweise ‚Repräsentativ-Erhebung der Normalbürger'. Da wären: freiwillig kinderlose Frauen, Frauen mit Kinderwunsch, aber ohne Partnerbindung, alleinerziehende Elternteile, unfreiwillig Kinderlose, Angehörige von Subkulturen, in denen Nachwuchsfragen verdrängt sind. ... Obwohl die Frage bleibt, ob denn derartige spezifische Gruppen jemals quantitativ relevant werden, von ihnen jemals ein allgemeiner gesellschaftlicher ‚Leittypus' ausgeht, erhellen sie von ihrer Ecke aus mehr als von jeder konventionellen Methode zu erwarten wäre" (*Kiefl/Schmid* 1985, S. 350).

Neben dem theoretical sampling, das dazu dient, eine Theorie anzureichern, ist die *analytische Induktion* speziell an den abweichenden Fällen interessiert: „Sie bestätigt nicht die Regel, sie verlangt deren Revision" (*Bühler-Niederberger* 1991, S. 446). Wenn zur Kontrolle der entstehenden Theorie ein abweichender Fall analysiert und integriert wurde, so unterstützt das die Theorie.

Die *Auswahl der Population* hat sich also *nach der theoretischen Bedeutsamkeit* zu richten. Einige wenige abweichende Fälle können die Theorieentwicklung weiter vorantreiben als große, repräsentative Stichproben. „Die Auswahlkriterien ... sind qualitativer Art. Sie bestimmen sich nach der inhaltlichen Problematik und der Absicht, eine Reichhaltigkeit, Tiefe und Breite der Daten zu gewährleisten" (*Witzel* 1982, S. 37). „Dabei wird nicht wie üblich, von einer vorher genau festgelegten Stichprobe ausgegangen, sondern das Sample wird nach den jeweils wichtigen Aspekten für die Theoriebildung laufend erweitert. Damit ist die notwendige Flexibilität des Forschungsablaufes garantiert, um dem Forschungsgegenstand adäquate Hypothesen zu erzeugen" (*Girtler* 1984, S. 39). „*Glaser* und *Strauss* schlagen deshalb vor, in qualitative Untersuchungen möglichst viele und vielfältige

Vergleichsgruppen einzubeziehen. Diese werden auf der Basis bereits vorhandener, in der Anfangsphase des Forschungsprozesses entstandener theoretischer Vorstellungen ... ausgewählt und unter einigen wenigen, für die Weiterentwicklung der ‚emergierenden‘ Theorie zentralen Gesichtspunkten analysiert. Gerade wegen dieser durch das selektive theoretische Interesse bedingten Begrenzung der Analyse könne man in eine einzige Untersuchung eine Vielzahl von Vergleichsgruppen (sie schätzen bis zu 40) einbeziehen" (*Hopf* 1979, S. 33). Der Einbezug weiterer Fälle kann beendet werden, wenn eine *„theoretische Sättigung"* eintritt: Es können keine weiteren Aussagen oder Fälle gefunden werden, durch die die Eigenschaften der untersuchten Kategorie beeinflußt werden (vgl. *Glaser/Strauss* 1967, S. 61).

Somit ergeben sich bezüglich der Populationsauswahl für die Erhebung wichtige Differenzierungskriterien zwischen qualitativem und quantitativem Paradigma:
- Qualitativer Forschung geht es nicht um eine große Zahl von Fällen, sondern um für die Fragestellung *typischer Fälle*.
- Daraus leitet sich ab, daß Repräsentativität kein entscheidendes Auswahlkriterium ist. *Angemessenheit* für die theoretische Fragestellung ist entscheidend.
- Deshalb werden auch keine statistisch-wahrscheinlichkeitstheoretisch bestimmten Stichproben gezogen, sondern die Fälle werden nach theoretischen Vorstellungen in die Analyse einbezogen. *Theoretical sampling statt statistical sampling.*
- Die Fälle können *willkürlich* unter dem Aspekt ausgewählt werden, eine Theorie zu entdecken und/oder zu erweitern (*grounded theory*) oder *gezielt*, um die Theorie anhand mutmaßlich abweichender Fälle zu kontrollieren und/oder zu revidieren (*analytische Induktion*).
- Die Stichprobengröße ist vorher nicht festgelegt. Die Einbeziehung weiterer Fälle kann beendet werden, wenn eine *„theoretische Sättigung"* erreicht ist.
- Dies hat den Vorteil, daß die *Auswahl* – anders als bei echten Zufallsstichproben – *während der Untersuchung* den theoretischen Bedürfnissen folgend beliebig *erweitert* werden kann.

4.6. Datenerhebung

„Qualitative Methodologie bezieht sich auf Forschungsstrategien wie Teilnehmende Beobachtung, Tiefeninterview, totale Teilnahme an der erforschten Aktivität, Feldforschung usw., die dem Forscher erlauben, Wissen aus erster Hand über die fragliche empirische soziale Welt zu gewinnen. Qualitative Methodologie gestattet es dem Forscher, ‚nah ranzugehen an die Daten‘ und dabei die analytischen, begrifflichen und kategorialen Bestandteile der Interpretation aus den Daten selbst zu entwickeln – und nicht aus den vorgeplanten, straff gegliederten und hoch quantifizierten Techniken, die die empirische soziale Welt in die Schubladen der operationalen Definitionen zwängt, die der Forscher zusammengebaut hat" (*Filstead* 1979, S. 35). Daraus ergeben sich die „Regeln", die bei der Datenerhebung in qualitativer Sozialforschung zu berücksichtigen sind. (Da wir im Band II auf die einzelnen Methoden bezogen ausführlich darauf eingehen werden, kommt es hier nur darauf an, die Prinzipien darzustellen.)

Ein sehr zentrales und in jeder Phase der Forschung zu berücksichtigendes Prinzip ist die grundsätzliche *Offenheit* und *Flexibilität*, um die sozialen Akteure in deren Sicht und in deren natürlicher Lebenswelt zu erfahren. „Es sollte klar sein, daß Inspektion als eine Forschungsmethode die Antithese zu einer wissenschaftlichen Forschung ist, wie sie in der gegenwärtigen Methodologie der sozialen und psychologischen Wissenschaften skizziert ist. Inspektion ist nicht auf eine starre Zugangs- und Vorgehensweise festgelegt; sie beginnt nicht mit analytischen Elementen, deren Eigenart im vorhinein festgelegt und im Verlaufe ihrer Anwendung nie getestet oder revidiert wurde; und sie entwickelt die Eigenart der analytischen Elemente durch die Untersuchung der empirischen Welt selbst. Inspektion ist das Gegenteil davon, dem analytischen Element eine ‚Natur' zuzusprechen, indem das Element operationalisiert wird" (*Blumer* 1979, S. 59).

Schon in der Datenerhebungsphase ist durch das Beobachtete das *Forschungsdesign permanent zu modifizieren*, an die Daten anzupassen. Da die Daten erst durch Analyse zu solchen werden, heißt dies, daß *in der Datenerhebung gleichzeitig analysiert* werden muß, auch wenn der Analyse die Systematik und Kontrollierbarkeit fehlen mag. „Diese Analyse geht oft unsystematisch vor und kümmert sich in keiner Weise um die untergründige logische Struktur oder rationale Gründe. Die ‚Ahnungen' und ‚Einsichten' des Beobachters sind in Wirklichkeit verkürzte und unformalisierte Akte von Analyse" (*Becker/Geer* 1979a, S. 162).

Datenerhebung ist nicht nur zugleich Datenanalyse sondern auch „*(Re)Sozialisation*" des Forschers (vgl. *Wax* 1979, S. 68). Diese (Re)Sozialisation ist Bedingung für das *Verstehen der Abläufe im Feld*. Auch insoweit ist Offenheit gefordert.

Nicht vergessen werden soll der in qualitativer Sozialforschung notwendige *Verzicht auf eine Normierung oder Standardisierung der Erhebungsverfahren*. Gerade den Kritikern der quantitativen Sozialforschung verdanken wir „die Erkenntnis, daß der komplexe und prozessuale Kontextcharakter der sozialwissenschaftlichen Forschungsgegenstände kaum durch normierte Datenermittlung zu erfassen ist, vielmehr situationsadäquate, flexible und die Konkretisierung fördernde Methoden notwendig sind" (*Witzel* 1982, S. 10).

4.7. Auswertung und Analyse

Auswertung, Analyse und Interpretation von Daten aus qualitativer Sozialforschung unterliegen besonderen und anderen Problemen als solche aus quantitativer Forschung. Einige wörtlich wiedergegebene Äußerungen benennen die Schwierigkeiten: „The most serious and central difficulty in the use of qualitative data is that methods of analysis are not well formulated. For quantitative data, there are clear conventions the researcher can use. But the analyst faced with a bank of qualitative data has very few guidelines for protection against self-delusion, let alone the presentation of ‚unreliable‘ or ‚invalid‘ conclusions to scientific or policy-making audiences“ (*Miles* 1983, S. 118).

„Ich habe lange Ausführungen darüber gefunden, was bei qualitativer/explorativer/interpretativer Forschung zu beachten sei und in welche Verständigungsfallen der Forschungsprozeß verstrickt ist. Meist erschöpfen sich die Beiträge im Hinweis auf solche Fallen, eingebunden in eine Theorie der Forschung als Interaktionsprozeß. Der Schritt von solch einer ‚Theorie der Auswertung(sprobleme)‘ zur Auswertungspraxis wird bestenfalls ansatzweise und auch dann nur beschränkt auf das einzelne Interview vollzogen . . . Ich vermisse Einblicke in das ‚Handwerkliche‘ der Auswertung. Fast ließe sich von einer Scheu, den konkreten Auswertungsprozeß aufzudecken, offenzulegen, sprechen. Weshalb? Weil sich dort vielleicht forschungspragmatisch eine Ökonomisierung im Umgang mit dem Material durchgesetzt hat und durchsetzen mußte – die Entscheidung zur Bescheidung?“ (*Ostner* 1982, S. 61).

„Wenn wir mit den Interaktionstheoretikern davon ausgehen, ‚daß in der narrativ retrospektiven Erfahrungsaufbereitung sowohl die Interessen- und Relevanzstrukturen, im Rahmen derer der Erzähler als Handelnder agiert, als auch das Kompetenzsystem der elementaren Orientierungs- bzw. Wissensbestände zwischen Erfahrungsaufbereitung und Handlungsplanung in der zu berichtenden Ereignisabfolge im aktuell fortlaufenden Darstellungsvorgang reproduziert werden‘ (*Arbeitsgruppe Bielefelder Soziologen* 1979, S. 196), ist das Ziel einer analytischen Auswertung/Interpretation nahezu eindeutig vorbestimmt. Das Interesse richtet sich auf die Erfassung und Rekonstruktion eines grundlegenden Musters a) für ein Einzelinterview und b) für die Gesamtanalyse aller Interviews der Erhebung, in denen dieses Muster wahrscheinlich in vielfältiger Variation auftaucht“ (*Mühlfeld* 1981, S. 333f.).

Die Darstellung und Auswertung qualitativer Beiträge sieht sich mit der Anforderung konfrontiert, zugrundeliegende Strukturen zu erfassen und zu rekonstruieren, denn auch qualitative Sozialforschung zielt auf verallgemeinerungsfähige Aussagen ab, möchte dabei aber die Originalität der Einzelbeiträge nach Möglichkeit erhalten. Für die Interpretation und Klassifikation der vorhandenen Textelemente lassen sich aber schwerlich abstrakte, von der konkreten Forschungsfrage losgelöste Regeln aufstellen. Man kann nicht davon ausgehen, daß es eine „grundlegende methodologisch reine Technik geben wird, die auf jede Untersuchung mittels qualitativer Verfahren anwendbar ist; wir sind eher der Überzeugung, daß diese Versuche vielmehr Anleitung zum Entwurf der Erhebungsphase (Interviewtechnik) und der Auswertung geben können, wobei für die Auswertung ein inhaltlich (weniger formal) je neues Konzept, das theorie- und textgebunden ist, entwickelt werden muß“ (*Mühlfeld* 1981, S. 332; vgl. auch *Ostner* 1982, S. 62).

„In Projekten qualitativer Sozialforschung ist die beispielhafte Zitation von Interviewpasssagen oder Beobachtungen, die der Autor für besonders eindrücklich oder typisch hält, ein wichtiges und meist auch gleich das einzige Mittel zur Dokumentation seiner Aussagen" (*Bühler-Niederberger* 1985, S. 475) und manchmal auch der Auswertung und Analyse. Der Ruf nach kodifizierten Verfahren erscheint von daher begründet.

Da Gegenstand von Auswertung und Analyse in der qualitativen Sozialforschung zumeist Texte sind, können wir auf die methodologischen Grundlagen in der Hermeneutik zurückgreifen. Zentralbegriff der Hermeneutik ist das Verstehen. Das Verstehen von Texten und Schriften, von Kommunikationsinhalten ist ihr Gegenstand. Verstehen erfolgt – gerade wenn es sich auf Kommunikation bezieht – durch Interpretation. Interpretation selbst ist aber nicht auf den Forscher zu reduzieren; vielmehr müssen die in einer Kommunikationssituation interagierenden Individuen mit ihren subjektiven Sichtweisen einbezogen werden. Hermeneutik und qualitative Sozialforschung sind deswegen nicht unabhängig voneinander zu sehen. Die Hermeneutik liefert Beiträge, Probleme der qualitativen Sozialforschung zu bewältigen, insbesondere Texte zu interpretieren. Textexegese ist aber „nicht eigentlich das Problem der qualitativen Sozialforschung. Sie will nicht deuten, entschlüsseln oder originale Zusammenhänge restaurieren, sondern Neues finden. Ihr Gegenstand ist die in ihren Verbindungen und Bezügen unentdeckte soziale Realität, nicht ein bereits – aber möglicherweise falsch – interpretiertes Gebilde. Qualitative Sozialforschung ist im Kern keine Deutungskunst, sondern ein Entdeckungs-Verfahren" (*Kleining* 1982, S. 228). Richtig gedeutet heißt dies aber nur, daß Textinterpretationen nicht Selbstzweck sind, sondern als Mittel der Zielerreichung im Sinne von Erkenntnisfortschritt sich diesem unterordnen. Somit erhält die Hermeneutik in der qualitativen Sozialforschung den Status einer unverzichtbaren „Hilfswissenschaft".

Wenn für die Soziologie gilt, daß eines ihrer zentralsten Ziele, „die Suche nach den grundlegenden Prinzipien sozialer Interaktion" (*Cicourel* 1970, S. 93) ist, so darf das Postulat subjektiver Interpretation des Handelns in der Interaktion mit den Interaktionspartnern nicht vernachlässigt werden. „Wenn es richtig ist anzunehmen, daß Personen im Alltagsleben ihre Umwelt ordnen, Objekten Bedeutungen oder Relevanzen zuweisen, ihre sozialen Handlungen auf die Rationalitäten des Common-sense basieren, dann kann man sich nicht in Feldforschung einlassen oder irgendeine andere Forschungsmethode in den Sozialwissenschaften benutzen, ohne das Prinzip subjektiver Interpretationen in Betracht zu ziehen. Während der wissenschaftliche Beobachter Versuchspersonen im Laufe der Feldforschung in die Unterhaltung zieht, in der Interviewsituation unstrukturierte oder strukturierte Fragen an sie stellt oder einen Fragebogen benutzt, muß er die von dem Handelnden im Alltagsleben verwandten Common-sense-Konstrukte in Rechnung stellen, wenn er die Sinngebungen erfassen will, die vom Handelnden seinen Fragen zugewiesen werden, unabhängig davon, in welcher Form sie ihm vorgelegt werden. Diesen Punkt zu ignorieren, hieße sowohl die Fragen (oder Gespräche) als auch die erhaltenen Antworten zu problematischen und/oder bedeutungslosen zu machen" (*Cicourel* 1970, S. 93 f.). Das heißt, daß die Menschen, wenn sie agieren, bereits ihrem Handeln eine eigene Bedeutung beimessen und ihre reale Welt im voraus interpretieren, um durch diese Interpretation ihrer Umgebung und ihrer Interaktionspartner wieder auf diese zurückwirken zu können und damit die anderen in ihrem Handeln zu verstehen und zu interpretieren, um der Handlung einen (gemeinten) Sinn zumessen zu können. Alle Auswertungsverfahren im Rahmen qualitativer Sozialforschung mit dem Gegenstand Interaktion (Kommunikation) haben dies zu berücksichtigen.

Was für den Prozeß der Datengewinnung recht unproblematisch realisierbar zu sein scheint, nämlich das Eingehen auf die Eigenheiten des Forschungsfeldes und die Anpassung der Methode an den Gegenstandsbereich, gestaltet sich für den Auswertungsprozeß schon wesentlich komplizierter. Denn hier soll ja trotz der Betonung der hermeneutischen Kompetenz der teilnehmenden Interpreten der Interpretationsprozeß selbst nach Regeln organisiert sein, die Willkür bei der Ergebnisgenerierung vermeiden. Dabei kann das Anpassungsprinzip umso weniger eingelöst werden, je stringenter die Interpretationsregeln definiert und angewandt werden. Dies spitzt sich z. B. bei *Terhart* zum Vorwurf gegenüber *Oevermann* zu, die objektive Hermeneutik versuche die „Interaktion ohne Rekurs auf die Interaktionen der Interagierenden zu analysieren" (*Terhart* 1981, S. 779 f.). Denn auf der Suche nach den im „Text" protokollierten „Tiefenstrukturen" abstrahiere man vollkommen von seinem Entstehungszusammenhang. Die Besonderheiten der Interaktionssituation, deren „latente Sinnstruktur" man doch zu untersuchen vorgibt, bleiben dabei weitgehend außer Betracht. Dies kann wohl nicht als anpassungsfähige und gegenstandsabhängige Methodologie bezeichnet werden, da es egal bleibt, zu welcher Zeit man wo in welches Untersuchungsfeld steigt, wenn man von der weitgehenden Invarianz der zu analysierenden „objektiven Bedeutungsstrukturen" ausgeht.

Ist bei der „objektiven Hermeneutik" die programmierte Anpassungsfähigkeit der Methode kaum oder überhaupt nicht gewährleistet, so gibt es auf der anderen Seite auch Fälle, in denen die methodische Anpassung zu weit geht und analytische Nachteile zeitigt. Dies trifft dort zu, wo die qualitative Untersuchung so stark auf den Einzelfall eingeht, daß sie von dessen Spezifitäten nicht mehr abstrahieren und somit auch keinen erhellenden Vergleich mit anderen Einzelfällen herstellen kann. Dieses Problem scheint ein nicht zu unterschätzendes und grundsätzliches für die Methodologie qualitativer Sozialforschung zu sein. Während der Einzelfall meist in äußerst differenzierter Weise aufgefächert wird, gelingt es qualitativen Projekten oft nicht, ein illustrierendes Gesamtbild für die gemeinte Untersuchungspopulation zu zeichnen oder überhaupt Kriterien zu finden, an Hand derer der Fallvergleich vorgenommen werden soll: jeder Einzelfall ist zu differenziert, als daß man seine Verkürzung zu komparativen Zwecken verantworten könnte!

Diese Unfähigkeit zur Abstraktion und das abwehrende Verhalten gegenüber einer analytischen Zerlegung im Rahmen qualitativer Sozialforschung mag wesentlich auf die Forschungstradition der „monographischen Linie" zurückzuführen sein, die *Bonß* (1982) gegenüber der „tatsachenbezogenen Empirie" herausarbeitet, hat aber auch viel mit methodologischen Selbstblockierungen der qualitativen Paradigmavertreter zu tun. Immer noch scheint es wichtiger zu sein, sich in jedem

Fall von anderen Forschungsprogrammen abzugrenzen, als an der ideologisch unbelasteten Weiterentwicklung des eigenen zu arbeiten. *Kuhn* (1967) hat diese Situation als typisch für ein Paradigma bezeichnet, das noch nicht in die Phase „reifer Wissenschaft" eingetreten ist.

In ihrer Kritik an der qualitativen Sozialforschung fällt der Auswertungsaspekt bei *Lüders* und *Reichertz* (1986) besonders ins Gewicht. Sie wollen den gegenwärtigen Zustand überwinden, der von Kritikern aus dem anderen Lager der Sozialforschung gerne mit dem Verweis auf die Beliebigkeit der Deutungen und Interpretationen und die unzulässig vorgenommen Generalisierungen negativ bewertet wird. Der Einwand dagegen, daß man dafür eine größere Nähe zum Untersuchungsgegenstand und mithin größeren Einblick in dessen Relevanzsysteme und dessen Eigeninterpretationen erhält, hebt die Kritik sicher nicht vollständig auf, denn die Relevanzsysteme, Eigendeutung etc. werden ja beobachtet und interpretiert, was eben nicht „beliebig" erfolgen dürfe. Daher im weiteren der Versuch, einige „vorläufige", unvollständige und kritisierbare Ansätze der Auswertung qualitativer Daten vorzustellen.

Das grundsätzliche Vorgehen qualitativer Sozialforschung war – wie wir gesehen haben – induktiv. Dies gilt nicht nur für die Hypothesengewinnung, sondern auch für die Analyse. „Solche Analyse ist das eigentliche Ziel empirischer Forschung – im Gegensatz zur Aufbereitung bloß deskriptiver Zusammenstellungen" (*Blumer* 1979, S. 57) oder zu nur anekdotischer Auswertung. Da für *Blumer* die Inspektion ein sehr entscheidendes Element in seiner Methodologie ist, spielt sie auch für die Analyse eine wichtige Rolle. „Als Vorgehensweise besteht ‚Inspektion' aus der Überprüfung des betreffenden analytischen Elements, indem man es in einer Vielzahl verschiedener Weisen angeht, es aus verschiedenen Blickwinkeln sieht, viele verschiedene Fragen daran stellt, und vom Standpunkt solcher Fragen aus zu seiner Überprüfung zurückkehrt. Der Prototyp von ‚Inspektion' zeigt sich darin, wie wir ein fremdartiges physisches Objekt behandeln; wir nehmen es vielleicht auf, betrachten es von nahem, drehen es um, während wir es betrachten, sehen es aus diesem oder jenem Winkel an, fragen uns, was es wohl sein könnte, treten zurück und befassen uns von neuem im Licht unserer Fragen damit, probieren es aus und testen es auf die eine oder andere Weise. Diese nahe, wechselnde Untersuchung ist das Wesen von Inspektion. Solche Inspektion ist nicht im vorhinein festgelegt, routinisiert oder vorgeschrieben; dazu wird sie erst, wenn wir schon wissen, was es ist und deshalb einen spezifischen Test zu Hilfe nehmen können, wie das etwa bei einem Techniker der Fall ist. Im Gegensatz dazu ist Inspektion flexibel, einfallsreich, kreativ und frei, neue Richtungen einzuschlagen" (*Blumer* 1979, S. 58). Diese Variablität in den Perspektiven eröffnet Einsichten, die aber bei kritischer Würdigung vielleicht doch als vorläufig zu bezeichnen wären.

Erweiterte man das qualitative Element um die quantitative Perspektive, so käme man zu einer „enumerativen Indikation". „Solch *impressionistisches enumeratives Arbeiten* zeigt sich in qualitativen Studien in Aussagen wie ‚die meisten', ‚sehr viele', ‚fast durchgängig' usw., unpräzisen Quantifizierungen also, und im Schließen aus ebensolchen Frequenzunterschieden, in der Art von ‚meist ... während kaum je'

200

usw." (*Bühler-Niederberger* 1985, S. 480). Dies aber wäre eine inhaltliche und im Grund methodische Verkürzung, weil die Methode der *analytischen Induktion* den Erkenntnishorizont zu erweitern in der Lage wäre.

„Das Ablaufmuster, nach dem die Aussagen . . . erarbeitet werden, ist im wesentlichen folgendes:

(1) Eine grobe Definition des zu erklärenden Phänomens wird formuliert.

(2) Eine hypothetische Erklärung des Phänomens wird formuliert.

(3) Ein Fall wird im Lichte dieser Hypothese studiert, um festzustellen, ob die Hypothese den Tatbeständen in diesem Fall entspricht.

(4) Trifft die Hypothese nicht zu, so wird sie umformuliert, oder das zu erklärende Phänomen wird so umdefiniert, daß der Fall ausgeschlossen wird.

(5) Praktische Sicherheit kann erreicht werden, nachdem eine kleine Zahl von Fällen untersucht wurde, aber die Entdeckung jedes einzelnen negativen Falls durch den Forscher oder einen anderen Forscher widerlegt die Erklärung und verlangt eine Umformulierung.

(6) Es werden solange Fälle studiert, das Phänomen umdefiniert und die Hypothese umformuliert, bis eine universelle Beziehung etabliert wird; jeder negative Fall ruft nach einer Umdefinition oder Umformulierung" (*Bühler-Niederberger* 1985, S. 478).

Mit diesem Modell der analytischen Induktion wird die strikt empiriegeleitete qualitative Forschung zugunsten einer Mischung von Theorie und Empirie aufgegeben, um die Erklärungskraft der Daten zu erhöhen, um die Ebene der reinen Beschreibung zu verlassen. Wegen des prozeßartigen Vorgehens erlaubt diese Form der Analyse über statische Untersuchungen hinausgehende Befunde. Andererseits können keine statistischen Absicherungen (Signifikanztests etc.) vorgenommen werden.

Wenn man der quantitativen Sozialforschung eine eher *reduktive* Datenanalyse zuschreibt – statistische Analyse besteht ja im wesentlichen darin, die Vielfalt und Vielzahl der Daten so zu reduzieren (etwa auf einen Koeffizienten), daß damit Informationsgewinn entsteht – ist die der qualitativen eher *explikativ* (vgl. *Mohler* 1981, S. 728 f.). Gerade wenn man sich in qualitativer Forschung auf Texte bezieht, wird deutlich, daß neben dem Text als Daten zusätzliche Informationen als dessen Explikation und Interpretation produziert werden. Qualitative Analyse erweitert somit den Informationsstand. Dies wird dann problematisch, wenn bereits große Datenmengen vorliegen, die interpretiert werden sollen. *Küchler* belegt dies am Beispiel der objektiven Hermeneutik (und zeigt, daß dieses Auswertungsverfahren wegen des großen zeitlichen Aufwandes nur bedingt praktikabel ist. Danach ergeben drei Minuten Kommunikation eine Schreibmaschinenseite Transkript; für deren Interpretation benötigen 3–7 Forscher jeweils etwa 10 bis 15 Stunden. Als Ergebnis liegen dann 40–60 Seiten Interpretation vor (vgl. *Küchler* 1980, S. 383)).

Ein weiteres Differenzierungskriterium zwischen den Auswertungen qualitativer und quantitativer Studien kann in die Polarität von *intensional* und *extensional* gegossen werden und nimmt Bezug auf die Rigidität der Auswertungsregeln bei großen Datenbeständen (vgl. *Mohler* 1981, S. 729). Bei großen Datenmengen (quantitative Inhaltsanalyse) müssen extensionale Regeln benannt werden, um die Beliebigkeit der Kategorienzuordnung im Sinne hoher Intercodiererreliabilität zu reduzieren, während bei kleineren Datenbeständen intensionale Regeln genügen mögen, um zu nachvollziehbaren inhaltlichen Aussagen zu gelangen.

Unter dem Begriff der Explikation als Methode der Datenanalyse beschreiben *Barton* und *Lazarsfeld* Instrumentarien, die im obigen Sinne sowohl explikativ und reduktiv wie intensional und extensional sein können.

4.7.1. Die Explikation (Barton und Lazarsfeld)

Barton und *Lazarsfeld* werteten etwa 100 empirisch-qualitative Untersuchungen aus, um die darin angewandten Auswertungsverfahren zu beschreiben, zu explizieren und zu kodifizieren. Da die im einzelnen praktizierten Techniken noch kaum erfaßt und sehr heterogen waren, wurde versucht, sie charakterisierende Beispiele zu finden und zu systematisieren. Die Anordnung der Beispiele erfolgt so, daß aufsteigend immer „elaboriertere" Verfahren Verwendung finden, zunächst also im engeren Sinne qualitativ-auswertungstechnisch verfahren wird, dann stärker quantifizierende Techniken hinzutreten. Die Klassifikation bei den beiden Autoren ist deshalb nicht in jedem Falle und eindeutig unter die methodologischen Prinzipien der qualitativen Sozialforschung subsumierbar, doch ist sie heuristisch wertvoll, weil gerade in Abgrenzung zu den noch zu behandelnden Verfahren der inhaltsanalytischen Auswertung oder der objektiven Hermeneutik die differentia spezifica explizit qualitativer Analyse deutlich werden. Analog zu Abschnitt 4.1.2., in dem diese Techniken schon zur Bildung von Hypothesen und Theorien verwandt wurden, werden sie nun als praktizierte Auswertungsverfahren in qualitativen Studien vorgestellt:

1. Zunächst werden qualitative Verfahrenstechniken ermittelt, die der quantitativen Analyse vorgeschaltet sind und der Exploration dienen. Ausgangspunkt ist das einfachste Verfahren: die *Analyse von Einzelbeobachtungen.* Besonderes Gewicht liegt auf punktuellen Beobachtungen, die man als „überraschende Beobachtungen" bezeichnen könnte. Darunter versteht man einen Befund, der entweder nicht mit den Erwartungen des Forschers übereinstimmt oder der einfach neu ist.

   Es werden zwei Funktionen dieser Beobachtungen unterschieden: Einmal werden die ermittelten *Sachverhalte problematisiert* (1), indem eine Frage aufgeworfen wird, die einen Forschungsprozeß und mit ihm die *Suche nach Erklärungen* in Gang setzt.

   Zum anderen liefern die (überraschenden) Beobachtungen Hinweise auf umfassendere Phänomene, die nicht direkt beobachtbar sind, etwa bei Ereignissen aus vergangenen historischen Epochen, bei psychologischen Daten, wie Einstellungen und Motiven; sie können auch Indikatoren (2) für das Funktionieren komplexer sozialer Strukturen und Organisationen liefern.

2. In einem nächsten Schritt werden *deskriptive Systeme* konstruiert, wenn größere Mengen qualitativer Beobachtungen anfallen. Der Forscher bildet Kategorien, die auf einen konkreten Datenkörper angewandt werden. Die Kategorien können entweder von anderen Forschern oder von dem Gegenstand selbst vorgegeben, neu entwickelt worden oder Revisionen früherer Kategorien sein. Das Ziel ist die Entwicklung eines eigenen vorläufigen *Klassifikationssystems* (1), wobei die Klassifikationen von einer *groben Typenauflistung* über ein Kontinuum bis zu durchsystematisierten Typologien reichen. Als erstes wird eine vorläufige Klassifikation vorgenommen, um Ordnung in die Analyse zu bringen. Dadurch wird eine brauchbare Zusammenstellung der ursprünglichen Daten geschaffen, die die für das Situationsverständnis notwendigen Elemente enthalten muß.

   Die höchste Entwicklungsstufe von deskriptiven Systemen stellen die „*systematischen Typlogien*"(2) dar; jeder Typ wird hier „explizit aus der logischen Kombination der Grundeigenschaften oder Grunddimension ausdrücklich hergeleitet" (*Barton/Lazarsfeld* 1979, S. 57). Es handelt sich um logische Schemata mit hohem Systematisierungsgrad wie etwa bei den pattern variables von *Parsons* (1951) oder der Taxonomie abweichenden Verhaltens bei *Merton* (1957). *Barton* und *Lazarsfeld* unterscheiden dann weiter *partielle Unterstrukturierungen* (3). Häufig bleibt nämlich in qualitativen Analysen ein Konzept oder ein Kategorienset teilweise unterstrukturiert und nur partiell systematisiert. Die Forschungsstrategie besteht dann darin, die wichtigen Konzepte oder Kategorien herauszufinden. Als formale Hilfsmittel werden *Eigenschaftsraum* und *Matrixdarstellungen* angewandt, die der Klärung von Konzepten dienen sollen und die selbst nicht unwichtige Forschungsergebnisse darstellen.

3. Bei der Frage nach Daten, die auf Beziehungen schließen lassen, vertreten die beiden Autoren eine deutlich an der quantitativen Sozialforschung orientierte Auffassung: „Die einzige wirklich angemessene Möglichkeit, die Existenz einer Beziehung zwischen zwei Variablen zu testen, ist die einer statistischen Analyse" (*Barton/Lazarsfeld* 1979, S. 63). Die Funktion der qualitativen Sozialforschung wäre hierbei eher hypothesenentwickelnder Natur, nämlich die Aufdeckung von evtl. vorhandenen Beziehungen, Ursachen und Wirkungen von sozialen Prozessen. Ziel ist *das Auffinden von „Faktoren", die Handlungen beeinflussen* (1). Weiterhin lassen sich qualitative Daten dazu benutzen, *Handlungsprozesse zu erschließen* (2): „Die einfachste Form einer ‚Prozeß-Analyse' ist die, die nach einer intervenierenden Variablen sucht, die ihrerseits die Korrelation zwischen zwei anderen Variablen ‚erklärt'" (*Barton/Lazarsfeld* 1979, S. 66). Auf zwei verschiedenen Wegen wird nach Faktoren gesucht, die einen Prozeß auslösen. Zum einen wird versucht herauszufinden, was objektiv geschah, bevor ein bestimmtes Ereignis eintrat, zum anderen werden die Untersuchungspersonen selbst darüber und über ihre Handlungsmotive befragt. Man kann dieses Verfahren ausdehnen bis zur Ermittlung von Ketten von Variablenbeziehungen.

   Die bisher geschilderten Auswertungsmöglichkeiten werden von den beiden Autoren als qualitativ und der quantitativen Forschung vorausgehend begriffen;

sie sollen später quantitative Analysen dadurch strukturieren und präzisieren, daß Dimensionen und Kategorien aus den qualitativen Daten entwickelt werden (vgl. *Barton/Lazarsfeld* 1979, S. 69 f.). Oft findet man in qualitativen Untersuchungen Formulierungen, die eigentlich quantitativen Daten vorbehalten sind, wie etwa „die meisten", „viele", „eine Minderheit" usw. Diese etwas „verschämten" und zurückgenommenen Verbalisierungen Häufigkeitsverteilungen stellen sog. „*Quasi-Statistiken*" (3) dar: „Derartige Aussagen, die auf einem Korpus von Beobachtungen basieren, die nicht formal exakt zu Tabellen zusammengefügt und statistisch ausgewertet worden sind, können als Quasi-Statistiken bezeichnet werden. Hierzu gehören ‚Quasi-Verteilungen', ‚Quasi-Korrelationen' und sogar ‚quasi-experimentelle Daten'" (*Barton/Lazarsfeld* 1979, S. 70). Bei diesem Verfahren ist die Gefahr eines Irrtums natürlich sehr hoch: „Wenn man von einfachen Häufigkeitsverteilungen zur Berechnung von Korrelationen übergeht und dann darüber hinaus zu Systemen dynamischer Beziehungen zwischen verschiedenen Variablen, so werden die impressionistischen ‚Quasi-Statistiken' immer unbrauchbarer" (*Barton/Lazarsfeld* 1979, S. 71). Trotz dieser Mängel wird der Wert des Verfahrens für die Forschung anerkannt, denn ein Forscher, der mit dem Untersuchungsmaterial gut vertraut ist, wird annähernd die Ergebnisse statistischer Untersuchungen erreichen, insbesondere wenn es sich beim Untersuchungsfeld um homogene Gruppen, Kulturen oder Subkulturen handelt.

Als spezielle Forschungsvariante wird der „*systematische Vergleich*" (4) beschrieben, der zwischen statistischen und quasistatistischen Methoden anzusiedeln ist. Es werden nur wenige Fälle erhoben, diese aber nach Kriterien, die den statistischen Auswahlmethoden entsprechen. Nach Ansicht von *Barton* und *Lazarsfeld* ist „diese Form ‚vergleichender Forschung' die einzig mögliche, wenn die zu untersuchenden ‚Fälle' soziale Phänomene von einem hohen Komplexitätsgrad sind, wie z.B. Kriege, Revolutionen, große Sozialsysteme, Regierungsformen" (*Barton/Lazarsfeld* 1979, S. 73). Zwei Probleme sind aber zu berücksichtigen: Trotz der „statistischen" Auswahl der Fälle können keine statistischen Tests angewandt werden, weil die Fallzahl zu klein ist. Zum anderen können aus demselben Grund nicht alle anderen Faktoren kontrolliert bzw. konstant gehalten werden.

4. „Zuweilen sieht man sich bei der Analyse qualitativer Beobachtungen mit einer Unzahl vielfältiger Einzelfakten konfrontiert, so daß sie weder einzeln, als deskriptive Merkmale, noch hinsichtlich ihrer besonderen Beziehungen untereinander angemessen untersucht werden können" (*Barton/Lazarsfeld* 1979, S. 77). Als weitere Form der Analyse qualitativer Erhebungen ergeben sich als Konsequenz daraus die sogenannten „*integrierenden Konstrukte*". Die Methode besteht darin, eine große Zahl unterschiedlichster Einzeldaten zu einer einzigen „Formel" zusammenzufassen, und zwar dann, wenn diese Daten weder für sich allein noch in ihren Beziehungen untereinander angemessen untersucht werden können. Zur Illustration werden das „Grundmuster einer Kultur", der „Zeitgeist" oder die „anale Persönlichkeit" genannt. Es handelt sich also um deskrip-

tive, formelhafte Konzepte auf theoretisch höherer Ebene als die Beobachtungsdaten selbst liegen.

- Die von *Barton* und *Lazarsfeld* benannten Auswertungsstrategien sind insgesamt auf dem Kontinuum zwischen qualitativ und quantitativ anzusiedeln,
wobei sich über die Trennschärfe und Eindeutigkeit trefflich streiten ließe;
Entscheidungen sind sicher nur im konkreten Einzelfalle begründet zu treffen.
- Eine gewisse quantitative Orientierung ist bei ihren Ausführungen mehr oder
weniger deutlich erkennbar.
- Insbesondere sind die Auswertungsmethoden auch deswegen nur mäßig qualitativ ausgerichtet, weil das kommunikative Element nicht explizit und dominant behandelt wird.

4.7.2. Die inhaltsanalytische Auswertung (Mühlfeld)

Die auch in der quantitativen Sozialforschung praktizierte Methode der Inhaltsanalyse versucht, den Anforderungen sozialwissenschaftlicher Analyse von Texten
Rechnung zu tragen. Gleichgültig ob die Inhaltsanalyse qualitativ oder quantitativ
angelegt ist, darf der subjektiv gemeinte Sinn von Handlungen nicht außer Acht
gelassen werden. Textinterpretation – auch wenn es sich „nur" um die Klassifizierung und Kodierung von Antworten auf offene Fragen in einem standardisierten
Interview handelt – darf nicht im „Freistil" erfolgen, sondern hat – je nach
theoretischer und/oder pragmatischer Position – bestimmte Regeln zu berücksichtigen. Diese Regeln können sehr einfach oder komplex, leicht oder schwer zu
handhaben, eher theoretisch oder praktisch orientiert sein etc. *Mühlfeld* gibt eher
pragmatische Hinweise auf das Vorgehen bei Textinterpretationen von (quantitativen) Interviews, weil ihm andere Verfahren (etwa die objektive Hermeneutik vgl.
4.7.3.) zeitlich und ökonomisch aufwendig und damit wenig realistisch erscheinen.
Als ersten Schritt der Analyse schlägt *Schütze* (1977, S. 22) eine formale Gliede-
rung des Textes entsprechend dreier Kommunikationsschemata vor, „die für nicht
standardisierte Forschungstechniken allgemein relevant sind. Seine Begründung
läuft darauf hinaus, daß nur durch das empirische Ausgehen vom jeweiligen
Zusammenhang über Bedeutung und Einstufung (Tatsachenbeschreibung, fachbe-
zogener Erklärungsversuch, täuschende Verschleierung etc.) entschieden werden
kann ... Nur sie sind ,verläßliche Informationseinheiten' über den Wissensbestand
des Befragten, die im sprachlichen Material indirekt symptomatisch zum Ausdruck
kommen. Für verschiedene Klassen von Äußerungen müssen drei Textarten unterschieden werden:
- *Erzähltexte,* die der Annahme unterliegen, daß sie in exakter Weise die Struktur
der Orientierungen aktuellen Handelns und der Ereignisabläufe abbilden ...
(narratives Interview);
- *Beschreibungstexte,* die psychische Situation und ihre Veränderungen sowie
routinisierte Handlungs- und Ereignisabläufe einfangen (beschreibendes Interview);

– *Argumentationstexte,* die die Ebenen der praktischen Erklärungen, praktischen Theorien und sekundären Legitimationen treffen (argumentatives Interview).

Alle drei sind, und dies ist das methodische Problem, unauflösbar miteinander verflochten, so daß eine Kristallisation der Texteinheiten vom Interpreten vollzogen werden muß, soweit dies nicht schon während des Interviews gesteuert werden konnte. Die Abgrenzung dieser Strukturelemente bildet die Voraussetzung zu einer Interpretation" (*Mühlfeld* 1981, S. 332f.; Hervorhebung durch S.L.). Diese drei Textarten geben formal die Grundlage für die Interpretation ab. Die Interpretation von Textelementen unter Berücksichtigung der kontextuellen Einbettung sowie ihrer situativen Entstehung ist die genuine Forschungsleistung, deren methodologischer Ablauf am wenigsten geklärt ist.

„Aus dem bisher Gesagten wird deutlich, daß sich eine Interpretation nicht mit einem ‚Durchgang‘ durch das Material beziehungsweise Einzelinterview begnügen kann, insbesondere dann nicht, wenn der Schritt von der Einzelanalyse zu einer Gesamtanalyse getan wird. Die Konstruktion von Mustern aus Gemeinsamkeiten, Unterschieden, tendenziellen Analogien erfordert weitere theoretische und textgebundene Arbeitsschritte, um zu einer theoretisch wie empirisch abgesicherten Darstellung und Interpretation der Ergebnisse zu gelangen" (*Mühlfeld* 1981, S. 334). Diese Gesamtanalyse als Generalisierung von Einzelfällen kann sowohl im Sinne einer qualitativen Inhaltsanalyse als auch mit einer quantitativen Auswertung vorgenommen werden. Welche Verfahren auf dieser Ebene zur Anwendung gelangen, bzw. wie sie sich am sinnvollsten ergänzen, wird wohl im Einzelfall an der jeweiligen Forschungsfrage zu entscheiden sein.

Mühlfeld geht es vorrangig nicht darum, ein einzelnes Interview so exakt und ausführlich wie möglich zu interpretieren, sondern die Problembereiche zu identifizieren, die den einzelnen Fragen des Leitfadens des Interviews zugeordnet werden können. Nicht jeder Satz muß also bei der Auswertung herangezogen werden (wie es bei der objektiven Hermeneutik ja der Fall ist). So ist ihm wichtig, möglichst wenige Informationen und Fragen von vorneherein auszuschließen und die endgültige Auswahl der einzelnen Textpassagen zu einem relativ späten Zeitpunkt der Auswertung erfolgen zu lassen. Er schlägt ein mehrstufiges Verfahren vor (Zitate aus *Mühlfeld* 1981, S. 336):

Stufe 1: „Beim Ersten Durchlesen werden alle Textstellen markiert, die spontan ersichtlich Antworten auf die entsprechenden Fragen des Leitfadens sind." Wichtig hierbei ist:
- das Erkennen von objektiven Fakten;
- Vermutungen über die Verarbeitung werden angestellt;
- die Handlungsperspektiven des Befragten werden ersichtlich, d. h. die Orientierung an Fakten und besonders ausgeprägten Verarbeitungsformen.

Stufe 2: „Beim zweiten Durchlesen wird der Text in das Kategorienschema eingeordnet, wobei dieses zugleich erweitert wird."
Wichtig ist hier:

- die Informationen werden in ein Codierschema gebracht, übertragen, um sowohl objektive als auch subjektive Dimensionen zu erfassen;
- Details, Nebensätze, Symbole und einzelne Begriffe sind wichtig, d. h. die Extraktion von *Einzel*informationen (Zergliederung).

Stufe 3: „Erneutes, drittes Durchlesen des Textes, mit Markierung und Notierung besonderer Textstellen, die den Prozeß der Verarbeitung ... charakterisieren, wobei bei Wiederholung bzw. Ähnlichkeit einzelner Passagen die jeweils prägnanteste zu Grunde gelegt wird."
Wichtig ist:
- Die Herstellung der Logik *zwischen* den Einzelinformationen *innerhalb* des Interviews; und zwar auch zwischen bedeutungsgleichen Passagen (Informationen und sich widersprechende Informationen).

Stufe 4: „Formulierung eines Textes, der den Prozeß der Verarbeitung darstellt."
Wichtig ist:
- die schriftliche Niederlegung der Verarbeitungslogik
- und der Prozeß des Formulierens, aus dem Detaillierung, Differenzierung und Präzisierung folgen.

Stufe 5: „Erstellung der Auswertung mit Text und Interviewausschnitten, das heißt mit Schere und Klebstoff. Zugleich viertes Durchlesen der Transkription;" hierbei wird das gesamte Interview zum letzten Mal Seite für Seite durchgegangen.

Stufe 6: „Markierung des Auswertungstextes zur Präsentation, keine inhaltliche und interpretatorische Stufe mehr;" mit dem Ziel der Darstellung der Auswertung.

- Bei diesen gestuften, praktischen Handlungsanweisungen für Textinterpretationen wird deutlich, daß es *Mühlfeld* eher um pragmatische, oberflächliche (dies ist nicht evaluativ gemeint) Interpretationen geht, die bestenfalls zwischen quantitativen und qualitativen Auffassungen vermitteln, wobei das Schwergewicht noch auf den manifesten, overten Kommunikationsinhalten liegt.
- Die Auswertung ist rein sachlich, die Interpretation der Textstellen soll möglichst wenig Vermutungen über außerhalb der Interviewsituation liegende Bedingungen anstellen.

Dies ist in der objektiven Hermeneutik bei *Oevermann* (1979a) anders. Diesem geht es eher darum, einen Text mit sämtlichen verfügbaren Hintergrundinformationen, mit Kontextwissen und Sinnstrukturen zu erfassen, einer Absicht, die deutlich auf die zentralen Elemente der qualitativen Sozialforschung verweist.

4.7.3. Die objektive Hermeneutik (Oevermann)

Im Rahmen der qualitativen Sozialforschung stellt die Methode der objektiven Hermeneutik (neben der Konversationsanalyse nach *Kallmeyer/Schütze* (1976)) einen der wenigen Versuche dar, forschungspraktische Verfahren der Datenanalyse théoretisch zu fundieren. *Oevermann* u. a. entwickelten die objektive Hermeneutik zusammen mit einer soziologischen Theorie der Sozialisation, die Ausgangspunkt der methodologischen Forschung war und inhaltlich eng mit ihr verknüpft ist.

Bei der objektiven Hermeneutik und der Sozialisationstheorie geht es um die rekonstruktive Explikation von Struktureigenschaften. *Oevermanns* Sozialisationstheorie geht von der Annahme aus, daß Identität sich im Laufe des Sozialisationsprozesses als selbstreflexive Explikation intuitiven Wissens vollzieht. Zu Beginn der Sozialisation werden die für das praktische Handeln des Kindes notwendigen Sinninterpretationen von den sozialisierten Bezugspersonen übernommen. Deren interaktorische Kompetenz übersteigt weit die Sinninterpretationskapazität des Kindes auf seinem jeweiligen Entwicklungsstand. Dies bedeutet, daß die „latenten Sinnstrukturen" von Interaktionen von dem Kind nicht voll realisiert werden können. Erst im Laufe der Entwicklung ist es in der Lage, die Strukturen, die hinter seinem praktischen Handeln liegen, rekonstruktiv zu erklären. Nach dem gleichen Prinzip soll nun auch die soziologische Analyse von Kommunikationsinhalten vollzogen werden. Durch extensive Auslegung von Interaktionstexten wird versucht, die Strukturen zu rekonstruieren, die hinter den Interaktionen von sozialisierten Subjekten liegen.

Gegenstand der objektiven Hermeneutik ist somit nicht das konkrete Verhalten von Individuen, sondern die latenten Sinnstrukturen als Bedeutungsmöglichkeiten von Interaktionstexten werden herauszuarbeiten versucht. Mit dem Verfahren der Sinnauslegung wird der Anspruch erhoben, ein „für die Soziologie allgemein geltendes forschungslogisches Programm" (*Oevermann* 1979a, S. 354) entwickelt zu haben. Dieser Anspruch einer grundlagentheoretischen Fundierung qualitativer Sozialforschung wird auch in den Arbeiten von *Schütze* deutlich, wobei dessen Konzeption über die Betrachtung der Ebene sequentiell ablaufender Interaktionen hinaus den Versuch darstellt, durch Einbeziehung von sozialstrukturellen Bedingungen, etwa in Form von Interessenkonstellation, Zugang zu Kommunikationskanälen etc. zu einer „umfassenden Interaktionslogik" (*Schütze* 1973, S. 471) zu bekommen.

Forschungsmethoden, ob quantifizierende oder qualitative, sind eng verbunden mit theoretischen Annahmen über die soziale Realität. Methodische Vorgehensweisen müssen deshalb auch vor dem Hintergrund der Konstruktion von sozialer Wirklichkeit gesehen werden. *Oevermann* entwickelt seine Konzeption von sozialer Realität aus sozialisationstheoretischen und methodologischen Überlegungen und legt sein Realitätskonzept explizit dar: Er unterscheidet zwei Realitätsebenen, die der „*latenten Sinnstrukturen*" von einer „*Realität subjektiv intentional repräsentierter Bedeutungen*". Zur Erläuterung der latenten Sinnstrukturen wird auf den Begriff des Unbewußten in der Psychoanalyse zurückgegriffen. Daran anlehnend wird der Ausdruck vom sozialen Unbewußten eingeführt, und dieses Unbewußte des Interaktionssystems konstituiert die latenten Sinnstrukturen, wobei ausgeklammert bleibt, welche psychischen Instanzen dieses soziale Unbewußte produzieren. Der

Rückgriff auf Begriffe der Psychoanalyse bedeutet für *Oevermann* aber nicht, „verkappte Psychoanalyse zu betreiben, sondern allenfalls im Verfolg einer strikt strukturtheoretischen Perspektive in der Soziologie die geheimen strukturtheoretischen Gemeinsamkeiten im Denken der Psychoanalyse und der Soziologie hervorzukehren" (*Oevermann* 1979a, S. 383).

Die latenten Sinnstrukturen sind im allgemeinen nur in Ausnahmefällen dem Handelnden psychisch präsent. Ihre Wirkungen sind unbewußt, d. h. die Handelnden brauchen den vollen Sinn der von ihnen produzierten Interaktionstexte nicht zu begreifen, und eine Entschlüsselung wird eventuell erst durch einen Dritten möglich. Sie konstituieren sich in sozialen Interaktionen im Rückgriff auf „interaktionsstrukturinhärente Regeln" und manifestieren sich dauerhaft hinter dem Rücken der Intentionalität des Subjekts. *Oevermann* schreibt den latenten Sinnstrukturen Zeitlosigkeit zu und bezeichnet sie als objektive Bedeutungsstrukturen. Sie sind gewissermaßen sozial vorgedacht und werden im Sozialisationsprozeß vermittelt.

Bevor diese Überlegungen auch im Kontext der methodischen Verfahren kritisch hinterfragt werden, soll die Methode der objektiven Hermeneutik selbst kurz dargestellt werden: „Konkreter Gegenstand der Verfahren der ‚objektiven Hermeneutik' sind Protokolle von realen, symbolisch vermittelten sozialen Handlungen oder Interaktionen, seien es verschriftete, akustische, visuelle, in verschiedenen Medien kombinierte oder anders archivierbare Fixierungen. Welche materielle Form das Protokoll hat, ist für die Interpretationsverfahren der ‚objektiven Hermeneutik' ein kontingenter, technischer Umstand, da seine Interpretierbarkeit unabhängig von seiner materiellen Form prinzipiell an die Bedingung der Versprachlichung oder sprachlichen Paraphrasierbarkeit der Interaktionsbedeutungen gebunden ist" (*Oevermann* 1979a, S. 378).

Interaktion ist also die elementarste Einheit menschlichen Handelns und somit die kleinste Entität bei der Analyse. Interaktion als Kategorie meint „einen stetigen, ununterbrochenen zeitlichen Strom von Ereignissen in einem Beziehungssystem, unabhängig davon ob diese Ereignisse konkret Konstanz oder Veränderung, Ruhe oder Bewegung bedeuten, und sie bindet die sozialwissenschaftliche Relevanz dieser Ereignisse nicht an die Existenz eines subjektiv gemeinten Sinns für die Beteiligten, sondern weit weniger restriktiv an deren objektive Bedeutsamkeit" (*Oevermann* 1979a, S. 379 f.). Bei der objektiven Hermeneutik geht es also „ausschließlich um die sorgfältige, extensive Auslegung der objektiven Bedeutung von Interaktionstexten, des latenten Sinns von Interaktionen" (*Oevermann* 1979a, S. 381).

In praktischer Umsetzung und Anwendung dieser theoretischen Gedanken und Intentionen werden die Verfahren der sequentiellen und der *Feinanalyse* entwickelt. Die Feinanalyse ist ein Verfahren zur Interpretation von Szenen oder Ausschnitten aus einem Protokoll. So stellen die aus dem primären Datenmaterial, den (verschrifteten) Interaktionsprotokollen aufbereiteten Daten die Fallrekonstruktion dar. Die Feinanalyse ist ein System von acht Ebenen, ein Gerüst für eine ausschließlich qualitativ beschreibende Rekonstruktion der konkreten Äußerungen, das folgende Schritte enthält:

Ebene 0: *Explikation des einem Interakt unmittelbar vorausgehenden Kontextes*, des Systemzustandes vor dem betreffenden Interakt. Vor allem soll der Kontext, in dem alle beteiligten Subjekte agiert haben – und zwar mit allen sinnhaft möglichen Handlungsalternativen – erklärt werden. So ist eine Interaktion nicht nur eine Addition einzelner Handlungen, sondern ein permanenter Prozeß zwischen allen Beteiligten; d.h. daß auch derjenige, der sich nicht verbal an einer Interaktion beteiligt, trotzdem ununterbrochen agiert.

Ebene 1: *Paraphrasierung der Bedeutung eines Interakts* gemäß dem Wortlaut der begleitenden Verbalisierung. Die Paraphrasierung erfolgt nach Regeln der Typisierung, ohne deren besondere Bedeutungen gerade für diesen Fall. Wichtig ist, verstehend den Kontext der Interaktion zu berücksichtigen, und zwar Kontextwissen, das nicht nur über sozial verbindliche Regeln läuft, sondern über familienspezifische Regeln. Das Problem dabei ist die Abgrenzung zwischen dem, was für eine Familie signifikant ist und dem, was auch für eine Subkultur oder für die Gesellschaft (in der Familie sich manifestiert) Gültigkeit hat.

Ebene 2: *Explikation der Intention des interagierenden Subjekts*; es werden Vermutungen über die Bedeutung und Funktion des Interakts angestellt, also indirekte Schlüsse gezogen, die jedoch nur sehr schwer zu interpretieren sind; als Abgrenzungskriterium könnte nur das gelten, was den Sprecher selbst motiviert hat, was zur Sprecherintention als Kontextwissen aus eigener Sicht gehört (= subjektiv als Intention repräsentierte Motive).

Ebene 3: *Explikation der objektiven Motive des Interakts und der objektiven Konsequenzen*, also objektive Veränderungen des Systemzustandes, die nicht notwendig deckungsgleich mit der subjektiven Intention sind. Es müssen hier alle Kontextinformationen miteinbezogen werden:
   a) Kontextwissen aus anderen Szenen;
   b) Kontextwissen über die Persönlichkeitsstruktur der Beteiligten;
   c) Wissen über die Geschichte der Familie;
   d) heuristisch benutztes Wissen.
Interpretiert werden nicht nur die rein sprachlichen Strukturen der Interaktion, sondern die vielen Interaktionsbedeutungen und die möglichen Sinnstrukturen. Also wird 1. „der latente Sinn der kommunikativen Realisierung der Intention (des Sprechers) in einer bestimmten manifesten Symbolorganisation" expliziert. 2. wird versucht, „die objektiven Motivierungen des Interakts über ihre mehr oder weniger verzerrte intentionale Repräsentanz hinaus zu erfassen" (*Oevermann* 1979a, S. 398f.).

Ebene 4: *Explikation der Funktion eines Interakts* in der Verteilung von Interaktionsrollen; d.h., „inwieweit ein Interakt Restriktionen für die Interaktionschancen der übrigen Beteiligten setzt" (*Oevermann* 1979a, S. 400).

Ebene 5: *Charakterisierung der sprachlichen Merkmale des Interakts*, das ist die Identifizierung und Sammlung von Merkmalsausprägungen auf der syntaktischen, semantischen oder pragmatischen Ebene.

Ebene 6: *Extrapolation der Interpretation des Interakts auf durchgängige Kommunikationsfiguren*, besondere Beziehungsprobleme, situationsübergreifende Persönlichkeitsmerkmale. Es wird sequentiell Interakt für Interakt der Feinanalyse durchgegegangen und weiter versucht, die im Idealfall als generative Strukturen wirkenden durchgängigen Kommunikationfiguren herauszufinden. Außerdem soll mit Hilfe der Interpretationen ein Bezug zwischen den Feinanalysen und der vorausgehenden „Globalcharakteristik" hergestellt werden, was zur Modifikation dieser Globalcharakteristik führt. Das Ende einer Feinanalyse ist einerseits eine völlige Rekonstruktion der objektiv latenten Sinnstruktur und andererseits eine völlig logische Bedeutungsselektion.

Ebene 7: *Explikation allgemeiner, insbesondere sozialisationstheoretischer Zusammenhänge* und Strukturen. Mit dieser Ebene wird ein Bezug zur klassischen, mit Gesetzeshypothesen arbeitenden Sozialisationsforschung hergestellt.

Diese acht Ebenen sind nicht hierarchisch aufgebaut und nicht völlig unabhängig voneinander, weshalb ihre analytische Trennung möglich, ihre praktische Trennung in der Auswertung und Analyse aber erschwert ist. Die Einführung der Ebenen ist heuristisch sinnvoll, weil damit ein analytisches Raster vorgegeben ist, das die Explikation sorgfältiger und sicherer machen kann. Mithilfe dieser differenzierenden Ebenen wird eine Vielzahl an Informationen gewonnen, die aber im Rahmen der Auswertung nicht problemlos sind, weil die Informationen zum Teil interpretativ sind. Interpretationen sind nach *Oevermann* nämlich prinzipiell offen, d. h. veränderbar, z. B. durch andere Interpreten und zusätzliche Ereignisse. Sie sind somit falsifizierbar. Aufgrund einer widerspruchsfreien Interpretation des gesamten Materials und eines Konsenses unter allen möglichen Interpreten können sie Gültigkeit erhalten (vgl. 4.4.1.).

Das Verfahren zur Feinanalyse von Interaktionstexten dient als Kontrolle und Erinnerungshilfe und soll den Interpreten dazu bringen, jeden Interakt möglichst vollständig auszulegen. Man darf die Kategorien jedoch nicht als technische Anleitung zur Interpretation verstehen, sondern eher als eine „check list". In den Ebenen der Kategorien wird der vorhergehende Kontext expliziert, die Bedeutung eines Interakts paraphrasiert, werden die Intentionen erläutert, die objektiven Motive herausgestellt, die Rollenverteilungsfunktion der Interakte erklärt, die sprachlichen Merkmale charakterisiert, durchgängige Kommunikationsfiguren des Interakts extrapoliert und allgemeine Zusammenhänge aufgezeigt.

Wichtig ist in der objektiven Hermeneutik auch der zweite Schritt, die *sequentielle Analyse*, da es nicht nur um isolierte Interaktionen, sondern um den gesamten Zusammenhang aufeinander folgender Interaktionen gehen muß. Gerade dadurch wird die einzelne, für sich abgehobene Interaktion umso bedeutender, wenn die ganze Folge nochmals einer Analyse unterzogen wird. Auch hier geht es (natürlich) um die Differenz zwischen latenten Sinnstrukturen und subjektiv-intentionaler Repräsentanz, und zwar für eine Interaktionssequenz. Das bedeutet, daß erst einmal untersucht werden muß, inwieweit eine Interaktionssequenz eine „durchgängige" (wenn überhaupt) latente Sinnstruktur hat. Latente Sinnstrukturen haben eine sich ständig reproduzierende Struktur, d.h. ihr Begriff ist nicht an ihre Wirksamkeit in der konkreten Situation gebunden. So können also Interaktionssequenzen entweder nur auf einen bestimmten Fall zu einem bestimmten Zeitpunkt gerichtet sein oder über diesen Raum hinaus sogar auf eine „historische Transformation" selbst verweisen, wobei diese beiden Fälle zu unterscheiden sind. Das heißt, äußere und innere Kontextbedingungen müssen beachtet werden! Äußere Kontextbedingungen wären dabei *fallunspezifische* Bedingungen, die einen physischen Zwang ausüben, und innere Kontextbedingungen wären dann die sozialstrukturell induzierten, objektiven Zwänge, der *individualisierte* Fall.

Das Problem ist also die Rekonstruktion von fallspezifischer Individualität, d.h. einen einzigen individuellen Fall, eine Äußerung, eine Interaktion so zu interpretieren, daß deren latente Sinnstruktur zum Ausdruck kommt; aber eben nicht nur „von außen herangetragen", sondern von innen her interpretiert, dem Ausdruck der Person und der Sache gemäß. Nach *Oevermann* ist die Sequenzanalyse in der Lage, individuierte Strukturen aufzudecken. Er folgert aus der Sequenzanalyse, daß

1. zwischen der Vernünftigkeit von Handlungsstrukturen und der Vernünftigkeit von Subjekten eine Differenz gemacht werden muß;
2. man so lange wie möglich davon ausgehen sollte, daß die Motivierung einer Äußerung im Bereich des Normalen liegt, so daß sich gesicherte Vermutungen über die Besonderheit eines Falles (= der individuierte Fall) machen lassen;
3. sich die fallspezifischen Strukturen umso schneller und einfacher entdecken lassen, je pathologischer und abweichender sie sind.

Deutlich ist der Bezug zur Sozialisationstheorie: als Bedingungen für die Differenz von latenten Sinnstrukturen und subjektiv-intentionaler Repräsentanz gibt *Oevermann* Verzerrungen durch pathogene Sozialisaton an: „In der Sequenzanalyse konstituiert sich also . . . , was wir mit dem inneren Kontext eines Interaktionstextes bezeichnen. . . . Der innere Kontext drückt die Selektivität des Interaktionssystems . . . aus". Das bedeutet, „daß die Sequenzanalyse einen realen Prozeß der Selektivität, des Ausschließens von Optionen rekonstruiert" (*Oevermann* 1979a, S. 422). So läßt sich also mit einer „sequenzanalytisch verfahrenden objektiven Hermeneutik die Untersuchung von Prozessen der Individuierung und der Herausbildung von Individualität besonders gut betreiben" (*Oevermann* 1979a, S. 426).

Das Interpretationsverfahren der objektiven Hermeneutik beruht auf der Annahme, daß der Interpret über eine intuitive Urteilskraft verfügt, die durch eine Reihe von Forderungen sichergestellt werden soll: So soll
 – er *den Sozialisationsprozeß abgeschlossen haben*,
 – *mit der zu untersuchenden Lebenswelt möglichst gut vertraut sein* und
 – möglichst viele theoretische Ansätze verwenden.

- Als weniger trivial wird die Forderung eingestuft, daß der Interpret *keine* durch Neurosen verursachte oder sonstige *verzerrte Wahrnehmungen* besitzt.
- Um die Beschränkung der einzelnen Interpreten auszugleichen, sollen „die Interpretationen in *einer Gruppe* ständig *kontrolliert* werden" (*Oevermann* 1979a. S. 393; Hervorhebung durch S. L.).

Zudem muß der Sinn von Interaktionstexten möglichst ausführlich ausgelegt werden, auch unter Einschluß der unwahrscheinlichen Lesarten. Das bedeutet, daß für die Interpretation ungewöhnlich viel Zeit aufgewandt werden muß. Außerdem ist das Prinzip wichtig, „für jedes im Protokoll enthaltene Element des Textes eine Motivierung zu explizieren, Textelemente nie als Produkte des Zufalles anzusehen" (*Oevermann* 1979a, S. 392).

Voraussetzung für das Interpretationsverfahren ist die Sammlung von möglichst *vollständigen Daten*, die *nicht selektiv* und „widerständig" sein sollen; d. h. daß die Daten jederzeit wieder aufgenommen und neu interpretiert werden können, da die Methode sich den latenten Sinnstrukturen approximativ nähert. Eine abschließende Interpretation kann aber nie erreicht werden, weil die vorhergehenden Auslegungen jederzeit von einem Interpreten revidiert werden können. Begründet wird dies damit, daß die latente Sinnstruktur gewissermaßen zeitlos ist und zu jeder Epoche und Zeit (anders) entschlüsselt werden kann.

Nach diesen eher deskriptiven Ausführungen zur objektiven Hermeneutik sollen noch einige erläuternde bzw. kritische Bemerkungen angeführt werden. Zwei hypothetische Konstrukte waren für die objektive Hermeneutik charakteristisch: die „subjektiv intentionalen Repräsentanzen" und die „latenten Sinnstrukturen". Subjektiv intentionale Repräsentanzen basieren auf latenten Sinnstrukturen, sie stellen ja die subjektive Rekonstruktion der objektiven Bedeutungen dar, konstituieren sich aber in der Kommunikation durch den Mechanismus des „taking the attitude of the other". Sie sind somit auf Kommunizierbarkeit hin ausgerichtet.

Gegen ein solches Modell der Realität, das von hinter den Interaktionen liegenden Strukturen ausgeht, ist nichts einzuwenden. Nicht unproblematisch erscheint allerdings die Annahme der *Invarianz der latenten Sinnstrukturen*, die vor allem deshalb konstatiert werden kann, weil offenbar die intentionalen Repräsentanzen keinen Einfluß auf die „objektive" Bedeutungsstruktur ausüben und mit ihnen auch die jeweiligen Situationshintergründe der Interaktion bedeutungslos für die Konstitution latenter Sinnstrukturen bleiben. Diese mangelnde Dynamik in der Struktur der Wirklichkeit ist inkonsequent, weil bei der Konstitution der latenten Sinnstrukturen auf „interaktions-strukturinhärente Regeln" verwiesen wird. Diese bezeichnen nichts anderes, als die Basisregeln der Ethnomethodologie. Basisregeln aber, werden wirksam in Interaktionssituationen, die Bedeutungszuschreibungen bedürfen. „Mittels des Gebrauchs von Basisregeln oder interpretativen Regeln füllen die Teilnehmer Bedeutungen auf und schreiben dem Gesagten zugrundeliegende Muster zu" (*Cicourel* 1970, S. 184). So werden neue Situationen mit dem bekannten (normativen) Wissen verbunden. Wenn latente Sinnstrukturen durch solche Basisregeln entstanden sind, müßten sie nach dem gleichen Prinzip auch grundsätzlich veränderbar sein. Latente Sinnstrukturen können deshalb nur eine gewisse „Kontinuität aufweisen, aber nicht strukturell determiniert sein" (*Bude* 1982, S. 139).

Bude kritisiert weiter, „daß die objektive Hermeneutik den Reproduktionsaspekt sozialer Systeme einseitig gegenüber dem Transformationsaspekt heraushebt" (*Bude* 1982, S. 139). In familialen Handlungssystemen etwa sind durchaus Veränderungen vorstellbar, die sich auch in den latenten Sinnstrukturen, welche sich ja z. B. als „familiale Konfliktmuster" darstellen, fortsetzen. Er schlägt deshalb vor, die latenten Sinnstrukturen zu differenzieren und den Aspekt der Adaptionsfähigkeit von Handlungssystemen an neue Situationen in das Konzept der latenten Sinnstrukturen mit einzubeziehen. „In den handlungsleitenden Sinnstrukturen eines sozialen Systems sind sowohl Handlungspläne zur Lösung von Adaptionsproblemen gespeichert als auch Identitätsthemen des Handlungssystems artikuliert" (*Bude* 1982, S. 140). Insgesamt muß es daher als problematisch erscheinen, daß in der objektiven Hermeneutik die latenten Sinnstrukturen als invariant gesehen werden.

Der Gegenstand der objektiven Hermeneutik, die latenten Sinnstrukturen, kann nach *Oevermann* durch die Analyse von Texten jeglicher Art erschlossen werden. Die Adäquatheit dieser Vorgehensweise begründet er damit, daß latente Sinnstrukturen an Sprache gebunden sind, und sich deren Sinn prinzipiell in Texten manifestiert. „Erst mit dem sozialen Regelsystem der Sprache wird Bedeutung kontextfrei in dem Sinne erzeugt, daß sich der Sinn von (Sprech-)Handlungen auch außerhalb des unmittelbaren besonderen Handlungskontextes erschließt, diesen überdauert und als latenter Sinn in Texten aufbewahrt werden kann" (*Oevermann* 1974, S. 385).

Durch das Postulat der Kontextunabhängigkeit des Sinns von Handlungen geht *Oevermann* einen eigenen Weg innerhalb der interpretativen Sozialforschung. Das interpretative Paradigma betont nämlich ausdrücklich das Prinzip der Offenheit, d. h. „die aktuelle Konstitution von Bedeutung ist an die Kommunikationssituation gebunden, und es gilt abzuwarten, wie sich Bedeutungszuschreibungen kontextabhängig herausbilden" (*Hoffmann-Riem* 1980, S. 344). Die Forschungssubjekte selbst sollen ja den notwendigen Interpretationskontext liefern; diesem Postulat entzieht sich aber die objektive Hermeneutik. Die zu fordernde Offenheit in der Interpretation des Forschers wird auch durch die sequentielle Feinanalyse nur scheinbar eingelöst. Der objektive Hermeneut analysiert zwar Interakt für Interakt, wobei Informationen und Beobachtungen aus späteren Interakten nicht zur Interpretation eines vorausgehenden benutzt werden dürfen, doch bezieht er dabei nur den inneren Kontext, die psychischen Kontextbedingungen des individuierten Falls in die Analyse mit ein. Die Interaktionssituation als solche, der „äußere Kontext" bleibt unberücksichtigt. Ziel der sequentiellen Feinanalyse ist es, den Reproduktionsprozeß der latenten Sinnstrukturen nachzuvollziehen. Problematisch erscheint dabei, wie latente Sinnstrukturen überhaupt aufgedeckt werden können. Dazu wiederum müssen äußere Kontextbedingungen herangezogen werden. *Oevermann* spricht diese auch an; „Kontextinformationen beziehen sich auf folgende Bedeutungsquellen: a) Kontextwissen aus anderen Szenen, b) Kontextwissen über die Persönlichkeitsstruktur der Beteiligten (v. a. unbewußte Tendenzen), c) Wissen über die Geschichte der Familie, d) heuristisch benutztes theoretisches Wissen" (*Oevermann* 1979a, S. 398).

Der Ausschluß des äußeren Kontextes wird in der objektiven Hermeneutik durch die Heuristiken ersetzt. Sie versucht erstens „Objekttheorien" zu entwickeln, z. B. „Struktur und Funktion der ödipalen Triade", die sich als Interpretationen des einzelnen Falles in allgemeinen Begriffen darstellen. Sie werden in einem „zirkulären Vor und Zurück zwischen ihnen und dem Beobachtungsmaterial kontinuierlich weiter ausdifferenziert" (*Oevermann* 1974, S. 395). Solche Theorieentwürfe werden für das Verstehen des Einzelfalls benützt, unterliegen aber der ständigen Revision durch neu auftauchende Fälle.

Zweitens konstruiert der objektive Hermeneut durch extensive Analyse mögliche Kontextkonstellationen, die die Geltungsbedingungen der Äußerung erfüllen müssen. Der Interpret stellt sich als „absoluter anderer" dar, der „gedanken-experimentell gesehen, alle vom Text gedeckten ‚Lesarten' der latenten Sinnstruktur in sich vereinigt" (*Oevermann* 1974, S. 391). Diese Bedeutungsmöglichkeiten, die der Interpret aufgrund seiner Handlungsentlastung und Nicht-Betroffenheit von der Interaktion selbst konstruieren kann, stellen Hypothesen dar, die an den nachfolgenden Interakten geprüft werden, um „sukzessive Inkonsistenzen und falsche Interpretationsansätze" auszuschließen. Es stellt sich die Frage, ob es möglich ist, ohne Kontextwissen und nur aufbauend auf Alltagserfahrungen sämtliche möglichen Lesarten eines Textes zu konstruieren. Diese Problematik wird gesehen. Gerade bei abweichenden Fällen müssen Hintergrundannahmen eingeführt werden, um besonders unwahrscheinliche Lesarten nicht ausschließen zu müssen. Für *Oevermann* führt dieser Widerspruch nicht dazu, von dem Prinzip der kontextfreien Interpretation der latenten Sinnstrukturen abzugehen, stattdessen betont er die Kraft der extensiven Analyse: „Der vermeintliche Widerspruch zwischen diesen beiden Hinsichten löst sich auf, wenn man beide Aspekte auf den gemeinsamen Nenner einer möglichst extensiven Auslegung von Lesarten zurückführt" (*Oevermann* 1979a, S. 420).

Ob diese extensive Analyse ein praktikables Verfahren ist, muß bezweifelt werden, denn sie ist zeitlich so aufwendig und mithin teuer, daß nur „Privilegierte" sie sich leisten können. Auch die Aussagekraft der Befunde aus den extensiven Analysen müßte im einzelnen diskutiert werden, denn was die Überprüfung der Bedeutungsmöglichkeiten als Hypothesen anbetrifft, so ist der Interpret letztlich angewiesen auf die „intuitive Urteilskraft, die ihm qua handlungsfähigem Subjekt zukommt" (*Bude* 1982, S. 142).

Nachdem *Oevermann* seine Forschungen auf die Ebene der latenten Sinnstrukturen verlegt, verläßt er das Prinzip der Kommunikation, das allgemein in der interpretativen Sozialforschung als notwendige Voraussetzung der Datengewinnung anerkannt wird (vgl. *Hoffmann-Riem* 1980, S. 346 f.). Da die latenten Sinnstrukturen nicht notwendig von den an der Interaktion beteiligten Individuen intentional realisiert werden – die perfekte Realisation wird als der Grenzfall der vollständig aufgeklärten Kommunikation gesehen –, können sie auch nicht als

Wissen abgefragt werden. Daß die latenten Sinnstrukturen nicht vollständig ins Bewußtsein des Individuums gelangen, obwohl tendenziell der Sozialisationsprozeß zur Rekonstruktion der objektiven Bedeutungen bestimmt ist, wird auf mindestens drei Einflußfaktoren zurückgeführt:

1. Wegen des Prinzips der stellvertretenden Deutung des objektiven Sinns des Handelns kann es bei der „Übernahme restringierter, ideologischer oder neurotoider sozialer Normen und Deutungen" (*Oevermann* 1979a, S. 382) zu pathologischen Entwicklungen kommen. Im übrigen hängt es vom Entwicklungsstand des Individuums ab, wie weit es die latenten Sinnstrukturen realisieren kann.

2. Bezüglich der intentionalen Repräsentanz treten diese pathologischen Entwicklungen als Neurosen und Psychosen auf der Ebene des Individuums bzw. als Ideologien, Dogmen und Mythen auf der Ebene der Gesellschaftsgeschichte zu Tage.

3. Die ökonomisierenden Faktoren des praktischen Handelns zwingen den Handelnden möglichst schnell und treffsicher den Handlungsintentionen Sinn zuzuschreiben, so daß die Realisierung des latenten Sinns zurückgedrängt wird.

Der Rekurs auf die latenten Sinnstrukturen als Gegenstand der objektiven Hermeneutik bedeutet den Versuch, den Auswirkungen dieser Einflußfaktoren zu entgehen und anstelle von ideologisiertem, durch Neurosen verzerrtem Wissen die „objektiven Bedeutungsstrukturen der sozialisierten Individuen" einer Analyse zu unterwerfen. Der Zugang zu diesen Bedeutungsstrukturen ist dem Subjekt zwar prinzipiell nicht verwehrt – sie sind vorbewußt vorhanden und könnten durch genügende Reflexion realisiert werden –, doch ist gerade die alltägliche Kommunikation nicht darauf angelegt, derartige Reflexionen in Gang zu setzen.

Wie im dritten Einflußfaktor schon angesprochen, läuft das Motivverstehen des Alltagshandelns unter praktischem Handlungsdruck ab. „Die Interpretationen erfolgen gewissermaßen naturwüchsig, reflexionsentlastet" (*Oevermann* 1979a, S. 386). Unter solchen Voraussetzungen ist es nur konsequent, wenn die objektive Hermeneutik methodisch auf einen kommunikativen Vorgang der Datengewinnung verzichtet. Stattdessen bemüht sich der objektive Hermeneut, diese abgekürzte Sinnauslegung der handelnden Individuen durch eigene extensiv angelegte Sinnauslegungsmöglichkeiten zu ersetzen. Dahinter steckt der Anspruch, die Gefahr einer Verdoppelung der Wirklichkeit auszuschließen, der auch die Verfahren der qualitativen Sozialforschung unterliegen können, wenn nur repräsentiertes Wissen abgefragt wird. Es stellt sich nun die Frage, ob die Abkehr von der kommunikativen Methode die einzige Möglichkeit darstellt, zurückgedrängte Kommunikationsstrukturen, Konfliktmuster etc., die nicht vom Individuum realisiert werden, aufdecken zu können, zumal die Praktikabilität der extensiven Analyse ihre Schwächen zeigt.

Schütze sieht im Gegensatz zu *Oevermann* die Möglichkeit des Fremdverstehens nur über die Kommunikation mit dem Forschungssubjekt gegeben. Dabei muß sich der Forscher den Regeln der alltagsweltlichen Kommunikation anpassen, um überhaupt Zugang zum Denken der Individuen zu finden. Für *Schütze* ist der Objektbereich der Sozialforschung das Wissen der Gesellschaftsmitglieder und Wissen ist nur über Kommunikation erfahrbar. Dieser Ansatz unterscheidet sich von der objektiven Hermeneutik vor allem dadurch, daß sozialstrukturelle Elemente der Realität nicht ausgeklammert werden. Gerade der Einbezug sozialstruktureller Aspekte erlaubt die Erfassung der sozialen Wirklichkeit mithilfe kommunikativer Methoden. Das verzerrte Wissen der Gesellschaftsmitglieder wird gewissermaßen an den materiellen und sozialstrukturellen „Zustandsaspekten" der gesellschaftlichen Wirklichkeit geprüft, wodurch nicht-egalitäre Strukturen und nicht-intentionale Phänomene aufgedeckt werden sollen.

Anders dagegen bei *Oevermann*: er bezieht sich auf „objektive Strukturen", die hinter dem kommunizierbaren Wissen der Gesellschaftsmitglieder verborgen sind und deshalb auch nicht über Kommunikation abgefragt werden können. *Oevermann* nimmt gleichwohl an, daß diese „objektiven Bedeutungsstrukturen' soziale Wirklichkeit transportieren, da sie über die Kompetenz" (*Oevermann* 1979a, S. 387) der Gesellschaftsmitglieder, die diese als „Gattungssubjekte" haben, konstituiert werden. Die Erfassung solcher Strukturen, die ja nicht durch einen Kommunikationsvorgang über die Forschungssubjekte vollzogen werden kann, sondern nur über die Interpretationsleistungen des Forschers, wirft in besonderem Maße die Frage nach der Validierung auf. (Es soll hier nicht die Behauptung aufgestellt werden, daß die kommunikative Validierung unproblematisch wäre. Der Ansatz von *Schütze* müßte in dieser Hinsicht sicherlich eingehender geprüft werden.)

- Die Methode der objektiven Hermeneutik unterschiedet sich von den anderen Analyseverfahren insbesondere durch den Bezug auf
  - die latenten Sinnstrukturen und
  - die subjektiv intentionale Repräsentanzen der Interagierenden.
- Zweck der Analyse ist,
  - die Strukturen zu rekonstruieren, die hinter den Interaktionen stehen.
  - Interpretationen sind *vorläufig und falsifizierbar*; ihre vorübergehende Geltung ergibt sich aus dem „Konsens" mehrerer Interpreten.
- Als Verfahren werden entwickelt:
  - die Feinanalyse, die auf acht Stufen ein Gerüst für die qualitativ beschreibende Rekonstruktion der Kommunikationsinhalte bietet und
  - die sequentielle Analyse, die die Abfolge der einzelnen Interakte, also den Gesamtzusammenhang zu erfassen sucht.

4.7.4. Auswertung und Interpretation im Überblick

- Die Methoden der Auswertung, Analyse und Interpretation in qualitativer Sozialforschung sind nicht systematisch und generalistisch entwickelt. Gelegentlich wird ein solches Ansinnen abgelehnt, weil immer nur gegenstandsbezogen gearbeitet werden könne.
- Die entwickelten Auswertungsverfahren reichen von der sehr weit gefaßten *Explikation* (nach *Barton/Lazarsfeld*) über *inhaltsanalytische* (qualitativ und/oder quantitativ) verfahrende Techniken bis zur *Konversationsanalyse* und *objektiven Hermeneutik*.

- Qualitative Sozialforschung zielt in der Auswertung auf die *Erfassung und Rekonstruktion der grundlegenden Interaktionsmuster* (Kommunikationsstrukturen), ohne dabei die *Originalität und Individualität* der einzelnen Untersuchten aufgeben zu wollen.
- Da der Gegenstand von Analyse und Interpretation zumeist Texte sind, erscheint die Fassung von *Sozialwissenschaft als Textwissenschaft* in der qualitativen Sozialforschung in diesem Sinne vertretbar.
- Gerade der Interpretationsprozeß sollte – trotz hermeneutischer Kompetenz der Interpreten – nach *Regeln* ablaufen, um der Willkür, der Beliebigkeit der Deutungen („Subjektivität") einen Riegel vorzuschieben.
- Forscherinterpretationen haben grundsätzlich auch die *Eigendeutungen* der Betroffenen einzubeziehen.

4.8. Methodologische Implikationen in quantitativer und qualitativer Sozialforschung

Eine Gegenüberstellung von qualitativem und quantitativem Paradigma hat die jeweiligen Erkenntnisabsichten und -grenzen zu ermitteln, um nicht dem Vorwurf ausgesetzt zu sein, die Deskription der methodologischen Differenzen von quantitativer und qualitativer Sozialforschung völlig konsequenzlos erscheinen zu lassen.

Mit diesen zusammenfassenden und abschließenden Ausführungen soll auf einige grundlegende Merkmale des qualitativen Paradigmas eingegangen werden, wobei zur Kontrastierung und Verdeutlichung stets auch die jeweilige Gegenposition des quantitativen skizziert wird. Dabei ist jedoch zu berücksichtigen, daß die herausgestellten Differenzen in der Praxis meist weniger deutlich ausfallen; es handelt sich also um eine idealtypische Gegenüberstellung. Viele der nachfolgend formulierten Dichotomien sind bei genauerer Betrachtung nicht ganz zu halten, erweisen sich aber als brauchbares heuristisches Instrument zur Deskription und Würdigung der konträren Positionen. Unter Rekurs auf *Kuhn* (1967) erscheint dies gerechtfertigt, denn er unterscheidet zwischen *normaler Wissenschaft* und *wissenschaftlichen Revolutionen*; der Paradigmenstreit zwischen qualitativer und quantitativer Sozialforschung läßt sich nämlich als wissenschaftliche Revolution in diesem Sinne beschreiben: Die neue Forschungsperspektive des interpretativen Paradigmas mit der methodologischen Konsequenz der qualitativen Sozialforschung wird von *Goldthorpe* (1973, S. 449) als „revolutionary ,paradigm shift'" bezeichnet.

Wissenschaftliche Revolutionen werden ausgelöst durch Anomalien im bestehenden disziplinären System; ein neues Paradigma tritt in Konkurrenz zum alten und setzt sich allmählich durch. Dieser Paradigmenwechsel vollzieht sich jedoch nicht aus rationalen Gründen, sondern hauptsächlich als „Glaubensstreit" und durch das Aussterben der Forscher, die am alten System festhalten. Nach *Kuhn* ist sowohl das Beharren auf dem alten, als auch die Entscheidung für das neue Paradigma durch Anwendungserfolge gerechtfertigt, und da ein disziplinäres System nicht falsifizierbar ist, ist die Wahl der Matrix von nichtrationalen Gründen abhängig – unter anderem auch deshalb, weil beide Paradigmen inkommensurabel sind. Eine disziplinäre Matrix kann nur durch die Konkurrenz einer neuen verdrängt werden. Selbst unfruchtbare Paradigmen werden nicht fallen gelassen, weil sie nicht falsifizierbar sind und bisher auch erfolgreich angewandt wurden, diskreditiert doch ein Versagen nicht das Paradigma, sondern den Forscher.

4.8.1. Erklären versus Verstehen

Erklären und Verstehen sind zwei Begriffe, die seit dem 19. Jahrhundert die methodologische Diskussion der Sozialwissenschaften bestimmen. Sie sind Ausdruck zweier verschiedener *Denktraditionen* – *naturwissenschaftlich versus geisteswissenschaftlich* – und zweier verschiedener Auffassungen vom *Objektbereich* – *Objekt versus Subjekt.*

„Ziel naturwissenschaftlicher Bemühungen ist es, bestimmte Erscheinungen als Wirkungen bestimmter Ursachen zu begreifen, also kausale Beziehungen zwischen Erscheinungen zu entdecken. Diese Entdeckungen sollen zu allgemein gültigen Aussagen in Form von Gesetzen gleichsam angesammelt werden, mit deren Hilfe dann wiederum neue beobachtbare Erscheinungen *erklärt* werden können. Man nennt dieses Vorgehen, nach Gesetzen zu suchen, auch ‚nomothetisch‘ (nómos = griech. das Gesetz)" (*Konegen/Sondergeld* 1985, S. 65).

Das Erklären ist am naturwissenschaftlichen Modell orientiert und vernachlässigt deshalb die soziale Konstitution von Wirklichkeit: „Soziales Leben unter Absehen von den subjektiven Bedingungen von Ereignissen, die den Handelnden je eigen sind, zu charakterisieren, tut dem Bild des Menschen Gewalt an, das den Menschen nicht nur als reagierendes sondern als schaffendes Wesen in dieser Welt darstellt" (*Filstead* 1979, S. 37). Wenn aber soziale Tatsachen durch Menschen konstituiert und interpretiert werden, so sind sie nicht als naturgegebene Fakten, sondern als mit spezifischen Bedeutungen versehene Phänomene zu betrachten. Jede naturwissenschaftliche Analyse würde durch die Ausblendung der sozialwissenschaftlich wichtigen Sinnkomponente die soziale Realität objekthaft und verkürzt abbilden. Soziales Handeln würde damit fehlerhaft erfaßt werden.

Zentrales Argument für die Zurückweisung des naturwissenschaftlichen Erklärungsversuchs ist also der spezifische Objektbereich sozialwissenschaftlicher Forschung, weil „sich soziale Sachverhalte nicht aus kruden Tatsachen zusammensetzen, aus gewissermaßen materiellen Dingen, die einer unmittelbaren sensuellen Erfahrung zugänglich sind, sondern aus *Bedeutungen*" (*Giesen/Schmid* 1976, S. 182). Ziel dieser methodologischen Position ist es daher, das soziale Handeln in dem ihm zugewiesenen Sinn zu verstehen.

Die unterschiedlichen Zielvorstellungen auf der Basis unterschiedlicher Voraussetzungen werden nun häufig als Alternativenkonstrukt aufgefaßt, was im Sinne von gegenseitiger Ausschließlichkeit sicher nicht zutrifft. Zunächst ist beiden Paradigmen die potentielle Falsifizierbarkeit gemein: „Weder Erklärungen noch Verstehen sind Wahrheitsgarantien. Jede Erklärung ist so stark, wie ihre Prämissen es sind, ein Verstehen ist so stark, wie es die Richtigkeit seiner Interpretation zuläßt" (*Giesen/Schmid* 1976, S. 181). Unterschiede ergeben sich aber in der Auffassung darüber, welches Paradigma „mehr" über die soziale Realität auszusagen vermöge: Die „Methode des Verstehens erlaubt es den Soziologen, menschliches Verhalten auf einer tieferen Ebene wahrzunehmen und zu interpretieren, als es die äußere Perspektive zuließe. Objekte kann man ‚ausschließlich von außen erkennen, während geistige und soziale Prozesse nur von innen erkannt werden können' und zusätzlich durch die Bedeutungen und Interpretationen, die wir den Objekten geben und die wir mit anderen teilen" (*Filstead* 1979, S. 33). Diese Analyse ist zweifelsfrei richtig, doch sollte der evaluative Aspekt des „mehr" sachlicher eher darauf bezogen werden, daß *andere* Erkenntnisse zu gewinnen sind.

Daß Erklären und Verstehen sich nicht gegenseitig ausschließen, sondern – im Gegenteil – auch aufeinander beziehbar sind, findet man schon in der Hermeneutik: Was dort als Milieu in der Interpretation (= im Verstehen) zu berücksichtigen ist, ist in der modernen Sozialwissenschaften der Kontext. Faßt man Milieu in diesem Verständnis, „so mündet – nach *Dilthey* – das Verstehen in Erklären. Damit verficht er im Grunde einen subsumtionstheoretischen Erklärungsbegriff: Das Besondere wird dem Allgemeinen, das Einzelne dem Ganzen untergeordnet. Und so wird das Besondere/Einzelne aus dem Allgemeinen/Ganzen heraus verstanden. Dieses ist vergleichbar mit der Erklärung eines individuellen Ereignisses durch dessen Unterordnung unter ein allgemeines Gesetz. Aus diesem Grund kann Dilthey schreiben: ‚Aufs höchste getrieben, ist Verstehen so nicht vom Erklären unterschieden, sofern ein solches auf diesem Gebiete (der Geisteswissenschaften, d. Verf.) möglich ist'" (*Konegen/Sondergeld* 1985, S. 102 f.).

Erklären und Verstehen lassen sich mit einem weiteren Argument aufeinander beziehen: Verstehen bezieht sich methodisch insbesondere auf die Interpretation von Texten, wobei diese den gemeinten Sinn treffen soll. Ob solche Interpretationen sinngerecht sind, ist aber eine empirische Frage, d. h. Interpretationen können richtig oder falsch, angemessen oder unangemessen sein. „‚Verstehen' heißt somit also Erstellen von Deutungshypothesen, die im Lichte bewährter Prüfungskriterien, die ihrerseits theoretisch abgesichert sein müssen und faktisch auch sind, auf Ihre Haltbarkeit hin kritisch kontrolliert werden" (*Giesen/Schmid* 1976, S. 177). Als Hypothesen können die Interpretationen (nicht nur im Blick auf die richtige Anwendung der hermeneutischen Regeln) geprüft werden und gemäß dem deduktiv-nomologischen Modell Erklärungskraft erlangen. Somit wären nur die Schwerpunktsetzungen und die Ausgangspunkte unterschiedlich. Die in manchen Traditionen liegenden Einseitigkeiten sind so nicht mehr haltbar. „Die ‚frühere Hermeneutik' von Schleiermacher, Dilthey und anderen versuchte, die Grundlage für eine radikale Unterscheidung zwischen der Erforschung des menschlichen Verhaltens und der von Naturereignissen zu schaffen, indem sie behauptet, das erstere könne (und müsse) dadurch verstanden werden, daß man das subjektive Bewußtsein des Verhaltens versteht, während letztere nur kausal ‚von außen' *erklärt* werden könnten. In dem Gegensatz zwischen *Verstehen* und *Erklären* liegt die Betonung auf dem psychologischen *Nacherleben* oder phantasievollen *Nachbilden* der Erfahrung des

220

anderen, die vom Beobachter verlangt wird, der das gesellschaftliche Leben der Menschen und die Geschichte untersuchen will" (*Giddens* 1984, S. 66).

Solche Positionen erscheinen heute überzeichnet, sind aber wissenschaftssoziologisch verständlich. Eine offenere Sichtweise des (scheinbaren) Gegensatzes von Erklären und Verstehen könnte zwischen den Paradigmen „vermitteln" (vgl. Kap. 5.), wie das *Patzig* in seiner Analyse tut, wenn er ausführt, „daß es, erstens, sinnlos ist, den Natur- und Geisteswissenschaften je eine Methode zuzuordnen, die man dann mit den Etiketten, ‚Erklären‘ und ‚Verstehen‘ belegen könnte; zweitens, daß Erklären und Verstehen beide sowohl in der Natur- wie in den Geisteswissenschaften eine wichtige Rolle spielen und drittens, daß eine besondere Art des Verstehens in den Geisteswissenschaften als heuristisches Prinzip dienen kann" (*Patzig* 1973, S. 395).

Gleichwohl gilt aber im Grundsatz, daß das *quantitative Paradigma eher „objektbezogen" erklärt* und sich kaum bemüht, „subjektbezogen" zu verstehen, während das *qualitative Paradigma als interpretatives das Verstehen im Vordergrund* sieht und das Erklären (im naturwissenschaftlichen Sinne) als sekundär betrachtet.

4.8.2. Nomothetisch versus idiographisch

Bevor diese Unterscheidung inhaltlich gefaßt wird, soll auf die verschiedenen Schreibweisen von „idiographisch" hingewiesen werden. Manche Autoren schreiben ideographisch andere idiographisch. Beide Schreibweisen haben wegen der verschiedenen griechischen Wortstämme unterschiedliche Bedeutungen, lassen sich aber gleichwohl zur Charakterisierung der qualitativen Sozialforschung verwenden. „Id *eo*" heißt begriffsbezogen, während „id *io*" das Individuelle, Singuläre meint. Wir bevorzugen deshalb zur Charakterisierung des qualitativen Paradigmas id *io*graphisch, weil damit die angestrebte Beschreibung des Einmaligen, Einzigartigen in besonderer Weise zum Ausdruck kommt.

Auch wenn *Wilson* (1982, S. 499) die Unterscheidung zwischen nomothetisch und idiographisch für nicht haltbar erklärt, wollen wir sie in Gegenüberstellung benützen, um die Differenzen in den Positionen herauszuarbeiten. Tatsächlich sind beide Elemente in beiden Paradigmen der Sozialforschung enthalten – allerdings mit anderen Prioritäten.

„Dem nomothetischen Verfahren der Naturwissenschaften wurde das ‚ideographische‘ der Kultur- oder Geisteswissenschaften gegenübergestellt. Das ideographische Vorgehen, d. h. das beschreibende Untersuchen von Individualität, also Einmaligem und Besonderem, gilt als kennzeichnend für die ‚aristotelische‘ Tradition. In ihr werden Erscheinungen nicht *kausal* erklärt, sondern *teleologisch* verstanden. Es ist dies der Versuch, Erscheinungen mit Hilfe von Intentionen (Absichten) und Motiven, Zielen und Zwecken zu erklären. Darum nennt man das Vorgehen in der aristotelischen Tradition auch ‚finalistisch‘, im Gegensatz zum ‚mechanistischen‘ in der galileischen Tradition" (*Konegen/Sondergeld* 1985, S. 65 ff.).

Der aufgezeigte Gegensatz von formalisierter, an den Naturwissenschaften orientierter und der naturalistischen, an den Geisteswissenschaften ausgerichteter

Forschung entspricht dem unterschiedlichen Verständnis von der Natur, dem Wesen des Objektbereichs der Sozialwissenschaften. Die quantitative Sozialforschung glaubt, nach *Gesetzesaussagen* suchen zu müssen (raum-zeitlich unabhängige, eben *nomologische oder nomothetische* Aussagen), und unterstellt damit, daß es so etwas gibt. Das qualitative Paradigma ist bemüht, den Objektbereich (Menschen) in seinem konkreten Kontext und seiner Individualität zu verstehen, und unterstellt dabei, daß *Fremdverstehen* möglich ist. Beide Positionen klammern die jeweils andere aus bzw. lehnen die in ihnen enthaltenen Voraussetzungen als nicht einlösbar oder irrelevant ab. „Diese Zweiteilung steht hinter so gut wie allen methodologischen Diskussionen in den Sozialwissenschaften, doch sie mißversteht gründlich die Beschaffenheit der sozialen Wirklichkeit, indem sie meint, man könne nur entweder die sozialen Erscheinungen rein nomothetisch erklären oder rein idiographisch verstehen" (*Wilson* 1982, S. 499). Dabei hat schon Max *Weber* (1976) in seiner Methodologie eine Kombination von Erklären und Verstehen praktiziert.

Auf Seiten der qualitativen Sozialforschung wird versucht, über die Beschreibung sozialer Sachverhalte hinaus die zugrunde liegenden Phänomene auch zu erklären. Hierzu dient das deduktiv-nomologische Modell. Dies bedeutet, daß aus allgemeinen (nomologischen) Gesetzen ein beobachteter Sachverhalt erklärt werden kann, indem man in diesem Explanans-Explanandum-Modell logisch deduziert (vgl. *Prim/Tilmann* 1973). Sowohl in den Gesetzen wie auch in den Randbedingungen und dem zu erklärenden Phänomen sind aber Begriffe enthalten, die jeweils mit gleichem Vorstellungsinhalt gebraucht werden müssen. „Wir haben aber gesehen, daß dieses Ideal in der Sozialforschung nicht erreichbar ist. Situative Handlungen hängen reflexiv mit den strukturellen Kontexten zusammen, in denen sie auftreten, und diese Kontexte sind kulturell und historisch verschieden. Damit besteht die einzige Möglichkeit einer wirklichen nomothetischen Erklärung der sozialen Erscheinungen in deren Beschreibung mit Hilfe von Begriffen, die völlig unabhängig von dem Sinn situativer Handlungen sind. Doch bei einer solchen Beschreibung würden die meisten sozialwissenschaftlich interessanten Gesichtspunkte verloren gehen" (*Wilson* 1982, S. 499).

Die Aufnahme der Sinnkomponente wird aber von der quantitativen Sozialforschung nicht akzeptiert: „Der Positivismus ist – grob skizziert – ein am mechanistisch-naturwissenschaftlichen Vorgehen orientiertes Gedankensystem, das ‚die Quelle aller Erkenntnis auf das Gegebene, d. h. auf die durch Beobachtung gewonnenen (wahrnehmbaren) ‚positiven Tatsachen' beschränkt wissen will, wobei die ‚Tatsachen' als gegeben und nicht als – durch z. B. ‚soziale Optiken' – gesehen gelten" (*Konegen/Sondergeld* 1985, S. 67). Das positivistische Paradigma reduziert seinen Erklärungsanspruch auf das manifest Beobachtbare und bezieht die Interpretationen der Betroffenen nicht in die Erklärung ein.

Andererseis lehnt die qualitative Sozialforschung solch oberflächliche Erklärung ab und versucht, durch die Sinnkomponente der Interaktionen diese adäquat zu beschreiben. Gleichgültig welche Position im einzelnen bezogen wird, das Verstehen von Sinn wird dominant und hilft zu erklären: In der Phänomenologie konstituiert sich Sinn ursprünglich im Bewußtsein des „einsamen Ich". Selbstverstehen bildet die Grundlage des Fremdverstehens. Im Gegensatz dazu ist beim Symbolischen Interaktionismus Sinnentstehung auf Interaktion angewiesen und damit genuin sozialer Sinn. Die Hermeneutik betont die gesellschaftliche Verankerung des eigenen Vorverständnisses, das als Basis des Sinnverstehens gilt.

Somit können wir festhalten, daß *qualitative Sozialforschung* insofern *idiographisch* ist, als sie versucht, soziale Erscheinungen in ihrem Kontext, in ihrer Komplexität und in ihrer Individualität zu erfassen, *zu beschreiben und zu verstehen*, während die *quantitative Sozialforschung* nach *ahistorischen, nomothetischen Aussagen* sucht, um soziale Phänomene *erklären* zu können.

4.8.3. Theorieprüfend versus theorieentwickelnd

Während die am kritischen Rationalismus ausgerichtete quantitative Sozialforschung sich auf Fragen nach der logischen Struktur von Hypothesen und Hypothesensystemen, nach den methodologischen Regeln zur Erstellung von Korrespondenzen zwischen empirischen Daten und theoretischen Aussagen konzentriert und der Prozeß der Generierung von Hypothesen aus den methodologischen Überlegungen ausgeklammert wird, legt man in der qualitativen Sozialforschung Wert auf die Entwicklung von Hypothesen und Theorien aus den im Feld gewonnenen Daten. Dabei wird nicht generell die Überprüfung von Hypothesen abgelehnt, sondern lediglich die Beschränkung darauf. So wenden sich z. B. *Glaser* und *Strauss* gegen die Konzentration auf Hypothesentests zu Lasten der Hypothesenentwicklung und sprechen sich für eine auf empirischen Daten gegründete Theorie aus, wobei die durch Felderkundung gewonnenen vorläufigen Vermutungen über Zusammenhänge zur Erweiterung des Forschungsfeldes anregen und die Reichweite der zunächst gegenstandsnah formulierten Hypothesen durch systematische komparative Analysen ausgelotet werden soll. Die in der traditionellen Sozialforschung gängige Trennung von Theoriebildung und Theorieüberprüfung wird aufgehoben; zur Gewährleistung der für die Hypothesengenerierung notwendigen Flexibilität des Forschungsablaufs erfolgen Datensammlung, Verschlüsselung und Analyse gleichzeitig. „Während Arbeiten im Sinne der deduktiven Forschungslogik häufig zu Strategien der Hypothesenrettung greifen müssen, weil die weniger empirisch als theoretisch gewonnenen Gesetzesaussagen die ermittelten Tatbestände nicht fassen, wird bei *Glaser* und *Strauss* aus dem Fundus bereits bewährter Aussagen die Theorie erweitert" (*Hoffmann-Riem* 1980, S. 346).

Glaser und *Strauss* halten die *Entdeckung von Theorien* aus (systematisch gewonnen und analysierten) Daten für eine ebenso wichtige Hauptaufgabe der Soziologie wie die Suche nach präzisen Fakten und die *Prüfung von Theorien*. Ihrer Auffassung nach erhält man durch begründete Theorien relevante Vorhersagen, Erklärungen, Interpretationen und Anwendungen: „Frühere Bücher über Methoden der Sozialforschung haben sich vor allem darauf konzentriert, wie man Theorien verifizieren kann. Dies weist auf eine Überbetonung der Verifikation von Theorien in der gegenwärtigen Soziologie hin und folglich auf eine Unterbewertung des früheren Schrittes, wie man denn eigentlich entdeckt, welche Konzepte und Hypothesen für den Bereich, den man untersuchen will, wichtig sind. Theorien zu testen ist natürlich ebenfalls eine grundlegende Aufgabe für die Soziologie. Es herrscht ja wohl Übereinstimmung darüber, daß in der Sozialforschung die Erzeugung von Theorien Hand in Hand geht mit ihrer Verifikation; viele Soziologen sind jedoch von dieser Binsenwahrheit abgewichen, weil sie so eifrig darauf aus sind, entweder bestehende Theorien oder ein Theorie, die sie gerade erst zu schaffen begonnen haben, zu testen" (*Glaser/Strauss* 1979, S. 63).

Zurecht betonen beide Autoren, daß kein notwendiger Konflikt zwischen der Erzeugung und Prüfung von Theorien besteht; beide Aufgaben sind notwendig und erfordern einander. Der Konflikt über die Prioritäten scheint vielmehr personalisiert in den Forschern zu existieren, wobei gegenwärtig immer noch ein Übergewicht zugunsten der Überprüfung besteht.

Der Theorie kommen folgende, wechselseitig miteinander verbundene Aufgaben zu:

- Ermöglichung der Voraussage und Erklärung von Verhalten,
- Beitrag zum theoretischen Fortschritt der Soziologie,
- Verwertbarkeit für praktische Anwendungen,
- Lieferung einer Perspektive für Verhalten,
- Leitung der Forschung über bestimmte Verhaltensbereiche.

Theorie stellt sich dar als Strategie zur Behandlung von Daten in der Forschung durch die Bereitstellung von Möglichkeiten der Begriffsbildung für Beschreibung und Erklärung, was am besten durch eine systematische Entdeckung der Theorie aus den Daten der Sozialforschung zu erreichen ist (vgl. 4.1.). „Wenn in den Daten verankerte Theorie vorhanden ist, soll sie als Ausgangspunkt für weitere Forschung dienen. Insofern kollidiert das Prinzip der Offenheit nicht mit dem Prinzip kumulativer Theoriebildung" (*Hoffmann-Riem* 1980, S. 346). Die Theoriebildung auf die konventionelle logisch-deduktive Weise erscheint dagegen als mehr oder weniger kostspieliger Umweg.

„Läßt sich das Postulat der Hypothesenbildung ex ante vor allem im Rahmen des deduktiv-nomologischen Aussagemodells leicht begründen, so kann der Verzicht auf eine breite Erkundungsphase keineswegs aus dem Erklärungsschema abgeleitet werden. Es dürfte jedoch kein Zufall sein, daß Vertreter der Einheitsmethodologie mit ihrer paradigmatischen Orientierung die Exploration sehr bald in die Konstruktion des Forschungsinstruments einmünden lassen: Die Betonung von gemeinsamer Kultur und normativem Konsens macht souverän für die Festlegung des empirisch Erwartbaren. An dieser Stelle regt sich der Widerspruch des interpretativen Soziologen: Obwohl auch er den Stellenwert des gemeinsamen Wissens von Gesellschaftsmitgliedern kennt, versucht er doch, die immer schon bestehenden Hintergrunderwartungen des Forschers zu thematisieren und sie nicht unkontrolliert als Interpretationsrahmen für empiriche Erscheinungen fungieren zu lassen. Nur über die sorgfältige Erkundung der Wirklichkeitskonzeption der Handelnden verspricht er sich die Interpretationskontrolle, die vor Forschungsartefakten bewahrt. Sozialforschung ist für ihn weitgehend Exploration; Sozialforschung ermöglicht erst die Bildung von Hypothesen; Sozialforschung ist nicht primär das Unternehmen des Hypothesentests" (*Hoffmann-Riem* 1980, S. 345).

Als wichtigstes Unterscheidungskriterium sei noch einmal unterstrichen, daß der qualitative Forschungsprozeß es ermöglicht, den theoretischen Bezugsrahmen während des Forschungsablaufs stets zu novellieren oder sogar erst zu entwickeln. Dadurch gewinnt die Feldphase wieder größere Bedeutung und befreit von dem Zwang, die Dateninterpretation auf ein statisches Hypothesengerüst „auszurichten".

„Bleibt zum Schluß festzustellen, daß trotz grundsätzlicher Verschiedenheit beider Ansätze in der Theorie, der qualitative Ansatz sich auf die Dauer nicht der Forderung nach systematischer *Theorieüberprüfung . . .* entziehen kann . . . Andererseits sollte der quantitative Ansatz die Ergebnisse des qualitativen berücksichtigen und weniger vorschnell gültige Transformationen situativer Kommunikation in lingua-franka-Kommunikation annehmen und dies bei der *Theoriegewinnung* und *Instrumentenentwicklung* berücksichtigen. Letztlich können beide Ansätze der empirischen Sozialforschung voneinander profitieren, allerdings setzt dies rationalen Diskurs anstelle politischer Argumentation voraus" (*Mohler* 1981, S. 730). Es gilt aber – bei grundsätzlicher Zustimmung zu dieser Einschätzung –, daß die Prioritäten tendenziell anders gesetzt werden: *Qualitative Sozialforschung betont* den Wert der Empirie für die *Hypothesengenese* und *Theorienentwicklung*, während die *quantitative Methodologie* in der Konfrontation der Hypothesen mit der sozialen Realität die *Prüfung der Hypothesen und Theorien* in den Vordergrund stellt.

4.8.4. Deduktiv versus induktiv

In der quantitativen Methodologie ist die Orientierung am *deduktiven Erklärungsmodell* und die *Beschränkung auf die Überprüfung von Hypothesen* unübersehbar; qualitative Sozialforscher konzentrieren sich dagegen stärker auf die Konstruktion von Theorien, ohne aber die Berechtigung einer Überprüfung grundsätzlich anzuzweifeln. Die qualitative Sozialforschung sieht also die Hypothesenentwicklung im Vordergrund; Hypothesen werden aus dem zu untersuchenden sozialen Feld gewonnen. *Hypothesenentdeckung ist damit induktiv: von den Beobachtungen zur Theorie.* Die nachfolgende Abbildung veranschaulicht den Unterschied von Induktion und Deduktion.

Die zwischen qualitativer und quantitativer Sozialforschung existierende Differenzierung nach Induktion und Deduktion ist nicht nur in der unterschiedlichen Prioritätensetzung von Hypothesengenerierung und -prüfung zu sehen. Auch der nicht identische Theoriebegriff dürfte eine Rolle spielen. Dieser Unterschied erklärt sich aus dem in der Soziologie üblichen, unspezifischen Gebrauch von „Theorie", der es einerseits erlaubt, jedes Konzept oder Urteil als Theorie zu bezeichnen, es andererseits aber auch ermöglicht zu behaupten, in der gegenwärtigen Soziologie gäbe es keine Theorie. *Lazarsfeld* meint dazu, „daß in den Naturwissenschaften die Betonung auf der Explikation von Theorien liegt. Wir hingegen haben in unserem Bereich noch keine echten Theorien entwickelt. Was als soziolo-

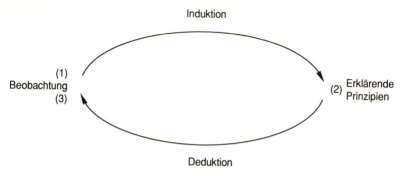

Abbildung 17: Induktion und Deduktion (nach *Losee* 1977, S. 15)

gische Theorie bezeichnet wird, sind entweder Begriffssysteme, wie sie in den Arbeiten *von Wiese*'s oder *Parsons*' auftreten, oder es handelt sich um Richtlinien, die auf die Aspekte sozialer Phänomene hinweisen, denen wir besondere Aufmerksamkeit widmen sollten – eine Art des analytischen Vorgehens, für die *Merton*'s Exposition der funktionalen Analyse das beste Beispiel darstellt" (*Lazarsfeld* 1973, S. 150f.). Interessanterweise liegen die im qualitativen Paradigma entwickelten Theorien eher auf der explikativen und weniger auf der taxonomischen Ebene.

Neben dem unterschiedlichen Theoriebegriff sind bei Induktion und Deduktion aber auch wissenschaftstheoretische Implikationen bedeutsam: *induktive Bestätigung und deduktive Bewährung* sind Schlagworte hierzu. An einem Beispiel soll der wissenschaftstheoretische Disput illustriert werden: Wenn man die Zahlenreihe (2,4) (3,9) (4,16) (5,25)... sieht, würde man induktiv schließen, die jeweils zweite Zahl wäre das Quadrat der ersten und hätte damit eine Hypothese formuliert. Man kann aber nicht sicher sein, daß die Reihe so fortgesetzt wird. Man wird es aufgrund der gemachten Erfahrung (Beobachtung) annehmen, aber Gewißheit besteht nicht. Der Wissenschaftler steht vor demselben Problem, wenn er empirische Zusammenhänge behauptet; da die Gesamtheit der Ereignisse, über die er Hypothesen entwickelt, im allgemeinen unendlich ist und über einen gegebenen Zeitpunkt hinaus in die Zukunft reicht, kann er nie Gewißheit über die Richtigkeit seiner Annahmen haben. Die Induktion ist also kein logisches Schlußverfahren. ‚Alle a sind P' kann erst dann als bewiesen gelten, wenn alle Elemente von a als zugehörig zu P erwiesen sind – was bei zeitlich unbegrenzten Hypothesen grundsätzlich unmöglich ist. Die Induktion kann also höchstens den *Grad der Überzeugung* erhöhen, mit der ein Wissenschaftler eine Annahme vertritt, d.h. – intersubjektiv gesprochen – den Grad der Bestätigung. Dieses Verfahren der „induktiven Bestätigung" kritisiert *Popper* (1968) als wissenschschaftlich ungeeignet und als Fiktion der Wissenschaftstheoretiker, da das tatsächliche Vorgehen der Forscher wesentlich anders abläuft. Seiner Ansicht nach versuchen Wissenschaftler nicht, ihre Hypothesen zu beweisen (oder zu bestätigen) – was auch logisch unmöglich wäre –, sondern das Testen der Theorien geschieht, um sie zu widerlegen (zu falsifizieren);

Hypothesen, die diesen Widerlegungsversuchen widerstanden haben, gelten als *bewährt*. Der Unterschied zwischen bestätigten und bewährten Hypothesen ist aber hauptsächlich ein linguistischer: an der Testanordnung ändert sich nichts Entscheidendes, wie auch die Folgen für den Forscher dieselben sind, ob er mit bestätigten oder bewährten Hypothesen arbeitet. Die Verschiedenheit der Falsifikation von der Verifikation liegt in der Vorstellung über das Vorgehen.

Wissenschaftstheoretisch wäre also zu argumentieren, daß die induktive Hypothesengewinnung nicht als deren Bestätigung zu interpretieren ist. Dies wird allerdings im qualitativen Paradigma tendenziell oder implizit so gehandhabt. (Ein Versuch, dieses Problem zu überwinden, ist in der Erweiterung der Basis durch Hinzuziehen anderer Vergleichsgruppen zu sehen.) Verallgemeinerungen werden durchaus (induktiv) praktiziert. Jede nichtfehlerhafte Verallgemeinerung empirischer Daten muß auf die Ausgangsdaten zutreffen; trifft sie nicht zu, so beweist dies nur die falsche Verallgemeinerung; eine Überprüfung der induktiv gewonnenen Hypothese am selben Datensatz kommt einer Zensur im obigen Beispiel gleich, die die Leistung des Forschers beurteilt, aber nicht die Gültigkeit der Hypothese überprüft. Entweder man interpretiert die induktive Gewinnung selbst als Bestätigung (was eine ziemlich weitreichende Mißachtung der Logik voraussetzt), dann ist jede weitere Bestätigung an den gleichen Daten *tautologisch*, oder man wählt eine andere Kontrolle, dann ist der Gewinnungszusammenhang der Hypothesen unwichtig. Daß die Art der Entdeckung keinen Einfluß hat auf die Adäquatheit einer Hypothese, heißt jedoch nicht, daß man mit gleicher Wahrscheinlichkeit zu richtigen Hypothesen kommt, egal ob man sie aus der Beobachtung ableitet, sie träumt oder sie aus abstrakten Überlegungen des Forschers im „stillen Kämmerlein" kreativ produziert.

Trennt man die Hypothesengewinnung und Hypothesenprüfung, um den logischen Zirkel zu vermeiden, so hat die induktiv an der Realität und in qualitativer Sozialforschung gewonnene Hypothese – auch in der denkbaren Generalisierung – vermutlich einen *höheren Realitätsgehalt* und eine bessere „*Bewährungswahrscheinlichkeit*" als andere Formen der Hypothesengenerierung. Von daher kann induktives Vorgehen keinesfalls geringschätzig beurteilt werden. Insoweit ist es nicht gleichgültig, wie man zu Hypothesen gelangt. Andererseits bleibt auch die Maxime der *quantitativen Methodologie* unangetastet, wonach die *Hypothesenprüfung falsifikatorisch-deduktiv* zu erfolgen habe.

4.8.5. *Objektiv versus subjektiv*

Qualitative Verfahren werden mitunter als „subjektiv" bezeichnet und den „objektiven" quantitativen Verfahren gegenübergestellt. Diese werden von der Gegenseite dann als „scheinobjektiv" kritisiert, weil gleiche Handlungen, gleiche Äußerungen im Sinne von interpersonaler Synonymität, als Bedeutungsäquivalenz interpretiert, keineswegs identisch sein müssen. Im Rahmen der bisherigen Ausführungen sollte der geringe Wert solch unpräziser, evaluativer und simplifizierender Etikettierungen deutlich geworden sein.

„Subjektiv" kann im methodologischen Kontext verschiedenes bedeuten, etwa den Vorwurf unreflektierten, voreingenommenen und unwissenschaftlichen Vorgehens (was auch für manche quantitativ orientierte Untersuchung zutrifft) oder eine vom Subjekt ausgehende Richtung der Betrachtung (vgl. *Mohler* 1981, S. 725).

Auf die erste Bedeutungsvariante braucht man nicht gesondert einzugehen, wenn man unterstellen darf, daß beide Paradigmen bemüht sind, wissenschaftlich-unverzerrt, d. h. *unabhängig von subjektiven Forschereigenschaften* zu arbeiten. (Daß dies in beiden Paradigmen nicht immer der Fall sein muß, ist auch nicht zu bestreiten.)

Schwieriger gestaltet sich schon die Diskussion der zweiten Bedeutung, die ja eine wesentliche Aussage des interpretativen Paradigmas ist. Zur Beurteilung dieser „Subjektivität" ist die Wissenssoziologie hilfreich. Sie „ist ein Ansatz, um zu verstehen, wie gesellschaftliche Wirklichkeit entsteht und fortbesteht, warum sie ‚objektiv' genannt werden kann und wie sich der einzelne die gesellschaftliche Wirklichkeit aneignet, sie zur ‚subjektiven Wirklichkeit' macht und dadurch an der Gestaltung der ‚objektiven Wirklichkeit' mitwirkt" (*Konegen/Sondergeld* 1985, S. 121). Die objektive Realität ist also gleichermaßen konstituiert durch „Subjektivität" und „Objektivität". Dies macht eine analytische Trennung möglich, eine forschungspraktische Differenzierung jedoch schwierig.

Das Fehlen von verzerrender Subjektivität im Forschungsprozeß wird allseits gefordert; die Forderung zu realisieren, gestaltet sich aus den wissenschaftssoziologischen und den hermeneutischen Argumenten heraus aber nicht einfach: Um überhaupt einen Sachverhalt (z. B. eine Beobachtung) interpretieren zu können, ist ein bestimmtes Vorverständnis notwendig, d. h. man muß immer schon verstanden haben, um soziale bzw. kulturelle Phänomene verstehen zu können. Dieses unabdingbare Vorverständnis muß jedoch bewußt gemacht werden. Wie in den Abschnitten über die Grundlagen qualitativer Sozialforschung gezeigt wurde, streben Hermeneutik und Phänomenologie insofern nach „objektiver" Erkenntnis, als sie sich bemühen, störende subjektive Voreingenommenheit bewußt zu machen und weitmöglichst zu beseitigen.

Im Unterschied dazu gilt für die quantitative Sozialforschung die Voraussetzung, daß der Forscher gleichsam „über den Dingen steht" und soziales Handeln anderer objektiv erfassen könne. Ziel der Schulung des Interviewers bei standardisierten Erhebungen ist ja gerade die Zurückhaltung seiner Subjektivität und dem Befragten wird eine normierte, nicht zu verändernde Situationsdefinition vorgegeben. „Die Interviewsituation ist als asymmetrische Situation konzipiert, und zwar weit über das Maß hinaus, das die gesellschaftliche Trennung von Forschung und Objekt sowieso hervorruft. Kennzeichen dieser Asymmetrie sind der Ausschluß von Reziprozität (das Stellen inhaltlicher Fragen ist dem Forscher zugeteilt, das Antworten dem Befragten) sowie die einseitige Zuteilung der ‚Interpretationshoheit' über die erhobenen Ergebnisse" (*Müller* 1979, S. 47). So gesehen erscheint die quantitative Forschung zwar ihrem Anspruch nach als objektiv, doch bleiben die subjektiven Voraussetzungen seitens des Forschers bedeutsam und unkontrolliert.

Der Begriff „objektiv" besitzt noch weitere Vorstellungsinhalte: „Erstens heißt ‚objektiv' soviel wie ‚mit dem Objekt verbunden', ‚aus dem Objekt entspringend',

‚aus etwas sich ergebend, was außerhalb des erkennenden Geistes und unabhängig von ihm existiert', ‚objektive Erkenntnis' wäre also eine solche, die das Objekt widerspiegelt (in einem speziellen Sinne des Wortes). Zweitens heißt ‚objektiv' soviel wie ‚erkenntnismäßig bedeutsam für alle'" (*Speck* 1980, S. 460). Das Etikett „subjektiv" zur Kennzeichnung qualitativer Verfahren ist insofern irreführend, als gerade das Streben nach objektiver, d. h. gemeinsamer gesellschaftlicher Wirklichkeit bevorzugter Untersuchungsgegenstand ist. Typische Fragestellungen zielen etwa darauf ab, wie die Aneignung der gesellschaftlichen Wirklichkeit durch den Einzelnen erfolgt, wie sie zur subjektiven Wirklichkeit wird und damit wiederum an der Gestalt der objektiven Wirklichkeit mitwirkt (vgl. *Berger/Luckmann* 1974). Qualitative Verfahren lassen sich insofern nur in einem spezifischen Sinn als „subjektiv" bezeichnen, indem sie vom Einzelnen ausgehen (aber nicht dabei stehen bleiben) und den vordergründigen Objektivitätsanspruch quantitativer Verfahren zurückweisen.

Qualitative Sozialforschung kann auch in einem weiteren Sinne als subjektiv begriffen werden, ohne die Objektivität aufzugeben: Die quantitativ-standardisierenden Methoden betrachten das zu untersuchende Subjekt als Forschungsobjekt, als *Personifikation von spezifischen Variablenkonstellationen*, das *Forschungsobjekt wird entsubjektiviert* – übrigens genauso wie der Forscher (oder seine Mitarbeiter) in der Erhebungssituation und in der Auswertung. Diese Entsubjektivierung des Forschungsobjekts äußert sich auch darin, daß die Situationen standardisiert, d. h. gelöst werden aus der Realität, der Alltagswirklichkeit. Dies aber sind artifizielle Bedingungen, die kaum geeignet sind, realistische Informationen und damit objektive Erkenntnis zu produzieren. Deshalb entsteht Objektivität im qualitativen Paradigma eben nicht durch Ausblendung der Subjektivität, sondern durch deren Berücksichtigung. Gerade auch unter dieser Voraussetzung sind qualitative Methoden „nicht heuristische Hilfsmittel zur Erstellung standardisierter Instrumente, sondern legitime Möglichkeiten eines objektiveren Zugangs zur Empirie" (*Witzel* 1982, S. 38).

„Der Abschluß der Analyse, wenn sie erfolgreich ist, deckt die Struktur des Objektes auf. Sie ist nur ihm eigen, objektiv. Der Weg führt also von einer subjektiven Betrachtungsweise durch den Prozeß der Forschung und Analyse zur Objektivität. Qualitative Sozialforschung hat einem *emergentistischen* Objektivitätsbegriff: Objektivität entsteht aus Subjektivität durch den Prozeß der Analyse" (*Kleining* 1982, S. 246). Dabei gilt aber der Objektivitätsbegriff im Sinne von intersubjektiver Erkenntnis, also Unabhängigkeit vom Forschungssubjekt. Im quantitativen Paradigma wird dieser Zusatz besonders betont, wenn es um die Hypothesenprüfung geht. Hypothesen und Theorien gelten immer nur als vorläufig bestätigt, bis eben – beispielsweise auch durch mangelnde Objektivität (= Intersubjektivität) – ihre Falsifikation erfolgt. „Der hier verwandte Objektivitätsbegriff ist also vorläufig gültig, bis zum Beweis des Gegenteils. Der Objektivitätsbegriff der qualitativen Sozialforschung ist endgültig; er ist nur vorläufig, wenn die Struktur eines Objektes noch nicht ganz oder nicht entdeckt ist, also im Verlauf des Forschungsprozesses oder bei seinem Fehlschlag" (*Kleining* 1982, S. 246).

Die herausgearbeiteten Differenzierungen sind aber nur insoweit von Bedeutung, als man von dem grundsätzlichen und wissenschaftstheoretischen Einwand absieht, daß *alle Erkenntnis theoriegeleitet* und mithin *theoriesubjektiv* ist. Dies wird sowohl in der qualitativen Forschung durch den Verweis auf „Vorerfahrungen" wie auch im quantitativen Paradigma durch die hypothesenorientierte Vorgehensweise anerkannt. Objektive Realität gibt es nicht; sie ist immer *perzipierte und interpretierte* und damit *subjektive Realität*. Daran ändert die Tatsache nichts, daß diese so gesehene Realität für die ihr angehörenden Subjekte objektiv ist.

4.8.6. Ätiologisch versus interpretativ

Das quantitative Paradigma ist durch entsprechende Erhebungs- und Auswertungsmethoden bemüht, *Ursachen* für bestimmte soziale Erscheinungen zu entdecken. Seine methodologische Orientierung ist eindeutig *ätiologisch*.

Die qualitative Sozialforschung basiert auf einem grundlegend anderen Paradigma: dem *interpretativen*. „An die Stelle der bislang vorrangigen Fragen nach dem *Warum* tritt die Frage nach dem *Wie* bzw. *Wozu* eines Verhaltens; man sucht nach den Strukturen im Jetzt und Hier, weniger nach den Ursachen. Vom Theoretischen her gesehen bedeutet dies eine stärkere Gewichtung kommunikations- und informationstheoretischer Ansätze gegenüber psychodynamischen bzw. energetischen Konzepten. Methodisch gesehen heißt dies ein stärkeres Beachten von Relationen in Systemen gegenüber dem Isolieren einzelner Variablen" (*Haag* 1972, S. 56). Auch bei *Thomas* findet man schon die Diskussion der Vorteile der „Wie-Methode" gegenüber der „Warum-Methode" (vgl. *Thomas* 1965, S. 100). Es geht also im qualitativen Paradigma weniger um das Suchen nach Ursachen, um das Erklären, sondern eher um das Sinn-Verstehen durch Interpretation.

Allerdings wäre es eine klare Überzeichnung, würde man dem interpretativen Paradigma unterstellen, die Frage nach dem Warum würde völlig ausgeschlossen werden: „,Wie' die Individuen Handlungen bzw. Interpretationen durchführen, erscheint uns vor allem wichtig für die Auswahl und nähere Bestimmung von Untersuchungsmethoden bzw. der Gestaltung von Untersuchungssituationen zu sein ... Indessen muß das ‚wie' ergänzt werden um Konzepte, die das ‚was', d. h. die den Objekten zugeschriebenen Sinninhalte, und unter Einbeziehung der in strukturellen Daten gekleideten, real existierenden Welt damit auch das ‚warum' individueller Handlungen und Einstellungen mitberücksichtigen. Nur so können die Interpretationsleistungen der Individuen z. B. als ideologische Bewußtseinsstrukturen bewertet werden" (*Witzel* 1982, S. 37).

Neben dem auswertungstechnischen Aspekt der Interpretation im obigen Sinne darf aber keinesfalls übersehen werden, daß die interpretative Methodologie – im Gegensatz zum ätiologischen Paradigma – grundsätzlich dadurch sich auszeichnet, daß die *soziale Realität als gesellschaftlich konstruiert und interpretiert* betrachtet wird, während im *ätiologisch-normativen Paradigma* von einer *objektiv vorgegebenen und erfaßten Realität* ausgegangen wird. Wegen dieser basalen Unterschiede im

Verständnis vom Objektbereich der Sozialwissenschaften ergeben sich die differentiellen Absichten.

Zwar ist nicht zwingend, daß sich aus dem Rekurs auf die menschlichen Deutungen sozialer Sachverhalte notwendig eine analoge – nämlich interpretative Methodologie – ergibt; tatsächlich könnte man auch ätiologisch nach den Ursachen für bestimmte Interpretationsleistungen forschen. Damit würde sich aber automatisch eine Verschiebung im Objektbereich ergeben: Nicht die Interaktionen sind Gegenstand der Analyse sondern die Deutungen selbst. Wenn aber Interpretationsleistungen zum Untersuchungsobjekt werden, dann wäre ein strukturanaloges Analyse- und Rekonstruktionsverfahren sicher angemessener. Sonst kann die ätiologische Orientierung relativ eindeutig der quantitativen Sozialforschung und die interpretative noch eindeutiger dem qualitativen Paradigma zugeordnet werden. „Interpretative Beschreibungen versuchen ... der Prozeßhaftigkeit und Kontextgebundenheit sozialer Interaktion Rechnung zu tragen" (*Witzel* 1982, S. 17).

4.8.7. Ahistorisch versus historisierend

Wie mehrfach angesprochen beruht die konventionelle quantitative Sozialforschung auf dem Kritischen Rationalismus, dessen Zielsetzung letztlich im Auffinden *raum-zeitlich unabhängiger (nomologischer) Gesetzesaussagen* besteht. Entsprechend werden Fragen, die sich auf „Historisches" beziehen, abgelehnt. „*Glaser* und *Strauss* stehen insofern in einer theoretischen Tradition, die andere als auf die Formulierung von Gesetzmäßigkeiten bezogene Hypothesen und Theorien nicht kennt. Diese Tradition beginnt nicht erst mit *Popper* – wenngleich seine Kritik am Historizismus (vgl. *Popper* 1964) in der Geschichte der Sozialwissenschaften wohl die vehementeste und erfolgreichste an entwicklungstheoretischen Ansätzen in der Soziologie darstellt –, sondern sie hat Vorläufer bereits in der an sich eher entwicklungstheoretisch ausgerichteten ‚alt-positivistischen' Soziologie (siehe vor allem *Durkheims* ‚Regeln der soziologischen Methode'). Sie ist gekennzeichnet durch eine durchgehende Ablehnung von Fragen, die sich auf ‚historische Gesetze' beziehen, auf systematische Trends der Entwicklung, eine je spezifische Entwicklungslogik und vergleichbare Fragen. Diese erscheinen schlimmstenfalls als metaphysische, günstigstenfalls als Fragen einfach historischer Deskription" (*Hopf* 1979, S. 32). In bewußter Ablehnung dazu wird in der dem interpretativen Paradigma zuzuordnenden Sozialforschung die historische Dimension ausdrücklich einbezogen, erfordert Verstehen doch stets die Berücksichtigung des Kontextes.

Kontext ist aber immer historisch determiniert, da die Situationen, in denen Interaktionen natürlich ablaufen, nicht reproduzierbar sind; sie sind ebenso einmalig wie die Forschungsobjekte individuelle Subjekte in spezifischen Handlungskontexten sind. Das standardisierte Interview verdeutlicht das Mißverständnis von ahistorischer Betrachtungsweise im quantitativen Paradigma. „Der Befragte wird in der Regel nicht als Gesellschaftsmitglied in einer historisch-spezifischen Situation betrachtet, sondern als Variablenkonstellation in bestimmter Ausprägung" (*Müller* 1979, S. 47), die eben als räumlich und zeitlich ungebunden betrachtet wird

231

(Standardisierung!), weil man zu universellen Gesetzmäßigkeiten vorstoßen möchte. Dieses tendenziell generalisierende Element reklamiert auch die qualitative Sozialforschung, wenn sie versucht, auf Muster sozialen Handelns zu schließen. Allerdings *enthält die Beschreibung solcher „Regelmäßigkeiten" immer auch den historischen Bezug.*

Zwischen der Arbeit des Historikers und des qualitativen Sozialforschers ergeben sich Berührungspunkte, so z. B. bei der Analyse von Dokumenten oder Tagebüchern. Der Schwerpunkt liegt jedoch bei der qualitativen Sozialforschung nicht in der Darstellung und Analyse einzelner historischer Ereignisse, sondern bei den Strukturen und Kollektivphänomenen, also den relativ verbreiteten Mustern des Handelns und Denken im gesellschaftlichen Kontext (vgl. *Hopf* 1979, S. 17).

4.8.8. Geschlossen versus offen

Wiederholt wurde auf den zentralen Stellenwert der Erfassung von Deutungen und Wirklichkeitskonzeptionen der Betroffenen selbst hingewiesen sowie auf die Wichtigkeit einer permanenten Überprüfung und Korrektur von Daten und gewonnenen Einsichten im Verlauf des gesamten Forschungsprozesses. „Offenheit" ist damit von Beginn an erforderlich: „Der Prozeß wird in Gang gesetzt durch vorsichtige – ‚offene' – Fragen an den Gegenstand, der Antworten provoziert, die als Antworten auf jetzt dem Gegenstand eigene Fragen angesehen werden und die erkennbar sind, wenn man mehrere ‚Antworten' auf die ihnen gemeinsam zugrundeliegende Frage hin betrachtet. Findet man solche Fragen, so kann der Analysierende mit ihnen zur Struktur des Gegenstandes vorstoßen, bis, letzten Endes, nach mehreren Stufen, die Frage auf *alle* Antworten des Gegenstandes gefunden ist. Von hier aus gesehen erschließt sich nun der Gegenstand in allen seinen Teilen: als Antwort auf allgemeine und dann aus ihr hervorgehende, immer spezieller werdende Fragen. Tritt dies ein, ist die Analyse geglückt, die Struktur des Gegenstandes und seiner Äußerungsform sind erkannt, das Gesuchte ist gefunden. Es ist klar, daß sich die ‚Teile' des Gegenstandes und der Gegenstand selbst im Prozeß der Fragestellung verändern, der ja ein Prozeß der gegenseitigen Anpassung von Antworten an Fragen bzw. von Fragen an Antworten ist. Das Dialog-Konzept ist also iterativ, es dient dazu, daß sich die epistemische Struktur des Forschers an die vorgefundene Struktur des Gegenstandes durch schrittweise Annäherung anpaßt. Das Dialogkonzept entspricht einer problemorientierten Sozialforschung: ‚Antworten' sind Symptome, hinter denen Ursachen stehen, die sie hervorrufen, die Gemeinsames aufweisen und die wieder Symptome sind für Bedingungen, die sie hervorrufen, bis das Grundmuster, die Wurzel des Ganzen, gefunden ist, von der aus sich alle Erscheinungen als Folgen, Ergebnisse, Symptome zu erkennen geben, mit anderen Symptomen in Zusammenhang stehend" (*Kleining* 1982, S. 242 f.).

Anders im quantitativen Paradigma, in dem bestenfalls in der explorativen Phase – so es diese überhaupt gibt – eine prinzipielle Offenheit existiert. Danach werden die Hypothesen formuliert, aus denen sich die Operationalisierungen ergeben. Durch das Hypothesenset wird die gesamte Untersuchung gesteuert und strukturiert; über sie hinausreichende Erkenntnisse sind unmöglich. Die Operationalisierungen sind geschlossen (auch wenn etwa offene Fragen formuliert werden) und liefern nur theorieimmanente Befunde.

„Der Unterschied des Dialogkonzeptes zur Befragung und zum Test in der quantitativen Sozialforschung liegt im Verhältnis Subjekt-Objekt und in der Präzision oder Genauigkeit oder auch Enge der vorgegebenen Fragen. Quantitative Sozialforschung ist eigentlich *Hypothesenprüfung*. Die Hypothese wird von einer Instanz – dem Forscher – formuliert bzw. so operationalisiert, daß sie am Objekt geprüft werden kann. Eine ‚Gleichheit‘ wie sie im Dialogkonzept zwischen Subjekt und zu suchendem Objekt angestrebt wird, ist hier nicht gegeben. Die Hypothese muß genau formuliert sein, sonst kann der Prüfungsprozeß nicht bewertet werden. Die ‚Frage‘ an den Gegenstand ist nicht ‚offen‘. Schließlich ist der Informationsfluß bei beiden Denkweisen verschieden: während der qualitative Sozialforscher sich bemüht, sein als Vorurteil entstandenes Wissen im ‚Dialog‘ mit dem Gegenstand zu überwinden, und neues zu erwerben, verwendet der quantitative Sozialforscher sein gesamtes früher akkumuliertes Wissen und setzt es als Ganzes, in der operationalisierten Form, gegen den Gegenstand auf die Probe" (*Kleining* 1982, S. 243).

In Abgrenzung von dieser Art der Theoriebildung und Hypothesenprüfung wird von *Glaser* und *Strauss* sogar der Verzicht auf ein Literaturstudium vor der Felderkundung vorgeschlagen, um sich dem Gegenstand gegenüber offen zu zeigen. Auf ihr Konzept der damit ebenfalls offenen Theoriebildung wurde bereits hingewiesen.

Offenheit im qualitativen Paradigma kann wie folgt differenziert werden:
- Qualitative Sozialforschung ist gegenüber dem *Untersuchungsfeld* und den in ihm (inter)agierenden *Personen* offen und aufgeschlossen, um deren ureigenste Deutungen von sozialer Welt zu erhalten.
- *Theoriebildung* in qualitativer Sozialforschung ist offen, weil der Forscher auf die Formulierung von Hypothesen ex ante verzichtet; sie entstehen vielmehr aus dem empirischen Studium des Objektbereichs im sozialen Feld.
- Die *Methodologie* des qualitativen Paradigmas ist offen, weil sie durch Kenntnis des Objektbereichs jederzeit modifiziert werden kann. Methodologische Vorstellungen sind eben dann über Bord zu werfen, wenn sie dem Gegenstand und den Erkenntnisinteressen nicht angemessen sind.
- Die *Methoden* qualitativer Sozialforschung sind offen, weil sie im Forschungsprozeß methodenimmanent abgeändert oder gar insgesamt durch andere, adäquatere ersetzt werden können.
- Die *Fragen* an den Untersuchungsgegenstand sind offen: neue ergeben sich aus dem Vorausgegangenen, aus der Erhebungssituation heraus und aus dem inhaltlichen Ablauf. Aber auch im technischen Sinne sind die Fragen offen, weil keine (hypothetischen) Antworten vorausgeschickt, impliziert oder mitgeliefert werden.
- Offen sind mithin auch die *Erkenntnischancen:* Es kann weit über die hypothetischen Vorstellungen des Forschers hinaus breite und/oder tiefe Erkenntnisse

geben, die nur durch und aus dem Untersuchungsobjekt selbst entstehen, also keine Prädetermination des Forschers enthalten.

4.8.9. Prädetermination des Forschers versus Relevanzsysteme der Betroffenen

Die Prädetermination des Forschers, die sich in quantitativem Vorgehen schon aus der theoretisch-hypothetischen Vorformulierung von Aussagen zum Gegenstandsbereich ergibt, sich fortsetzt bei darauf bezogenen standardisierten Erhebungsverfahren, geschlossenen Instrumenten (etwa Fragen) und bei strengen Auswertungstechniken endet, hat den erheblichen Nachteil, daß nur das entdeckt und erfaßt werden kann, was der Forscher vorab theoretisch durchdacht hat. Darüber hinausgehende Erkenntnisse sind a priori ausgeschlossen, weil nur das hypothesenbasierte Instrumentarium zum Einsatz gelangt.

Zudem muß aber davon ausgegangen werden, daß die geschlossenen Methoden – auf der Basis der theoretischen Vorstellungen des Forschers – möglicherweise deswegen zu verzerrten Befunden führen, weil der Forscher eben *sein* theoretisch-hypothetisches Raster, sein Denkschema, seine Methoden den zu Untersuchenden aufoktroyiert. Dies bedeutet mindestens eine suggestive Wirkung (man denke etwa an die Vorgabe von Antwortkategorien bei geschlossenen Fragen in standardisierten Befragungen), möglicherweise aber ein völlig falsches Ergebnis.

Die qualitativen Methoden hingegen lassen die Untersuchten selbst zu Wort kommen, der Forscher hält sich theoretisch und methodisch zurück. Nicht das, was er für wichtig und relevant hält, wird zum Gegenstand gemacht, sondern die *Relevanzsysteme der Betroffenen* determinieren Forschungsgegenstand, Forschungsablauf und Forschungsergebnisse. Der Forscher ist eher *rezeptiv-stimulierend* als suggestiv-determinierend. Wegen der subjektiven Relevanz für die Betroffenen besteht eine größere Wahrscheinlichkeit dafür, daß die qualitativ gewonnenen Befunde realitätsgerechter sind. Im übrigen werden damit auch einige andere zentrale Voraussetzungen qualitativer Forschung praktiziert: Der Forschungsprozeß entspricht aufgrund der eher symmetrischen Situation (Gleichberechtigung von Forscher und Beforschtem) der *Alltagskommunikation*, weshalb Einsichten in die *Vorstellungen* und das *Denken* der Untersuchten zu gewinnen sind, die bei Standardisierung geradezu ausgeschlossen erscheinen. Die *Sprache* – die bei qualitativen Methoden besonders wichtig ist – und die echten *Bedürfnisse* der Befragten kommen bei qualitativem Vorgehen eher zu Geltung als bei den quantitativen Verfahren.

Insgesamt ist also festzuhalten, daß beim *qualitativen Paradigma die Prädetermination des Forschers gering* zu veranschlagen ist und die *Relevanzsysteme der Betroffenen dominant* werden können.

4.8.10. Distanz versus Identifikation

Wie bereits gezeigt wurde, ist die Distanz zwischen Forscher und Untersuchten für die quantitativ orientierte Sozialforschung bestimmend und kann nicht ohne Schaden aufgegeben werden, doch darf „Distanz" dabei nicht im Sinne von „Gleichgültigkeit" oder „Überheblichkeit" fehlinterpretiert werden. Wesentlich scheint für die Methodologie, daß sich der Forscher seiner Rolle als Forscher bewußt bleibt und den Untersuchten ihre Rolle als Datenlieferanten bzw. Informanten zuschreibt. Dies spricht weder gegen ein Engagement des Forschers für seine Population noch dagegen, sich um deren Sinndeutung und Interpretationen zu bemühen.

Sowohl quantitativ als auch qualitativ arbeitende Forscher sind der *Spannung zwischen Distanz und Identifikation* ausgesetzt, wenn auch die Schwerpunkte (und Versuchungen) unterschiedlich sind. Einerseits kommt es darauf an, Zugang zur und Akzeptanz in der interessierenden Gruppe zu finden, was ein mehr oder weniger großes Maß an Identifikation erfordert. Andererseits lebt der Forscher jedoch auch stets in seiner „wissenschaftlichen" Welt, der er sich verständlich machen muß. Ersteres beinhaltet die Gefahr des *„going native"*, indem Maßstäbe und Verhaltensmuster der Untersuchten (z. B. einer delinquenten Subkultur) übernommen werden und so die Fähigkeit verlorengehen kann, sich auf die eigentlichen Untersuchungsaufgaben zu konzentrieren (vgl. *Grümer* 1974, S. 115). *Girtler* hält dem entgegen, daß erst durch einen engen Kontakt zum Forschungsbereich den Blick trübende Vorverständnisse bzw. Vorurteile vermieden werden können. „Der Forscher, der zu einem ‚Mitglied' der Guppe wird, hat in diesem Sinn die Chance, zu echten Ergebnissen zu gelangen . . . in den meisten Fällen wird eine ehrliche Identifikation mit der betreffenden Lebenswelt wohl eher nützen als schaden, denn schließlich enthält sie so etwas wie Achtung vor den Menschen, deren Denken und Handeln man verstehen und nicht distanziert studieren will. . . . Eine solche Aufgabe der Distanz, welche mit der oben postulierten ‚Offenheit' des Forschers in engem Konnex steht, macht den Forscher für vieles in der zu erforschenden Gruppe empfänglich, was ihm sonst nicht so ohne weiteres deutlich werden würde. Keineswegs ist aber die Aufgabe der Distanz, die den Forscher zu einem ‚going native' macht, dazu angetan, die ‚Objektivität' der Daten zu beeinträchtigen, wie behauptet wird" (*Girtler* 1984, S. 63 f.). Objektivität läßt sich danach eher so als durch distanziertes Beobachten und Aufzeichnen erreichen. In diesem Sinne weisen auch *Gerdes/Wolffersdorff-Ehlert* (1974, S. 138) darauf hin, daß die methodologisch begründete Forderung nach Distanz, d. h. nach Verbleiben im Kategoriensystem des Forschers dazu dient, die Wahrnehmung der „Welt" des anderen zu verhindern. Das Gegenteil, d. h. das *Verbleiben* im sozialen Feld der Untersuchten wäre aber nun genauso verhängnisvoll – zumindest für die weitere Forscherkarriere. Auch der qualitativ arbeitende Forscher steht vor der Notwendigkeit, seine auch gerade durch eine temporäre Aufgabe der Distanz gewonnenen Ergebnisse mitzuteilen.

Kennzeichnend ist somit nicht die Entscheidung zwischen Distanz und Identifizierung, sondern die Fähigkeit, entsprechend den jeweiligen Erfordernissen mit beiden umgehen zu können.

4.8.11. Statisch versus dynamisch-prozessual

Dem quantitativen Paradigma wird vorgehalten, es wäre nur statisch, weil es in seiner „institutionalisierten ... Forschungsmethodologie die Situationsbezogenheit und Prozeßhaftigkeit des zu untersuchenden Handelns einebnet" (*Witzel* 1982, S. 7).

Der qualitativen Vorgehensweise wird verschiedentlich eine prozessuale Vorgehensweise und damit eine bessere Eignung zur Erfassung von Wandlungsvorgängen zugeschrieben. Narrative Interviews erlauben z. B. recht gut den Nachvollzug von Ereignissen, Entwicklungen, Karrieren und Reifungsprozessen (vgl. *Fuchs* 1984). Dies bedeutet aber nicht, daß hier stärker quantifizierende Verfahren gänzlich unbrauchbar wären. Neben Zeitreihenverfahren lassen sich Veränderungen und Wandlungsprozesse auch durch die einfache Hintereinanderschaltung einzelner Erhebungen erfassen (Panels oder Trenderhebungen). Ein Beispiel sind periodisch stattfindende Meinungsumfragen zu denselben Themen (z. B. *Allbus*) oder der Vergleich von Variablenkonstellationen in verschiedenen Zeiträumen. Die einigermaßen „objektive" Nachzeichnung von Prozessen mittels beschreibender Verfahren, wie sie von der Geschichtswissenschaft versucht wird, ist jedoch schwierig (vgl. *Mohler* 1981, S. 727).

Sowohl quantitative als auch qualitative Verfahren eignen sich somit prinzipiell zur *Darstellung von Wandel*. Der Unterschied besteht aber darin, daß erstere auf die Erfassung des Wandels aus der Außenperspektive bzw. Veränderungen zu bestimmten Zeitpunkten abstellen, während letztere primär am subjektiven Erleben und an der Verarbeitung der Veränderungen interessiert sind.

Der prozessuale Aspekt qualitativer Sozialforschung wird aber auch auf der Erhebungsebene deutlich. Die Datenerhebung erfolgt nicht variablenbezogen punktuell, sondern aus dem Ablauf der Erhebungssituation(en) heraus ergeben sich die relevanten Veränderungsaspekte durch die Flexibilität der eingesetzten Methoden und die prinzipielle Offenheit der Erhebungssituation. Gerade durch die Chance, auf die Bedürfnisse der Untersuchten einzugehen, wird die Datenerhebung dynamisch-prozessual.

Diese Überlegungen können methodologisch begründet werden: Deduktive Erklärungen bestehen aus Hypothesen, zu erklärenden Tatsachen und Randbedingungen. Die beiden letzten Elemente sind empirisch, während die Hypothese etwas Theoretisches ist. Die Erfassung von Randbedingungen und zu erklärenden Tatbeständen erfolgt durch empirische Methoden, die eine strukturtreue Abbildung der Realität als deren adäquate Beschreibung liefern sollen. „Wenn jedoch soziale Interaktion als interpretativer Prozeß bestimmt ist, besteht eine Abhängigkeit der Beschreibungen von dem Alltagsverständnis der Untersuchten, einem spezifischen Kontext, der im Rahmen des wissenschaftlichen Kontextes unter den Forschern vermittelt werden muß ... *Interpretative Beschreibungen* versuchen ... der Prozeßhaftigkeit und Kontextgebundenheit sozialer Interaktion Rechnung zu tragen, indem mit Konzepten gearbeitet wird, die die Reinterpretationen von Forscher und Untersuchten ermöglichen, d. h. ‚*unbegrenzt revidierbar auf der Basis späterer*

Ereignisse oder weiterer Informationen . . .' (*Wilson* 1973, S. 67) sind" (*Witzel* 1982, S. 16 f.).

4.8.12. *Starres versus flexibles Vorgehen*

Der Aspekt der Flexibilität ist uns schon mehrfach begegnet: Zwar ist der quantitativ verfahrende Sozialforscher insoweit flexibel, als er eine Vielzahl von *methodischen Möglichkeiten* hat, gegenstandsadäquat Daten zu erheben. Hat er sich aber einmal entschieden, so ist wegen der vorgenommenen Standardisierung eine Veränderung kaum mehr möglich. Das heißt: die quantitativen Methoden sind an sich weniger flexibel als die qualitativen.

Zweitens gilt die größere Flexibilität qualitativer Methodologie auch für den *Forschungsprozeß*: Je nach Entwicklung und Ablauf sind andere Methoden, andere Zielvorstellungen und/oder andere Populationen von Interesse, womit sich eine Erweiterung der Erkenntnismöglichkeiten ergeben kann. Das prinzipiell offene Vorgehen – zunächst breite, dann vielleicht engere Orientierung –, die Möglichkeit des Wechselns von einer Forschungslinie zu einer anderen, die Verschiebung der Relevanzstrukturen, die Veränderung des Forscherverständnisses, der Einsatz wechselnder Methoden etc. sind Elemente von Flexibilität im qualitativen Forschunsprozeß.

Diese *hohe Flexibiliät* kann zwar in dem ein oder anderen Falle mit größerer Verunsicherung und inkonsistenten Befunden einhergehen, doch bietet sie gegenüber dem starren Vorgehen der quantitativen Methoden eine *größere Chance auf breite und/oder tiefe Ausleuchtung des Forschungsfeldes.*

4.8.13. *Partikularistisch versus holistisch*

Ein u. a. von *Habermas* und *Adorno* erhobener Einwand gegen die als „positivistisch" bezeichnete Richtung in der Sozialforschung zielt darauf ab, daß soziale Phänomene nicht vom gesellschaftlichen Gesamtzusammenhang isoliert werden können, der auch als eine, die Forschung selbst bestimmende, „Totalität" begriffen werden müsse. Totalität läßt sich mit *Friedrichs* (1973, S. 21) als Insgesamt aller Merkmale und Prozesse in einer Gesellschaft begreifen. Jede Einzelaussage muß demnach (bei Anerkennung der oben erhobenen Forderung) auf diesen Gesamtzusammenhang verweisen, in den der Forscher und der Forschungsprozeß eingebettet sind.

Man faßt diese Totalität in (falsch verstandener) Operationalisierung als die Menge aller notwendigen Sätze auf, die erforderlich sind, um als Explanans einer singulären Aussage zu dienen und den Geltungsbereich der Erklärung selber festzulegen. Damit ergeben sich aber zwei Schwierigkeiten, denn zum einen ist der Stand derartiger Erkenntnis noch kaum erreicht und zum anderen steht jede Untersuchung vor der gleichen Schwierigkeit, nicht alle erforderlichen Zusammenhänge zu kennen, die im Rahmen selbst eines begrenzten Problems zur Erklärung eines seiner Tatbestände erforderlich wären. Demnach läßt sich der Totalitätsbegriff nur gegen diejenige empirische Sozialforschung kritisch verwenden, die bereits bekannte Sachverhalte bei der Untersuchung eines Problems nicht einbezieht oder unzulässige Generalisierungen vornimmt (vgl. *Friedrichs* 1973, S. 23).

Folgt man einem empiristischen (quantitativen) Totalitätsbegriff, so könnte man eine ganzheitliche Sicht eines Untersuchungsobjektes dadurch erzielen, daß man eben alle (relevanten) Variablen gleichzeitig berücksichtigt. Extrapoliert man diese Vorstellung extremtypisch, so müßte letztlich *alles* gemessen werden, was schon aus Praktikabilitätsgründen ausscheidet. (Meßtheoretische Argumente sollen hier erst gar nicht diskutiert werden.) Somit ist dieser oberflächliche Ganzheitsbegriff nicht brauchbar; letztlich würde dies nur zu einer partikularistischen Erfassung einer Vielzahl von Variablen (nebeneinander und nicht integriert) führen.

Die Untersuchungsobjekte in qualitativer Sozialforschung dürfen aber nicht auf Variablenkonstellationen reduziert werden. Die Reflexivität erfordert insoweit eine holistische Sicht, als insbesondere der soziale Kontext, die Deutungen und Sichtweisen der Betroffenen und der Forschungsprozeß als integrale Bestandteile in die Analyse einbezogen werden müssen – Elemente, die im traditionellen Verständnis von Sozialforschung ausgeklammert, konstant gehalten oder gar negiert werden.

Ging es bei voranstehender Argumentation einmal um den Einbezug vieler Variablen, die einer holistischen Betrachtung eher gerecht werden, und zum anderen um die Notwendigkeit der Berücksichtigung des sozialen und interpretierten Kontextes der Erhebungssituation, so ist dieser Gedanke noch zu erweitern: Qualitative Sozialforschung ermöglicht auch insoweit eine eher *holistische Betrachtung,* als auch ein sehr *spezifischer, interessierender Aspekt mithilfe qualitativer Methoden sehr breit und/oder sehr tief erfaßt* werden kann. Gerade durch die Offenheit der Verfahren (etwa narratives Interview) geraten die für den Betroffenen relevanten und notwendigen Elemente aus dessen Sicht und in dessen Ausführungen ins Blickfeld; nicht erfaßte Aspekte gehören eben nicht zum Bild des Betroffenen. Zudem werden die einzelnen Elemente durch den Betroffenen selbst verknüpft, so daß eine Struktur zu entstehen vermag, die alles umfaßt, was für das untersuchte Subjekt bedeutsam ist. Insoweit ist *qualitative Methodologie eher holistisch* und *quantitative partikularistisch.*

4.8.14. Zufallsstichprobe versus theoretical sampling

Im Rahmen quantitativer Untersuchungen spielen Erwägungen über Art, Größe und Zusammensetzung der Stichproben meist eine entscheidende Rolle. Die Festlegung der Stichprobe erfolgt dabei in der Entstehungs- und Vorbereitungsphase der Untersuchung; nachträgliche Korrekturen sind nicht vorgesehen. Im Unterschied dazu sieht die qualitative Sozialforschung „Theorie als Prozeß", wobei die vorab zu ziehende Zufallsstichprobe durch *„theoretical sampling"* ersetzt, d.h. „das sample unter den für die Theoriebildung wichtig gewordenen Aspekten kontinuierlich erweitert" (*Hoffmann-Riem* 1980, S. 346) wird.

Zufallsstichproben können nur dann sinnvoll gezogen werden, wenn vorher die Grundgesamtheit sachlich-inhaltlich, zeitlich und örtlich abgegrenzt ist. Danach richtet sich dann auch die echte Stichprobe. Deren Ziehungsmethode, Umfang etc. orientieren sich an den vorab formulierten Erkenntnisinteressen. Mit diesem Vorgehen gelingt es, den *Repräsentationsschluß* zu vollziehen, weil die Stichprobe ein verkleinertes Abbild der Grundgesamtheit ist. Erkenntnisse aus der Stichprobe sind auf die Population (mit gewissen Schwankungsbreiten und Irrtumswahrscheinlichkeiten) übertragbar. Stichprobenwerte (Statistiken) werden zu Parametern der Grundgesamtheit generalisiert.

Qualitative Methodologie kann zunächst einmal solche Verfahren nicht praktizieren, weil Zufallsstichproben normalerweise eine große Zahl von Untersuchungsobjekten voraussetzen, was bei den offenen, qualitativen Methoden nicht realisierbar ist. Somit sind zunächst einmal extra-inhaltliche Gründe für das Fehlen von Zufallsstichproben in der qualitativen Sozialforschung verantwortlich. Es soll offen bleiben, ob bei Wegfall dieses Arguments echte Zufallsauswahlen vorgenommen würden oder ob man nicht aus der Schwierigkeit der Vergleichbarkeit heraus solche Verfahren ablehnen müßte, denn schließlich bedeuten Zufallsstichproben auch die Aufgabe des Anspruchs auf idiographische Erkenntnisse.

Tatsache ist, daß qualitative Forschung eine eher *gezielte Auswahl* bevorzugt. Diese ergibt sich aus der theoretischen Vororientierung (die man nach dieser Methodologie eigentlich nicht haben dürfte bzw. von der man absehen müßte) – übrigens analog zum quantitativen Paradigma. Das theoretical sampling setzt voraus, daß der Forscher weiß, worauf er seine Aufmerksamkeit zu richten hat. Danach wählt er seine „Versuchspersonen" aus. Er sucht sich insoweit „repräsentative" Fälle heraus, als diese geeignet erscheinen, seine Forschungsfrage zu beantworten. Wenn ihn „Penner" und deren „Überlebensstrategien" interessieren, wird er eben nicht „Kriminelle" untersuchen.

Da eine solche gezielte Auswahl immer auch willkürlich ist (eine echte Zufallsauswahl ist im obigen Bcispiel nicht realisierbar), kann der Forscher nie wissen, ob er nicht eine selektive, eine verzerrte Auswahl vorgenommen hat. Deshalb sind Generalisierungen problematisch. Mithilfe von theoretical sampling ist es aber möglich, *generalistische Existenzaussagen* zu machen, Hypothesen zu entwickeln, Typen zu konstruieren, Gemeinsamkeiten festzustellen, Strukturen zu entdecken etc. Über deren Verteilung und Häufigkeiten sind keine Aussagen möglich; dies wäre weiteren quantitativ-repräsentativen Untersuchungen vorbehalten.

4.8.15. Datennähe versus Datenferne

Quantitative Verfahren sind eher durch eine gewisse Datenferne, qualitative durch Datennähe charakterisiert, gilt doch hier die Forderung, Theorien und Hypothesen in engerem Bezug zu den Daten zu entwickeln. *Mohler* sieht jedoch zwischen beiden Vorgehensweisen keinen grundsätzlichen Unterschied: Der Vorwurf der Datenferne quantitativ orientierter Sozialforschung gilt allenfalls für streng arbeitsteilig durchgeführte Untersuchungen, bei denen der Forscher selbst von der Datenerhebung ausgeschlossen ist. „Dies ist aber kein Effekt der Verfahren, sondern die freie Entscheidung der Forscher, die von niemandem gehindert werden, entweder alle

Interviews selbst durchzuführen – was natürlich ungeheure Zeitprobleme aufwerfen kann –, oder selbst als Interviewer unter anderen ins ‚Feld‘ zu gehen. Ob dies geschieht, ist eher eine Sache des Ethos und der Professionalität als eine der Verfahren" (*Mohler* 1981, S. 276).

„Datenferne" kann jedoch auch weniger „oberflächlich" als Einstellung zu den Daten bzw. zu den sie repräsentierenden Untersuchten aufgefaßt werden. Die größere Distanz quantitativ orientierter Forscher kann dazu beitragen, quantitative Untersuchungen auch technisch datenfern zu konzipieren. Tatsächlich ist in standardisierten Erhebungen eine erhebliche Distanz zu den zu Untersuchenden und zu den Daten angelegt. Der Forscher darf keineswegs – um die „Objektivität" nicht zu gefährden – für die Untersuchungsobjekte „Partei ergreifen". Distanzierte Zurückhaltung ist angebracht. Solidarisierungen oder auch nur Betroffenheit sind im Forschungsprozeß selbst für die intersubjektive Erkenntnisgewinnung hinderlich. Qualitative Sozialforschung hingegen glaubt durch das Eingehen auf die Betroffenen und deren Probleme zu besseren, weil gültigeren Informationen zu kommen.

Datennähe wird in qualitativer Sozialforschung auch dadurch realisiert, daß *theoretische Konzeptionen des Forschers fehlen oder nur rudimentär wirksam werden.* Somit kommen die zu Untersuchenden selbst und mit ihren eigenen Worten zu Wort. Das „First-hand Involvement with the Social World" macht darauf aufmerksam, daß die *Sicht der Betroffenen relevant und wichtig* ist. Die theoretischen, begrifflichen, methodologischen und methodischen Normen des quantitativen Paradigmas aber verhindern die Nähe zu den Daten, zur realen empirischen sozialen Welt aus der Sicht dieser Welt.

4.8.16. Unterschiede versus Gemeinsamkeiten

Vertreter der qualitativen Sozialforschung betonen mitunter, daß die von ihnen propagierten Methoden der Herausarbeitung von Gemeinsamkeiten zwischen den Untersuchten dienten. Im Verlauf der Beobachtung und Analyse kommt es zu einer Bewußtwerdung der eigenen Situation und ihrer Einordnung in übergreifende Zusammenhänge, indem z. B. die erzählte Biographie in bezug zur Zeitgeschichte und zu den Biographien anderer gesetzt wird. Ein der qualitativen Methodologie zugerechnetes Verfahren, die Gruppendiskussion, befaßt sich gerade auch mit Prozessen der Konsensfindung.

Demgegenüber sollen quantitative Verfahren auf die Hervorhebung von Differenzen abzielen. Als aussagekräftig erscheinen vor allem Ergebnisse, die deutliche Unterschiede zwischen einzelnen Befragtengruppen, Sozialkategorien etc. erkennen lassen. Die Feststellung fehlender Unterschiede zwischen Befragten kann aber ein wichtiges – wenn auch manchmal unerwartetes – Ergebnis sein. Häufig wird die Ursache dafür in unzureichenden Operationalisierungen, zu groben Meßinstrumenten oder schlampiger Durchführung gesucht, während bei deutlichen Differenzen die Methoden kaum kritisch hinterfragt werden.

Unterschiede sind auch im Rahmen der qualitativen Sozialforschung, z. B. im Zusammenhang mit der *Typenbildung*, von Bedeutung, doch sind die Untersuchun-

240

gen nicht vorrangig auf den Nachweis von Differenzen angelegt. Besteht das Erkenntnisinteresse im Rahmen qualitativer Forschung in der Konstruktion von (Extrem-, Ideal-, Durchschnitts-, Häufigkeits-) Typen, so sind zunächst einmal die Gemeinsamkeiten der Typen (intra) interessant; erst in zweiter Linie die Unterschiede zwischen den Typen (inter). Dies hängt mit der Strategie der Offenheit in den qualitativen Methoden zusammen. Dieser Gedanke soll durch extremtypischen Vergleich mit der quantitativen Methodologie verdeutlicht werden. Gemäß dem zugrunde liegenden normativen Paradigma werden die Hypothesen vor der empirischen Erhebung formuliert, durch welche sie einem empirischen Test auf Richtigkeit zugeführt werden sollen. Diese Hypothesen sind in der Regel auf Unterschiede aus, wenn etwa vermutet wird, daß „Frauen unter ceteris-paribus-Bedingungen weniger verdienen als Männer". Zwar wäre es auch ein wichtiger Befund, sollte sich herausstellen, daß keine Unterschiede im Einkommen zwischen Männern und Frauen bestehen, doch wäre diese Falsifikation der obigen Hypothese unter forschungspsychologischen Gesichtspunkten nicht unproblematisch.

Weiterhin ist zu beachten, daß die Prüfung der die Unterschiede betonenden Alternativhypothese nur an der Nullhypothese (= keine Unterschiede) und statistisch erfolgt. Die Entscheidung über die Nullhypothese wird aber als eine solche über die Alternativhypothese interpretiert; die Zurückweisung der Nullhypothese bedeutet, daß Unterschiede in den jeweiligen Teilpopulationen nicht zufällig sind. Quantitative Sozialforschung ist also bemüht, im Hypothesentest Unterschiede nachzuweisen. Bedenkt man zudem, daß in qualitativer Forschung oft wegen mangelnder Voraussetzungen (keine Zufallsstichprobe, zu kleine Fallzahlen etc.) ein Hypothesentest im statistischen Sinne unmöglich ist und daß die Hypothesenformulierung eher im Vordergrund steht, so werden Unterschiede noch unbedeutender. Qualitative Sozialforschung sucht nach jenen Gemeinsamkeiten, die die Strukturen sozialen Handelns konstituieren.

Allerdings ist die idealtypische Herausarbeitung von Unterschieden und Gemeinsamkeiten in den beiden Paradigmen eine Überzeichnung. „Vereinfacht ausgedrückt abstrahiert die qualitative Sozialforschung die Technik des Vergleichs auf *Gemeinsamkeiten,* die quantitative die des Vergleichs auf *Unterschiede* aus den Analyseverfahren. Genauer betrachtet ist zu berücksichtigen, daß diese Abstraktion ein Prozeß ist, so daß es richtiger ist zu sagen: die qualitative Sozialforschung arbeitet in *Richtung* auf das Erfassen von Gemeinsamkeiten, die quantitative in *Richtung* auf das Erfassen von Differenzen. Jede Aktivität enthält den jeweils anderen Aspekt ebenfalls, aber in ganz unterschiedlicher Form, so daß hinter der scheinbaren Symmetrie der Verfahren ihr Gegensatz erkennbar wird: die qualitative Sozialforschung analysiert die Gemeinsamkeiten von zwei oder mehr Gegebenheiten, indem sie die Unterschiede zwischen ihnen überwindet. Die quantitative erfaßt Unterschiede dadurch, daß Gemeinsamkeiten als Basis für den Vergleich festgesetzt werden" (*Kleining* 1982, S. 227).

Somit können wir festhalten: In beiden Paradigmen spielen selbstverständlich Unterschiede und Gemeinsamkeiten eine wichtige Rolle, die Prioritäten werden aber anders gesetzt. In der *quantitativen Sozialforschung* sind zunächst einmal die

Gemeinsamkeiten festzustellen (gleiche Merkmale), um auf deren Basis die *wichtigen und erklärenden Unterschiede herauszuarbeiten.* In der *qualitativen Forschung ist das Ziel in den Gemeinsamkeiten (Typenbildung) zu suchen,* wobei sich die Gemeinsamkeiten auf der Basis von Unterschieden ergeben (soweit eine ausreichende Zahl von Fällen vorliegt).

4.8.17. Reduktive versus explikative Datenanalyse

Die quantitative Sozialforschung unterscheidet sich von der qualitativen nicht zuletzt auch dadurch, daß sie mehr Fälle in die Untersuchung einbezieht und häufig auch mehr Variablen. Es entsteht somit eine Datenmatrix aus Fällen und Variablen, die so groß ist, daß sie vom Forscher nicht mehr überblickt werden kann. Die Auswertung solcher Daten besteht nun darin, diesen Wust an Informationen so zu reduzieren, daß er vom Forscher erfaßt und interpretiert werden kann.

Dies geschieht einmal durch Herausgreifen von Randverteilungen einzelner Variablen (deskriptiv-univariate Analyse), von Kreuztabellen zweier Variablen (korrelativ-bivariate Analyse) und von Modellen als Variablenkonstellationen (multivariate Analyse). Dieser Schritt der Datenreduktion ist aber immer noch nicht zureichend, weil die Interpretation der Variablenkonstellationen den Überblick über sie voraussetzt, was die menschliche Kapazität oft überschreitet. (Man denke nur an größere Kreuztabellen!)

Es erfolgt deshalb eine weitergehende Datenreduktion mithilfe der Statistik und (zumeist) der EDV, indem man etwa eine Kreuztabelle auf eine statistische Maßzahl reduziert (etwa Korrelationskoeffizient) und damit einen Informationsgewinn erzielt. Eine einzelne Zahl drückt die Stärke des Zusammenhangs zwischen zwei Variablen aus. *Quantitative Analyse ist also Datenreduktion zum Zwecke des Informationsgewinns.* Diese Aussage gilt gleichermaßen für die deskriptive, wie auch für die multivariate Analyse. *Qualitative Sozialforschung* kennt solche Analysezwecke eigentlich nicht. Ihre Analyse ist *explikativ,* wie wir mehrfach und auch paradigmatisch an der objektiven Hermeneutik gesehen haben. Die Analyse bezieht sich zumeist auf Texte, die als Transkriptionen von Interaktionen bzw. Kommunikationen vorliegen.

An solchen Texten kann der Unterschied zwischen reduktiver und explikativer Analyse herausgearbeitet werden: Aus einem solchen Interaktionsprotokoll kann der quantitative Sozialforscher reduktiv z.B. das Verhältnis zwischen Adjektiven und allen anderen Wortarten durch eine einzige Maßzahl bestimmen. In der explikativen Datenanalyse hingegen „werden aus relativ kleinen Interaktionssequenzen . . . äußerst differenzierte und ausführliche Analyseprotokolle entwickelt. Diese Protokolle bilden faktisch eine *neue Datenbasis*" (*Mohler* 1981, S. 728). Der ursprüngliche Datenbestand wird durch explikative Analyse erweitert statt reduziert und die Explikation kann weiterer explikativer und/oder reduktiver Analysen unterzogen werden.

Damit wird deutlich, daß *explikative Datenanalyse den Datenbestand erweitert,* die Übersichtlichkeit für den Forscher also nicht unbedingt erhöht. Dieser wissenschaftlich produzierte Informationsüberfluß kann sehr schnell zu einem Praktikabilitätsproblem auswachsen, wenn intersubjektive Nachprüfbarkeit zwar grundsätzlich gegeben, praktisch aber ausgeschlossen ist.

4.8.18. *Hohes versus niedriges Meßniveau*

Das meist niedrige Meßniveau (abgesehen von Altersangaben etc.; höchstens ordinalskalierte Daten) bei qualitativen Studien ist kein notwendiges Merkmal dieser Vorgehensweise, sondern zeigt nur, daß im Rahmen der konkreten Untersuchung Daten auf hohem Meßniveau nicht für wesentlich oder sinnvoll angesehen werden. Es ist nämlich durchaus möglich, im Rahmen primär qualitativ orientierter Studien Daten auf hohem Meßniveau (z. B. Einkommen, Grundbesitz, Art und Zeitdauer von Aktivitäten usw.) zu erheben und zu analysieren.

Unterschiede im Meßniveau zwischen qualitativen und quantitativen Studien werden mitunter dadurch überschätzt, daß in manchen quantitativen Studien unzulässige statistische Analysen mit Daten auf zu niedrigem Meßniveau durchgeführt werden, so daß ein eigentlich höheres Meßniveau suggeriert wird. (Prototypisch hierfür sind viele Skalierungsfragen!) Und selbst wenn das Meßniveau sehr hoch wäre (mindestens intervallskaliert), müßte entgegengehalten werden, daß Daten auf solchem Niveau oft wenig zuverlässig sind, weil Differenzierungen in den Werten der Variablen durch die Operationalisierung erst (und zwar nicht immer gleich, also unzuverlässig) erzeugt werden (Methodenartefakte).

Die Gegenüberstellung von hohem und niedrigen Meßniveau suggeriert eine implizite Wertung, wonach die höheren Skalen auch besser wären. Zwar gilt dies sicher für die ihnen zugrundeliegende mathematische Axiomatik und damit auch für die darauf basierenden statistischen Auswertungsverfahren, doch übersieht dieses Argument die möglicherweise gefährdete Reliabilität und Validität der Daten auf hohem Meßniveau. Qualitative Sozialforschung ist eben durch die Zurückweisung geschlossener Methoden in der Datenerhebung offener, alltagsnäher, realistischer und gelangt so an Informationen, die – zwar zumeist auf niedrigem Meßniveau –, aber nicht methodeninduziert und damit gültiger und verläßlicher sind.

Das weitgehende Fehlen statistischer Analysen bei qualitativen Methoden ist weniger auf die niedrigeren Meßniveaus zurückzuführen; auch für diese ist nämlich ein statistischer Apparat entwickelt worden. Vielmehr spielen hier einerseits die geringen Fallzahlen sowie die mangelnde Vergleichbarkeit durch fehlende Standardisierung und andererseits die Ablehnung der Reduktion komplexer Lebenssachverhalte auf wenig aussagekräftige statistische Maßzahlen eine Rolle.

4.8.19. *Schematischer Vergleich quantitativer und qualitativer Sozialforschung*

Dieser Überblick beansprucht keine Vollständigkeit und keine spezielle Systematik. Vollständigkeit ist nur schwer zu leisten, weil die ein oder andere Dimension vielleicht übersehen oder für unbedeutend gehalten wird. Die Systematik wäre

243

abhängig von dem gewählten System und würde deshalb in jedem Falle selektiv sein. Deshalb geht es hier nur darum, die in 4.8. herausgearbeiteten Differenzierungen in Dichotomien gegenüberzustellen. Diese Polaritäten kennzeichnen in der *Tendenz* die Auffassungen der beiden Paradigmen. Die einzelnen Dimensionen sind selbstverständlich nicht unabhängig voneinander.

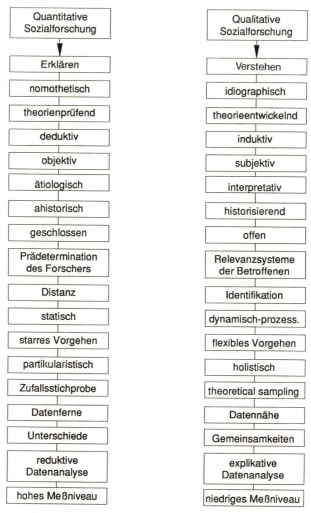

Abbildung 18: Schematischer Vergleich quantitativer und qualitativer Sozialforschung

5. Chancen und methodologische Probleme der Triangulation

Nach der schematischen Gegenüberstellung einiger methodologischer Dimensionen von quantitativer und qualitativer Sozialforschung könnte gerade durch die polarisierende Darstellung der Eindruck absoluter Unvereinbarkeit und gegenseitiger Ausschließlichkeit entstehen. Eine solche Vermutung ist jedoch unbegründet, wenn man sich dem Prinzip methodologischer Offenheit verpflichtet fühlt und bereit ist, sie – etwa in Form der Triangulation – zu praktizieren. In der Bearbeitung der Frage nach den methodologischen Chancen und Problemen *multimethodischen Vorgehens* geht es darum, einen ebenso zentralen wie elementaren Gesichtspunkt empirischer Sozialforschung herauszuarbeiten. Wir versuchen in diesem Kapitel, die grundsätzliche methodologische Schwierigkeit der Triangulation zu beleuchten, ohne sie damit gegenüber den isolierten, angewandten quantitativen oder qualitativen Methoden dequalifizieren, diskreditieren oder diskriminieren zu wollen. Ganz im Gegenteil!

Zu einer eher amüsanten Charakterisierung des Verhältnisses von qualitativer und quantitativer Sozialforschung soll ein Dialog zwischen einem qualitativ und einem quantitativ orientierten Sozialforscher zitiert werden: „Qualitative Researcher: ‚Many people these days are bored with their work and are . . .‘ Quantitative Researcher (interrupting): ‚What people, how many, when do they feel this way, where do they work, what do they do, why are they bored, how long have they felt this way, what are their needs, when do they feel excited, where did they come from, what parts of their work bother them most, which . . .‘ Qualitative Researcher: ‚Never mind‘" (van *Maanen* 1983, S. 7). Solche oder härtere Kontroversen um qualitative und quantitative Sozialforschung sind keineswegs neu. Sie stellen lediglich eine Fortentwicklung der Diskussion um den Methodendualismus dar, die Ende des 19. Jahrhunderts begonnen hatte, in den ersten Jahrzehnten unseres Jahrhunderts weitergeführt, durch den Siegeszug des sog. Positivismus vorläufig beendet und vor einigen Jahren neu belebt wurde (vgl. *Hoffmann-Riem* 1980). Die von *Küchler* (1980) gestellte Frage, ob die qualitative Sozialforschung ein „Modetrend oder Neuanfang" sei, läßt sich auch auf die Triangulation anwenden und noch nicht abschließend beantworten. Richtig ist, daß die qualitativen Methoden einerseits und das multimethodische Vorgehen andererseits eine (Re)naissance erleben.

Unsere bisherigen Überlegungen haben zeigen können, daß sich das Programm qualitativer Sozialforschung teilweise in bewußter Distanzierung von der traditionellen und quantifizierenden Sozialforschung, aber auch durch autonome metatheoretische und substanzwissenschaftlich-theoretische Überlegungen entwickelte. Eine zentrale Prämisse der qualitativen Sozialforschung wird von *Weymann* für die Ethnotheorie formuliert: „Man geht von der Einsicht aus, daß der Forscher und diejenigen, denen seine Arbeit gilt, die soziale Umwelt nicht in der gleichen Weise wahrnehmen. . . . Deshalb darf der Forscher seine eigene Definition sozialer Wirklichkeit nicht naiv zur Ausgangsbasis theoretischer und empirischer Analysen machen" (*Weymann* 1973, S. 384). Hieraus leitet sich das Programm ab, das *Wilson* so charakterisiert: „Da die Handlung des Handelnden aus seinen Wahrnehmungen, seinen Deutungen und seinen Urteilsbildungen heraus entsteht, muß die sich aufbauende Handlungssituation durch die Augen des Handelnden gesehen werden, – müssen die Objekte dieser Situation wahrgenommen werden, wie der Handelnde sie wahrnimmt, – müssen die Bedeutungen dieser Objekte so ermittelt werden, wie sie sich für den Handelnden darstellen, – müssen die Leitlinien des Handelnden nachvollzogen werden, wie sie der Handelnde entwickelt. Kurz: Man muß die Rolle des Handelnden übernehmen und die Welt von seinem Standpunkt aus sehen" (*Wilson* 1973, S. 61 f.). Damit aber sind wir wieder beim Problem des *Fremdverstehens* und *seiner Intersubjektivität* angelangt.

Nach dem qualitativen Paradigma ist es Aufgabe des Sozialwissenschaftlers, die Alltagswirklichkeit des Untersuchungsobjekts in dessen eigenen Kategorien zu beschreiben. Der Forscher muß sich von *seiner* Alltagswirklichkeit lösen und sich in die des zu Untersuchenden hineinversetzen. Der Sozialwissenschaftler soll sozusagen *Distanz zu sich selbst* und *Identifikation mit dem Forschungsobjekt* entwickeln.

Unbestritten ist nun in qualitativer wie quantitativer Forschung, daß es darum geht, ein Bild der sozialen Wirklichkeit zu zeichnen, das möglichst wenig von der Subjektivität des Betrachters verzerrt ist. Die beiden zentralen Aufgaben, die der qualitativ arbeitende Forscher lösen muß, sind demnach: seine Forschungsobjekte „möglichst weitgehend zu verstehen, . . . und das Verstandene anderen mitzuteilen und für sie überprüfbar zu machen" (*Gerdes/Wolffersdorff-Ehlert* 1974, S. 29).

Begreift man qualitative Sozialforschung so wie kursorisch skizziert, also unter Aufrechterhaltung des Postulats nach intersubjektiver Prüfbarkeit, so kann der Gegensatz zwischen qualitativer und quantitativer Sozialforschung auf eine Dimension reduziert werden, die allerdings basalen Charakter besitzt. Der Streitpunkt ist methodologischer Natur: Die scheinbare Exaktheit der quantitativen Forschung (die Begriffe Zuverlässigkeit und Gültigkeit werden bewußt vermieden) – im Gegensatz etwa zur scheinbaren Beliebigkeit der Interpretation in qualitativer Sozialforschung – läßt die einen an der quantitativen Forschung festhalten, die anderen sie ablehnen.

Bammé und *Martens* ziehen aus diesem Streit der Schulen folgende wissenschaftstheoretische Konsequenz: „Es muß jetzt vielmehr darum gehen, sinnvolle Verknüpfungspunkte zwischen beiden Verfahren zu finden, einen erkenntnistheoretischen Rahmen, der ihnen einen angemessenen Relevanzbereich zuweist" (*Bammé/Martens* 1985, S. 5). Sie begreifen den Methodengegensatz als ein Kontinuum zwischen den Polen Quantität und Qualität und gehen von der Prämisse aus, daß kein Verfahren von sich behaupten könne, wissenschaftlicher zu sein als das andere. „Es gibt nur unterschiedliche Relevanzbereiche für verschiedene Verfahren, die quer zu den einzelnen Disziplinen liegen" (*Bammé/Martens* 1985, S. 5).

Als Begründung für diese vermittelnde Position wird die Erklärung gegeben, daß das quantitative Modell sich an naturwissenschaftlichen Vorstellungen von exakter und objektiver Messung orientiere, die aber nach den Erkenntnissen der Naturwissenschaften unseres Jahrhunderts nicht einmal für diese gelten. Die von den Sozialwissenschaften übernommenen naturwissenschaftlichen Standards, wurden nicht an die naturwissenschaftliche Entwicklung des 20. Jahrhunderts angepaßt, weshalb die Unterstellung einer besonders zuverlässigen und gültigen Messung durch quantitative Verfahren über Bord geworfen werden müsse.

Ein Rekurs auf die *Einstein*sche Relativitätstheorie und die *Heisenbergsche* Unschärferelation kann diesen Gedankengang argumentativ absichern. Nach *Heisenberg* bilden der *Beobachter, die Beobachtung und das Beobachtete eine Einheit.* „Die Naturwissenschaft steht nicht mehr als Beschauer vor der Natur, sondern erkennt sich selbst als Teil dieses Wechselspiels zwischen Mensch und Natur. Die wissenschaftliche Methode des Aussonderns, Erklärens und Ordnens wird sich der Grenzen bewußt, die dadurch gesetzt werden, daß der Zugriff der Methode ihren Gegenstand verändert und umgestaltet, daß sich die Methode also nicht mehr vom Gegenstand distanzieren kann. Das naturwissenschaftliche Weltbild hört damit auf, ein eigentlich naturwissenschaftliches zu sein" (*Heisenberg* 1965, S. 21). Damit wird in den Naturwissenschaften eine methodologische Position bezogen, die dem qualitativ-empirisch orientierten Sozialwissenschaftler (auch in seiner Kritik an der quantitativen Vorgehensweise) entspricht, nämlich: die Methode verändert den Gegenstand, der eigentlich methodenneutral gemessen werden sollte.

Zwar wird in der quantitativen Sozialforschung diesem Aspekt durch die Anerkennung solcher Phänomene wie Meßartefakte, Reaktivität der Messung etc. tendenziell Rechnung getragen, doch wird das grundsätzliche Postulat einer exakten, objektiven, zuverlässigen und gültigen Messung nicht aufgegeben. Der Vorwurf, der von dieser Seite gegen die qualitative Sozialforschung erhoben wird, nämlich der einer mangelnden Nachvollziehbarkeit der Interpretationen – und damit der Beliebigkeit und Unsicherheit der Befunde – gilt, wenn man *Einstein* folgt, für die quantitativen Methoden aber analog: „Insofern sich die Sätze der Mathematik auf die Wirklichkeit beziehen, sind sie nicht sicher und insofern sie sicher sind, beziehen sie sich nicht auf die Wirklichkeit" (*Einstein* 1956, S. 119).

Die Trennung der Sozialwissenschaften in die beiden methodologischen Richtungen normativ versus interpretativ ist nach diesen erkenntnistheoretischen Überlegungen nicht aufrecht zu erhalten. Zwar muß man nicht notwendigerweise zu der Schlußfolgerung von *Bammé* und *Martens* gelangen, darin die Legitimation für die Einheitswissenschaft zu sehen (sowohl innerhalb der Sozialwissenschaften als auch zwischen Sozial- und Naturwissenschaften), doch kann dies die wissenschaftstheoretische Basis dafür abgeben, die auf anderen Ebenen *unterschiedlichen methodologischen Vorstellungen kombinatorisch einzusetzen.*

Betrachtet man die Entwicklung der quantitativen Sozialforschung – etwa der letzten 30 Jahre – so muß verwundern, daß trotz einer in sich relativ geschlossenen Methodologie, trotz des rapide gestiegenen Einsatzes der elektronischen Datenverarbeitung und trotz quantitativer Zunahme der empirischen Forschung der Erkenntnishorizont der Sozialwissenschaften nicht entscheidend erweitert werden konnte. Die Suche nach empirisch bewährten Theorien war offenbar nicht sehr erfolgreich. Vielleicht war dies mit ein Grund dafür, daß die qualitative Sozialforschung einen entscheidenden Aufschwung nehmen konnte und sich mit den siebziger Jahren zunehmend empirische Forschungsprojekte durchsetzen konnten, die eine *multimethodische Vorgehensweise* praktizierten. Dieser Versuch eines Brückenschlags zwischen qualitativer und quantitativer Sozialforschung soll zum Gegenstand der weiteren Überlegungen gemacht werden.

5.1. Definitionselemente

Was im deutschen Sprachraum auf wissenschaftlich-methodischer Ebene als multimethodisches Vorgehen bezeichnet wird und in der kommerziellen Markt- und Meinungsforschung *Methodenmix* heißt, wird in der amerikanischen Soziologie unter dem methodologischen Schlagwort *Triangulation* diskutiert (vgl. *Webb* 1975, *Smith* 1975, *Denzin* 1978). Der Begriff der Triangulation ist allerdings umfassender und zugleich differenzierter, weshalb wichtige Definitionselemente rekapituliert werden sollen.

Zunächst ist Triangulation eine Metapher, die aus der Militärstrategie und der Navigation stammt und meint, durch multiple Bezugspunkte die genaue Position eines Objektes bestimmen zu können. Unter Rekurs auf basale Prinzipien der Geometrie erlauben mehrere Bezugspunkte eben eine genauere Ortsbestimmung. Methodologisch gewendet und sehr allgemein könnte man also vermuten, daß die Genauigkeit der mit Hilfe mehrerer Methoden gewonnenen Erkenntnisse zunehmen sollte.

Die ausführlichste Definition wurde von *Denzin* (1978, S. 291) geliefert, der Triangulation als die Kombination von *Methodologien* beim Studium ein und desselben Phänomens bezeichnet. Hier ist zu beachten, daß *Denzin* nicht von Methoden, sondern von Methodologien spricht, er also stärker metatheoretische Gesichtspunkte im Auge hat. Die Triangulation unter methodisch-technischen Aspekten kann bis zu *Campbell* und *Fiske* (1959) zurückverfolgt werden, die die Idee der *multiplen Operationalisierung* propagiert haben. Sie argumentierten damit, daß der Einsatz mehrerer Methoden es erlaube, die festgestellten empirischen Befunde bei multipler Operationalisierung weniger auf die Methoden als auf die Realität zurückzuführen. Mit anderen Worten: ihnen ging es um die *Validierung der Ergebnisse, den Ausschluß von Meßartefakten.*

Diese Form der Triangulation nannte *Denzin* (1978, S. 302) die „*Between-(or across-)method*". Dieser Typus stellt die populärste Form dar. Insoweit wäre die

Triangulation ein Vehikel der Crossvalidierung für den Fall, daß zwei oder mehr unterschiedliche Methoden zu vergleichbaren und kongruenten Daten führen. Die zweite Form der Triangulation wird von *Denzin „Within-method"* (1978, S. 301) genannt. Bei diesem Typus werden verschiedene Techniken innerhalb einer Methode eingesetzt, um Daten zu sammeln und zu interpretieren. Also innerhalb der quantitativen Methoden könnten zur Ermittlung eines spezifischen Sachverhalts Skalen, Indizes etc. eingesetzt werden. Im Rahmen qualitativer Methoden, wie z. B. der teilnehmenden Beobachtung, könnte dies nach *Glaser* und *Strauss* (1965, S. 7) durch verschiedene Vergleichsgruppen dazu führen, daß in die daraus entstehende Theorie mehr Vertrauen investiert werden kann.

Diese beiden Typen der Triangulation haben nicht nur klassifikatorische Bedeutung, sondern verweisen auch auf methodologische Differenzierungen: Die Within-Methode bezieht sich ja im wesentlichen auf den Kreuzvergleich der Techniken zum Zwecke der Feststellung der internen Konsistenz oder Reliabilität, während die Between-Methode den Grad der externen Validität erhöhen soll. Mit diesen Überlegungen sind wir bei der Frage nach den Absichten und Chancen der Triangulation.

5.2. Absichten und Chancen

Ob die mit der Triangulation verbundenen Absichten, Hoffnungen, Vorstellungen und Chancen realisiert werden können, hängt natürlich ganz davon ab, ob Triangulation als *methodologische Prämisse* akzeptabel erscheint. Ihre Akzeptanz und Anwendung setzt eine *methodologische Offenheit* der Forscher voraus. Sie impliziert, daß kein grundsätzlicher und genereller Prioritätenanspruch der einen gegenüber der anderen Methodologie geltend gemacht wird. Die apriorische Gleichberechtigung divergierender Methodologien ist aber − insbesondere bei wissenschaftshistorischer Betrachtung − nicht in jedem Falle gegeben. Zwar behauptet *Wilson:* „Insbesondere neigen die Sozialwissenschaftler dazu, die Interdependenz quantitativer und qualitativer Methoden in der Forschungspraxis als selbstverständlich anzusehen" (*Wilson* 1982, S. 488), doch scheinen die Vorbehalte größer zu sein.

Die Erweiterung der Erkenntnismöglichkeiten durch Triangulation als allgemeinstes Ziel ist zunächst eine normative Leerformel. Es muß deshalb danach gefragt werden, welches die spezifischen und zusätzlichen Erkenntnisabsichten sind, die durch sie realisiert werden sollen. Betrachtet man wieder qualitative und quantitative Sozialforschung als Pole eines Kontinuums, innerhalb dessen es eine Vielzahl von Kombinationen von Methoden und Techniken geben mag, so wird deutlich, daß die Beurteilung der zusätzlichen Erkenntnismöglichkeiten nur in jeweiliger Abhängigkeit von dem Forschungsgegenstand sowie der jeweils eingesetzten Methodenkombination vorgenommen werden kann. Trotz dieser, einer generellen Entscheidung entgegenstehenden Restriktion, ist den verschiedensten

249

Formen der Triangulation die Vorstellung und Erwartung gemein, daß die Schwächen der jeweiligen Einzelmethoden durch ihre gegenseitige Kontrolle im Einsatz anderer Methoden erkannt und kompensiert werden könnten. Das heißt, es wird vermutet, daß (1) *multiple und unabhängige Methoden gemeinsam nicht die gleichen Schwächen oder Verzerrungspotentiale enthalten wie die Einzelmethoden.*

Hieraus kann nun abgeleitet werden, daß eine offene und flexible (theoretische und) methodologische Orientierung hilfreich sein kann, weil sie mit großer Wahrscheinlichkeit zu differenzierteren theoretischen und praktischen Erkenntnissen gelangen kann als apodiktische methodologische Ausschließlichkeitsansprüche. Als weitere Intention der Triangulation wäre daher (2) zu formulieren, daß *mit multimethodischer Konzeptualisierung breitere und profundere Erkenntnisse zu erzielen wären.*

Zudem können wir davon ausgehen, daß theoretische Modelle und Konzeptualisierungen sowie unterschiedliche Gegenstandsbereiche gerade im sozialwissenschaftlichen Kontext nur durch ihre vielfältigen Orientierungen und Abhängigkeiten angemessen erfaßt werden können. Dies bedeutet, daß bei als konstant unterstellten Erkenntnisinteressen und Forschungszielen ein spezifischer Objektbereich nur in den seltensten Fällen mit einer Methode zureichend erfaßt wird. Mit anderen Worten: Eine sehr wichtige Begründung für den Einsatz mehrerer Methoen besteht (3) darin, daß die *Triangulation dem zu erfassenden Gegenstand eher gerecht werden kann; wir erzielen eine höhere Adäquanz.*

Beziehen wir das multimethodische Vorgehen beispielhaft auf einen bestimmten Gegenstandsbereich, etwa auf Kriminalität, so können wir vermuten, daß die zugehörigen Phänomene durch die Triangulation nicht nur in ihren unterschiedlichen Aspekten und Facetten beleuchtet werden, sondern daß wir gleichzeitig (4) *eine eher ganzheitliche, holistische Sicht erzielen werden.* D.h. der gemeinsame Einsatz von qualitativen und quantitativen Methoden bedeutet letztlich nicht nur, ein und dasselbe Phänomen von unterschiedlichen Perspektiven her zu betrachten, sondern zugleich besseres Verstehen und Erklären, indem wir tiefer in die Materie eindringen und neue Dimensionen entdecken können. Gerade die qualitativen Methoden spielen hier eine besonders hervorragende Rolle, weil sie Erkenntnisse produzieren, gegenüber denen die anderen Methoden blind sind. Der Verweis auf *kontextuelle Aspekte* und *Relevanzsysteme* der Untersuchten mag als Beleg genügen.

Insbesondere für den quantitativ arbeitenden Sozialforscher ergibt sich eine weitere Funktion multimethodischer Vorgehensweise: Er geht ja davon aus, auf der Basis der ex-ante konstruierten Hypothesen, eine empirische Untersuchung vorzubereiten. Solche Hypothesen sind jedoch erst zu formulieren, wenn eine ausreichende Kenntnis über den zu untersuchenden Objektbereich gewonnen wurde. Liegt ein solches Wissen nicht vor, so werden auch vom quantitativen Sozialforscher qualitative Methoden (5) *zum Zwecke der Exploration* eingesetzt werden. Hierbei erhalten die qualitativen Methoden jedoch einen inferioren Status gegenüber den letztlich auf quantitativem Weg gewonnenen statistischen Erkenntnissen; sie sind sozusagen nur Hilfsmittel. Deshalb wird diese Funktion der

Exploration von den qualitativen Sozialforschern zurecht als unzulässige Verkürzung empfunden.

Gelegentlich benutzen quantitative Sozialforscher auch qualitative Befunde (6) zur *Illustration*, zur *Plausibilisierung*, mithin aber auch zur *Absicherung* ihrer quantitativen Daten. Auch dies ist natürlich aus der Sicht der qualitativen Methodologie eine unzureichende Betrachtung qualitativer Methoden. Gleichwohl hat auch in diesen Fällen die Methodenkombination die wichtige Funktion, quantitative Analysen zu ermöglichen oder quantitative Daten abzusichern. Der umgekehrte Weg, wonach qualitative Sozialforschung gleichzeitig quantitative Methoden benutzt, um eine gegenseitige Validierung herbeizuführen, ist seltener. Ein Blick in die empirischen Studien zeigt nämlich, daß im wesentlichen methodenimmanentkongruent ausgewertet wird; nur in einer Minderzahl werden qualitative Untersuchungen auch quantitativ und quantitative auch qualitativ analysiert.

Will man einen gemeinsamen Nenner der Absichten und Chancen multimethodischer Vorgehensweise herausfiltern, so könnte man sagen, daß die Triangulation letztlich auf der Prämisse beruht, daß mit ihrer Hilfe *Erkenntnisfortschritt* zu erzielen ist. Wie man zu diesem Erkenntnisfortschritt gelangt und welche Probleme damit verbunden sind, soll im weiteren diskutiert werden.

5.3. Methodologische Probleme

Wie ist nun der angestrebte Erkenntnisgewinn durch Triangulation zu erzielen? Diese Frage wollen wir durch eine einfache theoretische und – zugegebenermaßen - simplifizierende Betrachtung zu beantworten versuchen. Unterstellen wir, daß ein qualitatives und quantitatives Vorgehen gewählt wurde, wobei die engere Wahl der Methoden ebenso wie die der Population, der Auswertungstechniken etc. außer Betracht bleiben soll. Multimethodische Untersuchungen können dann – abstrakt betrachtet – zu drei Ergebnissen führen: zu übereinstimmenden, zu sich ergänzenden und zu widersprüchlichen Befunden. Die scheinbar einfachste Situation ist die, daß die Resultate quantitativer und qualitativer Erhebung und Analyse sich entsprechen, also konvergieren. Am schwierigsten ist der Fall, wenn sich die Befunde widersprechen, denn dabei taucht das Problem auf, welche Erkenntnisse einen abgesicherteren Stellenwert haben. Obgleich diese Frage nur gegenstands-, theorie- und methodenbezogen beurteilt werden kann, wird man unterstellen dürfen, daß im Regelfall eine methodologische und dezisionistische - weil Wissenschaftstheorie immer auch ein normatives Element enthält – Prioritätensetzung seitens des Forschers dieser Entscheidung vorgelagert ist. Damit jedoch würde die oben vorausgesetzte Prämisse der prinzipiellen Offenheit gegenüber der Methodologie ad absurdum geführt.

Nehmen wir gleichwohl eine vornehmlich gegenstands-, theorie- und methodenbezogene Entscheidung an, so bleibt die grundsätzliche und erkenntnistheoretische Problematik bestehen, daß übereinstimmende Befunde offenbar als akzeptierbar, divergierende Resultate aber als widersprüchlich betrachtet werden; auf der Basis der zweiwertigen Logik kann jedoch nur ein Ergebnis richtig sein.

Stellen wir bei dem Einsatz qualitativer und quantitativer Methoden übereinstimmende (kongruente) Ergebnisse fest, so wächst unser Vertrauen in die Brauchbarkeit der Befunde ganz erheblich. Wir sind geneigt, davon auszugehen, daß die Erkenntnisse zuverlässig und gültig sind und wohl nicht auf methodischen Artefakten beruhen. Diese Schlußfolgerung ist aber nicht zulässig: Auch zwei übereinstimmende Befunde erhalten durch die Übereinstimmung keinen höheren Wahrheitsgehalt; sie können gleichwohl beide falsch sein. Ist also diese Konvergenztheorie der Triangulation problematisch, so bietet sie unter wahrscheinlichkeitstheoretischen Gesichtspunkten durchaus eine Chance: Die Wahrscheinlichkeit dafür, daß zwei gleichlautende Erkenntnisse auf der Basis unterschiedlicher Methoden gleichsinnig falsch sind, ist aufgrund der wahrscheinlichkeitstheoretisch geforderten multiplikativen Verknüpfung sehr gering, wenngleich ein solches Ereignis selbst nicht auszuschließen ist. Die im Alltag so bedeutsame Beweisführung der Übereinstimmung erhält also logisch, wahrscheinlichkeitstheoretisch und in der Folge wissenschaftstheoretisch einen anderen Status.

Beziehen wir zudem die früher angestellten wissenschafts- und erkenntnistheoretischen Überlegungen – wonach die Realität auch durch unsere Beobachtungen und Beobachtungsmethoden erst konstituiert wird – mit ein, so werden übereinstimmende Ergebnisse unwahrscheinlich, wenn die Methoden von unterschiedlicher Qualität sind. Kongruente Befunde werden von daher nur selten zu erwarten sein.

Verwendet man jedoch einen anderen Konvergenzbegriff, nicht im Sinne von Deckungsgleichheit, sondern im Sinne von *Komplementarität* – bildlich gesprochen etwa im Sinne eines Puzzles oder der beiden unterschiedlichen Seiten einer Medaille –, so bedeutet Konvergenz, daß sich die Erkenntnisse ineinander fügen, sich ergänzen, auf einer Ebene liegen, aber nicht kongruent sein müssen.

Dies macht deutlich, daß Erwartung und Beurteilung der Konsistenz multimethodischer Befunde selbst auf einer metatheoretischen, vorgelagerten Konsistenz- oder Konvergenzannahme beruhen. Nun erscheint diese Konvergenztheorie zunächst einmal ebenso unbegründet, wie die im Rahmen der quantitativen Sozialforschung etwa beim Interview praktizierte Kontrollfragentheorie: Gerade wenn man weiß, daß das Antwortverhalten situativ determiniert ist, ist ja eben nicht zu erwarten, daß auch die in einer anderen Situation gestellte Kontrollfrage die gleichen „konsistenten" Antworten provoziert. Von daher mögen konvergente Feststellungen multimethodischer Art eben auch Artefakte sein. Dies gilt insbesondere dann, wenn man unterstellt, daß sowohl bei quantitativen als auch bei qualitativen Daten ein gewisser Interpretationsspielraum besteht, der natürlich allzu gerne im Sinne von Konsistenz genutzt (um nicht zu sagen mißbraucht) wird.

Gilt die Prämisse der methodeninduzierten Erkenntnis, so ist die Wahrscheinlichkeit dafür, daß divergierende und nicht kompatible Befunde erzielt werden, größer als die für konsistente Ergebnisse. Dies schafft für den Forscher und die ihn kontrollierende scientific community eine Vielzahl von Problemen.

Eine erste Frage ist die, ob durch verschiedene Methoden gewonnene Erkenntnisse *gleichgewichtig* behandelt werden sollen. Aufgrund der eingangs gemachten Voraussetzung, wonach eine prinzipielle Offenheit gegenüber den Methoden existieren müsse, um eben Triangulation zu praktizieren, wäre dies der einfachste Weg und die notwendige Folge davon. Im übrigen ist dies auch das Verfahren mit den wenigsten spezifischen Voraussetzungen. Tatsächlich jedoch wird eine gleichgewichtige Behandlung weder seitens des Forschers noch von der scientific community, noch durch die allgemeine Öffentlichkeit vorgenommen werden. Vor den substantiellen, inhaltlichen Ergebnissen liegen immer schon die methodologischen und wissenschaftstheoretischen Vorentscheidungen darüber, welche Aussagen als abgesicherter, brauchbarer, reliabler und valider gelten. Auch der multimethodisch vorgehende Forscher wird entsprechende Prioritäten setzen. Er wird also implizit eine Gewichtung vornehmen, die aber im Sinne von Intersubjektivität möglicherweise nicht allgemein geteilt wird und evtl. nicht nachvollziehbar ist, wenn sie überhaupt explizit gemacht wurde. Es werden also eher persönliche Präferenzen für eine Gewichtung entscheidend sein als methodologische Gütekriterien, die es ja hierfür nicht gibt. Statistische Tests im Sinne eines Alternativenkonstruktes zwischen Methoden und deren Erkenntnissen sind nicht verfügbar.

Verläßt man die zweiwertige Logik, wonach bei sich widersprechenden Ergebnissen nur eines davon richtig sein kann, so besteht der denkbare Erkenntnisfortschritt durch die multimethodische Vorgehensweise bei divergierenden Resultaten darin, daß möglicherweise komplexere, der sozialen Realität angemessenere Erklärungen gefunden werden. Eventuell werden neue Bezugssysteme, zusätzliche Aspekte, im quantitativen Sinne vielleicht auch multivariate und eher modellhafte Erklärungen gesucht – und vielleicht sogar gefunden. Gerade divergierende Resultate können die Suche nach alternativen Erklärungen für ein Phänomen beschleunigen und damit befruchtend wirken. Allerdings gibt es hierfür keine allgemeine und allseits geteilte Methodologie. Treten Dissense auf, so werden etwa ad-hoc-Erklärungen hierfür angeboten, die aber einen methodisch und theoretisch anderen Charakter (beobachtungsfremd) haben als die empirischen Ergebnisse selbst. Ex-post-Erklärungen stellen aber implizite Theorien dar, die in ihrem Status unsicher sind. Auch die konstruktivistische Position *Holzkamps* (1972), die man heranziehen könnte, um Störvariablen zu benennen, die für die empirische Divergenz verantwortlich sein könnten, basiert möglicherweise auf einer impliziten Präferenz eigener theoretischer Vorstellungen und birgt damit die Gefahr einer *Kritikimmunisierung*.

Sich widersprechende oder mindestens nicht kompatible Erkenntnisse werden im Regelfall dazu führen, daß gerade die Unterschiede zum Gegenstand weiterer theoretischer und/oder empirischer Untersuchungen gemacht werden. Der Versuch, die festgestellten Differenzierungen erklärend in den Griff zu bekommen (durchaus in dem eben noch kritisierten Sinne, sie konvergent – etwa durch eine übergeordnete Theorie – zu machen), ist im Blick auf den Erkenntnisfortschritt positiv zu werten. Andererseits jedoch liegen diesen Überlegungen konkurrierende, theoretische Vorstellungen und empirische Befunde zugrunde, deren immanente Schlüssigkeit und Überzeugungskraft ebenso wie die methodologischen Prämissen als Voraussetzungen in ihre Existenz und Evaluation einfließen.

Da man offenbar mit widersprüchlichen Befunden nur schwer leben kann, führen solche zu weitergehenden empirischen Untersuchungen – sei es durch denselben oder durch andere Forscher. Dies kann natürlich nur unter der Voraussetzung gelten, daß ausreichende Mittel zur Verfügung stehen. Bedenkt man aber die Forschungslandschaft und das forschungspsychologische Problem, widersprüchliche Daten in einem Forschungsbericht zu belassen, so erscheint es wahrscheinlicher, daß die Befunde eher artifiziell stimmig gemacht werden, indem man z. B. widersprüchliche Daten einfach wegläßt. Eine Kontrolle solcher Praxis ist ausgeschlossen. Ein zusätzliches Problem – insbesondere bei Auftragsforschung – besteht ja darin, daß schlüssige Erkenntnisse erwartet werden. Der Hinweis auf erforderliche Nachfolgestudien, um die Widersprüchlichkeiten auflösen zu können, dürfte die Geldgeber nicht gerade begeistern.

Mit der Reduzierung von kategorialer, standardisierter und quantitativer Großforschung und der stärkeren Zuwendung zu qualitativer Sozialforschung erlangt auch die Populationsauswahl weitergehende Bedeutung. Während bei den quantitativen Verfahren im Sinne von wahrscheinlichkeitstheoretischer bzw. statistischer Repräsentativität verfahren wird, fordert die qualitative Methode eine Verlagerung hin zu spezifischeren Gruppen, um diese einer weitergehenden und profunderen Analyse zu unterziehen. Das gemeinsame Praktizieren beider Methoden in einer Untersuchung bringt zwar den vorher angesprochenen Erkenntnisgewinn (soweit die Ressourcen für die Durchführung ausreichend sind), doch kann man sich gegen jede Kritik der Befunde damit immunisieren, daß man auf die unterschiedlichen Methoden und Populationen verweist. Sind einzelne Fälle in ihrer besonders tiefen theoretischen Durchdringung qualitativ anders zu werten als etwa bevölkerungsrepräsentativ quantifizierende Aussagen? Hier erscheint nicht nur die Vergleichbarkeit der Erkenntnisse gefährdet. Dezisionistisch entstandene methodologische oder praktische Präferenzen prädeterminieren die Bewertung.

Triangulation kann bei Vorliegen divergierender Erkenntnisse auch zu einer Theorienmodifikation oder einer Modellveränderung führen. Alte Theorien werden angepaßt oder neue entwickelt. Auch wenn damit zusätzliches Erklärungspotential geschaffen wird, bleibt ein grundsätzliches Problem bestehen: Wenn aufgrund multimethodischer Vorgehensweise divergierende theoretische Ansätze jeweils partiell bestätigt werden können, so kann darin mit *Sack* (1978) die nicht unerhebliche Gefahr eines Pluralismus des gleichzeitigen Nebeneinanders von Theorien gesehen werden, deren gesellschaftlicher und wissenschaftlicher Stellenwert nicht genau bestimmbar ist. Wenn aber ein mehr oder weniger unverbindliches Nebeneinander oder Gegeneinander verschiedener Theorien existiert, und dieses aufgehoben werden soll, so bedarf es einer Übereinkunft darüber, welche Kriterien heranzuziehen sind, um die Theorien hinsichtlich ihrer Brauchbarkeit, Nützlichkeit etc. zu beurteilen. Damit sind wir wieder auf die methodologischen Gütekriterien von Gültigkeit, Zuverlässigkeit, Generalisierbarkeit, Bewährungsgrad, Repräsentativität etc. verwiesen, deren inhaltliche Ausgestaltung auf die

Basismethodologie quantifizierender oder qualifizierender Forschung zurückgeht. Da solche Methodologien nicht verordnet werden können, und ein „freiwilliger" Konsens offenbar nicht möglich ist, mag das Nebeneinander von Theorien auf der Basis von Triangulation in der Tat als eklektizistischer Pluralismus erscheinen. Der Einsatz multimethodischer Verfahren kann aber auch zu einer Synthese oder Integration von Theorien führen. In diesem Sinne hätte methodologische Triangulation ihr Äquivalent in der theoretischen Triangulation. Hierin wäre eine große Chance zu sehen, wenngleich – wie viele Versuche zeigen – die vorliegende Methodologie hierfür nicht zureichend qualifiziert ist.

5.4. Methodologische Konsequenzen

Wir müssen davon ausgehen, daß es unterschiedliche Methodologien qualitativer und quantitativer Sozialforschung gibt. Triangulation bedeutet jedoch, beide Paradigmen nicht nur zuzulassen, sondern sie intra- und/oder interindividuell (im Rahmen eines Forschungsprojektes durch gleiche bzw. verschiedene Forscher) anzuwenden. Eine Gemeinsamkeit dieser sozialwissenschaftlich-methodologischen Paradigmen besteht in einem Mißverständnis: Die kritisch-rationale Methodologie glaubt sich an dem Standard der klassisch-mechanischen Naturwissenschaften orientieren zu müssen, um zu abgesicherten Erkenntnissen zu gelangen. Die interpretativ-hermeneutisch-phänomenologische Variante der Sozialwissenschaften akzeptiert diese Standards zwar für die Naturwissenschaften, verweist aber darauf, daß der sozialwissenschaftliche Objektbereich anderer Methoden bedürfe. „In beiden Fällen wurde ein Bild der Naturwissenschaften zugrunde gelegt, das heute weniger denn je stimmt" (*Bammé/Martens* 1985, S. 12).

Neben dieser Gemeinsamkeit im Mißverständnis dürfte von beiden Paradigmen auch anerkannt werden, daß „Forschung ein intersubjektiv-kollektiver Prozeß ist. Also muß es Regeln geben" (*Bammé/Martens* 1985, S. 12). Worin aber bestehen diese Regeln? Wir haben gesehen, daß es insoweit Gemeinsamkeiten zwischen Natur- und Sozialwissenschaften gibt, als das Beobachtete auch durch die Beobachtung und den Beobachter determiniert wird, was bedeutet, daß unsere Erkenntnisse methodenabhängig sind. Dies führt *Bammé* und *Martens* zu der Überzeugung, daß die *Aproximationstheorie der Wahrheit* nur insoweit gelten könne, als die Modellhaftigkeit von Theorie und Empirie Berücksichtigung findet: „In dieser erkenntnistheoretisch noch weitgehend ungeklärten Umbruchsituation scheint es uns sinnvoll, pragmatisch vorzugehen und Theorien vorläufig als kollektiv benutzte *konventionalistisch* festgelegte Modelle anzusehen, die *Sprachregelungen* für Aspekte z. B. der Natur darstellen. Diese Modelle haben keine Wahrheitswerte im überkommenen Sinne mehr. Sie entsprechen auch keinem Naturgesetz, bzw. wir wissen nicht sicher, ob es eine Entsprechung gibt. Es ist auch nicht wichtig, so lange die Modelle ihren *Zweck* erfüllen. Wissenschaft wird damit zu einem *pragmatischen* Unternehmen" (*Bammé/Martens* 1985, S. 13).

Hypostasiert man diese wissenschaftstheoretische Auffassung, so erhalten die entwickelten Probleme und Kritikpunkte der Triangulation einen etwas anderen Stellenwert. Nicht die Übereinstimmung von Theorie und Empirie wird zum Kriterium der Beurteilung – was ja bisher schon umstritten war -, sondern wissenschaftlicher Fortschritt besteht in der Entwicklung und Akkumulierung neuer Theorien – quasi unabhängig von ihrem methodologischen Status. Der Schritt zur These vom „anything goes" bzw. „against method" scheint allerdings bei dieser Position nicht mehr weit zu sein.

Akzeptiert man die gerade grob skizzierte wissenschaftstheoretische Position, so würde man die Triangulation als multimethodologisches und multimethodisches Vorgehen favorisieren müssen, weil sie zu weitergehenden Erkenntnissen in Breite und/oder Tiefe führt. Eine solche wissenschaftstheoretische Argumentation scheint allerdings nicht ganz zureichend, weil wichtige Voraussetzungen keine Berücksichtigung finden.

1. Multimethodische Vorgehensweise kann ebenso wie unimethodisches Vorgehen dann nutzlos werden, wenn mit ihrer Hilfe die falsche Fragestellung analysiert wird. Wenn also das Forschungsvorhaben nicht ausreichend theoretisch und konzeptionell abgeklärt ist, werden die Ergebnisse in jedem Fall unzureichend sein.

2. Triangulation kann auch benutzt werden, um eigene persönliche Vorstellungen zum Gegenstand bzw. zur Methode zu legitimieren. So muß man manchmal den Eindruck haben, daß die multimethodische Vorgehensweise zu einer forschungs- und finanzierungstaktischen Modeerscheinung ohne ernsthafte wissenschaftliche Überzeugung geworden ist, die es ermöglicht, eher finanzielle Mittel, wissenschaftliche Reputation etc. zu erlangen. Auch im Rahmen multimethodischen Vorgehens müssen die einzelnen Methoden dem Untersuchungsgegenstand angemessen sein.

3. Akzeptiert man gewisse Regeln im Forschungsprozeß, etwa die intersubjektive Nachprüfbarkeit in Durchführung, Auswertung und Interpretation von Untersuchungen, so muß natürlich konzediert werden, daß die Replizierung von multimethodischen Studien ausgesprochen schwierig ist. Das hängt vermutlich sehr stark damit zusammen, daß die Analysemethoden im Bereich der qualitativen Sozialforschung – trotz aller interessanten und intensiven Versuche – noch nicht den Status – im Vergleich zu den quantitativen Methoden – genießen, der ihnen in vielen Fällen aber zukommen kann und sollte.

4. Multimethodische Vorgehensweise ist kein Wert an sich; so kann eine Einzelmethode tatsächlich angemessener, brauchbarer und sinnvoller sein, eine konkrete Fragestellung zu beantworten.

5. Daraus läßt sich ableiten, daß Triangulation nicht notwendigerweise für jede Fragestellung eine angemessene Methode darstellt. So können etwa Zeitprobleme, Kostenprobleme, also eher pragmatische und Praktikabilitätsgesichtspunkte, entgegenstehen.

Gewiß erscheint „jedwede Kombination von Methoden begrüßenswert. Allerdings sollte man weder erwarten, daß interpretatives Vorgehen ‚dasselbe Ergebnis' zeitigen wird, wie ein quantifizierendes, noch auch, daß sich auf diese Art eindeutig entscheiden lassen werde, welches das ‚bessere' Verfahren sei" (*Köckeis-Stangl* 1980, S. 363). Andererseits jedoch kann ein solcher Ansatz – geradezu strukturell angelegt – zu erheblich divergierenden und heterogenen Resultaten führen. Für diese Fälle gibt es eine Vielzahl von methodologischen Problemen, die bislang nicht gelöst erscheinen.

Gleichwohl ist zusammenfassend und abschließend die Generalthese, daß multimethodisches Vorgehen (bei evtl. gleichzeitig praktizierter multitheoretischer Orientierung) Hoffnungen auf ein breiteres und profunderes Erkenntnispotential nährt, das sich nicht zuletzt aus dem zusätzlichen Einsatz qualitativer Methoden ergibt.

6. Ausblick

Der Ausblick soll mit einem Rückblick beginnen: Wir haben versucht, die qualitative Sozialforschung in ihren methodologischen Grundlagen zu charakterisieren; zur besseren Kontrastierung wurde die traditionelle quantitative Sozialforschung gegenübergestellt. Als Rekapitulation geben wir unter Bezugnahme auf zentrale Dimensionen eine letzte tabellarische Gesamtschau der zwei Positionen.

	quantitative Sozialforschung	qualitative Sozialforschung
Grundorientierung	naturwissenschaftlich	geisteswissenschaftlich
zuordenbare wissenschaftstheoretische Positionen	Kritischer Rationalismus logischer Positivismus Instrumentalismus	Hermeneutik Phänomenologie
Empirieform	„Tatsachenempirie"	„Totalitätsempirie" (monographisch)
Erklärungsmodell	kausal und/oder funktionalistisch	historisch-genetisch
Wissenschaftstheoretische Implikationen und Konsequenzen	Ziel der Werturteilsfreiheit wissenschaftlicher Aussagen	Ablehnung des Werturteilfreiheitspostulats
	Konvergenz- und Korrespondenztheorie der Wahrheit	Konsensus- und Diskurstheorie
	Trennung von Entdeckungs-, Begründungs- und Verwertungszusammenhang	Verschränkung von Entdeckung und Begründung; Plausibilitätsannahmen treten an die Stelle systematischer Beweisführung
	Empirische Sozialforschung zum Zwecke der Theorieprüfung	Sozialforschung als Instrument der Theorieentwicklung
	theoretisches und technologisches Erkenntnisinteresse	kritisch-emanzipatorisches, praktisches Erkenntnisinteresse
	Trennung von common sense und Wissenschaft	Ähnlichkeit von Alltagstheorien und wissenschaftlichen Aussagesystemen

Abbildung 19: Idealtypischer Vergleich zwischen quantitativer und qualitativer Sozialforschung

	quantitative Sozialforschung	qualitative Sozialforschung
Wirklichkeits-verständnis	Annahme einer objektiv und autonom existierenden Realität (vgl. Poppers Drei-wellentheorie), aber nur für die kritischen Rationalisten, nicht für die Instrumentalisten bedeutsam	Annahme einer symbo-lisch strukturierten, von den sozialen Akteuren interpretierten und damit gesellschaftlich kon-struierten Wirklichkeit
	Abbildfunktion der Wis-senschaft; diese dient der kognitiven Struktu-rierung und Erklärung der als objektiv existent angenommenen Welt	Wissenschaftliche Aussagen nicht als Abbildung der Realität, sondern als Deskription der Konstitutionsprozesse von Wirklichkeit
Methoden-verständnis	Autonomisierung und Instrumentalisierung des methodischen Apparats	Dialektik von Gegen-stand und Methoden
	„harte" Methoden: standardisiert	„weiche" Methoden: nicht-standardisiert
	statistisch	quasi-statistisch
Gegenstands-bereich	Wirkungs- und Ursachen-zusammenhänge, Funk-tionszusammenhänge	Regularitäten des Handelns und der Interaktion (Deutungs- und Handlungsmuster); Konstruktionsprinzipien der Wirklichkeitsdefinition
	Konzeption der Gesellschaft als System	Konzeption der Gesellschaft als Lebenswelt
Forschungslogik	Deduktion (Induktion)	Induktion, Abduktion
	analytisch/abstrahierend	holistisch/konkretisierend
	Streben nach objekti-vierbaren Aussagen	Geltendmachung der Subjektivität
	Replizierbarkeit	Betonung des Singulären
	Generalisierung	Typisierung
	operationale Defini-tionen; Begriffsnomina-lismus	Wesensdefinitionen; wissenschaftliche Begriffe als Konstrukte ‚zweiter Ordnung'
Selbstverständnis der Sozialforscher	auf Unabhängigkeit be-dachter Beobachter und Diagnostiker gesellschaft-licher Verhältnisse	faktischer oder virtueller Teilnehmer; Advokat; Aufklärer

Abbildung 19

Absicht der Abbildung und der vorausgegangenen Überlegungen war, die Differenzierungen besonders deutlich werden zu lassen. Der Vergleich mußte deswegen notwendigerweise gelegentlich überzeichnet und idealtypisch vorgenommen werden. Dies mag den Eindruck beim Leser erweckt haben, als stünden sich die beiden Positionen völlig unversöhnlich, ja feindlich oder sich ausschließend gegenüber. In dieser apodiktischen Form trifft dies aber aus zwei Gründen nicht zu.

Einmal ist weder das qualitative noch das quantitative Paradigma ein monolithischer, homogener Block; paradigmaimmanent gibt es sehr wohl Nuancierungen und Differenzierungen, die eine tendenzielle Annäherung der Standpunkte keineswegs ausschließen.

Zum zweiten war unsere Darstellung der Positionen abstrakt und generalistisch gehalten, was sachnotwendig erscheinen mag, aber gleichzeitig die vorhandenen Gemeinsamkeiten vernachlässigt und die Unterschiede (als Gegensätze) unterstreicht. Die didaktischen Notwendigkeiten suggerieren aber ein idealtypisches Bild, das nicht immer realitätsgerecht ist.

Tatsächlich können die allgemein herausgearbeiteten Differenzierungen letztlich nur *gegenstandsbezogen* und orientiert an den jeweiligen *Erkenntnisinteressen* gemessen und beurteilt werden. Abstrakte Entscheidungen für ein und gegen das andere Paradigma mögen durchaus wissenschaftstheoretische Begründungen erfahren. Doch letztlich zeigt sich der Wert empirischer Untersuchungen an den durch sie bereitgestellten Erkenntnissen. Niemand wird bestreiten können, daß quantitative Methoden wichtige Befunde hervorgebracht haben, wie niemand die bedeutsamen Ergebnisse qualitativer Studien leugnen wollen wird. Selbst bei einer Differenzierung der „Brauchbarkeit" der empirisch gewonnenen Erkenntnisse in theoretisch, methodologisch-methodisch oder gesellschaftspraktisch hat diese Aussage Bestand.

Diese Feststellung erfährt ihre Konkretion und ihren „Beweis" aber erst dann, wenn man gegenstandsbezogen und an den Untersuchungsabsichten und -zielen Methode und Erkenntnis mißt. Deshalb wären wir mißverstanden, wollte man aus unseren Ausführungen die Schlußfolgerung ziehen, das eine Paradigma wäre „besser" als das andere. Vor- und Nachteile ergeben sich erst aus dem Bezug auf einzelne und konkrete Beurteilungsdimensionen. Diese Dimensionen mögen untereinander im Widerstreit liegen, sich gegenseitig in positiven und negativen Elementen kompensieren oder verstärken, weshalb die isolierte Betrachtung einzelner Aspekte wieder eine Verkürzung darstellen würde.

Dies führt uns zu der Einsicht, daß keine eindimensionalen, abstrakten Beurteilungen und Entscheidungen möglich und sinnvoll sind. Vielmehr muß konkret das Netzwerk von Erkenntnisziel, Gegenstand und Methode als Einheit gesehen werden, aus dem sich der mögliche Erkenntnishorizont definiert. Deswegen haben wir im Kapitel 5 für Triangulation (multimethodisches und/oder multitheoretisches Vorgehen) und prinzipielle Offenheit gegenüber allen Methoden plädiert, weil die Kombination von allgemeinen Stärken und Schwächen der Paradigmen unter bezug auf eine bestimmte Forschungsfrage den Erkenntnishorizont zu erweitern vermag.

Diese methodologische – und zugegebenermaßen wieder generalistische – Aussage erfährt eine Stütze, wenn man paradigmaimmament argumentiert: Kein dem qualitativen Paradigma verpflichteter Sozialforscher wird in Abrede stellen, daß mit dem narrativen Interview *andere* Erkenntnismöglichkeiten verbunden sind als mit der teilnehmenden Beobachtung. Kein quantitativ arbeitender Sozialforscher wird widersprechen, wenn behauptet wird, das standardisierte Interview eröffne *andere* Erkenntnisse als das Experiment oder eine quantitative Inhaltsanalyse. Nur wenn die Paradigmagrenzen mit den Erhebungsmethoden überschritten werden, entwickeln sich Vorbehalte oder Aversionen.

Um die methodologische Aussage, daß eine multimethodische Vorgehensweise auch paradigmaimmanent den Erkenntnisraum erweitert, zu stützen, müssen die in der qualitativen Sozialforschung praktizierten oder anwendbaren Methoden in ihrem jeweiligen Leistungspotential und ihren Einsatzmöglichkeiten – auf der Basis ihrer methodologischen Voraussetzungen, die wir uns mit diesem Band I erarbeitet haben – bekannt sein. Deshalb wird sich der Band II mit den Methoden der qualitativen Sozialforschung zu beschäftigen haben.

Glossar

Ätiologisch
Nach Ursachen forschend.

Angemessenheit
Gütekriterium; wissenschaftliche Begriffe, Theorien und Methoden sind dann angemessen, wenn sie dem Erkenntnisziel des Forschers und den empirischen Gegebenheiten gerecht werden.
Literatur: *Kreckel* 1975

Auswahl, gezielte
Auswahl unter den für die Theoriebildung wichtigen Aspekten, d. h. aus theoretischen Vorüberlegungen heraus.
Gegensatz: → *Zufallsauswahl*

Auswertungsobjektivität
A. ist dann gegeben, wenn verschiedene Forscher bei gleichen Tests und gleichen Probanden zu gleichen Auswertungsergebnissen gelangen.

Bedeutungsäquivalenz
Annahme, daß bestimmte Stimuli (z. B. Fragen) von verschiedenen Personen (z. B. Befragten) in derselben, vom Forscher unterstellten Bedeutung verstanden werden. Bei standardisierten Befragungen in unterschiedlichen sozio-kulturellen Milieus kann die B. mancher Begriffe nicht vorausgesetzt werden.

Begriffe erster Ordnung
Alltagsbegriffe

Begriffe zweiter Ordnung
Wissenschaftlich-theoretische Begriffe

Begriffsrealismus
Auffassung, daß Universalien wie Eigenschaften, Farben etc. real existieren, den Wahrnehmungen vorausgehen und unabhängig vom Erkennenden sind.

Begründete Theorie
→ *Theorie, datenbasierte*

Begründungszusammenhang
Nach Auffassung der konventionellen Sozialforschung gilt eine Aussage als wissenschaftlich, wenn sie im Begründungsverfahren standgehalten hat (Hypothesenprüfung) → *Gewinnungs-* und → *Verwendungszusammenhang* sind irrelevant.

Beobachtung, teilnehmende
Form der Beobachtung, bei der der Beobachter an den Aktivitäten der beobachteten Gruppe teilnimmt, wobei das Ausmaß der Teilnahme von bloßer sichtbarer Anwesenheit bis zur Identifikation und Übernahme von Rollen der untersuchten Gruppe variieren kann. Das Problem für den Forscher besteht darin, einerseits von der Gruppe akzeptiert zu werden und andererseits auch die nötige Distanz herstellen zu können.
→ *going native*
Literatur: *Girtler* 1980, 1984

Biographie
Gesamtheit sozialwissenschaftlicher Forschungsansätze, deren Datengrundlage Lebensgeschichten, Darstellungen der Lebensführung und der Lebenserfahrung aus der Perspektive desjenigen, der sein Leben lebt, sind.
Literatur: *Fuchs* 1984

Chicago-Schule
Soziologische Theorieschule, deren Vertreter (z. B. *G. H. Mead, R. E. Park*) vor allem an der Universität von Chicago in den 20er und 30er Jahren tätig waren. Ein Hauptschwerpunkt ihrer Arbeit war die Darstellung und Erklärung der Persönlichkeitsentwicklung als Prozeß.
→ *Interaktionismus, symbolischer*
Literatur: *Helle* 1977

Construct validity
→ *Konstruktvalidität*

Criterion validity
Verfahren der Gültigkeitsprüfung durch
Heranziehung eines Außenkriteriums, das
mit dem zu messenden Merkmal in einer
engen Beziehung steht.
Literatur: *Lamnek* 1980, S.109

Datenqualitätsindex
Index zur Beurteilung der Zuverlässigkeit
qualitativ gewonnener Daten, bestehend aus
einer Liste möglicher Störeinflüsse wie Ethnozentrismus, Überidentifikation etc.
Literatur: *McCall* 1979

Deduktion
Ein Verfahren der Schlußfolgerung; von ei-
nem allgemeinen Satz ausgehend, werden
Einzelaussagen abgeleitet.
Gegensatz: → *Induktion*

Definition der Situation
Um das Handeln von Personen verstehen zu
können, komme es nicht so sehr auf die
objektiven Bedingungen an, sondern auf die
Bedeutung, die diese objektiven Bedingungen für sie haben. Die Situationsdefinition
ist dabei keine rein individuelle Angelegenheit, sondern zum großen Teil sozial nor-
miert (z. B. schichtspezifisch oder subkultu-
rell).
→ *Thomas-Theorem*

Differenz, hermeneutische
Differenz zwischen dem Verständnis eines
Textes durch dessen Autor und dem eines
anderen Verstehenden. Da eine vollständige
Kongruenz nicht herstellbar ist, gilt die hermeneutische Differenz als Strukturelement
hermeneutischen → *Verstehens.*

Diskurs
Auseinandersetzung, Gespräch

Durchführungsobjektivität
Unabhängigkeit der Untersuchungsergebnisse von bewußten oder unbewußten Verhaltensweisen des Durchführenden im Verlauf der Untersuchung.

Eidos
Wesen

Einstellung, natürliche
→ *Epoché,* erste
Literatur: *Danner* 1979

Einstellung, phänomenologische
Die durch die erste → *Epoché* gewonnene
natürliche Einstellung wird durch eine zweite Reduktionsstufe (phänomenologische
Reduktion) zur phänomenologischen Einstellung. Die natürliche Einstellung erscheint dabei durch das Prisma des Bewußtseins.
Literatur: *Danner* 1979

Einzelfallanalyse
Untersuchung, die sich auf die detaillierte
Analyse einer Einheit (Person, Organisa-
tion, Gemeinde usw.) beschränkt.

Emergentismus
Auffassung, daß es verschiedene Wirklich-
keitsebenen gibt (bzw. verschiedene Ebenen
eines Systems) und mit dem Übergang von
einer Ebene zu anderen neue Erscheinungen
auftreten, die nicht auf Eigenschaften der
darunterliegenden Ebene zurückführbar
sind (Gruppenleistung kann z. B. nicht aus
den Eigenschaften der Mitglieder erklärt
werden).
Gegenposition: → *Reduktionismus*

Empirismus
Philosophische Richtung, die allein von der
Erfahrung (und nicht von der Vernunft) als
Quelle des Wissens ausgeht. Im Unterschied
zum kritischen → *Rationalismus* soll vom
Wahrnehmbaren durch → *Induktion* auf all-
gemeine Gesetzmäßigkeiten geschlossen
werden.
→ *Positivismus*
→ *Sensualismus*

Epoché, erste
Reduktionsstufe von der theoretischen Welt
zur Lebenswelt: Erkennen und Einklammerung verfälschenden Vorwissens und Voreingenommenheiten. Ziel ist das Vordringen
zu einer vorurteilsfreien, natürlichen Einstellung.
→ *Phänomenologie*
Literatur: *Danner* 1979

Erkenntnistheorie
Die E. beschäftigt sich mit der Frage der (wissenschaftlichen, vorwissenschaftlichen, unwissenschaftlichen) menschlichen Erkenntnis; sie ist der → *Wissenschaftstheorie* vorgelagert.
Literatur: *Lamnek* 1980, S. 4

Erklären
Suche nach „kausalen" Beziehungen zwischen beobachtbaren Erscheinungen, wobei man sich → *nomothetischer* Aussagen bedient.

Ethnomethodologie
Forschungsrichtung zur Erfassung der alltagsweltlichen Methoden, „... mit denen die Gesellschaftsmitglieder die tagtäglichen Routineangelegenheiten ihrer Handlungs- und Interaktionspraxis, einschließlich der Praxis wissenschaftlichen Handelns, zu bewältigen suchen und diese Bewältigung einander wechselseitig als normal anzusinnen und zu vermitteln trachten ... um (auf) die universellen Weisen, in denen die Gesellschaftsmitglieder auf die soziostrukturell institutionalisierten Wissensbestände ... zurückzugreifen, diese situationsspezifisch anwenden und dabei in Ad-hoc-Strategien reinterpretieren" (*Fuchs* u. a. 1973, S. 185).
Literatur: *Garfinkel* 1967

Ethnozentrismus
Tendenz, Eigenschaften (Werte, Normen, Einstellungen) der eigenen (ethnischen) Gruppe gegenüber den Eigenschaften anderer Gruppen besonders hervorzuheben und als Bezugssysteme zur Beurteilung anderer Gruppen heranzuziehen, so daß diese als defizitär erscheinen.

Existenzaussage
Aussage in der Form „Es gibt (mindestens) ein (mehrere) X, für das (die) gilt, daß ...".
E.n können verifiziert, aber nicht falsifiziert werden.

Experiment
Wissenschaftliche Methode, bei der bestimmte Sachverhalte und ihre Veränderungen unter vom Forscher kontrollierten und variierten Bedingungen planmäßig beobachtet werden. Wesentliche Kriterien sind willkürliche Herstellbarkeit der experimen-

tellen Situation, durch Manipulation der unabhängigen Variablen, die Wiederholbarkeit der Durchführung sowie die Variierbarkeit der experimentellen und situativen und die Kontrolle der experimentellen Bedingungen.
→ *Feldexperiment*

Expertenvalidität (expert validity)
Verfahren der Gültigkeitsprüfung eines Erhebungsinstruments aufgrund des Urteils von „Experten".
Literatur: *Lamnek* 1980, S. 109

Explikation
Erforschung unbekannter Lebensbereiche durch eine flexible Vorgehensweise, wobei die Ergebnisse über Daten und Zusammenhänge einschließlich der dazugehörigen methodischen Schritte schon während der Untersuchung ständig reflektiert und korrigiert werden.

External coherence
→ *Stimmigkeit, äußere*

Face validity
(Subjektives) Verfahren der Gültigkeitsprüfung aufgrund von Plausibilitätserwägungen.
Literatur: *Lamnek* 1980

Falsifikationsprinzip
Prinzip der Forschungslogik im kritischen → *Rationalismus*, wonach Aussagen so formuliert sein müssen, daß sie durch die Erfahrung widerlegt werden können. Das Falsifikationsprinzip besagt weiter, daß Aussagen nicht empirisch verifiziert, sondern nur falsifiziert werden können. Solange Hypothesen kritischer Prüfung standgehalten haben, gelten sie als bewährt.
Literatur: *Popper* 1984

Feinanalyse
Verfahren innerhalb der objektiven → *Hermeneutik* zum Nachvollzug des Reproduktionsprozesses latenter → *Sinnstrukturen*.
Literatur: *Oevermann* u. a. 1979a

Feldexperiment
→ *Experiment* in einer natürlichen Situation, in der der Forscher einen oder mehrere Einflußfaktoren unter kontrollierten Bedingun-

gen manipuliert. Die größere Lebensnähe und damit → *Gültigkeit* geht zulasten von Präzision und → *Zuverlässigkeit*.
Literatur: *Bungard/Lück* 1974

Feldforschung
Aus der Ethnologie und Kulturanthropologie stammende Methode, Gruppen in ihrer natürlichen Lebenssituation zu untersuchen, wobei der Forscher in der Regel darauf achtet, keine Eingriffe und aktiven Beeinflussungsversuche vorzunehmen.
→ *Beobachtung, teilnehmende*
Literatur: *Fischer* 1985, *Girtler* 1984, *Schweizer* 1982

Fidelität
Beurteilung der Güte von Daten in Bezug auf das zu lösende Problem.
Literatur: *Bogumil/Immerfall* 1985

Forschungsartefakte
→ *Meßrtefakte*

Fremddefinition
Zuschreibungen bestimmter Eigenschaften durch andere. F.n können integraler Bestandteil des Selbstbildes einer Person werden.

Geist, objektiver
Gemeinsames, verbindendes Drittes, an dem die konkreten Einzelmenschen mehr oder weniger alle Anteil haben. Er ist Voraussetzung dafür, daß Verstehen zwischen Menschen möglich ist.
Literatur: *Danner* 1979

Generalisierbarkeit
1. Kann man von Stichprobenwerten auf die Parameter der Grundgesamtheit schließen?
2. Kann man von Teilen auf das Ganze schließen (etwa von einzelnen Merkmalen auf eine bestimmte Struktur)?
3. Kann man von räumlich und/oder zeitlich eingeschränkten Aussagen auf Allgemeingültigkeit schließen?

Gewinnungszusammenhang
Verfahren der Gewinnung wissenschaftlicher Aussagen. Nach konventionellem Wissenschaftsverständnis ist der Gewinnungszusammenhang (Hypothesenfindung) irrelevant.

Going native
→ *Überidentifikation*

Grounded theory
→ *Theorie, datenbasierte*

Gruppendiskussion
(Interview)Methode, bei der mehrere Personen gleichzeitig befragt werden. Das Ziel besteht u. a. darin, Gruppenprozesse zwischen den Befragten zu initiieren und zu untersuchen.
Literatur: *Mangold* 1960

Gültigkeit
Maß für die Übereinstimmung des durch ein Meßverfahren Erfaßten mit dem theoretisch gemeinten Objektbereich.
Literatur: *Lamnek* 1980

Gültigkeit, externe
a) in qualitativer Sozialforschung:
   Realitätsgehalt der Daten, die unter Anwendung bestimmter Erhebungsmethoden in einer bestimmten Erhebungssituation gewonnen werden.
b) in quantitativer Sozialforschung:
   Zusammenhang von Operationalisierung und tatsächlicher Realitätserfassung.

Gültigkeit, interne
a) in qualitativer Sozialforschung:
   intersubjektive Überprüfbarkeit (und damit → *Zuverlässigkeit*) der Erhebung
b) in quantitativer Sozialforschung:
   Zusammenhang von Theorie (bzw. Begriff) und dazugehöriger → *Operationalisierung*

Gültigkeit, ökologische
Gültigkeit im natürlichen Lebensraum der Untersuchten. Der Datenerhebungsprozeß ist dem jeweiligen Lebensraum möglichst gut anzupassen: bei der Dateninterpretation sind die Lebensbedingungen der Untersuchten weitgehend zu berücksichtigen.

Gütekriterien
→ *Angemessenheit*
→ *Generalisierbarkeit*
→ *Gültigkeit*
→ *Objektivität*
→ *Prognostizierbarkeit*

265

→ *Repräsentativität*
→ *Steuerbarkeit*
→ *Zuverlässigkeit*

Handeln, soziales
„Handeln, welches seinem von dem oder den Handelnden gemeinten Sinn nach auf das Verhalten anderer bezogen wird und daran in seinem Ablauf orientiert ist" (*Weber* 1976, S. 1).

Handlungskompetenz
Fähigkeit, in einer Vielzal von Situationen angemessen und überlegt zu handeln.

Hawthorne-Effekt
→ *Versuchspersonen-Effekt*

Hempel-Oppenheim-Schema
Deduktiv-nomologische Ableitung eines Satzes aus zwei vorgegebenen Prämissen.
Literatur: *Lamnek* 1980

Hermeneutik
Lehre von der Auslegung von → *Texten* und anderen (nichtsprachlichen) Manifestationen von Kultur.
Literatur: *Danner* 1979

Hermeneutik, dogmatische
Einschränkung der Textauslegung durch außertextliche Instanzen (z. B. Kirche, Partei)

Hermeneutik, objektive
Verfahren zur Auffindung objektiver Bedeutungsstrukturen konkreter Äußerungen (z. B. in einem narrativen → *Interview*) mittels eines Gruppenprozesses.
Literatur: *Oevermann* u. a. 1979a; *Oevermann* 1983

Heuristik
Verfahren der Erkenntnisgewinnung durch Hypothesen, Gedankenexperimente usw.

Hiatus
(Auseinander-)klaffen, Lücke, Sprung

Historismus
Philosophische Richtung, die das Wesen der menschlichen Existenz in der Geschichtlichkeit sieht und die geschichtliche Herkunft und Wandlung von Institutionen und Ideen hervorhebt.

Historizismus
Auffassung, wonach es historische Entwicklungsgesetze gibt, die sich für die Vorhersage und Gestaltung der Zukunft nutzen lassen (z. B. historischer Materialismus).

Holistisch
ganzheitlich

Homonym
Gleichlautend, aber von verschiedener Bedeutung, z. B. „Rolle" (Tapetenrolle, Soziale Rolle) oder „Stärke" (Kraft, Stärkemehl).

Hypostasieren
Ideen, Begriffe als Wirklichkeiten denken.

Hypothese
„Empirisch gehaltvolle Aussage, die einer Klasse von Einheiten bestimmte Eigenschaften zuschreibt oder gewisse Ereigniszusammenhänge oder -folgen behauptet, d. h. das Vorliegen einer Regelmäßigkeit im untersuchten Bereich konstatiert. Sie gilt stets nur vorläufig und muß so beschaffen sein, daß ihre Überprüfbarkeit durch Beobachtung und Experiment gewährleistet ist" (*Kern* 1982, S. 281).

Idealtypus
Eine vor allem von *M. Weber* entwickelte Form zur begrifflichen Erfassung sozialer Phänomene, indem man durch Absehen von Zufälligkeiten und peripheren Merkmalen und Konzentration auf und einseitige Übersteigerung von als wichtig angesehenen Aspekten zu einer Abstraktion gelangt, die als Hilfsmittel zur Theoriebildung dient (selbst aber noch keine Theorie ist).
→ *Verstehen*
→ *Reduktion, eidetische*

Idiographisch
Beschreibung des Individuellen, Singulären. Gegensatz: → *nomothetisch*

Indexikalität
Jede Bedeutung ist kontextgebunden und jedes Zeichen ist Index eines umfassenderen Regelwerkes. Damit verweist jede Bedeutung reflexiv aufs Ganze und wird nur durch den Rekurs auf den symbolischen oder sozialen Kontext seiner Erscheinung verständlich.

Indikator
Direkt beobachtbare Phänomene, die es gestatten, begründet auf nicht unmittelbar
wahrnehmbare Sachverhalte zu schließen.
Die Güte eines Indikators bemißt sich nach
dessen → *Gültigkeit* (Validität), d. h. inwieweit er das mißt, was er messen soll. Das
Problem besteht darin, daß die Gültigkeit
von theoretischen Vorannahmen bestimmt
wird, deren Richtigkeit nicht ohne weiteres
erwiesen ist und die selektiv und unvollstän-
dig sein können.
→ *Operationalisierung*
Literatur: *Prim/Tilmann* 1973

Induktion
Vorgehensweise, aufgrund von Einzelbeobachtungen auf eine diese erklärende Regel zu
schließen.
Gegensatz: → *Deduktion*

Induktion, analytische
Auswertungsverfahren für qualitative Daten, indem zunächst eine Hypothese formuliert, der Fall im Lichte dieser Hypothese
studiert und Hypothese oder Problem umformuliert werden, bis eine universelle Beziehung etabliert wird.
Literatur: *Bühler-Niederberger* 1985

Inhaltsanalyse (Aussagenanalyse)
Verfahren zur Erfassung feststellbarer Eigenschaften von Kommunikationsinhalten,
wobei sowohl der manifeste als auch der
latente Inhalt untersucht werden kann. In-
haltsanalysen können unter quantitativer wie
auch unter qualitativer Zielsetzung durchgeführt werden.

Innenperspektive
Sichtweise des Handelnden.

Inspektion
„Intensive, konzentrierte Prüfung des empi-
rischen Gehalts aller beliebigen analytischen
Elemente, die zum Zwecke der Analyse be-
nutzt werden, wie auch eine entsprechende
Prüfung der empirischen Beschaffenheit der
Beziehungen zwischen solchen Elementen"
(*Blumer* 1973, S. 126).

Intensivinterview
Offenes oder unstrukturiertes Interview. Die
Interaktion zwischen Interviewer und Be-
fragten ist frei von Antwortvorgaben und
einer festen Abfolge der Fragen.
→ *Interview*, narratives
→ *Tiefeninterview*

Intentionalität
Gerichtetsein auf etwas.
→ *Phänomenologie*

Interaktion
wechselseitiges, aufeinanderbezogenes Verhalten von Personen und Gruppen unter
Verwendung gemeinsamer → *Symbole*, wobei eine Ausrichtung an den Erwartungen
der Handlungspartner erfolgt.

Interaktionismus, symbolischer
Sozialpsychologisch orientierte Theorierichtung in der Soziologie, die von folgenden drei
Prämissen ausgeht:
1. Menschen handeln „Dingen" gegenüber
   auf der Grundlage der Bedeutungen, die
   diese Dinge für sie besitzen.
2. Die Bedeutungen dieser Dinge sind aus
   sozialen Interaktionen ableitbar.
3. Die Bedeutungen werden in einem interpretativen Prozeß, den die Person in ihrer
   Auseinandersetzung mit den ihr begegnenden Dingen benutzt, gehandhabt und
   abgeändert.
Literatur: *Blumer* 1973, *Helle* 1977, *Rose*
1967

Internal coherence
→ *Stimmigkeit, innere*

Interpretationsobjektivität
I. ist dann gegeben, wenn bei gleichen Untersuchungsresultaten verschiedene Forscher
zu denselben interpretatorischen Aussagen
gelangen.

Intersubjektivität
Die Forderung nach I. beinhaltet, Einflüsse
des Forschers und des Erhebungsinstru-
ments weitestgehend auszuschalten. Qualita-
tive Sozialforscher betonen dagegen, daß die
Involviertheit des Forschers eine notwendige
Bedingung des Forschungsprozesses sei.
In der Hermeneutik:

– notwendige Voraussetzung für Verstehen (gemeinsame Kultur)
– im Wesen der Untersuchungsobjekte liegend.

Interview, narratives
Form des Interviews, das darauf abzielt, den Befragten seine selbsterlebten Erfahrungen erzählen zu lassen, wobei es besonders auf die Erfassung seiner Relevanzgesichtspunkte ankommt. Der Interviewer soll dabei möglichst wenig, besonders in der Phase der Haupterzählung, eingreifen.
Literatur: *Schütze* 1976, 1983; *Witzel* 1982

Interview, standardisiertes
Eine mündliche Befragung, bei der Frageformulierung und Abfolge der formulierten Fragen genau vorgeschrieben wird. Abweichungen durch den Interviewer sind nicht gestattet, weil mit der Standardisierung gleiche Situationen für alle angestrebt werden, um eine maximale Vergleichbarkeit zu erzielen.

Invarianz
Unveränderlichkeit

Known-groups-Validity
Anwendung eines Meßverfahrens auf eine Gruppe, von der man die Verteilung der Ausprägungen des zu messenden Merkmals zu kennen glaubt. Bei Übereinstimmung der Meßergebnisse mit den als bekannt vorausgesetzten Informationen wird → *Gültigkeit* angenommen.
Literatur: *Lamnek* 1980, S. 109

Konsistenzmethode
Methode zur Beurteilung von → *Zuverlässigkeit*, wobei etwa ein Test in ebensoviele Elemente unterteilt wird, wie Items vorhanden sind.
Literatur: *Lamnek* 1980, S. 106

Konstruktionen zweiten Grades
(Wissenschaftliche) Konstruktionen, die auf solchen ersten Grades, d. h. auf Konstruktionen aufbauen, mit denen die Handelnden die gesellschaftliche Wirklichkeit schon vor und unabhängig von der wissenschaftlichen Untersuchung vorstrukturiert haben.
Literatur: *Dallmayr* u. a. 1977

Konstruktivismus
Wissenschaftstheoretische Richtung, die die vom Forscher ermittelten Daten nicht unabhängig von ihm, sondern durch seine Theorie und seine Meßinstrumente konstruiert betrachtet, d. h., daß die Daten keine unabhängige Prüfinstanz für die Theorie sein können.
→ *Falsifikationsprinzip*

Konstruktvalidität
Verfahren der Gültigkeitsprüfung, indem man Testergebnisse durch die Formulierung neuer oder Heranziehung vorhandener Hypothesen eine Theorie erklärt. Entsprechen die Resultate den theoretischen Überlegungen, so wird auf → *Gültigkeit* geschlossen.
Literatur: *Lamnek* 1980, S. 109

Konversationsanalyse
Forschungsschritt bei der Auswertung narrativer → *Interviews*.
Literatur: *Kallmeyer/Schütze* 1976

Konzepte, empfindsammachende
Bereits vorhandene vorläufige Konzepte, die den Forscher veranlassen, seine Aufmerksamkeit auf bestimmte Phänomene zu richten.
Literatur: *Glaser/Strauss* 1979

Kritischer Rationalismus
→ *Rationalismus, kritischer*

Kübelmodell
Das Kübelmodell bei der induktiven Hypothesenfindung betrachtet die Wahrnehmungen als Rohstoff, der einem Kübel von außen zugeführt wird und darin einer Art automatischer Verarbeitung (oder Verdauung) unterworfen wird – einer Art von systematischer Klassifikation. Theorie entsteht induktiv aus Beobachtungen.

Lebenswelt
Erfahrungsraum eines Individuums konstituiert durch Personen, Objekte und Ereignisse, denen es im Vollzug seines Alltagslebens begegnet.
Literatur: *Schütz* 1960

Leitfaden-Interview
Unstrukturiertes Interview, bei dem sich der Interviewer eines mehr oder weniger ausgearbeiteten Leitfadens zur Gestaltung des Interviews bedient.

Meßartefakte
Ungeplante und verzerrende Einflußfaktoren (z. B. Versuchspersonen- oder Versuchsleitereffekt).
→ *Reaktivität*
Literatur: *Kriz* 1981, *Webb* u. a. 1975

Meßniveau (Skalenniveau)
Meßeigenschaft einer Skala, wonach sich die für die Daten zulässigen Rechenoperationen ergeben. Man unterscheidet 4 Arten des Meßniveaus:
– Nominalskalen (z. B. Geschlecht)
– Ordinalskalen (z. B. Zeugnisnoten)
– Intervallskalen (z. B. Temperatur)
– Ratioskalen (z. B. Einkommen)
In den Sozialwissenschaften hat man es zumeist nur mit nominal- oder ordinalskalierten Merkmalen zu tun.

Methodendualismus
Auseinandersetzung um die für Sozial- und Kulturwissenschaften angemessene Methode.
→ *Erklären*
→ *Idiographisch*
→ *Nomothetisch*
→ *Positivismus*
→ *Rationalismus*
→ *Verstehen*

Methodenmix
→ *Triangulation*

Methodologie
Die M. als Anwendungsfall der → *Wissenschaftstheorie* beschäftigt sich mit der Frage, unter welchen Bedingungen wissenschaftliche Erkenntnis auf einem bestimmten Erkenntnis- und Objektbereich (also eine bestimmte Disziplin) bezogen möglich ist.
Literatur: *Lamnek* 1980

Middle-range theory
→ *Theorien mittlerer Reichweite*

Modell
Mehr oder weniger stark vereinfachte Darstellung von Sachverhalten und Prozessen unter bestimmten, interessierenden Gesichtspunkten. Die anhand des Modells gewonnenen Erkenntnisse werden durch Analogieschlüsse auf den entsprechenden Realitätsbereich übertragen und bedürfen einer empirischen Überprüfung.

Multimethodisch
→ *Triangulation*

Natural sociology
Soziologie, die sich „naturalistischer Untersuchungsmethoden" (→ *Feldforschung*) bedient und vor allem in der natürlichen Umwelt von Individuen oder Gruppen diese selbst untersucht.
Literatur: *Schatzmann/Strauss* 1973

Nominaldefinition
Definition durch die Einführung einer neuen sprachlichen Konvention. N.n können deshalb nie richtig oder falsch, sondern nur mehr oder weniger zweckmäßig sein.
Gegensatz: → *Realdefinition*

Nomologisch
Eine → *Hypothese* wird als n. (d. h. als Gesetzeshypothese) bezeichnet, wenn es sich um eine raum-zeitlich unbeschränkte Aussage handelt (z. B. "Alle Menschen sind sterblich"). Die meisten Hypothesen in den Sozialwissenschaften sind jedoch keine nomologischen Aussagen, sondern nur Quasi-Gesetze, d. h. sie weisen raum-zeitliche Einschränkungen auf.

Nomothetisch
allgemeingültig(e Gesetzesaussagen)
Gegensatz: → *Idiographisch*

Nullhypothese
→ *Hypothese*, die eine nur zufällige Beziehung zwischen Variablen (z. B. Einkommen und Parteipräferenz) unterstellt. Um die eigentlich interessierende Alternativhypothese (Es besteht eine Beziehung ...) zu bestätigen, muß ihre Widerlegung gelingen.
→ *Falsifikationsprinzip*

Objektiv
a) mit dem Objekt verbunden;
b) erkenntnismäßig bedeutsam für alle.

Objektivität
Zumeist in der psychologischen Forschung gebrauchter Begriff, der dreifach zu differenzieren ist:
- Durchführungsobjektivität
- Auswertungsobjektivität
- Interpretationsobjektivität
Auf allen drei Ebenen soll Unabhängigkeit von der Subjektivität des Forschers bestehen. O. ist notwendige Vorstufe für → *Zuverlässigkeit* und → *Gültigkeit*.

Offenheit
Grundprinzip der qualitativen Sozialforschung. O. bezieht sich dabei auf die Beziehung gegenüber den Untersuchungspersonen, der Untersuchungssituation und den Methoden.
Literatur: *Girtler* 1984

Operationalisierung (operationale Definition)
Definition eines Begriffs durch Angabe von Operationen (oder Techniken), mit deren Hilfe entscheidbar ist, ob das mit dem entsprechenden Begriff bezeichnete Phänomen vorliegt. Dabei stellt sich die Frage nach der → *Gültigkeit* der verwendeten → *Indikatoren* (Ist z. B. die Einstellung der Kommunikation mit einem Gruppenmitglied ein gültiger Indikator für die Bereitschaft zum Ausschluß dieses Mitglieds?).

Oral history
Erlebte Geschichte aus der Perspektive des erzählenden Subjekts.

Paradigma
a) allgemein: Beispiel
b) von *Kuhn* (1967) eingeführter wissenschaftshistorischer Begriff für eine klassische wissenschaftliche und von den Mitgliedern einer Disziplin als vorbildlich anerkannte Leistung, durch die eine wissenschaftliche Tradition begründet wurde (Beispiel: Kopernikanisches Weltbild). Häufen sich die Probleme („Anomalien"), die sich innerhalb des Paradigmas nicht lösen lassen, so kann es zu einer „Krise" und zum Auffinden eines neuen

Paradigmas kommen („wissenschaftliche Revolution").
Literatur: *Kuhn* 1967

Paralleltest
Methode zur Beurteilung der → *Zuverlässigkeit*, indem man für die zu messende Variable zwei unabhängig voneinander konstruierte Erhebungsinstrumente verwendet.
Literatur: *Lamnek* 1980, S. 106

Paraphrasierung
Erweiternde Umschreibung eines anders formulierten, aber gleichen Sachverhalts.

Phänomenologie
Lehre von den Erscheinungen. Im engeren Sinn versteht man darunter das durch keine ontologischen Voraussetzungen eingeschränkte Aufweisen von Gegebenheiten. Für die Sozialwissenschaften bedeutet dies das Bemühen um eine möglichst vorurteilslose Erfassung der sozialen Wirklichkeit.

Positivismus
Philosophische Richtung, die das unmittelbar Wahrgenommene und Wahrnehmbare als einzige sichere Erkenntnisgrundlage anerkennt.
→ *Sensualismus*
→ *Rationalismus, kritischer*

Positivismusstreit
Auseinandersetzung zwischen Vertretern der Kritischen Theorie und den Anhängern einer „neopositivistischen" Wissenschaftsauffassung über wissenschaftstheoretische und methodologische Bedingungen der Sozialwissenschaften.
Literatur: *Adorno* u. a. 1969

Präzision
Beurteilungskriterium für wissenschaftliche Theorien und Hypothesen bzw. die darin verwendeten Begriffe. P. bedeutet, daß intersubjektive Klarheit darüber besteht, welche Tatbestände unter den jeweiligen Begriff fallen.

Predictive validity
→ *Vorhersagegültigkeit*

Primärerfahrung
Wissenschaftlich nicht reflektierte, direkte Sozialerfahrung des Alltags.

Probabilistisch
Eine Aussage ist probalistisch, wenn ihre Richtigkeit nicht als sicher, sondern nur als (mehr oder weniger) wahrscheinlich angenommen wird. In den Sozialwissenschaften hat man es fast ausschließlich mit probabilistischen Aussagen zu tun.

Prognostizierbarkeit
Kann man aufgrund erhobener Informationen zukünftiges Verhalten vorhersagen? Trotz gültiger Daten kann die Vorhersage gefährdet sein: durch die Zeitspanne zwischen Datenerhebung, durch Veränderungen im sozialen Feld aber insbesondere auch durch Bekanntwerden der Prognose („selfdestroying prophecy").
→ *Prophezeihung, sich selbst erfüllende*
→ *Prophezeihung, sich selbst zerstörende*

Prophezeihung, sich selbst erfüllende
Eine im Nachhinein als falsch erkannte Prognose bzw. eine Theorie ruft durch ihr Bekanntwerden solche Reaktionen hervor, die die falschen Voraussetzungen zu bestätigen scheinen. Beispiel: Das Gerücht, daß eine Bank zahlungsunfähig sei, kann die Anleger veranlassen, ihre Guthaben abzuziehen, womit die ursprünglich solide Bank tatsächlich zahlungsunfähig wird.
→ *Prognostizierbarkeit*

Prophezeihung, sich selbst zerstörende
Die Veröffentlichung von Prognosen kann dazu führen, daß die – obgleich richtige – Prognose nicht eintrifft („self-destroying prophecy").
→ *Prognostizierbarkeit*

Quasi-Statistik
In einer qualitativen Untersuchung vorgenommene Aussagen über Häufigkeitsverteilungen und Korrelationen mit meist nur vorläufiger, spekulativer Bedeutung.
Literatur: *Barton/Lazarsfeld* 1979

Rationalismus, kritischer
Wissenschaftstheoretische Position, die von einer grundsätzlichen Skepsis gegenüber als absolut behaupteten Wahrheiten (wie z. B.

religiösen Heilslehren oder politischen Doktrinen) ausgeht, und Aussagen über die Realität nur dann als sinnvoll anerkennt, wenn sie so formuliert sind, daß sie prinzipiell durch die Erfahrung widerlegt werden können (→ *Falsifikationsprinzip*), was auch die Forderung nach intersubjektiver Überprüfbarkeit und Wertfreiheit einschließt.
Literatur: *Prim/Tilmann* 1973

Reaktivität
Modifikation des Untersuchungsphänomens durch den Meßvorgang. Während die R. im quantitativen Paradigma als auszuschaltende Störquelle erscheint, ist sie für den qualitativ orientierten Forscher konstitutiver Bestandteil des Forschungsprozesses.
Literatur: *Webb* u. a. 1975

Realdifinition
Definition eines Begriffs durch Aussagen über die Beschaffenheit des damit bezeichneten Gegenstands oder die Art seines Gebrauchs. Damit unterliegen Realdefinitionen dem → *Falsifikationsprinzip*.
Gegensatz: → *Nominaldefinition*

Reduktion, eidetische
Rückführung von der phänomenologischen → *Einstellung* zum → *Wesen* einer Sache durch Reflexion, indem das jeweils vorgegebene Phänomen frei variiert wird, um so das „Invariante" herauszufiltern.
→ *Phänomenologie*

Reduktion, phänomenologische
Von der natürlichen → *Einstellung* gelangt man durch eine weitere Reduktion, die phänomenologische R., zur phänomenologischen Einstellung. Bei der phänomenologischen R. erfolgt eine Distanzierung von der natürlichen Einstellung und das reflektierende Subjekt wird zum unbeteiligten Zuschauer seiner Denkerlebnisse.
Literatur: *Danner* 1979

Reduktionismus
Versuch, ein Phänomen durch den Rückgriff auf Annahmen zu erklären, die einen angeblich grundlegenderen Zusammenhang zwischen Merkmalen begründen, welche für den Untersuchungsgegenstand ursprünglich nicht als grundlegend angesehen wurden

271

(z. B. der Versuch, soziale Prozesse durch psychologische Theorien zu erklären). Gegenposition: → *Emergentismus*

Relevanz
Bedeutsamkeit

Reliabilität
→ *Zuverlässigkeit*

Redundanz
Überfluß (z. B. an Information)

Repräsentanz
Im Unterschied zur → *Repräsentativität* im statistischen Sinn kommt es bei der R. darauf an, daß typische Fälle erfaßt werden.

Repräsentativität
Eigenschaft von Zufallsstichproben, die die Struktur der Gesamtheit, aus der sie entnommen wurden, widerspiegeln. Schlüsse von einer → *Stichprobe* auf die Gesamtheit erfordern eine Zufallsauswahl, bei der sich der Stichprobenfehler berechnen läßt und bei der jedes Element die gleiche Chance hat, in die Auswahl zu gelangen.

Reziprozität (der Perspektiven)
Annahme, daß die Interaktionspartner in der Lage sind, sich gedanklich in die Positionen der jeweils anderen hineinzuversetzen.

Rosenthal-Effekt
→ *Versuchsleiter-Effekt*

Self-fulfilling prophecy
→ *Prophezeihung, sich selbst erfüllende*

Self-destroying prophecy
→ *Prophezeihung, sich selbst zerstörende*

Sensitizing concepts
→ *Konzepte, empfindsammachende*

Sensualismus
Form des → *Empirismus*, die als Erkenntnisquelle letztlich nur die Sinneswahrnehmungen anerkennt.

Sinnstrukturen, latente
Ergebnis des Wirkens des sozialen Unbewußten.
Literatur: *Oevermann* u. a. 1979a

Sinnverstehen, objektives
Verstehen eines Sachverhalts durch die Erfassung des Sinnzusammenhangs, in dem er steht (im Unterschied zum psychologischen → *Verstehen*). Es kommt also nicht darauf an zu versuchen, die Situation des Autors nachzuerleben, um zu verstehen, sondern den übergeordneten Sinnzusammenhang zu begreifen (z. B. die geistesgeschichtliche Situation eines literarischen Werkes).

Sozialforschung, qualitative
Sammelbezeichnung für Verfahren, die sich am interpretativen → *Paradigma* orientieren.
Literatur: *Girtler* 1984

Sozialforschung, quantitative
Sammelbezeichnung für Verfahren, die durch eine Orientierung am naturwissenschaftlichen → *Paradigma* charakterisiert sind.
Literatur: *Lamnek* 1980

Sozialisation, zweite
Prozeß, in dem der (Feld-)Forscher Werte, Normen und Rollen in der von ihm untersuchten Gruppe lernt.
→ *Beobachtung, teilnehmende*
→ *Feldforschung*
Literatur: *Girtler* 1984

Soziologie, interpretative
Grundannahme ist, daß es keine vorgegebenen Handlungs- und Deutungsmuster der Gesellschaftsmitglieder gibt, sondern daß diese stets von neuem durch Handeln und Deuten reproduziert und modifiziert werden müssen. Ziel einer interpretativen Soziologie ist die Dokumentation und Rekonstruktion sowie das → *verstehende* Nachvollziehen des Konstitutionsprozesses der sozialen Wirklichkeit.
→ *Ethnomethodologie*
→ *Interaktionismus, symbolischer*
Literatur: *Berger/Luckmann* 1974

Soziologie, verstehende
Theorieansatz in der Soziologie, der von der Deutung des von den Handelnden selbst gemeinten subjektiven Sinnes sozialen Verhaltens ausgeht.

Spirale, hermeneutische
Genau genommen erfolgt hermeutisches →
Verstehen nicht nach Art einer Zirkelbewegung, sondern spiralförmig, denn die Momente, zwischen denen Verstehen hin- und
herläuft, erfahren eine ständige Korrektur
und Verbesserung. Die zutreffendere Bezeichnung der Spirale hat sich bislang jedoch nicht durchgesetzt.
→ *Zirkel, hermeneutischer*

Split-half-Methode
→ *Testhalbierung*

Sprachanalyse, semantische
Versuch, das Wesentliche eines Phänomens
durch Untersuchung der Wortbedeutungen
sichtbar zu machen.

Statistical sampling
→ *Zufallsstichprobe*

Stichprobe
Herausgegriffene Teilmenge, von der man
auf die Gesamtmenge bzw. die darin herrschende Merkmalsverteilung schließen
kann.
→ *Repräsentativität*

Stimmigkeit
Vereinbarkeit von Zielen und Methoden der
Forschungsarbeit.

Stimmigkeit, äußere
Übereinstimmung des Untersuchungsergeb-
nisses mit dem bereits darüber vorliegenden
Wissen.

Stimmigkeit, innere
Konsistenz der Daten und der Methoden zu
ihrer Gewinnung mit der Dateninterpretation (wurde das Geschehen richtig beobachtet, sind die logischen Schlüsse korrekt etc.).

Strukturale Hermeneutik
→ *Hermeneutik, objektive*

Strukturfunktionalismus
Eine besonders in den 50er und 60er Jahren
vor allem in den *USA* dominante Hauptrich-
tung der soziologischen Theorie, deren
Grundgedanke darin besteht, daß das Auftreten eines bestimmten Verhaltens oder einer bestimmten Institution in einer Gesellschaft aus deren Funktionalität, d.h. aus
dem Beitrag für die Gesellschaft (Strukturer-
haltung, Integration, Wachstum) erklärt
wird.

Subjektiv
a) abwertend, im Sinne von unwissenschaftlich, voreingenommen usw.;
b) vom Subjekt ausgehende Betrachtungsweise.

Subkultur
Teilsystem einer übergreifenden kulturellen
Einheit, dessen Werte und Normen denjeni-
gen des Gesamtsystems teilweise widersprechen, wobei jedoch den Konfliktelementen
zumindest manifest keine zentrale Bedeutung zukommt, weil die wesentlichen Normen und Werte der Gesamtkultur geteilt
werden.

Substantive Theorien
→ *Theorien, gegenstandsbezogene*

Symbol
Gegenstand (z.B. Fahne) oder Vorgang
(z.B. Geste), der als Sinnbild auf etwas ande-
res (z.B. Verein bzw. Mißachtung) verweist.
Symbole sind Kommunikationsmedien; die
Sprache stellt das wichtigste Symbolsystem
dar.
→ *Interaktionismus, symbolischer*

Symbolischer Interaktionismus
→ *Interaktionismus, symbolischer*

Synonyme
Sinngleiche oder sinnähnliche Wörter (z.B.
Gesicht, Antlitz, Fratze).

Systeme, deskriptive
Organisation der gesammelten (qualitati-
ven) Einzelbeobachtungen.
Literatur: *Barton/Lazarsfeld* 1979

Systemtheorie
Theoretische Auffassung, wonach alles als
System betrachtet wird, d.h. unter dem
Aspekt seiner inneren Organisation und der
Austauschbeziehungen mit der Umwelt.
→ *Strukturfunktionalismus*

Taxonomie
Begriffsschema, System aufeinander bezogener Definitionen.

Teleologisch
Auf einen Zweck hin gerichtet; durch den Zweck bestimmt.

Testhalbierung
Methode zur Beurteilung der → *Zuverlässigkeit*, wobei der Test in statistisch zufällig gewonnene Hälften geteilt wird.
Literatur: *Lamnek* 1980, S. 106

Test-Retest-Verfahren
Methode zur Beurteilung von → *Zuverlässigkeit*, indem ein Test innerhalb eines bestimmten Zeitraums wiederholt wird, ohne daß sich das zu messende Merkmal verändert hat und ohne daß Einflüsse des Meßinstruments auf das zu messende Merkmal möglich sind.
Literatur: *Lamnek* 1980, S. 106

Texte
Protokolle irreversibler Interaktions- und Interpretationssequenzen, die einen Handlungszusammenhang repräsentieren, in dem die Einzeläußerungen grundsätzlich über sich selbst hinausweisen.
Literatur: *Soeffner* 1982, S. 13

Theoretical sampling
→ *Auswahl gezielte*

Theorie
System von Begriffen, Definitionen und Aussagen, um Erkenntnisse über einen Bereich von Sachverhalten zu ordnen, Tatbestände zu erklären und wissenschaftlich begründete Prognosen zu treffen.

Theorie, begründete
→ *Theorie, datenbasierte*

Theorie, datenbasierte
Methode nach *Glaser/Strauss* („grounded theory"), um aus empirischen Daten induktiv eine Theorie zu entwickeln. Die Theorie entsteht („emerge") aus der sozialen Realität.

Theorie, formale
Endziel der Theoriebildung nach *Glaser/ Strauss*, die auf → *gegenstandsbezogenen Theorien* aufbaut und durch einen hohen Allgemeinheitsgrad charakterisiert ist. Formale Theorien sollen möglichst keine raumzeitliche Beschränkungen enthalten, Hypothesen sollen den Charakter von Gesetzeshypothesen besitzen und ohne gesellschaftstheoretische Ansprüche sein.
Literatur: *Glaser/Strauss* 1979

Theorie, gegenstandsbezogene
Theorien (Konzepte) und deren Beziehungen zu einem Satz von Hypothesen für einen bestimmten Gegenstandsbereich (z. B. Erziehung, Kriminalität usw.).
Literatur: *Glaser/Strauss* 1979

Theorien mittlerer Reichweite
Theorien, die sich im Unterschied zu umfassenderen Ansätzen wie etwa dem → *Strukturfunktionalismus* auf begrenzte Verhaltensbereiche und Strukturen mit beschränkter raum-zeitlicher Gültigkeit beziehen und zwischen empirischen Verallgemeinerungen und allgemeinen soziologischen Theorien einzuordnen sind.

Thomas-Theorem
Von *W. I. Thomas* (1937) formulierte Aussage, wonach für das Handeln von Menschen deren Definition der Situation und nicht die „objektive" Situation entscheidend sei. Die auch noch so wenig realitätsgerechte Situationsdefinition hat dabei durchaus reale Konsequenzen.

Tiefeninterview
Nicht strukturiertes Interview oder Intensivinterview
Gegensatz: → *Interview, standardisiertes*
→ *Interview, narratives*

Transparenz
Offenheit des Forschungsprozesses (in Abhebung von der → *Objektivität* als unerreichbarer Idealvorstellung der meßtechnischen Neutralisierung der Interaktion zwischen Forscher und Untersuchten).

Trend-Theorie
Theorien, „die die Aufmerksamkeit auf eine besondere Entwicklungsrichtung innerhalb einer Gesellschaft lenken, die sich gewöhnlich auf einen zugrundeliegenden Wandel in der ökonomischen oder demographischen Struktur herleiten läßt".
Literatur: *Barton/Lazarsfeld* 1979, S. 83

Triangulation
a) Verfahren der Positionsbestimmung durch multiple Bezugspunkte;
b) Kombination von Methodologien zur Untersuchung eines Phänomens.
Literatur: *Denzin* 1978, *Köckeis-Stangl* 1980

Überidentifikation (going native)
Gefahr, sich bei der → *teilnehmenden Beobachtung* zu sehr mit der betreffenden Gruppe zu identifizieren, so daß es unmöglich ist, die notwendige Distanz zur Erfüllung der Beobachtungsaufgabe zu wahren.

Validierung, argumentative
Offenlegung der Vorannahmen des Interpreten und Verankerung im gemeinsamen (Vor-)Wissen von Interpret und Leser der Interpretation.

Validierung, kommunikative
Versuch, durch wiederholtes Befragen des Interviewten sich seiner Interpretationsergebnisse zu vergewissern.

Validität
→ *Gültigkeit*

Variable
Veränderliche Größe, die verschiedene Werte annehmen kann (z. B. Körpergröße, Testergebnisse, Einkommen, soziale Schicht). Je nach den zwischen V.n bestehenden Einflußrichtungen wird zwischen unabhängigen und abhängigen V.n unterschieden.

Variable, intervenierende
V., die in einem vermittelnden, indirekten Zusammenhang zwischen zwei V.n steht. Im folgenden „Modell" ist V_2 die intervenierende V.:
$V_1 \rightarrow V_2 \rightarrow V_3$

Verhaltenstheorie (Lerntheorie)
Aus dem Behaviorismus hervorgegangene Richtung in der Psychologie, die auch zur Erklärung soziologischer Sachverhalte herangezogen werden kann. Ausgehend vom Modell der klassischen Konditionierung und des instrumentellen Lernens wird versucht, elementares soziales Verhalten zu beschreiben, zu erklären und zu komplexeren Zusammenhängen vorzustoßen.

Verstehen
Erklären eines Handlungsablaufs durch deutendes Erfassen des Sinnzusammenhangs, in den, seinem subjektiven Sinn nach, ein aktuell verständliches Handeln hineingehört.
Literatur: *Weber* 1976

Verstehen, elementares
Verstehen im alltäglichen Umgang ohne bewußtes Bemühen um Verstehen (z. B. Verstehen von Verkehrszeichen).

Verstehen, grammatisches
Unmittelbare sprachliche Interpretation.

Verstehen, hermeneutisches
Erfassung menschlicher Verhaltensäußerungen und Produkte.

Verstehen, höheres
Im Unterschied zum → *elementaren Verstehen* oft mühsamer Prozeß, das zu Verstehende (z. B. eine Wissenschaft) zu einem größeren, übergeordneten Zusammenhang in Beziehung zu setzen bzw. daraus herzuleiten.

Verstehen, psychologisches
Verstehen durch den Versuch der Identifikation mit dem Anderen (z. B. mit dem Verfasser eines Textes).

Verstehende Soziologie
→ *Soziologie, verstehende*

Versuchsleiter-Effekt
Verzerrungen im Sinne der Untersuchungshypothesen aufgrund unbewußter Einflüsse des Versuchsleiters auf die Versuchspersonen.
→ *Meßartefakte*
→ *Prophezeihung, sich selbst erfüllende*
→ *Reaktivität*

Versuchspersonen-Effekt
Zum ersten Mal Ende der 20er Jahre in einer amerikanischen Elektrofirma (Hawthorne) bei einer betriebspsychologischen Studie festgestellter reaktiver Effekt, wonach die ermittelte Steigerung der Arbeitsproduktion nicht von den planmäßig veranlaßten Variationen der Arbeitsbedingungen (Beleuchtung etc.) abhing, sondern vom Wissen der Arbeiterinnen, für einen wissenschaftlichen Versuch ausgewählt worden zu sein.
→ *Meßartefakte*
→ *Reaktivität*

Verwendungszusammenhang
Zusammenhang, in dem Forschungsergebnisse angewendet und verwertet werden. Nach konventioneller Wissenschaftsauffassung ist der Verwendungszusammenhang nur eine Frage des Berufsethos des Sozialforschers und nicht wissenschaftstheoretisch begründbar.

Vorhersagegültigkeit
Methode der Gültigkeitsprüfung, wobei aufgrund des verwendeten Meßverfahrens eine Prognose erstellt wird. Erweist sich die Prognose als richtig, gilt das Meßverfahren als gültig.
Literatur: *Lamnek* 1980, S. 109

Vorverständnis
→ *Zirkel, hermeneutischer*

Wesen
Allgemeines, Invariantes einer Sache.
→ *Phänomenologie*
→ *Reduktion, eidetische*

Wesensschau
→ *Reduktion, eidetische*

Wissenschaftstheorie
Metawissenschaftliche Erörterung über Wissenschaft. Die W. legt fest, was als wissenschaftliche Erkenntnis gelten kann, indem sie Vorschriften über den Weg der Erkenntnisgewinnung formuliert.
Literatur: *Lamnek* 1980, S. 4

Zirkel, hermeneutischer
Man unterscheidet zwei hermeneutische Zirkel:
I. Ein zunächst rudimentäres Vorverständnis ist zum Verstehen eines Textes und dessen Auslegung notwendig. Das durch das Textverstehen angeeignete Wissen trägt zur Erweiterung und Korrektur des Vorverständnisses bei, womit sich der Text wiederum besser verstehen läßt usw.
II. Die Einzelelemente eines Textes sind nur aus dem Gesamtzusammenhang verständlich, der sich wiederum nur aus den Einzelteilen ergibt.

Zufallsauswahl
→ *Zufallsstichprobe*

Zufallsstichprobe
Auswahl einer Teilmenge aus einer Grundgesamtheit derart, daß jedes ihrer Elemente die gleiche Chance hat, in die Auswahl zu gelangen.

Zuverlässigkeit
Ausmaß, in dem die wiederholte Anwendung eines Meßinstruments (innerhalb bestimmter Schwankungsbreiten) gleiche Ergebnisse liefert.
Literatur: *Lamnek* 1980

Literaturverzeichnis

Abel Th. (1953): The operation called 'Verstehen', in: *Feigl H./Blalock H.* (Hg.) (1953), S. 677−688; original (1948) in: American Journal of Sociology
Acham K. (1978): Methodologische Probleme der Sozialwissenschaften, Darmstadt
Adorno Th. W. (1956): Soziologie und empirische Forschung, in: Argument 1 und 2, S. 106 ff.
Adorno Th. W. (1957): Soziologie und empirische Forschung, in: *Adorno Th. W.* (1969), S. 81−101
Adorno Th. W. u. a. (1969): Der Positivismusstreit in der deutschen Soziologie, Darmstadt und Neuwied, 8. Aufl., 1980
Adorno Th. W. (1972): Soziologie und empirische Forschung, in: *Topitsch E.* (Hg.) (1972), S. 511−525
Alemann v., H./Ortlieb P. (1975): Die Einzelfallstudie, in: *van Koolwijk J./Wieken-Mayser M.* (1975), S. 147−177
Amelang M./Bartussek D. (1981): Differentielle Psychologie und Persönlichkeitsforschung, Stuttgart
Apel K. O. (1971): Szientistik, Hermeneutik, Ideologiekritik. Entwurf einer Wissenschaftslehre in erkenntnisanthropologischer Sicht, in: *Hermeneutik und Ideologiekritik* (1971), S. 7−44
Apel K.-O. u. a. (Hg.) (1978): Neue Versuche über Erklären und Verstehen, Frankfurt am Main
Arbeitsgruppe Bielefelder Soziologen (Hg.) (1973): Alltagswissen, Interaktion und gesellschaftliche Wirklichkeit, Bd. 1: Symbolischer Interaktionismus und Ethnomethodologie, Reinbek bei Hamburg, 3. Aufl. 1976; Bd. 2: Ethnotheorie und Ethnographie des Sprechens
Arbeitsgruppe Bielefelder Soziologen (1976): Kommunikative Sozialforschung, München
Atteslander P. (1971): Methoden der empirischen Sozialforschung, Berlin, New York
Attewell P. (1974): Ethnomethodolgy since Garfinkel, in: Theory and Society, Vol. 1, 1974, S. 179−210
Auwärter M./Kirsch E./Schröter K. (1977): Seminar: Kommunikation, Interaktion, Identität, Frankfurt

Bammé, A./Martens B. (1985): Methodenvielfalt und Forschungspragmatik. Zur wissenschaftstheoretischen Situation der empirischen Sozialforschung, in: Soziologie 1/1985, S. 5−35
Bandt den, M.-L. (1982): Vrijwillig kinderloze vrouwen. Verkennigen rond een keuze, Wageningen
Bargatzky Th. (1985): Einführung in die Ethnologie, Hamburg
Barton A. H./Lazarsfeld P. F. (1979): Einige Funktionen von qualitativer Analyse in der Sozialforschung, in: *Hopf C./Weingarten E.* (Hg.) (1979), S. 41−89
Becker H. S. (1963): The Outsiders. Studies in the Sociology of Deviance, New York
Becker H. S./Geer B. (1979): Teilnehmende Beobachtung: Die Analyse qualitativer Forschungsergebnisse, in: *Hopf C./Weingarten E.* (Hg.) (1979), S. 139−166
Becker H. S./Geer B. (1979a): Teilnehmende Beobachtung. Analyse qualitativer Felddaten, in: *Gerdes K.* (Hg.) (1979), S. 158−183
Becker H. S./Geer B./Hughes E. C./Strauss A. L. (1961): Boys in White. Student Culture in Medical School, Chicago
Berelson B. (1952): Content Analysis in Communication Research, Glencoe Ill.
Berger H. (1972): Erfahrung und Gesellschaftsform, Stuttgart

Berger H. (1974): Untersuchungsmethode und soziale Wirklichkeit. Eine Kritik an Interview und Einstellungsmessung, Frankfurt am Main, Reprise 1980

Berger P. L./Luckmann T. (1969): Die gesellschaftliche Konstruktion der Wirklichkeit. Eine Theorie der Wissenssoziologie, Frankfurt am Main, 4. Aufl. 1974

Bergmann, J. R. (1991): Konversationsanalyse, in: *Flick, U.* u. a. (Hrsg.): Handbuch qualitative Sozialforschung, München, S. 213–218

Betti E. (1972): Die Hermeneutik als allgemeine Methodik der Geisteswissenschaften, Tübingen

Bisler W. (1973): Interaktionismus, symbolischer, in: *Fuchs W.* u. a. (1973), S. 310

Blankenburg W./Hildenbrand B./Beyer B./Klein D./Müller H. (1983): Abschlußbericht zum Forschungsprojekt „Familiensituation und alltagsweltliche Orientierung Schizophrener", Marburg

Blumer H. (1939): An appraisal of Thomas and Znaniecki's „The Polish peasant in Europe and America", New York

Blumer H. (1954): What is Wrong with Social Theory, in: American Sociological Review, Vol. 19, 1954, S. 3–10

Blumer H. (1969): Symbolic Interactionism. Perspective and Method, Englewood Cliffs

Blumer H. (1973): Der methodologische Standort des Symbolischen Interaktionismus, in: *Arbeitsgruppe Bielefelder Soziologen* (Hg.) (1973), S. 80–146

Blumer H. (1979): Methodologische Prinzipien empirischer Wissenschaft, in: *Gerdes K.* (Hg.) (1979), S. 41–62

Boas F. (Hg.) (1938): General Anthropology, Boston

Bochensky J. M. (1973): Die zeitgenössischen Denkmethoden, Bern und München

Bogdan R./Biklen S. K. (1982): Qualitative Research for Education: An Introduction to Theory and Methods, Boston

Bogdan R./Taylor St. J. (1975): Introduction to Qualitative Research Methods. A Phenomenological Approach to the Social Sciences, New York

Bogumil J./Immerfall St. (1985): Wahrnehmungsweisen empirischer Sozialforschung. Zum Selbstverständnis des sozialwissenschaftlichen Forschungsprozesses, Frankfurt am Main

Bohnsack R. (1983): Alltagsinterpretation und soziologische Rekonstruktion, Opladen

Bohnsack, R. (1991): Rekonstruktive Sozialforschung. Einführung in Methodologie und Praxis qualitativer Forschung, Leverkusen

Bollnow O. F. (1966): Zur Frage nach der Objektivität der Geisteswissenschaften, in: *Oppholzer S.* (Hg.) (1966)

Bonß W. (1982): Die Einübung des Tatsachenblicks. Zur Struktur und Veränderung empirischer Sozialforschung, Frankfurt am Main

Bonß, W. (1991): Soziologie, in: *Flick, U./Kardorff, E. von/Keupp, H./Rosenstiel, L. von/Wolff, S.* (Hrsg.): Handbuch qualitative Sozialforschung, München, S. 36–39

Bonß W./Hartmann H. (Hg.) (1985): Entzauberte Wissenschaft. Zur Relativität und Geltung soziologischer Wissenschaft. Sonderband 3 der Sozialen Welt, Göttingen

Braun K.-H./Holzkamp H. (Hg.) (1985): Subjektivität als Problem psychologischer Methodik, Frankfurt

Bryman A. (1984): The Debate about Quantitative and Qualitative Research: A Question of Method or Epistemology?, in: British Journal of Sociology, Vol. 35, 1984, S. 75–92

Buchmann M./Gurny R. (1984): Methodische Probleme der neueren soziologischen Biographieforschung, in: KZfSS, 36. Jg., 1984, S. 773–782

Bude H. (1982): Text und soziale Realität. Zu der von Oevermann formulierten Konzeption einer „objektiven Hermeneutik", in: Zeitschrift für Sozialisationsforschung und Erziehungssoziologie, Jg. 2, Heft 1, 1982, S. 134–143

Bude, H. (1985): Der Sozialforscher als Narrationsanimateur. Kritische Anmerkungen zu einer erzähltheoretischen Fundierung der interpretativen Sozialforschung, in: KZfSS, Jg. 37, 1985, S. 327–336

Bude, H. (1985): Der Sozialforscher als Narrationsanimateur, in: Kölner Zeitschrift für Soziologie und Sozialpsychologie 2/1985, S. 327–336

Bühler-Niederberger D. (1985): Analytische Induktion als Verfahren der qualitativen Methodologie, in: Zeitschrift für Soziologie 6/1985, S. 475–485

Bühler-Niederberger, D. (1989): Naturgeschichte und Soziologie – Parks „natural history" als qualitative Methodologie, in: Zeitschrift für Soziologie 6/1989, S. 457–469

Bühler-Niederberger, D. (1991): Analytische Induktion, in: *Flick, U./Kardorff, E. von/Keupp, H./Rosenstiel, L. von/Wolff, S.* (Hrsg.): Handbuch qualitative Sozialforschung, München, S. 446–450

Bungard W./Lück H. E. (1974): Forschungsartefakte und nicht-reaktive Meßverfahren, Stuttgart

Campbell D. T./Fiske D. W. (1959): Convergent and discriminant validation by the multitrait-multimethod matrix, in: Psychological Bulletin, 56, S. 81–105

Cicourel A. (1970): Methode und Messung in der Soziologie, Frankfurt am Main

Cook Th. D./Reichardt C. S. (Hg.) (1979): Qualitative and Quantitative Methods in Evaluation Research, Beverly Hills, London

Dallmayr, F. R./Thomas, A./McCarthy (Hg.) (1977): Understanding and Social Inquiry, University of Notre Dame Press: London

Danner, H. (1979): Methoden geisteswissenschaftlicher Pädagogik, München, Basel

Dechmann, M. (1978): Teilnahme und Beobachtung als soziologisches Basisverhalten, Bern, Stuttgart

Denzin N. K. (1970): The Research Act. A Theoretical Introduction to Sociological Methods, McGraw Hill, 2. Aufl. 1978

Deutscher I. (1966): Words and Deeds: Social Science and Social Policy, in: Social Problems 13/1966, S. 233–254

Dewe B./Ferchoff W./Sünker H. (1984): Alltagstheorien, in: *Eyfert H./Thiersch O. H.* (Hg.) (1984), S. 56–72

Diemer A. (1956): Edmund Husserl, Meisenheim

Diemer A. (1959): Die Phänomenologie und die Idee der Philosophie als strenge Wissenschaft, in: Zeitschrift für philosophische Forschung

Diemer A. (Hg.) (1971): Der Methoden- und Theorienpluralismus in den Wissenschaften, Meisenheim

Dietrich R./Klein W. (1974): Computerlinguistik. Eine Einführung, Stuttgart

Dilthey W. (1957): Die Entstehung der Hermeneutik, in: Gesammelte Schriften V, Stuttgart, Göttingen, 2. Aufl., 1957, S. 317–338

Dilthey W. (1961a): Gesammelte Schriften Bd. V: Die geistige Welt I, Stuttgart

Dilthey W. (1961b): Gesammelte Schriften Bd. VII: Der Aufbau der geschichtlichen Welt in den Geisteswissenschaften, hg. und eingeleitet von M. *Riedel*, Stuttgart

Douglas J. D. (1976): Investigative Social Research, Beverly Hills, London

Ebeling G. (1959): Hermeneutik, in: Die Religion in Geschichte und Gegenwart, Bd. 3, Tübingen

Eickelpasch R. (1983): Das Ethnomethodologische Programm einer „radikalen" Soziologie, in: *Eickelpasch R./Lehmann B.* (1983), S. 63–103

Eickelpasch R./Lehmann B. (1983): Soziologie ohne Gesellschaft? Probleme einer phänomenologischen Grundlegung der Soziologie, München

Einstein A. (1956): Mein Weltbild, Berlin

Esser H./Klenovits K./Zehnpfennig H. (1977a): Wissenschaftstheorie 1. Grundlagen und Analytische Wissenschaftstheorie, Stuttgart

Esser H./Klenovits K./Zehnpfennig H. (1977): Wissenschaftstheorie 2. Funktionsanalyse und hermeneutisch-dialektische Ansätze, Stuttgart

Esser, H. (1987): Zum Verhältnis von qualitativen und quantitativen Methoden in der Sozialforschung, oder: Über den Nutzen methodischer Regeln bei der Diskussion von Scheinkontroversen, in: *Voges, W.* (Hrsg.): Methoden der Biographie- und Lebenslaufforschung, Opladen, S. 87–101

Essler W. K. (1971): Wissenschaftstheorie II. Theorie und Erfahrung, Freiburg, München

Eyfert H./Thiersch O. H. (Hg.) (1984): Handbuch der Sozialarbeit/Sozialpädagogik, Neuwied, Darmstadt

Faltermaier, T. (1989): Verallgemeinerung und lebensweltliche Spezifität: Auf dem Weg zu Qualitätskriterien für die qualitative Forschung, in: Sonderforschungsbereich 333 der Universität München: Probleme der Generalisierung in der qualitativen Sozialforschung, Arbeitspapier 12, München, S. 17–27

Faltermaier, T. (1990): Verallgemeinerung und lebensweltliche Spezifität: Auf dem Weg zu Qualitätskriterien für die qualitative Forschung, in: *Jüttemann, G.* (Hrsg.): Komparative Kasuistik, Heidelberg, S. 204–217

Feigl H./Blalock H. (Hg.) (1953): Readings in the Philosophy of Science, New York

Feyerabend P. (1975): Against Method, London

Filstead W. J. (1970): Qualitative Methodology. First Hand Involvement with the Social World, Chicago

Filstead W. J. (1979 a): Soziale Welten aus erster Hand, in: *Gerdes K. (Hg.)* (1979), S. 29–40

Filstead W. J. (1979 b): Qualitative Methods: A Needed Perspektive in Evaluation Research, in: *Cook Th. D./Reichardt C. S.* (Hg.) (1979)

Fink E. (1938): Die phänomenologische Philosophie Edmund Husserls in der gegenwärtigen Kritik, in: Kant-Studien, Bd. 38, Berlin

Fischer H. (Hg.) (1985): Feldforschungen. Berichte zur Einführung in Probleme und Methoden, Berlin

Flick, U. (1987): Methodenangemessene Gütekriterien in der qualitativ-interpretativen Forschung, in: *Bergold, J./Flick, U.* (Hrsg.): Ein-Sichten. Zugänge zur Sicht des Subjekts mittels qualitativer Forschung, Tübingen, S. 247–262

Flick, U./Kardorff, E. von/Keupp, H./Rosenstiel, L. von/Wolff, S. (1991): Handbuch qualitative Sozialforschung, München

Flick, U. (1992): Fallanalysen: Geltungsbegründung durch systematische Perspektiven-Triangulation, in: *Jüttemann, G.* (Hrsg.): Komparative Kasuistik, Heidelberg, S. 184–203

Friedeburg, v.. L./Habermas, J. (Hg.) (1983): Adorno-Konferenz

Friedrichs J. (1973): Methoden empirischer Sozialforschung, Reinbek bei Hamburg

Friedrichs J. (Hg.) (1973): Teilnehmende Beobachtung abweichenden Verhaltens, Stuttgart

Friedrichs J./Lüdtke H. (1971): Teilnehmende Beobachtung. Einführung in die sozialwissenschaftliche Feldforschung, Weinheim, Basel, 2. Aufl. 1973

Fromm E. (1941): Escape from freedom, New York

Fromm H. (1967): Kalevala Kommentar, München

Fuchs W. (1970): Empirische Sozialforschung als politische Aktion, in: *Ritsert J.* (1970), S. 147–176

Fuchs W. (1980): Möglichkeiten der biographischen Methode, in: *Niethammer L.* (Hg.) (1980), S. 323–348

Fuchs W. (1984): Biographische Forschung. Eine Einführung in Praxis und Methoden, Opladen

Fuchs W. u. a. (1973): Lexikon zur Soziologie, Reinbek, 2. Auflage 1978

Gadamer H.-G. (1960): Wahrheit und Methode, Tübingen, 4. Aufl., 1975

Gärtner A./Hering S. (Hg.) (1978): Modellversuch „Soziale Studiengänge" an der GH Kassel, Materialien 12: Regionale Sozialforschung, Kassel: Gesamthochschulbibliothek, Juli 1978

Garfinkel H. (1967): Studies in Ethnomethodology, Englewood Cliffs

Garfinkel, H. (1972): Remarks on Ethnomethodology, in: *Gumperz, J./Dell, H.* (Hrsg.): Directions in Sociolinguistics, New York, S. 304–321

Garfinkel, H. (1980): Das Alltagswissen über soziale und innerhalb sozialer Strukturen, in: Arbeitsgruppe Bielefelder Soziologen (Hrsg.): Kommunikative Sozialforschung, München, S. 189–262

Garz D./Kraimer L. (Hg.) (1983): Brauchen wir andere Forschungsmethoden? Beiträge zur Diskussion interpretativer Verfahren, Frankfurt am Main

Garz, D./Kraimer, K./Aufenanger, St. (1983): Rekonstruktive Sozialforschung und objektive Hermeneutik, in: Zeitschrift für Sozialisationsforschung und Erziehungssoziologie, 1/1983, S. 126–134

Gerdes K. (1979 a): Einführung, in: *Gerdes K.* (Hg.) (1979), S. 1–8

Gerdes K. (1979 b): Erläuterungen zu den einzelnen Beiträgen, in: *Gerdes K.* (Hg.) (1979), S. 9–15

Gerdes K. (Hg.) (1979 c): Explorative Sozialforschung. Einführende Beiträge aus „Natural Sociology" und Feldforschung in den USA, Stuttgart

Gerdes K./Wolffersdorff-Ehlert C. (1974): Drogenszene: Suche nach Gegenwart, Stuttgart

Gerhardt, U. (1985): Erzähldaten und Hypothesenkonstruktion. Überlegungen zum Gültigkeitsproblem in der biographischen Sozialforschung, in: Kölner Zeitschrift für Soziologie und Sozialpsychologie 2, S. 230–256

Gerhardt, U. (1986): Patientenkarrieren. Eine medizinsoziologische Studie, Frankfurt/M.

Gerhardt, U. (1990): Typenbildung, in: *Flick, U./Kardorff, E. von/Keupp, H./Rosenstiel, L. von/Wolff, S.* (Hrsg.): Handbuch qualitative Sozialforschung, München, S. 435–439

Giddens A. (1984): Interpretative Soziologie. Eine kritische Einführung, Frankfurt am Main

Giesen B./Schmid M. (1976): Basale Soziologie: Wissenschaftstheorie, München

Girtler R. (1980): Polizei-Alltag, Opladen

Girtler R. (1980a): Vagabunden in der Großstadt, Stuttgart

Girtler R. (1983): Der Adler und die drei Punkte, Wien

Girtler R. (1984): Methoden der qualitativen Sozialforschung. Anleitung zur Feldarbeit, Wien, Köln, Graz

Glaser B. G./Strauss A. L. (1965): Discovery of substantive theory: A basic strategy underlying qualitative research, in: American Behavioral Scientist 8, S. 5–12

Glaser B. G./Strauss A. L. (1967): The Discovery of Grounded Theory: Strategies for Qualitative Research, Chicago, 10. Aufl. 1979

Glaser B. G./Strauss A. L. (1979 a): Die Entdeckung gegenstandsbezogener Theorie: Eine Grundstrategie qualitativer Sozialforschung, in: *Hopf C./Weingarten E.* (Hg.) (1979), S. 91–111

Glaser B. G./Strauss A. L. (1979 b): Die Entdeckung begründeter Theorie, in: *Gerdes K.* (Hg.) (1979), S. 63–67

Goldthorpe J. H. (1973): A Revolution in Sociology?, in: Sociology, S. 449–462

Grathoff R. (1984): Milieu und Gesellschaft, (*Ms*) Bielefeld

Graumann C. F. (1985): Phänomenologische Analytik und experimentelle Methodik in der Psychologie – das Problem der Vermittlung, in: *Braun K.-H./Holzkamp K.* (Hg.) (1985), S. 38–59

Gross P. (1981): Ist die Sozialwissenschaft eine Textwissenschaft? Zum Problem der Datenkonstitution in der Soziologie, in: *Winkler P.* (Hg.) (1981), S. 143–167

Grümer K.-W. (1974): Beobachtung, Stuttgart

Haag F. (1972): Kriminologie und labeling approach, in: Kriminologisches Journal, 4. Jg., 1/1972, S. 55–56

Haag F. u.a. (Hg.) (1972): Aktionsforschung. Forschungsstrategien, Forschungsfelder und Forschungspläne, München

Habermas J. (1967): Ein Literaturbericht: Zur Logik der Sozialwissenschaften. Beiheft 5 der Philosophischen Rundschau; wiederabgedruckt in: *Habermas J.* (1970), S. 71–310

Habermas J. (1969): Analytische Wissenschaftstheorie und Dialektik. Ein Nachtrag zur Kontroverse zwischen Popper und Adorno, in: *Adorno Th. W.* u. a. (1969), S. 155–191

Habermas J. (1970): Zur Logik der Sozialwissenschaften. Materialien, Frankfurt am Main, 4. Aufl. 1977

Habermas J. (1981): Theorie des kommunikativen Handelns, 2 Bde., Frankfurt am Main

Hampe K. (1963): Deutsche Kaisergeschichte in der Zeit der Salier und Stauffer, Heidelberg

Hartmann H. (Hg.) (1967): Moderne amerikanische Soziologie, Stuttgart, 2. Auflage 1973

Hartmann H. (1970): Empirische Sozialforschung, München

Hauff J./Heller A./Hüppauf B./Köhn L./Philippi K. P. (1971): Methodendiskussion. Arbeitsbuch zur Literaturwissenschaft, Bd. I, Frankfurt

Heidegger M. (1963): Sein und Zeit, Tübingen

Heinze, Th. (1987): Qualitative Sozialforschung. Erfahrungen, Probleme, Perspektiven, Opladen

Heinze, Th./Thiemann, F. (1982): Kommunikative Validierung und das Problem der Geltungsbegründung, in: Zeitschrift für Pädagogik 28, S. 635–642

Heisenberg W. (1965): Das Naturbild der heutigen Physik, Hamburg

Helle H. J. (1977): Verstehende Soziologie und Theorie der symbolischen Interaktion, Stuttgart

Helling J. (1984): Biographical Research in Germany, in: *Hoerning E. M.* (Hg.) (1984), S. 12–20

Hermeneutik und Ideologiekritik (1971) (mit Beiträgen von *Apel, Bormann, Bubner, Gadamer, Giegel* und *Habermas*), Frankfurt am Main

Hildenbrand B. (1983): Alltag und Krankheit. Ethnographie einer Familie, Stuttgart

Hildenbrand B. (1984): Prozesse der Wirklichkeitskonstruktion im gemeinsamen familiengeschichtlichen Erzählen (*Ms* zum gleichnamigen DFG-Projekt), Frankfurt am Main

Hildenbrand B. (1985): Familiensituation und Ablöseprozesse Schizophrener, in: Soziale Welt, Jg. 36, Heft 3, 1985, S. 336–348

Hildenbrand B./Müller H./Beyer B./Klein D. (1984): Biographiestudien im Rahmen von Milieustudien, in: *Kohli M./Robert G.* (Hg.) (1984), S. 29–52

Hildenbrand, B. (1987): Wer soll bemerken, daß Bernhard krank wird? Fausiliale Wirklichkeitskonstruktionsprozesse bei der Erstmanifestation einer schizophrenen Psychose, in: *Bergold, J.B./Flick, U.* (Hrsg.): Einsichten – Zugänge zur Sicht des Subjekts mittels qualitativer Forschung, Tübingen, S. 151–162

Hill, R. J./Crittenden, K. S. (1968): Proceedings of the Purdue Symposium on Ethnomethodology, Lafayette (Ind.) Purdue University, Monograph No. 1

Höpflinger F. (1984): Kinderwunsch und Einstellung zu Kindern, in: *Hoffmann-Nowotny H.-J./Höpflinger F./Kühne F./Ryffel C./Erni D.* (Hg.) (1984)

Hoerning E. M. (1980): Biographische Methode in der Sozialforschung, in: Das Argument, Nr. 123, 22. Jg., 1980, S. 677–687

Hoerning E. M. (Hg.) (1984): Biography and Society, Newsletter 3, Nov. 1984

Hoffmann-Nowotny H.-J./Höpflinger F./Kühne F./Ryffel C./Erni D. (Hg.) (1984): Planspiel Familie – Familie, Kinderwunsch und Familienplanung in der Schweiz, Diessenhofen

Hoffmann-Riem C. (1980): Die Sozialforschung einer interpretativen Soziologie, in: KZfSS, Jg. 32, S. 339–372

Hoffmeyer-Zlotnik, J. (Hrsg.) (1992): Analyse qualitativer Daten, Opladen

Hofstätter P. R. (1957): Gruppendynamik, Reinbek

Holzkamp K. (1972): Kritische Psychologie, Frankfurt

Holzkamp K. (1985): Selbsterfahrung und wissenschaftliche Objektivität: Unaufhebbarer Widerspruch?, in: *Braun K.-H./Holzkamp K.* (Hg.) (1985), S. 17–37

Hondrich K. O. (1972): Macht und Herrschaftswandel. Demokratisierung und Leistungsgesellschaft als sozio-ökonomischer Prozeß, Stuttgart

Honer, A. (1989): Einige Probleme lebensweltlicher Ethnographie. Zur Methodologie und Methodik einer interpretativen Sozialforschung, in: Zeitschrift für Soziologie 4/1989, S. 297–312

Honig M.-S. (1986): Zum Entwicklungsstand qualitativer Forschungsmethoden – ein Plädoyer für eine wissenschaftssoziologische Debatte (unveröffentl. *Ms erscheint in: Sozialwissenschaftliche Literaturrundschau Dez. 86*)

Hopf C. (1979): Soziologie und qualitative Sozialforschung, in: *Hopf C./Weingarten E.* (Hg.) (1979), S. 11–37

Hopf C. (1982): Norm und Interpretation. Einige methodische und theoretische Probleme der Erhebung und Analyse subjektiver Interpretationen in qualitativen Untersuchungen, in: Zeitschrift für Soziologie, Jg. 11, Heft 3, Juli 1982, S. 307–329

Hopf C./Weingarten E. (Hg.) (1979): Qualitative Sozialforschung, Stuttgart

Hughes, E. C./Johnson, C. S./Redfield, R./Wirth, L. (Hrsg.) (1955): Collected Papers of Robert Ezra Park, vol. 1–3, Glencol Ill.

Husserl E. (1950): Husserliana – Edmund Husserls Gesammelte Werke, Den Haag

Jaeggi U./Honneth A. (Hg.) (1977): Theorien des Historischen Materialismus, Frankfurt am Main

Janssen P. (1976): Edmund Husserl, Freiburg, München

Jarvie I. C. (1972): Concepts and Society, London, Boston

Jarvie I. C. (1978): Verstehen und Erklären in Soziologie und Sozialanthropologie, in: *Acham K.* (1978): S. 224–252

Jüttemann G. (Hg.) (1985): Qualitative Forschung in der Psychologie. Grundfragen, Verfahrensweisen, Anwendungsfelder, Weinheim

Jüttemann, G. (Hrsg.) (1990): Komparative Kasuistik, Heidelberg

Jüttemann, G. (1990): Komparative Kasuistik als Strategie psychologischer Forschung, in: *Jüttemann, G.* (Hrsg.): Komparative Kasuistik, Heidelberg, S. 21–42

Kaase M./Küchler M. (Hg.) (1985): Herausforderung der empirischen Sozialforschung. Beiträge aus Anlaß des zehnjährigen Bestehens des Zentrums für Umfragen, Methoden und Analysen, Mannheim

Käsler D. (1974): Wege in die soziologische Theorie, München

Kallmeyer W./Schütze F. (1976): Konversationsanalyse, in: Studium Linguistik, Heft 1, 1976, S. 1–28

Kantowsky D. (1969): Möglichkeiten und Grenzen der teilnehmenden Beobachtung als Methode der empirischen Sozialforschung, in: Soziale Welt, 20. Jg., 1969, S. 428–434

Karakolos, B. (1979): Das narrative Interview als Instrument der Konstitution sozialwissenschaftlicher Daten: zur Problematik umgangssprachlich verfaßter Texte, in: *Soeffner, H.-G.* (Hrsg.): Interpretative Verfahren in den Sozial- und Textwissenschaften, Stuttgart, S. 227–242

Keckeisen W. (1974): Die gesellschaftliche Definition abweichenden Verhaltens. Perspektiven und Grenzen des labeling approach, München

Kern H. (1982): Empirische Sozialforschung. Ursprünge, Ansätze, Entwicklungslinien, München

Kiefl W./Lamnek S. (1984): Qualitative Methoden in der Marktforschung, in: Planung und Analyse 11/12 1984, S. 474–480

Kiefl W./Schmid S. (1985): Empirische Studien zum generativen Verhalten. Erklärungsbefunde und theoretische Relevanz, Boppard

Kleining G. (1982): Umriß zu einer Methodologie qualitativer Sozialforschung, in: Kölner Zeitschrift für Soziologie und Sozialpsychologie 2/1982, S. 224–253

Kleining G. (1994): Qualitativ-heuristische Sozialforschung. Schriften zur Theorie und Praxis, Hamburg

Klüver, J. (1979): Kommunikative Validierung – einige vorbereitende Bemerkungen zum Projekt Lebensweltanalyse von Fernstudenten. In: *Heinze, Th.* (Hrsg.): Theoretische und methodische Überlegungen zum Typus hermeneutisch-lebensgeschichtlicher Forschung, Werkstattbericht, S. 69–84, Hagen

Köckeis-Stangl E. (1980): Methoden der Sozialisationsforschung, in: *Ulich D./Hurrelmann K.* (Hg.) (1980), S. 321–370

König R. (Hg.) (1974): Handbuch der empirischen Sozialforschung, Band 4: Komplexe Forschungsansätze, 3. umgearbeitete und erweiterte Auflage, Stuttgart

König R. (Hg.) (1978): Handbuch der empirischen Sozialforschung, Bd. 12: Wahlverhalten Vorurteile Kriminalität, Stuttgart

Kohli M. (1978): Soziologie des Lebenslaufs, Darmstadt

Kohli M. (1978): „Offenes" und „geschlossenes" Interview: Neue Argumente zu einer alten Kontroverse, in: Soziale Welt, 1978, S. 1–25

Kohli M. (1981a): Wie es zur „biographischen Methode" kam und was daraus geworden ist. Ein Kapitel aus der Geschichte der Sozialforschung, in: Zeitschrift für Soziologie, Jg. 10, 1981, S. 273–293

Kohli M./Robert G. (Hg.) (1984): Biographie und soziale Wirklichkeit. Neue Beiträge und Forschungsperspektiven, Stuttgart

Konegen N./Sondergeld K. (1985): Wissenschaftstheorie für Sozialwissenschaftler, Opladen

Koolwijk v., J./Wieken-Mayser M. (1975): Techniken der empirischen Sozialforschung, Bd. 2: Untersuchungsformen, München

Kreckel R. (1975): Soziologisches Denken, Opladen

Kreppner K. (1975): Zur Problematik des Messens in den Sozialwissenschaften, Stuttgart

Kriz J. (1981): Methodenkritik empirischer Sozialforschung, Stuttgart

Kriz, J. (1987): Dimensionen des Verstehens. Verstehensprozesse zwischen Subjektivität und Objektivität, in: *Ibisch, E./Schram, D.-H.* (Hrsg.): Rezeptionsforschung zwischen Hermeneutik und Empirik, Amsterdam, S. 47–63

Kriz, J./Lisch, R. (1988): Methodenlexikon für Mediziner, Psychologen und Soziologen, München und Weinheim

Kromrey, H. (1986): Gruppendiskussionen. Erfahrungen im Umgang mit einer weniger häufigen Methode empirischer Sozialwissenschaft, in: *Hoffmeyer-Zlotnik, J. H. P.* (Hrsg.): Qualitative Methoden der Datenerhebung in der Arbeitsmigrantenforschung, Mannheim, S. 109–143

Krüger H. (1983): Gruppendiskussionen. Überlegungen zur Rekonstruktion sozialer Wirklichkeit aus der Sicht der Betroffenen, in: Soziale Welt, 34. Jg., 1983, S. 90–109

Küchler M. (1980): Qualitative Sozialforschung. Modetrend oder Neuanfang?, in: KZfSS, Jg. 32, 1980, S. 373–386

Küchler M. (1983): „Qualitative" Sozialforschung – ein neuer Königsweg?, in: *Garz D./Kraimer L.* (Hg.) (1983), S. 9–30

Küchler M./Wilson Th. P./Zimmerman D. H. (1981): Integration von qualitativen und quantitativen Forschungsansätzen. ZUMA-Arbeitsbericht 81/19, Mannheim

Kudera, W. (1989): Zum Problem der Generalisierung in der qualitativen orientierten Sozialforschung, in: Sonderforschungsbereich 333 der Universität München (1989): Probleme der Generalisierung in der qualitativen Sozialforschung, Arbeitspapier 12, München, S. 9–16

Kuhn T. (1967): Die Struktur wissenschaftlicher Revolutionen, Frankfurt am Main

Lämmert E. (Hg.) (1982): Erzählforschung: Ein Symposium, Stuttgart

Lamnek S. (1978): Zugang zu und Ausschöpfung von Umfragepopulationen, in: Interview und Analyse, 10/11/12/1978, S. 510–515 und S. 566–570

Lamnek S. (1980): Sozialwissenschaftliche Arbeitsmethoden, Weinheim

Lamnek S. (1981): Formale Logik, sozialwissenschaftliche Hypothesen und statistische Korrelation, in: Interview und Analyse 9/1981, S. 369–376

Lasswell H. D. (1941): The garrison State, in: American Journal of Sociology, S. 455–468

Lazarsfeld P. F. (1972): Qualitative analysis, Boston

Lazarsfeld P. F. (1973): Methodische Probleme der empirischen Sozialforschung, in: *Hartmann H.* (Hg.) (1973), S. 136–168

Legewie, H. (1987): Interpretation und Validierung biographischer Interviews, in: *Jüttemann, G./Thohme, H.* (Hrsg.): Biographie und Psychologie, Berlin, S. 138–150

Lehmann A. (1977): Autobiographische Erhebungen in den sozialen Unterschichten. Gedanken zu einer Methode der empirischen Forschung, in: Zeitschrift für Volkskunde, 73. Jg., II. Halbjahresband, S. 161–180

Leithäuser T. u.a. (1977): Entwurf zu einer Empirie des Alltagsbewußtseins, Frankfurt, 2. Auflage 1981

Leithäuser T./Volmerg B. (1981): Die Entwicklung einer empirischen Forschungsperspektive aus der Theorie des Alltagsbewußtseins, in: *Leithäuser T.* u.a. (1981), S. 11–162

Leitner H. (1980): Biographieforschung, in: Literatur Rundschau, Heft 4, 1980, S. 37–45

Lofland J. (1971): Analyzing Social Settings, Belmont California

Losee J. (1977): Wissenschaftstheorie. Eine historische Einführung, München

Lüders C. (1981): Teilnehmende Beobachtung: Zur Situation des teilnehmenden Beobachters, unveröffentl. Diplomarbeit, München

Lüders C./Reichertz J. (1986): Wissenschaftliche Praxis ist, wenn alles funktioniert und keiner weiß warum – Bemerkungen zur Entwicklung qualitativer Sozialforschung, in: Sozialwissenschaftliche Literatur Rundschau, 12/1986, S. 90–102

Lüschen G. (Hg.) (1979): Deutsche Soziologie seit 1945, Sonderband der KZfSS, Opladen

Maanen v., J. (1983): Reclaiming qualitative Methods for Organizational Research: A Preface, in: *Maanen v., J.* (Hg.) (1983), S. 9–18

Maanen v., J. (Hg.) (1983): Qualitative Methodology, Beverly Hills

Mangold W. (1960): Gegenstand und Methode des Gruppendiskussionsverfahrens. Aus der Arbeit des Instituts für Sozialforschung, Frankfurt am Main

Mannheim K. (1959): Wissenssoziologie, in: *Vierkandt A.* (Hg.) (1959), S. 659–680

Matthes J. (1973): Einführung in das Studium der Soziologie, Reinbek bei Hamburg, 2. Aufl. 1976

Matthes J. (1981): Lebenswelt und soziale Probleme. Verhandlungen des 20. Deutschen Soziologentages zu Bremen 1980

Matthes J. (1985): Zur transkulturellen Relativität erzählanalytischer Verfahren in der empirischen Sozialforschung, in: KZfSS, Jg. 37, 1985, S. 310–326

Matthes J./Pfeifenberger A./Stosberg M. (Hg.) (1981): Biographie in handlungswissenschaftlicher Perspektive. Kolloquium am Sozialwissenschaftlichen Forschungszentrum der Universität Erlangen-Nürnberg, Nürnberg

Mayntz R./Holm K./Hübner P. (1969): Einführung in die Methoden der empirischen Soziologie, Köln, Opladen

Mayring, Ph. (1989): Die qualitative Wende. Grundfragen, Techniken und Integrationsmöglichkeiten qualitativer Forschung in der Psychologie, in: *Schönpflug, W.* (Hrsg.): Bericht über den 36. Kongreß der DGfPs in Berlin, Göttingen, S. 306–313

Mayring, Ph. (1990): Einführung in die qualitative Sozialforschung, München

McCall, G. J./Simmons, J. L. (Hg.) (1969): Issues in Participant Observation: A Text and Reader, Reading Mass.

McCall, G. J. (1979): Qualitätskontrolle der Daten bei teilnehmender Beobachtung, in: *Gerdes K.* (Hg.) (1979), S. 141–157

Mead, G. H. (1938): The Philosophy of the Act, Chicago

Mead, G. H. (1973): Geist, Identität und Gesellschaft, Frankfurt

Mehan, H./Wood, H. (1976): Fünf Merkmale der Realität, in: *Weingarten, E.*

Merten K. (1983): Inhaltsanalyse. Einführung in Theorie, Methode und Praxis, Opladen

Mertens H. (1984): Teilnehmende Betrachtung und Inhaltsanalyse in der erziehungswissenschaftlichen Forschung, Weinheim

Merton R. K. (1949): Social Theory and Social Structure, Glencoe, New York (1957), Glencoe (1969)

Miles M. B. (1983): Qualitative Data as an Attractive Nuisance: The Problem of Analysis, in: *Maanen v., J.* (Hg.) (1983), S. 117–134

Mills C. W. (1951): White Collar, New York

Mittelstrass J. (Hg.) (1980, 1984): Enzyklopädie, Philosophie und Wissenschaftstheorie Bd. 1: 1980, Bd. 2: 1984, Mannheim, Wien, Zürich

Mohler P. (1981): Zur Pragmatik qualitativer und quantitativer Sozialforschung, in: KZfSS, Jg. 33, 1981, S. 716–734

Moser H. (1975): Aktionsforschung als kritische Theorie der Sozialwissenschaft, München
Mühlfeld C. u. a. (1981): Auswertungsprobleme offener Interviews, in: Soziale Welt, Jg. 32, 1981, S. 325–352
Müller U. (1979): Reflexive Soziologie und empirische Sozialforschung, Frankfurt am Main

Niessen M. (1977): Gruppendiskussion: Interpretative Methodologie. Methodenbegründung. Anwendung, München
Niethammer L. (Hg.) (1980): Lebenserfahrung und kollektives Gedächtnis. Die Praxis der „Oral History", Frankfurt am Main

Oevermann U. (1973): Zur Analyse der Struktur von sozialen Deutungsmustern (*Ms*), Max-Planck-Institut für Bildungsforschung, Berlin
Oevermann U. (1974): Beobachtungen zur Struktur der sozialisatorischen Interaktion, in: *Auwärter M./Kirsch E. /Schröter K.* (1977), S. 371–403
Oevermann U. u. a. (1979a): Die Methodologie einer „objektiven Hermeneutik" und ihre allgemeine forschungslogische Bedeutung in den Sozialwissenschaften, in: *Soeffner H.-G.* (Hg.) (1979), S. 352–434
Oevermann U. (1979b): Sozialisationstheorie. Ansätze zu einer soziologischen Sozialisationstheorie und ihre Konsequenzen für die allgemeine soziologische Analyse, in: *Lüschen G.* (Hg.) (1979), S. 143–168
Oevermann U. (1983): Zur Sache: Die Bedeutung von Adornos methodologischem Selbstverständnis für die Begründung einer materialen soziologischen Strukturanalyse, in: *Friedeburg v., L./Habermas J.* (Hg.) (1983), S. 234–292
Opp K. D. (1970): Methodologie der Sozialwissenschaften. Einführung in Probleme ihrer Theoriebildung, Reinbek
Oppholzer S. (Hg.) (1966): Denkformen und Forschungsmethoden in der Erziehungswissenschaft, Bd. 1, München
Ostner I. (1982): Zur Vergleichbarkeit von Aussagen in lebensgeschichtlichen Interviews, in: Weibliche Biographie (= Beiträge zur feministischen Theorie und Praxis), S. 61–75

Pappi, F. U. (1987): Die Fallstudie in der empirischen Sozialforschung, in: *von der Ohe, W.* (Hrsg.): Kulturanthropologie. Beiträge zum Neubeginn einer Disziplin, Berlin, S. 365–387
Parsons T. (1951): The Social System, New York
Patton M. Q. (1980): Qualitative Evaluation Methods, Beverly Hills, *Patton M. Q.* (1980): Qualitative Evaluation Methods, Beverly Hills, London
Patzelt, W. J. (1987): Grundlagen der Ethnomethodologie. Theorie, Empirie und politikwissenschaftlicher Nutzen einer Soziologie des Alltags, München
Patzig G. (1973): Erklären und Verstehen. Bemerkungen zum Verhältnis von Natur- und Geisteswissenschaften, in: Neue Rundschau 1973, S. 393–413
Picht G. (1969a): Der Begriff der Verantwortung, in: *Picht G.* (1969)
Picht G. (1969b): Wahrheit, Vernunft, Verantwortung, Stuttgart
Pollock F. (1955): Gruppenexperiment, Frankfurt am Main
Polsky N. (1973): Forschungsmethode, Moral und Kriminologie, in: *Friedrichs J. (Hg.)* (1973), S. 51–82
Popper K. R. (1964): The poverty of historicism, New York, Evanston
Popper K. R. (1968): The Logic of Scientific Discovery, New York
Popper K. R. (1984): Logik der Forschung, 8. Aufl., Tübingen
Prim R./Tilmann H. (1973): Grundlagen einer kritisch-rationalen Sozialwissenschaft, Heidelberg
Prokop U. (1976): Weiblicher Lebenszusammenhang. Von der Beschränktheit der Strategien und der Unangemessenheit der Wünsche, Frankfurt a. M.

Rabinow P./Sullivan W. M. (Hg.) (1979): Interpretative Social Science. A Reader, University of California Press: Berkeley, Los Angeles, London

Radtke F.-O. (1984): Hermeneutik und soziologische Forschung (*Ms*), in: *Bonß W./Hartmann H.* (Hg.) (1985), S. 321–349

Reichertz J. (1985): Probleme qualitativer Sozialforschung. Die Entwicklungsgeschichte der Objektiven Hermeneutik, Frankfurt am Main

Riemann G. (1983): Biographieverläufe psychiatrischer Patienten aus soziologischer Sicht: Eine empirische Untersuchung (MS), Kassel

Riesman D. (1958): Die einsame Masse. Eine Untersuchung der Wandlungen des amerikanischen Charakters, Reinbek

Ritsert J. (1970): Zur Wissenschaftslogik einer kritischen Sozialwissenschaft, Frankfurt, 2. Auflage 1976

Ritsert J. (1971): Einleitende Thesen zum Verhältnis von kritischer Theorie und empirischer Sozialforschung, in: *Ritsert J./Becker E.* (1971), S. 11–67

Ritsert J./Becker E. (1971): Grundzüge sozialwissenschaftlich-statistischer Argumentation, Opladen

Rombach H. (1974): Wissenschaftstheorie 1. Probleme und Positionen der Wissenschaftstheorie, Freiburg, Basel, Wien

Rose A. M. (1967): Systematische Zusammenfassung der Theorie des symbolischen Interaktionismus, in: *Hartmann H.* (Hg.) (1967), S. 219–231

Rüther W. (1975): Abweichendes Verhalten und labeling approach, Köln, Berlin

Sack F. (1978): Probleme der Kriminalsoziologie, in: *König R. (Hg.)* (1978), S. 192–492

Sacks H./Schegloff E.A./Jefferson G. (1974): A simplest systematic for the organization of turntaking for conversation, in: Language 50, S. 696–795

Savigny v., E. (1980): Die Philosophie der normalen Sprache, Frankfurt am Main

Schatzmann L./Strauss A. (1973): Field Research – Strategies for a Natural Sociology, Englewood Cliffs, New Jersey

Schleiermacher F. (1959): Hermeneutik, hg. von H. *Kimmerle Heidelberg*

Schleiermacher F. (1977): Hermeneutik und Kritik, hg. und eingeleitet von *M. Frank,* Frankfurt am Main

Schmid T. (1981): „Oral History" und Kultur der Unterschichten, in: Merkur, Juni 1981, S. 613–620

Schneider G. (1985): Strukturkonzept und Interpretationspraxis der objektiven Hermeneutik, in: *Jüttemann G.* (Hg.) (1985), S. 71–91

Schneider, G. (1988): Hermeneutische Strukturanalyse von qualitativen Interviews, in: Kölner Zeitschrift für Soziologie und Sozialpsychologie, Jg. 40, S. 223–244

Schütz A. (1960): Der sinnhafte Aufbau der sozialen Welt, Wien

Schütze F. (1976): Zur Hervorlockung und Analyse von Erzählungen thematisch relevanter Geschichten im Rahmen soziologischer Feldforschung – dargestellt an einem Projekt zur Erforschung von kommunalen Machtstrukturen, in: *Arbeitsgruppe Bielefelder Soziologen* (1976), S. 159–260

Schütze F. (1977): Die Technik des narrativen Interviews in Interaktionsfeldstudien – dargestellt an einem Projekt zur Erforschung von kommunalen Machtstrukturen (*Ms*), Universität Bielefeld, Fakultät für Soziologie, Arbeitsberichte und Forschungsmaterialien Nr. 1

Schütze F. (1978): Was ist „kommunikative Sozialforschung"?, in: *Gärtner A./Hering S.* (Hg.) (1978), S. 117–131

Schütze F. (1979): Möglichkeiten und Probleme der Anwendung qualitativer Forschungsverfahren in der Sozialarbeit (MS), Kassel

Schütze F. (1981): Prozeßstrukturen des Lebenslaufs, in: *Matthes J./Pfeifenberger A./Stosberg M.* (Hg.) (1981), S. 55–156

Schütze F. (1982): Narrative Repräsentation kollektiver Schicksalsbetroffenheit, in: Erzählforschung (1982), S. 568–590

Schütze F. (1983): Biographieforschung und narratives Interview, in: Neue Praxis, 13. Jg., 1983, S. 283–293

Schütze F. (1984): Kognitive Figuren des autobiographischen Stegreiferzählens, in: *Kohli M./Robert G.* (Hg.) (1984), S. 78–117

Schütze, F. (1987): Das narrative Interview in Interaktionsfeldstudien, Kurs 3755 der Fernuniversität Hagen, Hagen

Schütze F./Meinefeld W./Springer W./Weymann A. (1973): Grundlagentheoretische Voraussetzungen methodisch kontrollierten Fremdverstehens, in: *Arbeitsgruppe Bielefelder Soziologen* (Hg.) (1973), Bd. 2, S. 433–495

Schwartz H./Jacobs J. (1979): Qualitative Sociology. A Method to the Madness, New York

Schweizer Th. (1982): Die empirische Methode der Ethnologie. Feldforschung am Beispiel einer Dorfstudie auf Java, in: Sociologicus 32, S. 20–42

Schweizer Th. (1985): Die Vielschichtigkeit der Feldsituation. Untersuchungen zur dörflichen Wirtschaft in Java, in: *Fischer H.* (Hg.) (1985), S. 263–268

Smith H. W. (1975): Strategies of Social Research: The Methodological Imagination, Englewood Cliffs

Soeffner H.-G. (Hg.) (1979): Interpretative Verfahren in den Sozial- und Textwissenschaften, Stuttgart

Soeffner H.-G. (1982a): Statt einer Einleitung: Prämissen einer sozialwissenschaftlichen Hermeneutik, in: *Soeffner H.-G.* (Hg.) (1982), S. 9–48

Soeffner H.-G. (Hg.) (1982b): Beiträge zu einer empirischen Sprachsoziologie, Tübingen

Soeffner H.-G. (1985): Anmerkungen zu gemeinsamen Standards standardisierter und nichtstandardisierter Verfahren in der Sozialforschung, in: *Kaase M./Küchler M.* (Hg.) (1985), S. 109–126

Sonderforschungsbereich 333 der Universität München (1989): Probleme der Generalisierung in der qualitativen Sozialforschung, Arbeitspapier 12, München

Speck J. (Hg.) (1980): Handbuch wissenschaftstheoretischer Begriffe, Göttingen

Spöhring, W. (1989): Qualitative Sozialforschung, Stuttgart

Stagl J. (1985): Feldforschung als Ideologie, in: *Fischer H.* (Hg.) (1985)

Strauss, A. L. (1991): Grundlagen qualitativer Sozialforschung. Datenanalyse und Theoriebildung in der empirischen soziologischen Forschung, München

Strasser S. (1965): Erziehungswissenschaft – Erziehungsweisheit, München

Südmersen I. M. (1983): Hilfe, ich ersticke in Texten! – Eine Anleitung zur Aufarbeitung narrativer Interviews, in: Neue Praxis, 13. Jg., 1983, S. 294–306

Swoboda H. (1979): Propheten und Prognosen. Hellseher und Schwarzseher von Delphi bis zum Club of Rome. München, Zürich

Szczepanski J. (1962): Die biographische Methode, in: *König R.* (Hg.) (1974), S. 226–252

Terhart E. (1981): Intuition – Interpretation – Argumentation. Zum Problem der Geltungsbegründung von Interpretationen, in: Zeitschrift für Pädagogik, 27. Jg., 1981, Nr. 5, S. 769–793

Thomas W. I. (1937): Primitive Behaviour: an introduction to the social sciences, New York

Thomas W. I. (1965): Person und Sozialverhalten, Neuwied

Thomas W. I./Znaniecki F. (1927): The Polish peasant in Europe and America, New York (Orig. 1918–20)

Tokarew S. A. (1968): Die Religion in der Geschichte der Völker, Berlin

Topitsch E. (Hg.) (1972): Logik der Sozialwissenschaften, Köln

Tukey J. W. (1975): Exploratory Data Analysis, London

Ulich D./Hurrelmann K. (Hg.) (1980): Handbuch der Sozialisationsforschung, Weinheim

Urdze A./Rerrich M. (1981): Frauenalltag und Kinderwunsch. Motive von Müttern für oder gegen ein zweites Kind, München

Vierkandt A. (Hg.) (1959): Handwörterbuch der Soziologie, Stuttgart

Vogel H. P./Verhallen T. M. M. (1983): Qualitative Forschungsmethoden, in: Interview und Analyse, S. 146–148 und S. 224–227

Voges, W. (Hrsg.) (1987): Methoden der Biographie- und Lebenslaufforschung, Opladen

Volmerg U. (1977): Kritik und Perspektiven des Gruppendiskussionsverfahrens in der Forschungspraxis, in: *Leithäuser T.* u. a. (1977), S. 184–217

Volmerg U. (1983): Validität im interpretativen Paradigma. Dargestellt an der Konstruktion qualitativer Erhebungsverfahren, in: *Zedler P./Moser H.* (Hg.) (1983), S. 124–143

Wagner J.-J. (1984): Wissenschaft und Lebenspraxis. Das Projekt der „objektiven Hermeneutik", Frankfurt

Wahl K./Honig M.S./Gravenhorst L. (1982): Wissenschaftlichkeit und Interessen. Zur Herstellung subjektivitätsorientierter Sozialforschung, Frankfurt am Main

Wax R. H. (1979): Das erste und unangenehmste Stadium der Feldforschung, in: *Gerdes K.* (1979), S. 68–74

Webb E. J. u. a. (1975): Nichtreaktive Meßverfahren, Weinheim, Basel

Weber M. (1976): Wirtschaft und Gesellschaft. Grundriß der verstehenden Soziologie, Tübingen

Weingarten, E./Sack, F. (1976): Ethnomethodologie. Die methodische Konstruktion der Realität, in: *Weingarten, E./Sack, F./Schenkein, J.* (Hrsg.): Ethnomethodologie – Beiträge zu einer Soziologie des Alltagshandelns, Frankfurt/M., S. 7–26

Weingarten, E./Sack, F./Schenkein, J. (Hrsg.) (1976): Ethnomethodologie – Beiträge zu einer Soziologie des Alltagshandelns, Frankfurt/M.

Wellmer A. (1974): Kommunikation und Emanzipation. Überlegungen zur „Sprachanalytischen Wende" der kritischen Theorie, in: *Jaeggi U./Honneth A.* (Hg.) (1977), S. 465–500

Weymann A. (1973): Empirische Analyse komplexer kognitiver Strukturen. Sind die Ansätze von Ethnotheorie und experimenteller Sprachpsychologie integrierbar? in: Zeitschrift für Soziologie, S. 384–396

Whyte W. F. (1967): Street Corner Society. The Social Structure of an Italian Slum, Chicago

Wiedemann, P. M. (1991): Gegenstandsnahe Theoriebildung, in: *Flick, U./Kardorff, E. von/Keupp, H./Rosenstiel, L. von/Wolff, S.* (Hrsg.): Handbuch qualitative Sozialforschung, München, S. 340–445

Wiggershaus R. (1975): Sprachanalyse und Soziologie. Die sozialwissenschaftliche Relevanz von Wittgensteins Sprachphilosophie, Frankfurt am Main

Wilson T. P. (1970): Theorien der Interaktion und Modelle soziologischer Erklärung, in: *Arbeitsgruppe Bielefelder Soziologen* (Hg.) (1973), Bd. 1., S. 54–79

Wilson T. P. (1981): Qualitative „versus" Quantitative Methods in Social Research, in: *Küchler M./Wilson Th. P./Zimmerman D. H.* (1981), S. 37 ff.

Wilson T. P. (1982): Qualitative „oder" quantitative Methoden in der Sozialforschung, in: KZfSS, Jg. 34, 1982, S. 487–508

Winch P. (1958): Die Idee der Sozialwissenschaft und ihr Verhältnis zur Philosophie, Frankfurt am Main, 1974

Winkler P. (Hg.) (1981): Methoden der Analyse von Face-to-face-Situationen, Stuttgart

Wittfogel K. A. (1977): Die orientalische Despotie. Eine vergleichende Studie totaler Macht, Frankfurt, Berlin, Wien

Wittgenstein L. (1967): Philosophische Untersuchungen, Frankfurt

Witzel A. (1982): Verfahren der qualitativen Sozialforschung. Überblick und Alternativen, Frankfurt

Wright v., G. H. (1974): Erklären und Verstehen, Frankfurt am Main

Wuchtler K. (1977): Methoden der Gegenwartsphilosophie, Bern

Zedler P. (1983): Empirische Hermeneutik. Eine Problemskizze, in: *Zedler P./Moser H.* (Hg.) (1983), S. 144–162

Zedler P./Moser H. (Hg.) (1983): Aspekte qualitativer Sozialforschung. Studien zu Aktionsforschung, empirischer Hermeneutik und reflexiver Sozialtechnologie, Opladen

Zelditch M. (1979): Methodologische Probleme in der Feldforschung, in: *Hopf C./Weingarten E.* (Hg.) (1979), S. 115–137

Zigann H. (1977): Einführung in die Familiensoziologie, Frankfurt a.M.

Znaniecki F. (1934): The method of sociology, New York

Verzeichnis der Abbildungen

Abbildung 1: Ebenen von „Theorien" in der Sozialforschung 58

Abbildung 2: Methodische Schritte der Phänomenologie *Husserls* (aus *Danner* 1979, S. 117) 61

Abbildung 3: Angewandte Phänomenologie (vgl. *Danner* 1979, S. 135) 65

Abbildung 4: Der hermeneutische Zirkel I 75

Abbildung 5: Die hermeneutische Differenz (aus *Danner* 1979, S. 55) 76

Abbildung 6: Der hermeneutische Zirkel II (aus *Danner* 1979, S. 56) 77

Abbildung 7: Schematische Darstellung des Verstehens 79

Abbildung 8: Verschiedene Arten des Verstehens 82

Abbildung 9: Verhältnis von subjektiven und absoluten Gegebenheiten (nach *Danner* 1979, S. 44) 83

Abbildung 10: Die Genese formaler Theorien 122

Abbildung 11: Die Theoriebildung in quantitativer und qualitativer Sozialforschung 129

Abbildung 12: Die Begriffsbildung in quantitativer und qualitativer Sozialforschung 139

Abbildung 13: Der Stellenwert der Operationalisierung in der quantitativen und qualitativen Sozialforschung 144

Abbildung 14: Erkenntnisanspruch: sozialwissenschaftliche Erfassung der Realität im Rahmen des interpretativen Paradigmas 159

Abbildung 15: Gültigkeitsprobleme der Operationalisierung 172

Abbildung 16: Der Zusammenhang der Gütekriterien (aus *Lamnek* 1980, S. 110) . . 184

Abbildung 17: Induktion und Deduktion (nach *Losee* 1977, S. 15) 226

Abbildung 18: Schematischer Vergleich quantitativer und qualitativer Sozialforschung 244

Abbildung 19: Idealtypischer Vergleich zwischen quantitativer und qualitativer Sozialforschung 258

Personenregister

Abel, Th. 73, 100 f.
Adorno, Th. W. 6, 9, 12, 131 f., 237
Amelang, M. 160
Apel, K. O. 85, 90
Arbeitsgruppe Bielefelder Soziologen 31, 41,
 156, 189, 197
Attewell, P. 92

Bammé, A. 246 f., 255
Bandt den, M.-L. 126
Barton, A. H. 100, 104 ff., 113, 125, 202 ff.,
 217
Bartussek, D. 160
Beck, U. 41
Becker, H. S. 16, 30 f., 45, 99, 162, 167, 176,
 184, 189, 191, 196
Berelson, B. 8, 179
Berger, H. 10 f., 17, 39
Berger, P. L. 41, 43, 50, 229
Bergmann, J. R. 51
Betti, E. 87
Biklen, S. K. 44
Bisler, W. 41
Blankenburg, W. 34
Blumer, H. 4, 28 ff., 40, 48 f., 93 ff., 98 f., 101,
 103, 131, 136 f., 141 ff., 158, 168, 196,
 200 f.
Bogdan, R. 4, 31, 44
Bogumil, J. 6, 9, 11 f., 15, 18, 21, 56, 78, 171,
 178, 186
Bohnsack, R. 33
Bollnow, O. F. 85
Bonß, W. 5, 199
Bryman, A. 39, 56 f.
Bude, H. 35, 37, 214 f.
Bühler-Niederberger, D. 45 f., 131, 137, 194,
 198, 201
Bungard, W. 110

Campbell, D. T. 248
Cicourel, A. 10, 13, 21, 51, 54, 92, 130, 198 f.,
 213
Corbin, J. M. 155
Crittenden, K. S. 51

Dallmayr, F. R. 90, 132
Danner, H. 59 ff., 65 ff., 75 ff., 79, 81 ff., 87,
 166, 182

Denzin, N. K. 23, 131, 137, 157, 248 f.
Descartes, R. 60
Deutscher, I. 176
Dewe, B. 24
Diemer, A. 60, 62 f., 68, 79
Dietrich, R. 78
Dilthey, W. 73 f., 78 ff., 83 f., 87, 89, 181, 220
Douglas, J. D. 132, 138
Durkheim, E. 16, 52

Ebeling, G. 73, 84
Eickelpasch, R. 51, 92
Einstein, A. 247
Esser, H. 58, 60 f., 70 ff., 85, 88, 163

Faltermeier, T. 188, 191 f.
Feyerabend, P. 6
Filstead, W. J. 9, 18, 31, 98, 137, 154, 162,
 169, 173, 175 ff., 196, 219 f.
Fink, E. 59, 65
Fiske, D. W. 248
Friedrich, B. 72
Flick, U. 164 f., 191
Friedrichs, J. 155, 237 f.
Fromm, E. 109
Fromm, H. 83
Fuchs, W. 9, 47, 236

Gadamer, H.-G. 21, 26, 89
Garfinkel, H. 51, 53 f., 54, 92
Garz, D. 1
Geer, B. 16, 31, 99, 162, 167, 176, 184, 189,
 196
Gerdes, K. 31, 42, 44, 46 f., 96, 98, 100, 173,
 235, 246
Gerhardt, U. 164, 191
Giddens, A. 92, 100, 138, 221
Giesen, B. 74, 219 f.
Girtler, R. 7 f., 16, 48, 62 f., 68, 97, 101, 127,
 133, 138, 140, 143, 155, 194, 235
Glaser, B. G. 23, 45, 100, 104, 106, 111 ff.,
 127 f., 136, 185 f., 190, 193 ff., 195, 223 f.,
 231, 233, 249
Goldthorpe, J. H. 218
Grathoff, R. 33, 91
Gross, P. 90
Grümer, K.-W. 48, 235

291

Haag, F. 15, 50, 230
Habermas, J. 12, 40, 85, 89, 92, 133, 237
Hampe, K. 64
Hartmann, H. 135f.
Hauff, J. 56, 71, 73, 85
Hegel, G. 82, 183
Heidegger, M. 69, 75
Heinze, Th. 157
Heisenberg, W. 247
Helle, H. J. 47
Hildenbrand, B. 33f., 91
Hill, R. J. 51
Höpflinger, F. 168
Hoerning, E. M. 4
Hoffmann-Riem, C. 22, 24, 31, 39, 42, 100, 214f., 223ff., 238, 245
Hofstätter, P. R. 83
Holzkamp, K. 180, 253
Hondrich, K. O. 133
Honig, M.-S. 157f., 164, 190
Hopf, C. 24, 26, 31, 41, 98, 104, 114, 125, 155, 189, 191, 195, 231f.
Hughes, E. C. 45
Husserl, E. 21, 59ff., 63f., 68f.

Immerfall, St. 6, 9, 11f., 15, 18, 21, 56, 78, 171, 178, 186

Jacobs, J. 16, 31
Janssen, P. 60, 62, 65
Jarvie, I. C. 133
Jüttemann, G. 1, 191

Käsler, D. 47
Kallmeyer, W. 35, 207
Keckeisen, W. 68
Kern, H. 5
Kiefl, W. 4, 127, 154, 170, 177, 186, 194
Killy, W. 72
Klein, W. 78
Kleining, G. 24, 26, 29, 31, 89, 176, 181, 183, 198, 229, 232f., 241
Klüver, J. 157
Köckeis-Stangl, E. 101, 153, 157, 165ff., 257
Konegen, N. 14, 89, 130, 136, 179, 181, 183, 188, 219ff., 228
Kraimer, L. 1
Kreckel, R. 154
Kreppner, K. 10, 12
Kriz, J. 7, 19
Küchler, M. 1, 4, 23, 31, 152f., 157, 201, 245
Kudera, W. 187f., 190, 192f.
Kuhn, T. 6, 200, 218

Lamnek, S. 4, 17, 56f., 134, 143, 154, 160f., 170, 174, 177, 179, 184, 186
Lasswell, H. D. 109
Lazarsfeld, P. F. 41, 100, 104ff., 113, 125, 202ff. 217, 225f.
Legewie, H. 164
Leithäuser, T. 152, 158f., 179
Lofland, J. 31
Losee, J. 226
Luckmann, T. 41, 43, 50, 229
Lück, H. E. 110
Lüders, C. 32ff., 38, 155, 157, 163f., 189, 200
Lüdtke, H. 155

Maanen v., J. 245
Mannheim, K. 92
Martens, B. 246f., 255
Matthes, J. 35, 43
Mayntz, R. 155
Mayring, P. H. 1, 156f.
McCall, G. J. 31, 131, 176f.
McCarthy, J. 90
Mead, G. H. 47
Mehan, W. 52
Merten, K. 78
Merton, R. K. 10, 127, 203, 226
Miles, M. B. 197
Mills, C. W. 109
Mittelstrass, J. 8
Mohler, P. 25, 31, 132, 137f., 201f., 225, 228, 236, 239f., 242
Moser, H. 15, 18
Mühlfeld, C. 31, 165, 167, 197, 205ff.
Müller, U. 6, 10, 17, 26, 41f., 142, 161, 175, 189, 192, 228, 231

Oevermann, U. 31, 35ff., 91, 101, 169f., 199, 207ff.
Opp, K. D. 17
Ostner, I. 142, 144, 154f., 176, 180f., 197

Park, R. E. 5, 45
Parsons, T. 106, 203, 226
Patton, M. Q. 31
Patzelt, W. J. 51
Patzig, G. 221
Picht, G. 84
Polsky, N. 16
Popper, K. R. 8, 36, 91, 98, 137, 226, 231
Prim, R. 6, 85, 98, 134, 139f., 222
Prokop, U. 67
Peirce, N. 90

292

Rabinow, P. 42
Radtke, F.-O. 89, 92
Reichertz, J. 32ff., 38, 90, 155, 157, 163f.,
189, 200
Rerrich, M. 67, 132f.
Riemann, G. 91
Riesman, D. 64
Ritsert, J. 13, 92
Rombach, H. 58
Rose, A. M. 40
Rüther, W. 50

Sack, F. 54f., 254
Sacks, H. 33
Savigny v., E. 91
Schatzmann, L. 41, 44
Schleiermacher, F. 73, 89, 220
Schmid, M. 74, 219f.
Schmid, S. 127, 194
Schütz, A. 21, 51, 92, 132, 138
Schütze, F. 23f., 31, 33ff., 91, 205, 207f., 216
Schwartz, H. 16, 31
Schweizer, Th. 28f., 97
Simmons, J. L. 31
Smith, H. W. 248
Soeffner, H.-G. 36, 88ff., 101, 154
Sondergeld, K. 14, 89, 130, 136, 179, 181,
183, 188, 219ff., 228
Speck, J. 229
Spöhring, W. 52f., 55
Strasser, S. 70
Strauss, A. L. 23, 41, 100, 104, 106, 111ff.,
127f., 136, 155, 185f., 190, 193ff., 195,
223f., 231, 233, 249
Südmersen, I. M. 31
Sullivan, W. M. 42

Taylor, St. J. 4, 31
Terhart, E. 166, 170, 199
Thiemann, F. 157

Thomas, A. 90
Thomas, W. I. 5, 50, 83, 230
Tilmann, H. 6, 85, 98, 134, 139f., 222
Tokarew, S. A. 72
Topitsch, E. 80
Tukey, J. W. 31

Urdze, A. 67, 132f.

Verhallen, T. M. M. 3
Vogel, H. P. 3
Volmerg, B. 152, 158f., 179
Volmerg, U. 158f., 162, 169, 174ff., 180,
182f., 190

Wahl, K. 192
Wax, R. H. 196
Webb, E. J. 110, 248
Weber, M. 89, 222
Weingarten, E. 31, 41, 51, 54f., 114, 125
Wellmer, A. 92
Weymann, A. 245f.
Whyte, W. F. 31
Wiedemann, P. 194
Wiese, von L. 226
Wiggershaus, R. 91f.
Wilson, T. P. 31, 43, 49, 181, 221f., 237, 246,
249
Winch, P. 21, 91
Wittfogel, K. A. 63, 69
Wittgenstein, L. 91f.
Witzel, A. 8, 10, 48f., 97, 131f., 135, 137, 175,
193f., 196, 229ff., 236f.
Wolffersdorff-Ehlert, C. 235, 246
Wood, H. 52
Wright v., G. H. 90
Wuchterl, K. 84

Zedler, P. 18, 192
Zelditch, M. 189
Zigann, H. 69

Sachregister

Abbildfunktion 175
Abduktion 90
Abgrenzungskriterium 210
Ablaufmuster 35, 201
Ableitung, logisch-deduktive 124
Absicherungen, statistische 201
Abstraction, fallacy of 138
Abstraktion 144, 193
Adäquanz 250
Ähnlichkeitskriterium 134
Äquivok 78
Akkumulierung neuer Theorie 256
Akte, intentionale 62
Aktionsforschung 20
ALLBUS 236
Allgemeingültigkeit 85, 88, 181 f., 188
– formale 60
Allgemeinheit 70, 127
– -sgrad 113, 127
– -sstufe 114
Alltags-
– bedingungen 175
– begriffe 137, 139, 144
– bewußtsein 9
– erfahrung 133, 160, 215
– handeln 88
– handlungen 51, 56
– kommunikation 234
– kultur 21
– praktiken 21
– situation 158 f.
– sprache 135 f.
– theorie 24
– verständnis 175, 236
– verstand, naiver 47
– wirklichkeit 48, 135, 229, 246
– wissen 51, 130, 141
Analyse,
– der Ausnahme 131
– deskriptiv-univariate 242
– experimentelle 108
– extensive 170, 187, 214, 216
– funktionale 225
– generalisierende 118
– hermeneutische 182 f.
– komparative 185
– korrelativ-bivariate 242

– multivariate 242
– phänomenologische 69
– semantische 69
– sequentielle 211, 216
– statistische 3, 201
– systematische-komparative 223
– -verfahren, interpretatives 45
– vergleichende 114 f., 117, 122, 124, 172
Analysis, comparative 114
Angemessenheit 1, 29, 111 f., 154 ff., 182, 185, 195
– der Begriffe 134
– der Methode 12
– eines Meßverfahrens 133
Anomisch 67
Anpassungsprinzip 162
Ansatz,
– biographischer 35
– ereignisinterpretierender 137
– ethnographischer 34
– kommunikationstheoretischer 92
– konversationsstruktureller 34
– narrationsstruktureller 34
– strukturtheoretischer 38
Anspruch, objektivierender 17
Anweisungen, technologische 14
Anwendbarkeit 111 f., 120, 171 f.
Approximationstheorie der Wahrheit 255
A priori-Annahmen 119
Argumentationstexte 206
Artefakte 19, 252
Auslegung, extensive 170 f., 208 f.
Aussagen,
– deduktiv-nomologische 224
– gegenstandsbezogenen zu formalen Theorien 45
– Haltbarkeit von 153
– logisch-deduktive 224
– nomologische 222
– nomothetische 222 f.
– raum-zeitlich unabhängige 222
– universelle 45
– Wahrheitsgehalt von 153
Auswahl,
– gezielte 239
– non-random 193
– repräsentative 146

294

- statistisch repräsentative 190
- systematische 118
- theoretisch systematische 192
- -verfahren, statistisches 189
- zufällige 110
Auswertung 31
- inhaltsanalytische 202, 205
- -sobjektivität 179
- -sprozeß 38

Basissatz-Problem 130
Bedeutsamkeit, objektive 209
Bedeutung, 40, 48 ff., 219
- ausgehandelte 45
- objektive 216
- Paraphrasierung der 210
- -säquivalenz 130, 227
- -sstruktur 36, 132
- -sstruktur, interpretative 236
- -sstruktur, objektive 36 f., 199, 209, 213
- subjektive Rekonstruktion der objektiven 213
- subjektiv intentional repräsentierte 208
- -szuschreibung 213
- -szuschreibung, kontextabhängige 214
Befragung 132
- direkte 110
- schriftliche 7
- standardisierte 61, 112, 234
Befunde,
- multimethodische 252
- theorieimmanente 233
Begriffe 131, 134, 137 f., 144, 155, 159, 168, 170, 222 f.
- analytische 121
- Angemessenheit der 134
- a priori definierte 131
- Definition der 134, 137
- empfindsam machende 121, 127
- empirische 160
- ersten Grades 139
- erster Ordnung 137 f.
- indikatorisierte 143
- Konstruktion von 162
- Kontinuität der 134
- nominalistisch definierte 134
- operationale Definition der 161
- Präzision der 134
- Reichweite der 134
- sensibilisierende 121
- sensitizing 121, 127
- theoretische 139, 143 f. 160
- Vorstellungsinhalte der 134
- wissenschaftlich-theoretische 137

- zweiter Ordnung 137
Begriffs-
- bildung 130 ff., 138, 224
- bildung, a priori 142
- fassung, nominale 135
- realismus 136
- systeme 226
Begründung 151
- -szusammenhang 6, 129
Beobachtung 24, 34, 105, 109 f., 113, 130, 133, 135, 144, 173, 214, 222, 225
- direkte 110
- nicht-teilnehmende 28
- qualitative 107
- -sschemata 4
- -stechniken, standardisierte 102
- teilnehmende 5, 8, 28, 31, 46, 99, 102, 126, 130, 155, 162, 165, 176, 195, 249, 261
- Wiederholung von 14
Beschränkung, raum-zeitliche 113, 125
Beschreibungstexte 205
Bestätigung, 108 ff., 115
- deduktive 226
- induktive 226
- -sgrad 98, 226
Bewährungs-
- grad 254
- wahrscheinlichkeit 227
Bewußtsein 9 ff.
- -slagen, ähnliche 40
- -sphänomene 40
- transzendentales 64
Beziehung,
- kausale 219
- U-förmige 27
Bezug,
- direkt empirischer 140
- indirekter 140
- -srahmen, analytischer 119, 122, 124 f.
- -srahmen, theoretischer 118, 127, 189, 224
Biographie 4 f., 33, 240
- -studien 34
- -verlaufstypen 34
Brauchbarkeit 254, 260
breaching experiments 54

Censusbefragung 28
ceteris-parikus-Annahme 53
Chicago-Schule 5, 41
Coherence
- external 181
- internal 181
Common-sense 9, 198
- -Definitionen 54

295

- -Erfahrung 130
- -Konstrukte 199
- -Konzept 167
- -Rationalität 21
Concepts,
- first order 133, 138
- orienting 131
- second order 131, 138
- sensitizing 131
Constant comparative method 124
Construct-Validity 161
Criterion-Validity 161
Crossvalidierung 249

Daten 115
- -analyse 119, 155
- -analyse, explikative 242
- -analyse, reduktive 201, 242
- angemessene 28
- -auswertung 19f.
- -erhebung 19, 97, 155
- -ferne 239f.
- -fülle 128
- -gewinnung 38, 101, 216
- -matrix 242
- -nähe 239f.
- -qualitätsindex 176
- quasi-experimentelle 204
- -reduktion 242
- relevante 27
- reliable 152
- -sammlung 119, 193
- Überprüfung von 114
- valide 152
- Validierung von 114
Deduktion 45
Deduktiv 119
Definition 50, 136, 201
- instrumentelle 131
- operationale 135
- operationelle 131, 162
- subjektive 45
Deskription 32, 34, 68, 144f.
- historische 231
- sozialen Handelns 33, 38
- sozialen Milieus 33, 38
Deskriptiv 108, 111
Deutung 232, 238
- alltagspraktische 89
- -sakte 89
- -shypothesen 220
- -skompetenz, hermeneutische 102
- -smuster 24f.
- -sschemata 131

- -sschemata der Akteure 139
- stellvertretende 216
Dialogkonzept 233
Dichotomie 218, 244
Differenz, hermeneutische 73, 74f., 82, 87f.
Dimensionen 119ff., 185
- begriffliche 115
Discussional Form von Theorien 120
Diskurs 178
Disseminationsphase 162
Distanz 48f., 234f.
Doppelrolle 40
Durchführungsobjektivität 179
Dynamisch-prozessual 236f.

Effekte, reaktive 177
Ego,
- -logik 32
- transzendentales 60
Eigen-
- definition 136
- deutung der Betroffenen 218
- interpretation 200
- schaftsraum 203
Eindeutigkeit 180
Einheitswissenschaft 6, 246
Einstellung,
- natürliche 62, 65, 68, 71
- phänomenologische 61f., 65, 71
- theoretische 65
- vorurteilsfreie 66ff.
Einzel-
- beobachtungen 108, 202
- interview 197, 200
Einzelfall-
- analyse, extensive 34
- studie 39, 91
Elementare, das 81
Emerge 121
Emergentistischer Objektivitätsbegriff 183f., 186
Emergenzprozeß 101
Emergierende Theorie 117, 190, 195
Empathie 80
Empirie, tatsachenbezogene 199
Empirismus 39
- logischer 8
Entdeckung 164
- -szusammenhang 129
Entstehungszusammenhang 104, 112, 118, 199
Entsubjektivierung 229
Epiphänomen 9, 35
Epoché, erste 61f., 65

Ereignisinterpretation, systematisierte
131
Erfahrung 12 ff.
– aus erster Hand 45
– kommunikative 133
– praktische 17
– restringierte 8 f.
– und Theorie 9
Erhebung
– -sinstrument 22
– -sinstrument, offenes 110
– -ssituation 18, 174
– standardisierte 240
– -stechniken 22
– -sverfahren, adäquate 38
Erkenntnis,
– allgemeingültige 188
– -chancen 18
– -gegenstand 47
– -gewinnung, intersubjektive 240
– idiographische 239
– -interessen 239
– intersubjektive 229
– objektive 59, 85, 188, 228
– -restriktionen 18
– -theorie 57
– -ziel 155
Erklären 73, 78, 86, 87, 89, 107, 219, 220,
250
– rekonstruktiv 208
Erklärung 14, 90, 110, 120, 144, 188, 201,
202, 219, 222 f., 229
– Ad-hoc- 182, 253
– alternative 253
– deduktive 236
– Ex-post- 253
– hypothetisch-deduktive 73
– hypothetische 201
– kausale 74
– modellhafte 253
– multivariate 253
– nomothetische 221
– -skraft 201, 220
– -smodell, deduktives 225
– -smuster 111
Erzähltexte 205
„Et-cetera-Annahme" 53
Ethnie 54
Ethno-
– graphie 31, 33, 44
– loge 97
– logie 7
– Methoden 54
– methodologie 21, 31, 44, 78, 92 f.

– methodologie, Basisregeln der
213
– theorie 31, 246
– zentrismus 177
Evaluation 254
– -sstudie 194
Exaktheit 246
Existenzaussagen 193
– generalisierte 239
Experiment 109, 152, 261
– unvollständiges 261
– Wiederholung von 14
Expert-Validity 160, 167, 168
Explanans 237
– -Explanandum-Modell 222
Explanation 32
Explikation 26, 100, 104, 157, 201 f., 210,
217, 226
– rekonstruktive 208
Explikativ 201, 226
Explizieren 30, 213
Exploration 22, 28, 48, 99 f., 102 ff., 129, 224,
250
– -sfunktion 22, 111
Explorativ 67, 100, 102, 104, 193
Explorative Phase 232
External Coherence 181
Extrapolation 211
Extremgruppenprüfung 161

Face-Validity 160
Fälle, typische 195
Fakten 115
– Bestätigung von 115
– Überprüfung von 116 f.
– Validierung von 116
Faktoren,
– handlungsrelevante 107
– subjektive 50
Fall-
– analyse 188
– beispiele 192
– kontrastierung 191
– rekonstruktion 209
Fallacy of abstraction 138
Falsifikation 229, 241
– -sprinzip 98, 100
Falsifizierbarkeit 219
Fehlerquellen 19 f.
Feinanalyse 211, 217
– sequentielle 209, 214
Feld
– -arbeit 44
– -forschung 28, 30

297

- -forschung, ethnologische 28
- soziales 137, 143, 171
- -studie 44, 91, 93
- -studie, ethnologische 103
- zu untersuchendes 18, 22
Felder, natürliche soziale 46
Fidelität 171
First order concepts 133, 138
Flexibel 30
Flexibilität 27 ff., 167, 169, 194 f., 223, 236 f.
Forscher,
- -perspektive 16
- -raster 171
- rezeptiv stimulierend 234
- suggestiv determinierend 234
Forschung,
- alternative 30
- empirische 8, 30
- explorative 197
- interpretative 197
- qualitative 196
- -sarbeit 153
- -sartefakte 19 f.
- -sdesign 196
- -sfeld 22
- -shandeln 88
- -sinteresse 68
- -skontext 18
- -sobjekt 13, 18
- -spraxis 31
- -spraxis, deskriptive 38
- -sprozeß 19 f., 22 ff., 29 f., 40, 87
- -ssubjekt 18
- -svorgehen, naturwissenschaftlich-
  positivistisches 7
Fragebogen,
- -item 27
- standardisiert 4
Fragen, offene 16
Frankfurter Schule 40
Fremd-
- definition 136
- interpetation 40
- verstehen 40, 216, 221 f., 236
Fruchtbarkeit 1, 29, 104, 108, 120, 184 f.

Gehalt, empirischer 94
Geist, objektiver 76, 82 f., 88
Geltung 129, 164
- -sanspruch 104, 118
- -sanspruch, univeraler 127
- -sanspruch, universeller 104, 125, 128
- -sbegründung, argumentative 170
- -sbereich 237

Genauigkeit 160, 173, 216
- der Messung 173
Generalisation, empirische 115
Generalisierbarkeit 2, 153 f., 163, 187 f.,
  192 f., 254
generalisierend 190
Generalisierung 113, 120, 124, 187, 191 f.,
  200, 206, 227, 237
- hypothetische 121
- konzeptionelle 121
- methodologische 155
- von Regeln 163
Generierungslogik 31
Genese 164
Genesis 129
Geschichte, interaktiv konstruierte 46
Gesellschaftstheorien 114 f.
Gesetz 219 f., 222
- der großen Zahl 12
- historisches 231
- -mäßigkeit sozialen Handelns 8
Gesetzes-
- aussagen 222, 231
- aussagen, nomologische 231
- aussagen, raum-zeitlich unabhängige 231
- aussagen, universelle 231
- hypothesen 114 f.
Gewinnungszusammenhang 6, 227
Gewißheit 176
Glaubwürdigkeit 100, 108, 117, 126 f., 184 f.
- Maximierung der 185
Globalcharakteristik 211
Going native 48, 235
Grand theory 114
Grounded formal theories 124
Grounded theory 100, 111 f., 119 ff., 125,
  186
Grundgesamtheit 189, 192 f., 238
Grundlagen
- qualitativer Sozialforschung,
  metatheoretische 42
- qualitativer Sozialforschung,
  substanztheoretische 42
Gruppen,
- anomische 67
- -diskussion 4 f., 8, 237
- -diskussionsverfahren 105
Gültigkeit 16, 26, 29, 56, 116, 141, 144, 154,
  160, 162 ff., 167 ff., 176, 179, 184 ff., 195,
  211, 246, 254
- empirische 160
- externe 159 f.
- interne 159 f., 176
- logische 160

- -sanspruch 102
- -sbereich 165, 167
- -sprüfung 160, 165
- -sprüfung, interpretativ-
  kommunikative 168
- -sprüfung meßtechnische 168
Güte 155, 171
- -kontrolle 152
- -kriterien 2, 93, 103, 144 ff., 162 f., 167,
  175 f., 184, 186, 253 f.
- -prüfung 154

Häufigkeitsverteilung 107, 114, 185, 204
Handeln,
- Deskription sozialen 33, 38
- Gesetzmäßigkeit sozialen 8
- Interpretation des 7
- Quantifizierbarkeit sozialen 8
- Rekonstruktion der Regeln sozialen 33
- subjektiv gemeinter Sinn von 40
Handlung
- -sentwurf 74
- -sintentionen 216
- -skontext 169
- -smuster 24 f.
- -smuster, abweichende 28
- -sorientierung 191
- -svalidierung 164
- -szusammenhänge 32
Hawthorne-Effekt 18
Hermeneutik 2, 21, 56, 68, 71 f., 84 f., 87,
  135, 182, 192, 198, 219, 222, 228
- dogmatische 72
- doppelte 138
- objektive 31, 35 f., 91, 166, 170 f., 199, 201,
  205 f., 207 f., 211, 242
- philosophische 89
- sozialwissenschaftliche 36, 88, 90
- strukturale 36
Hintergrund-
- annahmen 170
- erwartungen 40
Historischer Materialismus 43
Historisch-materialistisch 13
Historizismus 231
Holistisch 237
Holistische Sicht 238
Homonym 79
Hypothesen 9, 22, 27, 67, 73, 97 f., 107 ff.,
  111 f., 113 f., 114, 117 ff., 121 f., 126,
  128 f., 131, 137, 139, 143 f., 161 f., 184 f.,
  194, 201, 215
- allgemeingültige 125
- Alternativ- 241

- A-priori- 162, 170
- Bestätigung von 108 ff., 115
- -bildung 114, 118, 124, 202
- -bildung, ex ante 225
- deduktive 134, 139
- Entdecken von 99, 105, 112, 225
- -entdeckung, induktive 226
- -entwicklung 99, 177, 126, 223, 226
- -entwicklungsprozeß 126
- Erhärtung von 108
- Ex-ante- 20, 22, 143, 233, 250
- Ex-post- 20
- -generierung 73, 101, 223, 229
- Genese von 131, 225
- gesetzesartige 125
- -gewinnung 200, 228
- -gewinnung, induktive 227
- induktive 139
- integrierte 122
- -konstruktion 99, 116, 185
- logisch-deduktive 121 f.
- Null- 241
- -prüfung 103, 106, 108, 112, 115, 131, 223,
  225, 227, 232 f.
- -system 169
- -test 101, 128, 241
- Testen von 94, 201, 223 f.
- Verifizieren von 128

Ich, transzendentales 60, 64
Idealismus 39
Idealtypen 138, 164, 191
Idealtypisch 6
Identifikation 48, 234 f., 246
Idiographisch 221 ff.
Illustration 251
indexikalisch 52
Indexikalität 25, 40, 78
Indikation, enumerative 200
Indikatoren 105, 110, 121, 140, 143 f., 160,
  162, 170
- -bildung 110, 116, 185
Indikatorisierung 145
Induktion, 111
- analytische 131, 201
Induktiv 98, 113, 124, 137, 200
Informationsgewinn 201, 242
Inhalte, manifeste 85
Inhaltsanalyse, 8, 205
- qualitative 206
- quantitative 261
Inhaltsanalytisch 217
Inspektion 47 f., 51, 99, 101, 103, 196, 200
Instrumente, standardisierte 67

Intelligenztest 97, 140 f.
Intensivinterview 8
Intentionalität 61, 63, 68
Interaktions-
– logik 208
– muster 218
– prozeß 48
– texte 208 f., 211, 213
interaktiv konstruierte Geschichte 45
Intercodiererreliabilität 202
Internal coherence 181
Interpretation 7, 31, 94, 95, 138, 186, 201
– des Handelns 7
– dokumentarische 92
– kontextfreie 215
– Kunstlehre der 89
– Nachvollziehbarkeit der 26
– -sabsicherung, argumentative 156
– -shypothesen 111, 183
– -skontrolle 224
– -sleistungen 54
– -sobjektivität 179
– -sprozeß 26, 37, 50
– -sprozeß, interaktionsgeleiteter 44
– -srahmen 40, 224
– -sregeln 199
– -sreliabilität 176
– subjektive 198
– -sverfahren 37, 90
– -szuverlässigkeit 176
Interpretativ 41, 221
interpretative Perspektive 46
Intersubjektiv 98, 173, 183, 186
– nachvollziehbar 183
Intersubjektivität 13, 26, 59, 85, 128, 159,
  166, 169, 173, 175, 178, 182, 183, 246, 253
– lebensweltliche 163
Intervallskalierung 20
Interview 16, 24, 62, 99, 197, 206, 207
– argumentatives 206
– Census- 28
– narratives 4, 27, 35, 102, 130, 155, 235,
  238, 261
– offenes 176
– -protokoll 153
– qualitatives 34, 167
– -situation 34
– standardisiertes 16, 205, 231, 261
– unstrukturiertes 67, 99
Introspektion, spekulative 60
Intuition 63
Invariante, das 70
Invarianz 213
Irrtumswahrscheinlichkeit 238

Kategorien 117 ff., 123 f., 141, 211 f.
– begriffliche 115
– Bestätigung von 115
– -bildung 110, 126
– -schema 206
– -set 203
– -system des Forschers 235
– Überprüfung von 115
– vorläufige 116
– -zuordnung 202
Kausalanalyse 45
Klassifikation, 203
– vorläufige 111
Klassifizierung 205
Known-Groups-Validity 161
Kodier-
– en 118, 119
– schema 207
Kommunikation 21, 23
– alltagsweltliche 216
– Basisregeln der 92
– -sfiguren 211 f.
– -sinhalte, manifeste 207
– -sinhalte, overte 207
– -sinhalte, Rekonstruktion der 218
– -sprozeß 24
– -ssituation 24
– -stheorie 92
Kommunikativ 41
Kompatibilität
– -sproblem 138
– -sverhältnis 134
Komperative Kasuistik 191
Kompetenz, hermeneutische 199,
  218
Komplementarität 252
Konkretion 144
Konsistenz 157, 176, 252
– interne 174, 249
– -methode 174
Konstanz der Meßbedingungen 173
Konstitution
– -sanalyse, phänomenologische 44
– -sprozeß von Wirklichkeit 25
– transzendentale 65
– von Wirklichkeit 25, 219
Konstrukte,
– Common-sense- 132, 135, 198
– integrierende 108, 110, 204
– theoretische 47
Konstruktion
– der Wirklichkeit 35
– von Ordnung und Wirklichkeit 51
– von sozialer Realität 25, 208 f.

- zirkelhafte 161
Konstruktionen
- ersten Grades 132 f.
- zweiten Grades 132 f.
- zweiter Stufe 138 f.
Konstruktivismus, begrifflicher 135
Konstruktvalidierung 168
Konstruktvalidität 161
Kontext 78, 210, 212, 220, 222, 231, 238
- -abhängigkeit 158 f.
- -bedingungen 177, 212
- -bedingungen, äußere 212, 214
- -bedingungen, innere 212
- -charakter 10
- -gebundenheit 192
- -gebundenheit, situative 175, 177
- -information 210
- innerer 212
- -konstellationen 215
- situativer 18, 40, 162, 164
- sozialer 132, 138, 238
- Standardisierung des 173, 190
- struktureller 222
- -uelle Geltungsmaßstäbe 190
- -wissen 207, 210, 214
Kontinuität der Begriffe 134
Kontrolle 211
- statistische 179
Kontroll-
- fragentheorie 252
- größen 146
- ierbarkeit 181, 196
Konvergenztheorie 252
Konversationsanalyse 31, 33, 35, 217
Konzepte,
- deskriptive 204
- Entdecken von 112
- ethnomethodologische 33
- Formulierung von 113
- integrierende 121
- narrationsstrukturelle 33
- psychodynamisches 230
Korrelation 94, 106, 203
- -shypothesen 108
- -skoeffizient 174, 242
korrelieren 146
Krisen- bzw. Zusammenbruchsexperimente
54
Kriterien,
- epistemologische 56, 183
- normative 56
- ontologische 56
Kritikimmunisierung 253
Kritische Theorie 40

Kritischer Rationalismus 8, 16, 56, 137, 223,
231
Kübelmodell 137
Kultur 83 ff.
Kulturanthropologie 44

Laborexperiment 165
„Laß-es-geschehen"-Regel 53
Leben, transzendentales 65
- -skontext 192
Lebenswelt 21, 44, 61, 67, 70, 92, 97, 213
- -analyse 21, 33, 44
- -analyse, phänomenologische 44
- der Untersuchten 30
- natürliche 196
- soziale 129
Leerformel, normative 249
Leistungstest 179
Leitfaden des Interviews 206 f.
Lerntheorie 66
Logik, zweiwertige 252 f.
logisch 85
- deduziert 222
Logischer Empirismus 8

Matrixdarstellung 203
Meinungsforschung 11
Meß-
- artefakte 14, 19, 247 f.
- barkeit 145, 175
- bedingungen, Konstanz der 173
- fehler 12, 173
- fetischismus 12
- instruments, Neutralität des 24
- niveau 13, 243
- operationen 133, 135, 160
- problematik 134
- techniken 13
- -technisch zu interpretativ-kommunikativ
171
- theorie 152
- verfahren, Angemessenheit eines 133
Messen 183
Messung,
- exakte 256
- gültige 256
- objektive 256
- Reaktivität der 256
- zuverlässige 256
metatheoretisch 42
Method, constant comparative 124
Methode,
- Angemessenheit der 12
- der äquivalenten Formen 174

301

- der Reduktion 59
- hermeneutische 89
- historische 84
- idiographische 39
- kommunikative 217
- nomothetische 39
- phänomenologische 51
- wertfreie 87
Methoden
- -artefakte 243
- -dualismus 39
- flexible 172
- harte 29
- -kombination 8, 249
- -kritik 19
- -kritik, immanente 7
- -mix 248
- offene 173
- -vielfalt 165
- weiche 29
Methodologie 14, 20, 51, 57, 101, 233
- interpretativ-hermeneutisch-phänomeno-
  logisch 255
- kritisch-rationale 255
- -verständnis, neo-positivistisches 40
Milieu
- -analytische Verfahren 34
- -deskription 163
- -deskription, phänomenologische 33
- Deskription sozialen 33, 38
- -studie, ethnographische 34
- -studien 34
Modell 112
- deduktiv-nomologisches 221 f.
- Explanans-Explanandum- 222
- mathematisches 143
- quantitatives 51
monographische Linie 5, 199
Multi-Area Formal Theory 124
multimethodisches Vorgehen 8, 254 ff.
Muster 52
- sozialen Handelns 231
mutatis-mutandis-Klausel 53

Nachprüfbarkeit,
- inter-individuelle 177
- intersubjektive 110, 167, 242, 256
Nachvollziehbarkeit, 159
- der Interpretation 26
- intersubjektive 13
Nachvollzug,
- des subjektiv gemeinten Sinns 38
- intersubjektiver 156
- kommunikativer 30

Nähe zum Gegenstand 156
Narrativismus 35
Natürlichkeit 44
Naturalistisch 41
Natural History 44 ff.
- Sociology 44
naturgeschichtlich 45
Naturgesetze 45
Naturgesetzlichkeiten 45
Neutralität des Meßinstruments 24
Nominaldefinition 136
Nomologisch 73
- -analytisch 192
Nomothetisch 219, 221 f.
Nonmetrische Eigenschaften 3
Non-Reaktivität 55
Normalformen 53
Normierung 196
Nützlichkeit 256

Oberflächenphänomen 38
Objekt 14, 19, 49, 52, 56, 174, 219
- -bereich 17, 219
- -welt 52
- zu erforschendes 136
Objektiv 16, 19, 36, 70, 81
Objektivationen 84
Objektives 83
Objektivierender Anspruch 17
Objektivierung 20
Objektivität 2, 10, 15, 36, 40, 49, 85 f., 159,
  162 ff., 173, 178 ff., 186, 228, 235, 239
- Auswertungs- 179
- des Sinnverstehens 82
- hermeneutische 88
- Pseudo- 67
- -sbegriff, emergentistischer 173 f., 230,
  186
- -sbegriff, intersubjektiver 186
Offenheit 22, 27, 29, 49, 86, 89, 143, 163,
  177 f., 196, 214, 224, 232 f., 235 f., 240,
  242, 250 f., 260
- der Verfahren 238
- methodologische 245, 249
One-Area Formal Theory 124
Ontologisch 58
Operationale Definition 148 f.
operationalisieren 146
Operationalisierung 16, 27, 94, 97, 131, 135,
  137, 139 ff., 159, 170, 174, 196, 232, 237,
  240, 243
- multiple 248
Oral history 33
Orientierung,

302

- grundlagentheoretische 38
- phänomenologische 108
Orienting concepts 131

Panel 236
Paradigma,
- ätiologisches 230
- ätiologisch-normatives 230
- eigenständiges 5
- interpretatives 1, 25 f., 42 ff., 71, 88 f., 92, 111, 155 ff., 163, 167, 169 f., 175, 214, 219, 228, 229 f.
- naturwissenschaftliches 67
- normatives 18, 43, 162 f., 180 f., 240
- qualitatives 7, 26, 31, 129, 135, 171, 175, 183, 195, 200, 218, 221 f., 225, 229 f., 233, 246, 250
- quantitatives 103, 141, 195, 218, 221, 229, 232, 235, 239 f., 260
Paradigmen-
- streit 218
- wechsel 218
Paralleltest 174
Parameter 238
Paraphrasier-
- barkeit 209
- ung der Bedeutung 211
Partikularistisch 237
Pattern variables 106, 203
Perspektive,
- der Untersuchten 16
- strukturtheoretische 209
Perspektiven,
- maximale strukturelle Variation der 176, 183
- Variabilität in den 200
- -wechsel 67
Phänomenologie 2, 21, 20, 51 ff., 60, 64, 92, 128, 135 f., 141, 166, 181, 223, 228
Phänomenologisch 21, 33
Philosophie 73, 91
Philosophy,
- ideal language 91
- ordinary language 91 f.
Plausibilisierung 251
Plausibilität 100, 109 f., 117, 167, 184
Pluralismus 254
- eklektizistischer 255
Polyseme 78
Population 193 f., 238, 250
- -sauswahl 193 f., 254
Position, symbolisch-interaktionistische 99
Positivismus 8, 11 f., 39
Positivismusstreit 6

Positivistisch 85, 139
Postulat 6
Prädetermination des Forschers 233 f.
Prädetermination durch den Forscher 147
Prägnanz 158
Präzisierung 99, 120
Präzision 175, 232
- der Begriffe 134
Predictiv-Validity 161, 167
Pretest 96 f.
Primärerfahrung 97
Prima-facie-Validität 162
Prinzipien
- empirischer Sozialforschung 5
- qualitativer Sozialforschung 1
Prognose 14
Prognostizierbarkeit 157
Programmatik qualitativer Sozialforschung 21
Prozeß,
- -charakter 24
- -haft 30
- interpretativer 50
- sozialer 40
- -struktur des Lebenslaufs 35
Prüf-
- barkeit, intersubjektive 246
- kontrolle 153
- kriterium 101, 152, 220
- methoden 111
Prüfung,
- der Glaubwürdigkeit von Theorien 100
- der Plausibilität von Theorien 100
- diskursive 182
Pseudoobjektivität 67
Psychoanalyse 208

Quantifizierbarkeit sozialen Handelns 8
Quasi-
- Korrelationen 204
- Statistik 107, 111, 204
- Verteilung 204

Rahmen, theoretischer 123
Randbedingung 222, 236
Raster, theoretisches 143
Rationalität, Common-sense- 21
Reaktive Effekte 177
Reaktivität 18 f., 24, 136
Real-
- definition 136
- -ismus 39, 136

Realität 9
- interpretierte 239
- Konstruktion von sozialer 25
- perzipierte 239
- -sferne 111
- -sgehalt 158, 176, 228
- -shaltigkeit 162, 159, 164
- soziale 108, 112, 135 f., 144, 153, 164, 181, 183, 191 f., 202, 208
- subjektive 239
Reduktion 59, 61, 70
- eidetische 57 ff., 173, 176
- phänomenologische 62, 65, 68
- -sstufe 61 ff.
- transzendentale 59, 61 f., 64 f.
Reduktiv 202
Redundanz 8
Reflexiv 30, 41
Reflexivität 26, 55, 238
Regeln,
- extentionale 202
- implizite 35
- intentionale 202
- interaktions-strukturinhärente 213
Regelgeleitetheit 156
Regelmäßigkeit 45
Regelsystem der Sprache 214
Reichweite 108, 113, 223
- der Begriffe 134
Reinterpretation 236
Rekonstruktion 35, 191, 197, 210 f.
- der Interaktionsmuster 218
- der Kommunikationsinhalte 218
- der objektiven Bedeutungen 213
- der Regeln sozialen Handelns 33
- grammatische 73
- psychologische 73
- -sverfahren, interpretatives 44
- -sverfahren, strukturtheoretisches 36
- von Strukturen 35
Relativitätstheorie 246
Relevanz 1, 109, 154, 158, 182, 186 f., 209
- -bereich 246
- -strukturen 135, 237
- -system der Betroffenen 234 f., 250
- -system des Forschers 143
- -systeme 16, 130, 135, 172, 200
- theoretische 117
Reliabilität 2, 153, 155 f., 173 ff., 178 f., 184, 243, 249
- Interpretations- 176
- -skoeffizient 174
- -skontrolle 155

Reliability
- Split-half 174
- Test-Retest 174
Replizierbarkeit 175
Replizierung multimethodischer Studien 256
Repräsentanz 191, 193
- intentionale 211, 216
- psychische 38
- subjektiv-intentionale 212 f., 217
Repräsentation
- -sschluß 239
- subjektive 36
Repräsentativität 2, 152 ff., 162, 186 ff., 254
- -skonzept 192
Reproduktion 167
- der Untersuchung 162
- -sprozeß der latenten Sinnstrukturen 215
Reproduzierbarkeit 152, 175
- der Ergebnisse 14
Restringierte Erfahrung 8 f.
Revidierbarkeit von Situationsdefinitionen 163
Revision 99
Revolution, wissenschaftliche 218
Rezeption 187
Reziprozität der Perspektiven 40
Rosenthal-Effekt 18

Sample 194, 238
Sampling, theoretical 117, 124, 194, 238 f.
Sättigung, theoretische 195
Schein
- -objektivität 15
- ontologischer 68
- -werfermodell 137
Schwankungsbreite 238
Scientific community 146, 166, 168, 252
Second order concepts 133, 138
Sekundärmaterial, schriftliches 110
Selbst-
- deutung 158
- etikettierung 42
- verstehen 223
Selektion 22
Self-destroying prophecy 161
Self-fulfilling prophecy 48, 161
Sensitizing concepts 131
Sensualismus 39
Sequenzen, typische 45
Sequenzanalyse 212
Sequenzierung 164

Sicherheit 127
Sichtweise, subjektivistische 51
Signifikant 28
- der 78
Signifikat 78
Sinn 71, 78 f., 82, 84 f., 182, 209, 214, 216,
  220
- -auslegung 208
- -deutung 85
- -gebung 198
- -gehalts, psychische Repräsentanz
- des 37
- gemeinter 33, 40, 220
- -inhalte 230
- -interpretationen 207
- -komponente 219, 222
- -konsitution 25 f.
- -orientierung, rückschauende - voraus-
  schauende 53
- -produktion 51
- -provinz 54
- latenter 209, 213 f.
- Nachvollzug subjektiv gemeinten 38
- objektiver 216
- -rekonstruktion 71, 182
- situativer Handlungen 222
- sozialer 223
- -strukturen 207, 210
- -strukturen, handlungsleitende 213
- -strukturen, Invarianz der latenten
  212
- -strukturen, latente 9, 36, 170, 199, 208 f.,
  211 f., 215 f.
- subjektiv gemeinter 35, 40, 74, 205, 209
- -verstehen 25, 80, 82, 84 f., 223, 230
- -verstehen, objektives 80
- von Interaktionstexten 212
- -welten 34
- -zusammenhang 80, 182
- -zuschreibung 32
- -zuweisung 25, 30, 182
Situation 53 f.
- -sdefinition 25, 169, 191, 228
- -sdefinition, Revidierbarkeit von 163
- -sdeutung 177
- -sgebundenheit 191
- -skomplexe 52
Skalen 97
Skalierungsfragen 243
Sozialforschung,
- explorative 42, 97, 103, 173
- interpretative 41, 164, 214, 215
- kommunikative 31, 41
- naturalistische 41

- objektivistische 40
- problemorientierte 233
- qualitative 41
- quantitative 42
- quantitativ-standardisierende 8
- reflexive 41
soziale Ordnung 54
Sozialisation, zweite 97
- sprozeß 212
- stheorie 208, 212
Sozialwelt 32
Soziologie,
- hermeneutische 76 f.
- interpretative 24 f., 42, 93
- phänomenologisch orientierte 92
- positivistische 7
- reflexive 42
Soziologik 32
Spezifizierung 105
Spiralbewegung 87 f.
Split-half-Methode 174
Spontanitätsbarrieren 176
Sprach-
- analyse, 69
- analyse, semantische 69
- philosophie 91
- verstehen 91
Sprache, theoretische 144
Stabilität 173
- -skoeffizient 180
Standardisierbarkeit 152
Standardisierung 15 f., 96, 169, 178, 179 f.,
  180 f., 184, 196, 232, 236, 243
- des Kontextes 177, 190
Standardsituation, invariante 181
Statisch 235
Statistical sampling 187, 195
statistische Prüfung 146
Steuerbarkeit 157
Stichproben 160, 181, 189 f., 193 f.
- -bildung 116, 185
- echte 238
- -größe 146, 194
- -methode 146
- repräsentative 193
- -verfahren, repräsentative 191
Stimmigkeit 166, 178
- äußere 181 f.
- innere 181 f.
Stör-
- einflüsse 177, 182
- faktoren 19
- quelle 24
- variable 18, 253

Struktur-
- eigenschaften 208
- funktionalismus 43
- logik 32, 35
- theoretisch 36
Strukturen,
- generative 211
- objektive 217
- Rekonstruktion von 35, 38
Studie, deskriptive 189
Subjekt, 14 f., 21, 219
- forschendes 136
- -orientierung 158
Subjektiv 50
Subjektives 83
Subjektivität 87, 218
- absolute 65
Subkultur 97, 193, 204
- delinquente 67, 235
Substantive areas 124
Substanztheoretisch 42
Subsumtionslogik 34
Symbole, 47, 50
- gemeinsame 40
Symbolischer Interaktionismus 1, 5, 21, 30 f.,
   40, 46 ff., 50 f., 94 ff., 134, 223
symbolisch-interaktionistische Perspektive
   46
Symbolsystem 40, 47
Synonyme 78
Synonymität, interpersonale 15, 228
Systeme, deskriptive 203
Systemtheorie 43, 66

Tautologie 227
Taxonomie 226, 203
Teleologisch 221
Test 179
- -halbierung 179
- -Retest-Verfahren 178
- standardisierter 164
- statistischer 253
- -theorie 180
- -verfahren 170
- -verfahren, projektives 180
- Zuverlässigkeit des 174
Text-
- analyse 90 f.
- exegese 198
- interpretation 86, 205, 207
- verständnis 76
- wissenschaft 88, 218
Theoretical sampling 111, 124, 195, 238 f.
Theorie 144,

- abstrakte 120
- begründete 125, 223
- Bestätigung von 109, 116
- -bildung 100, 113, 116, 119 ff., 194, 223
- -bildung, deduktive 136
- -bildung, kumulative 224
- -bildung, offene 233
- datenbasierte 111
- deduktiv-axiomatische 112
- deduktive 98, 134
- emergierende 117, 190, 195
- -entstehung 120
- -entwicklung 102, 111 f., 120, 125, 129,
   144, 194 f., 208
- -entwicklungsprozeß 126
- -gewinnung 129, 225
- Glaubwürdigkeit einer 126
- interaktionistische 31
- logisch-deduktive 127, 186, 199
- -modifikation 254
- -prüfung 113, 116, 130, 144, 223 f.
- -sprache 138
- und Empirie 40
- und Erfahrung 9
Theorien, 155
- Angemessenheit von 111 f.
- Anwendbarkeit von 111 f.
- deduktive 139
- Discussional Form von 120
- Entdeckung von 111 f., 125, 223 f.
- formale 113, 121 ff., 127
- gegenstandsbezogene 113, 118 f., 122 ff.,
   127, 185
- Generation von 116
- Genese von 112, 115
- implizite 252
- induktive 139
- mittlerer Reichweite 10, 114, 125, 127
- Prüfung der Glaubwürdigkeit von
   100
- Prüfung der Plausibilität von 100
- Verifikation von 223
Theory, grand 114
Tiefen-
- interview 28, 195
- strukturen 35, 38
Time lag 31
Totalität 10, 237
Transformation 160
Transobjektiv 173
Transparenz 186
Trend-
- erhebungen 236
- theorien 109, 111

306

Trennschärfe 205
Triangulation 245, 248 ff., 260
– methodologische 255
– theoretische 255
Typen
– -bildung 176, 192 f., 240 f.
– Durchschnitts- 240
– Extrem- 240
– Häufigkeits- 240
– Ideal- 240
Typische, das 45 f.
Typisierung 53
Typisierungen zweiten Grades 92
Typologie 106, 203
– systematische 203

Überidentifikation 48, 177
Überprüfbarkeit 181
– intersubjektive 159, 163
Überprüfung 184
Überzeugungsgrad 227
Unabhängigkeit, raum-zeitliche 85
uniforme Sequenz des Typus 46
Unschärferelation 247
Unterstrukturierungen, partielle 203
Untersuchung,
– naturalistische 51
– -seinheit 97
– -sfeld 117
– -sobjekt 40
– statistische 201
Ursachen, kausale 78

Validierung 114, 158, 168, 217
– an der Praxis 164, 167, 171
– argumentative 165, 166, 171
– Cross- 249
– empirische 142
– kommunikative 166 ff., 171
– Konstrukt- 168
– kumulative 164, 167, 168, 171
– ökologische 165 ff., 171
– -skriterien 164
Validität 2, 112, 128, 152, 155, 162, 167, 171, 178, 243
– externe 159 f., 162, 165, 249
– interne 159 f., 162, 181
– ökologische 165
– offenkundige 160
– -sfeststellung 171
– -skontrolle 155
– -skriterium 176
– -sprüfung 170
Validity

– Construct- 161
– Criterion- 161
– Expert- 160, 166, 168
– Face- 160
– Known-Groups- 161
– Predictiv- 161, 167
– Prima-facie- 162
Variabilität der Perspektiven 200
Variablen,
– abhängige 27
– intervenierende 203
– metrische 3
– quantitative 3
– topologische 20
– unabhängige 27
Variation der Perspektiven 184, 176
Verallgemeinerbarkeit 156, 163, 188 f.
Verallgemeinerung 124, 227
– induktive 122
– -sfähig 197
Verbindlichkeit, kollektive 24
Verdoppelung der Realität 9, 11, 216
Verfahren,
– deduktives 111, 186
– historisch-rekonstruktives 91
– hypothesengenerierendes 23
– hypothesenprüfendes 23
– induktives 111, 186 f.
– konversationsstrukturelles 33
– milieuanalytisches 34
– narrationsstrukturelles 33, 91
– pragmatisch-rekonstruktives 91
– quantifizierendes 1
– rekonstruktive 192
– -sdokumentation 156
Vergleich
– -barkeit 185, 239, 243
– -sgruppen 117 f., 124, 126, 177, 185 f., 195, 249, 227
– -sgruppen, multiple 118
– systematischer 108, 204
Verhaltenstheorie 43, 67
Verifikation 116, 118, 149, 223, 224, 227
Verkodung 26, 116, 185
– stillschweigende 119
Verläßlichkeit 158
Verlaufstypen 34
Verständigung, kommunikative 171
Verstehen 14, 21, 37, 56, 72 ff., 79 ff., 83 ff., 87 f., 90, 132, 136, 138, 173, 182, 190, 196, 198 f., 215, 219 ff., 229, 232, 250
– elementares 81 ff., 88
– grammatisches 73
– hermeneutisches 70, 72, 74, 76, 86, 87 f.

307

- höheres 82f., 87ff.
- objektives 183
- psychologisches 73, 80, 83, 87, 89
- -sleistung 26
Verwendungszusammenhang 6, 154
vom Konkreten zum Abstrakten 45
Vorannahmen 166
Voraussagen 120
Voreingenommenheit, subjektive 229
Vorgehen,
- deduktives 137
- deduktiv-nomologisches 90
- hermeneutisch-fallanalytisches 169
- multimethodisches 8, 245, 248, 250f., 254, 256, 260
- multimethodologisches 256
- multitheoretisches 260
- offenes 237
- sequenzielles 157
- -sweise, analytisch-induktive 124
- -sweise, operationale 94
Vorhersagen 173, 224
Vorinterpretation 68
Vorstellungsinhalte 144, 153, 167, 168, 222
Vorurteil 54
- -sfreiheit 68
Vorverständnis, 29, 75f., 128, 223, 239
- a-priorisches 154
- lebensweltliches 183
Vorwissen 55, 166

Wahrheitsgehalt 252
Wahrnehmung, selektive 166
Welt 70
- aus erster Hand 68
- aus zweiter Hand 68
- empirische 93f., 96, 111
- empirisch soziale 158, 162, 168
- reale 96, 98
- soziale 5, 18, 96, 98, 111, 127, 195, 236
- soziologische 96
- theoretische 62
- wissenschaftliche 235
Werte, objektive 50
Wesen 64, 69, 71, 85, 136, 157, 200, 222
- der Dinge 8
- einer Sache 59f.
- -serfassung 65, 69, 70, 166

- -serkenntnis 163
- -sschau 63f.
- -sstruktur, Deskription der 60
- -sstrukturen 71
Wiederholbarkeit 177, 182
Wiener Kreis 8
Wirklichkeit,
- Konstitution von 25
- Konstitutionsprozeß von 25
- objektive 228f.
- -sdefinition 24
- -skonstruktion 35
- soziale 109, 119, 130, 143, 168, 173, 217, 222
- subjektive 228f.
- -sverständnis, normatives 43
Wissen, repräsentiertes 216
Wissenschaft
- -lichkeit 154
- normale 218
- reife 200
- -sbegriffe 148
- -sphilosophie, empirisch-analytische 17
- -sphilosophie, nomologisch-deduktive 17
- -ssprache 135f.
- -stheoretiker 17
- -stheoretische Orientierung 1
- -stheorie 52
- -stheorie, analytische 6, 24
- -sverständnis, normatives 45
- -sverstand 48

Zeicheninterpretation 74
Zeitreihenverfahren 236
Zielsetzung, theoretische 117
Zirkel 79, 132, 182
- -bewegung 89f.
- hermeneutischer 26, 75, 76f., 81, 87ff.
- logischer 26, 228
Zufälligkeit,
- inter-individuelle 178
- statistische 174
Zufallsprinzip 3
Zufallsstichprobe 3, 22f., 195, 241
- echte 3, 160
Zuverlässigkeit 116, 144, 155, 159, 162f., 177ff., 180, 185f., 246, 254
- des Tests 174

308